Schriftenreihe

THEOS

Studienreihe Theologische Forschungsergebnisse

Band 46

ISSN 1435-6864

In der Schriftenreihe **THEOS** - *Studienreihe Theologische Forschungsergebnisse* werden neue wissenschaftliche Arbeiten aus der Theologie veröffentlicht.

Verlag Dr. Kovač

Peter Marx

Die Organisations- und Machtstrukturen der Kirchen

Eine rechtsvergleichende Untersuchung der evangelischen und katholischen Kirche aus Managementperspektive

Verlag Dr. Kovač

VERLAG DR. KOVAČ

Arnoldstraße 49 · 22763 Hamburg · Tel. 040 - 39 88 80-0 · Fax 040 - 39 88 80-55

E-mail vdk@debitel.net · Internet www.verlagdrkovac.de

Die Deutsche Bibliothek - CIP-Einheitsaufnahme

Marx, Peter:
Die Organisations- und Machtstrukturen der Kirchen : eine rechtsvergleichende Untersuchung der evangelischen und katholischen Kirche aus Managementperspektive / Peter Marx. – Hamburg : Kovač, 2001
    (THEOS – Studienreihe Theologische Forschungsergebnisse ; Bd. 46)
    Zugl.: Trier, Univ., Diss., 2001

ISSN 1435-6864
ISBN 3-8300-0365-X

© VERLAG DR. KOVAČ in Hamburg 2001

Printed in Germany
Alle Rechte vorbehalten. Nachdruck, fotomechanische Wiedergabe, Aufnahme in Online-Dienste und Internet sowie Vervielfältigung auf Datenträgern wie CD-ROM etc. nur nach schriftlicher Zustimmung des Verlages.

Gedruckt auf säurefreiem, alterungsbeständigem Recyclingpapier „RecyStar"
(Nordic Environmental Label – Blauer Engel – DIN ISO 9706)

INHALTSVERZEICHNIS

Abkürzungsverzeichnis XI

A.	Einleitung und Gang der Untersuchung 1
B.	Ekklesiologische und organisationstheoretische Grundlagen 6
1.	Das Kirchenverständnis als Grundlage des konfessionellen Selbstverständnisses 6
1.1.	Die Ekklesiologie der Apostolischen Konstitution "Lumen gentium" 7
1.1.1.	Die relevanten Lehraussagen "Lumen gentium" 8
1.1.2.	Die Grundstruktur der Kirche nach "Lumen gentium" 16
1.2.	Der theologische Kirchenbegriff des evangelischen Kirchenrechts 20
1.2.1.	Lutherische Ekklesiologie 21
1.2.2.	Calvinistisch - reformierte Ekklesiologie 23
2.	Erklärungsansätze der Organisationstheorie zur Untersuchung der Organisationsstruktur der katholischen und der evangelischen Kirche 25
2.1.	Organisation und Führung 25
2.1.1.	Der betriebswirtschaftliche Organisationsbegriff 25
2.1.2.	Organisationsstrukturen der Führung 27
2.1.3.	Grundlagen der Aufbau- und der Ablauforganisation 28
2.2.	Führung bzw. Leitung im Selbstverständnis der Kirchen 34
2.2.1.	Die landeskirchliche Leitungsfunktion in der evangelischen Kirche 35
2.2.2.	Die Leitungsvollmacht in der katholischen Kirche 38
2.3.	Führungsstile und Management-Prinzipien 45
2.3.1.	Das Kontinuum der Führungsstile nach TANNENBAUM/SCHMIDT .. 46
2.3.2.	Ausgewählte Management-Prinzipien 48
C.	Die Organisationsstruktur der evangelischen Kirche 51
1.	Die Verfassungsprinzipien der Evangelischen Kirche in Deutschland 51

2.	Die Organisationsstruktur der Evangelischen Kirche in Deutschland	53
2.1.	Die EKD als Zusammenschluß der Landeskirchen	53
2.2.	Die Grundordnung als zentrales Verfassungsdokument der EKD	59
2.3.	Die verfassungsmäßigen Leitungsorgane und Amtsstellen der EKD	62
2.3.1.	Die Synode der EKD	63
2.3.2.	Die Kirchenkonferenz der EKD	64
2.3.3.	Der Rat der EKD	66
2.3.4.	Das Kirchenamt der EKD	67
2.4.	Exkurs: Ecclesia reformata est semper reformanda - oder: Die innerkirchliche Diskussion über eine Strukturreform der EKD	67
2.4.1.	Die Diskussion über eine EKD-Strukturreform in den 1970er Jahren	69
2.4.2.	Die aktuelle Diskussion über eine Strukturreform der EKD	71
2.4.3.	Das Widerspruchsverfahren als Vorschlag für die praktische Durchführung einer zukünftigen Grundordnungsänderung	79
2.4.4.	Ausblick aus organisationstheoretischer Sicht	82
3.	Die Organisationsstrukturen der EKiR	86
3.1.	Das presbyterial-synodale Verfassungsprinzip der EKiR nach der Kirchenordnung von 1952	86
3.2.	Die Ebene der Kirchengemeinde	90
3.3.	Die Ebene des Kirchenkreises	91
3.4.	Die Ebene der Landeskirche	93
3.4.1.	Die Landessynode	93
3.4.2.	Der Präses	105
3.4.3.	Die ständige Leitung und Verwaltung der EKiR	113
3.4.3.1.	Die Ständigen Synodalausschüsse	113
3.4.3.2.	Das Landeskirchenamt	114
3.4.3.3.	Die Kirchenleitung	119
3.4.3.3.1.	Das Verhältnis der Kirchenleitung zur Landessynode	122
3.4.3.3.2.	Das Verhältnis der Kirchenleitung zum Landeskirchenamt	124

3.4.4.	Die Kirchengerichte	127
3.4.4.1.	Die Disziplinarkammer	128
3.4.4.2.	Die Verwaltungskammer	128
3.5.	Die Organisationsstruktur der evangelischen Kirche aus organisationstheoretischer Sicht	130
D.	Die Organisationsstruktur der katholischen Kirche	133
1.	Die rechtlichen Grundlagen der kirchlichen Organisationsstruktur	133
2.	Die institutionellen Organe auf gesamtkirchlicher Ebene	134
2.1.	Der Papst	135
2.2.	Das Bischofskollegium	136
2.3.	Weitere Leitungsorgane der gesamtkirchlichen Organisationsstruktur	137
2.3.1.	Das Ökumenische Konzil	137
2.3.2.	Die Bischofssynode	139
2.3.3.	Das Kardinalskollegium	142
2.3.4.	Die Römische Kurie	143
2.3.4.1.	Das Staatssekretariat	147
2.3.4.2.	Die Kongregationen	149
2.3.4.3.	Die weiteren Kurialbehörden	150
3.	Die Organisationsstruktur auf teilkirchlicher Ebene	150
3.1.	Die Diözesanverfassung in der Bundesrepublik Deutschland	152
3.2.	Die Organisationsstruktur innerhalb der Diözese Trier	157
3.2.1.	Die obere pastorale Ebene	158
3.2.1.1.	Amt und Aufgaben des Diözesanbischofs	158
	a) Wahl und Ernennung	159
	b) Die bischöfliche Leitungsvollmacht	166
3.2.1.2.	Die Übertragung von Leitungsaufgaben	169
3.2.1.3.	Die Konsultationsorgane des Diözesanbischofs	171
	a) Der Priesterrat	171
	b) Das Domkapitel	174

	c) Der Diözesanpastoralrat	177
	d) Der Katholikenrat	178
3.2.2.	Die mittlere und untere pastorale Ebene	180
3.2.2.1.	Die diözesane Region	181
3.2.2.2.	Das Dekanat	183
3.2.2.3.	Die Pfarrei	189
	a) Die verschiedenen Formen der Pfarrei im Bistum Trier nach dem CIC	190
	aa) Die kanonische Pfarrei	190
	ab) Die Quasipfarrei (Pfarrvikarie)	193
	ac) Die Expositur	194
	b) Die Leitung der Pfarrei	194
	ba) Der Pfarrer	194
	bb) Der Vermögensverwaltungsrat	196
	bc) Der Pfarrgemeinderat	197
3.3.	Die Organisationsstruktur der katholischen Kirche aus organisationstheoretischer Sicht	201
E.	Rechtsvergleich der Organisationsstrukturen anhand ausgewählter Themenbereiche	206
1.	Personenorientierte Strukturen der Kirchenleitung: Präses und Diözesanbischof bzw. Superintendent und Regionaldekan als Leitungsorgane	207
1.1.	Präses und Diözesanbischof	207
1.1.1.	Aufgaben und Kompetenzen von Präses und Diözesanbischof	207
1.1.1.1.	Die Leitungsaufgaben von Präses und Diözesanbischof	207
1.1.1.2.	Die Kompetenzen von Präses und Diözesanbischof	214
1.1.2.	Wahl und Ernennung	216
1.1.3.	Befristung der Amtszeit	220
1.1.4.	Verantwortung der Leitungsfunktion	222
1.2.	Superintendent und Regionaldekan bzw. Dechant als Leitungsorgane der mittleren Ebene	225
1.2.1.	Aufgaben und Kompetenzen von Superintendent und Regionaldekan bzw. Dechant	226

1.2.2.	Wahl und Ernennung	238
1.2.3.	Befristung der Amtszeit	242
1.2.4.	Verantwortung der Leitungsfunktion	242
1.3.	Zusammenfassung	244
2.	Strukturen verfassungsrechtlich institutionalisierter Mitverantwortung: Landessynode und Diözesansynode	249
2.1.	Rechtliche Grundlagen, Begriff und Zweck von Landes- und Diözesansynode	250
2.2.	Legitimierung, Häufigkeit und Zusammensetzung von Landes- und Diözesansynode	252
2.2.1.	Die Legitimierung von Landes- und Diözesansynode	252
2.2.2.	Die Häufigkeit von Landes- und Diözesansynode	257
2.2.3.	Die Zusammensetzung von Landes- und Diözesansynode	259
2.3.	Vorbereitung, Ablauf und Beendigung von Landes- und Diözesansynode	264
2.4.	Aufgaben, Leitungskompetenzen und Verantwortung von Landes und Diözesansynode	268
2.4.1.	Die Aufgaben von Landes- und Diözesansynode	268
2.4.2.	Die Leitungskompetenzen von Landes- und Diözesansynode	270
2.4.2.1.	Die Vertretungskompetenz von Landes- und Diözesansynode	271
2.4.2.2.	Die Gesetzgebungskompetenz von Landes- und Diözesansynode	272
2.4.2.3.	Die Kontrollkompetenzen von Landes- und Diözesansynode	277
2.4.2.4.	Die Entscheidungskompetenzen von Landes- und Diözesansynode	278
2.4.2.5.	Die Grenzen der Leitungskompetenzen von Landes- und Diözesansynode	283
2.4.3.	Die Verantwortung von Landes- und Diözesansynode	284
2.5.	Zusammenfassung	286
3.	Strukturen der Gemeindeorganisation: Kirchengemeinde und Pfarrei	288
3.1.	Die hierarchische Stellung der Gemeinden im Leitungsgefüge	289
3.2.	Die Leitung von Pfarrei bzw. Kirchengemeinde	292

3.3.	Kirchenrechtliche Aspekte der Zusammenlegung von Pfarreien bzw. Kirchengemeinden	307
3.3.1.	Kirchenrechtliche Fragen bei der Zusammenlegung von Pfarreien	309
3.3.2.	Kirchenordnungsrechtliche Fragen bei der Bildung evangelischer Gemeinden mit uniertem Bekenntnisstand unter Auflösung der bisherigen Konfessionsgemeinden	314
3.3.2.1.	KirchenordnungsrechtlFragen des Bekenntnisstandschutzes	315
3.3.2.2.	Schutz des Bekenntnisstandes durch die Gemeindesatzungen	323
3.4.	Zusammenfassung	326
4.	Strukturen der Mitverantwortung von Laien: die Übertragung von Leitungsaufgaben an Laien	328
4.1.	Laien im Spiegel des jeweiligen konfessionellen Verständnisses	328
4.1.1.	Das Verständnis der Kirchenglieder aus evangelischer Sicht	329
4.1.2.	Das Verständnis der Laien aus katholischer Sicht	330
4.2.	Das Rechtsinstitut der Delegation	333
4.3.	Die Übertragung von Leitungsaufgaben an Laien im Bistum Trier	336
4.4.	Die Beteiligung von Kirchengliedern an Leitungsaufgaben innerhalb der EKiR	341
4.4.1.	Die Ebene der Kirchengemeinde	342
4.4.2.	Die Ebene des Kirchenkreises	344
4.4.3.	Die Ebene der Landeskirche	345
4.5.	Zusammenfassung	347
F.	Zusammenfassung	349
Quellen und Literatur		353

ABKÜRZUNGSVERZEICHNIS

AA	=	Apostolicam Actuositatem	EKU	= Evangelische Kirche der Union
AAS	=	Acta Apostolicae Sedis		
Abs.	=	Absatz	EKiR	= Evangelische Kirche im Rheinland
AG	=	Ad Gentes		
AG DiszG	=	Ausführungsgesetz zum Disziplinargesetz	epd.	= Evangelischer Pressedienst
			erg.	= ergänzt(e)
Anm.	=	Anmerkung	erw.	= erweitert(e)
Art.	=	Artikel	evtl.	= eventuell
Aufl.	=	Auflage	f./ff.	= folgende/fortfolgende
Bd.	=	Band	FZPhTh	= Freiburger Zeitschrift für Philosophie und Theologie
bearb.	=	bearbeitet(e)		
BGV	=	Bischöfliches Generalvikariat	geb.	= geboren
			gest.	= gestaltet(e)
bspw.	=	beispielsweise	ggfs.	= gegebenenfalls
bzw.	=	beziehungsweise	GG	= Grundgesetz
c.	=	Canon	GKGG	= Gesamtkirchengemeindegesetz
CA	=	Confessio Augustana		
cc.	=	Canones	GO PR	= Geschäftsordnung des Priesterrates des Bistums Trier
CCEO	=	Codex Canonum Ecclesiarum Orientalium		
CD	=	Christus Dominus	GOSyn	= Geschäftsordnung der Landessynode der EKiR
CIC	=	Codex Iuris Canonici/1983		
CIC/1917	=	Codex Iuris Canonici/1917	GS.	= Gesetzsammlung
DB Amt	=	Diözesanbestimmungen über das Amt des Pfarrers und des Pfarrvikars	GVBl.	= Gesetz- und Verordnungsblatt
			GO EKD	= Grundordnung der Evangelischen Kirche in Deutschland
DBK	=	Deutsche Bischofskonferenz		
DDB	=	Die Deutschen Bischöfe	GO LKA	= Geschäftsordnung für das Landeskirchenamt
Ders.	=	derselbe(n)		
DGBG	=	Diözesanbestimmungen über die Gliederung des Bistums	GV. NW.	= Gesetzes- und Verordnungsblatt Nordrhein-Westfalen
DG EKD	=	Disziplinargesetz der EKD	HA	= Hauptabteilung(en)
d.h.	=	das heißt	HbdkKR	= Handbuch des katholischen Kirchenrechts
DO	=	Dienstordnung		
DO LKA	=	Dienstordnung für das Landeskirchenamt	HdbStKR	= Handbuch des Staatskirchenrechts
dt.	=	deutsche	HdbStR	= Handbuch des Staatsrechts
DwÜ	=	Dokumente wachsender Übereinstimmung	HKV	= Hessischer Kirchenvertrag
			hrsg.	= herausgegeben
EKD	=	Evangelische Kirche in Deutschland	HWFü	= Handwörterbuch der Führung
EKL	=	Evangelisches Kirchenlexikon	HWO	= Handwörterbuch der Organisation

XI

HWÖ	= Handwörterbuch der Öffentlichen Betriebswirtschaft	PGR	= Pfarrgemeinderat
		PK	= Preußenkonkordat
		PKV	= Preußischer Kirchenvertrag
i.d.F.	= in der Fassung		
i.V.m.	= in Verbindung mit	PO	= Presbyterorum Ordinis
JZ	= Juristenzeitung	PStG	= Pfarrstellengesetz
KABl. Rhld.	= Kirchliches Amtsblatt der EKiR	RGCR	= Regolamento Generale della Curia Romana
Kap.	= Kapitel	RGG	= Religion in Geschichte und Gegenwart
KGVBl.	= Kirchliches Gesetz- und Verordnungsblatt		
		RK	= Reichskonkordat
KLG	= Kirchenleitungsgesetz	RLPfarrH	= Richtlinien für Pfarrhelfer(innen) der DBK.
km²	= Quadratkilometer		
KO	= Kirchenordnung der EKiR	RP	= Rheinland-Pfalz
KVG	= Preußisches Kirchenverfassungsgesetz	RPKV	= Rheinland-pfälzischer Kirchenvertrag
KVVG	= Kirchenvermögensverwaltungsgesetz	RSGemRef	= Rahmenstatut für Gemeindereferenten in den Bistümern der Bundesrepublik Deutschland.
lat.	= lateinisch		
LG	= Lumen Gentium		
LKA	= Landeskirchenamt	RSPastRef	= Rahmenstatut für Pastoralreferenten in den Bistümern der Bundesrepublik Deutschland.
LKStKR	= Lexikon für Kirchen- und Staatskirchenrecht		
LThK	= Lexikon für Theologie und Kirche		
		vgl.	= vergleiche
LV	= Landesverfassung	S.	= Seite(n)
MK	= Münsterischer Kommentar zum Codex Iuris Canonici	Satzung PR	= Satzung des Priesterrates des Bistums Trier
MVG	= Mitarbeitervertretungsgesetz	SC	= Sacrosanctum Concilium
		SKV	= Saarländischer Kirchenvertrag
NPO	= non-profit Organisation(en)		
		SM	= Sacramentum Mundi
Nr.	= Nummer(n)	Sp.	= Spalte(n)
NRW	= Nordrhein-Westfalen	Statut DBK	= Statut der DBK
NWKV	= Nordrhein-westfälischer Kirchenvertrag von 1984	Statut PR	= Statut des Priesterrats
		Statuten DK	= Statuten des Kapitels der Hohen Domkirche zu Trier
OE	= Orientalium Ecclesiarum		
OEKU	= Ordnung der EKU	ThLZ	= Theologische Literaturzeitung
OrdDek	= Ordnung für die Dekanate im Bistum Trier		
		TRE	= Theologische Realenzyklopädie
OrdPGR	= Ordnung für die Pfarrgemeinderäte im Bistum Trier		
		TThZ	= Trierer Theologische Zeitschrift
OrdReg	= Ordnung für die Regionen im Bistum Trier		
		u.	= und
		u.a.	= und andere
ÖAKR	= Österreichisches Archiv für Kirchenrecht	UDG	= Universi Dominici Gregis
		usw.	= und so weiter
PB	= Pastor Bonus	v.	= von/vom
PfDG	= Pfarrdienstgesetz	VbG	= Verbandsgesetz

VELKD	=	Vereinigte Evangelisch-Lutherische Kirche Deutschlands
verb.	=	verbessert(e)
VO.u.NBl.	=	Verordnungs- und Nachrichtenblatt der EKD
VwKG	=	Verwaltungskammergesetz
VwO	=	Verwaltungsordnung
WA	=	Weimarer Ausgabe der Werke Martin Luthers
WO PR	=	Wahlordnung des Priesterrates des Bistums Trier
WRV	=	Weimarer Reichsverfassung
z.B.	=	zum Beispiel
ZevKR	=	Zeitschrift für evangelisches Kirchenrecht
ZögU	=	Zeitschrift für öffentliche und Gemeinwirtschaftliche Unternehmen

A. Einleitung und Gang der Untersuchung

Die vorliegende Arbeit stellt eine rechtsvergleichende Untersuchung der Organisationsstruktur der katholischen mit der evangelischen Kirche an. Dabei soll die Ausgestaltung der jeweiligen Leitungsorgane sowie deren kirchenrechtliche Zuordnung miteinander verglichen werden. Ein solches Vorhaben macht aufgrund der Weite des Themas Abgrenzungen notwendig. Folglich ist der Vergleich auf der Analyseebene der Teil- bzw. der Landeskirche angesiedelt, weil in der evangelischen Kirche die katholischerseits bestehende weltkirchliche Einbindung fehlt[1]. Ebenfalls wird von einem Vergleich auf nationaler Ebene, nämlich von der Evangelische Kirche in Deutschland (EKD) mit der Deutschen Bischofskonferenz (DBK), abgesehen, was einen Vergleich von drei evangelischen (Rat, Synode, Kirchenkonferenz) mit nur einem katholischen Leitungsorgan (Bischofskonferenz) erforderte.

Der abzuhandelnde Problembereich wird am Beispiel des Bistums Trier und der Evangelischen Kirche im Rheinland (EKiR) konkretisiert. Dabei werden im Rahmen der Untersuchungen des jeweiligen organisatorischen Verfassungsrechts nur die verfassungsrechtlich vorgesehenen oder durch die Verfassungsorgane veranlaßten Aktivitäten untersucht[2].

Die Grenzen der EKiR sind nach ihrer Kirchenordnung (= KO)[3] die „der früheren Kirchenprovinz ‚Rheinprovinz' der Evangelischen Kirche der altpreußischen U-

---

[1] Zwar werden die Existenz und die Bedeutung des 1947 im schwedischen Lund gegründeten Lutherischen Weltbundes, des 1948 im niederländischen Amsterdam gegründeten Ökumenischen Rates der Kirchen, der 1973 im schweizerischen Leuenberg begründeten Gemeinschaft reformatorischer Kirchen (Leuenberg) sowie der Konferenz Europäischer Kirchen nicht übersehen, jedoch sind sie aufgrund ihrer vielen Nuancierungen und Differenzierungen organisatorisch weder für sich noch in ihrer Gesamtheit mit der einheitlichen „in und aus Teilkirchen" (LG 12,1) bestehenden katholischen Universalkirche vergleichbar.

[2] Folglich können die aus dem Kreise der Kirchenangehörigen kommenden Initiativen, die bspw. in der evangelischen Kirche auf dem Gebiet der Diakonie und des Bildungswesens unter dem Begriff „freier Protestantismus" bekannt geworden sind und die Pirson (2000), S. 97, als „präterkonstitutionelle Kirchlichkeit" bezeichnet, nicht behandelt werden.

[3] Kirchenordnung der EKiR vom 02. Mai 1952 i.d.F. der Bekanntmachung vom 20. März 1998, in: KABl. Rhld. 1998, S. 77 ff.

nion"[4]. Sie überschneiden sich mit denen von vier Bundesländern[5] und reichen vom Nieder- bis zum Mittelrhein, vom Ruhrgebiet bis zum Saarland, von Aachen bis Wetzlar. Mit etwa 3.114.000 evangelischen Christen ist die EKiR die zweitgrößte der 24 deutschen Landeskirchen mit 829 Kirchengemeinden, die zu 46 Kirchenkreisen auf einer Gesamtfläche von 26.571 km² zusammengefaßt sind[6]. Die Leitung der EKiR hat ihren Sitz in Düsseldorf. Schon durch den Namen „Evangelische Kirche im Rheinland" wird deutlich, dass sie sich als „Konfessionskirche und als Personalverband versteht, allerdings mit der Beschränkung auf ein bestimmtes Kirchengebiet"[7].

Zum Bistum Trier, dessen 977 Pfarreien bei einer Gesamtfläche von 12.870 km² in 75 Dekanate und sieben Regionen[8] unterteilt ist, gehören 1.646.599 Katholiken[9]. Dabei umfaßt es im Bundesland Rheinland-Pfalz die ehemaligen Regierungsbezirke Trier und Koblenz (das rechtsrheinische Gebiet nur teilweise), das Bundesland Saarland (ausgenommen Saar-Pfalz-Kreis). Der Bischof von Trier leitet sein Bistum mit Sitz in Trier.

Der Gang der vorliegenden Untersuchung setzt - abweichend von der klassischen rechtsvergleichenden Methode[10] - eine Vergewisserung über die für beide Konfessionen relevanten ekklesiologischen und organisationstheoretischen Grundlagen voraus. Daher sollen in einem ersten, darstellenden Teil die ekklesiologischen und organisationstheoretischen Grundlagen der jeweiligen Gestaltung kirchlicher Verfassungsordnungen herausgearbeitet werden. Die Kenntnis dieser Erklärungs-

---

[4] Art. 3 Abs. 1 KO.
[5] Nordrhein-Westfalen (hier die Regierungsbezirke Düsseldorf und Köln), Rheinland-Pfalz (hier den Regierungsbezirk Trier und Teile der Regierungsbezirke Koblenz und Rheinhessen-Pfalz), Saarland (hier sämtliche Kreise außer Saar-Pfalz-Kreis) und Hessen (hier im Regierungsbezirk Gießen, nämlich den Lahn-Dill-Kreis und Teile des Landkreises Gießen).
[6] Vgl. Statistisches Jahrbuch 1999, S. 96.
[7] Grethlein/Böttcher/Hofmann/Hübner (1994), S. 44.
[8] Dieses sind die Regionen Trier, Koblenz, Saarbrücken, Westeifel, Rhein-Mosel-Ahr, Rhein-Hunsrück-Nahe und Saar-Hochwald.
[9] Vgl. Personalschematismus und Anschriftenverzeichnis des Bistums Trier für das Jahr 2000, S. 687.
[10] Vgl. hierzu: Jescheck (1995), S. 40 ff., Zweigert (1996), S. 31 ff.

ansätze ermöglicht es dann, nach deren Bedeutung für das Leitungsverständnis innerhalb der Landeskirche bzw. des Bistums zu fragen.

Daran schließt sich die Darstellung der Organisationsstrukturen von evangelischer und katholischer Kirche an. Dabei strebt der Rechtsvergleich innerhalb des abgegrenzten Bereiches Vollständigkeit an und weist grundsätzlich die gesamte Breite der von Landeskirche und Bistum getroffenen Regelungen nach. Die jeweiligen teilkirchlichen Normierungen werden aus didaktischen Gründen zunächst in einem ersten Schritt in den Kapiteln C und D angeführt, um dann im Rahmen des in Kapitel E durchzuführenden Rechtsvergleiches in der Reihenfolge ‚Aufgaben', ‚Kompetenzen', ‚Verantwortung' schwerpunktmäßig vertieft zu werden.

Der Charakter der kirchlichen Organisationsstrukturen spiegelt sich in ihren Rechtsordnungen wider, die ihrerseits wiederum die Strukturen absichern. Daher kann die Beschreibung der Institutionen des evangelischen Kirchenrechts nur anhand der konkreten Vorschriften des landeskirchlichen Verfassungsrechts erfolgen. Ausgangspunkt für die Untersuchung ist die Kirchenordnung (KO) der E-KiR. Daneben werden nur solche Kirchengesetze und andere Rechtsquellen angeführt, die eine unmittelbare Ergänzung zu den Verfassungsbestimmungen darstellen. Die Beschreibung der katholischen Organisationsstrukturen erfolgt anhand des CIC sowie partikularkirchlicher Gesetze.

Nach Art. 137 Abs. 5 WRV i.V.m. Art 140 GG kommt beiden Kirchen der Status einer *Körperschaft des öffentliche Rechts* zu. Dieses beinhaltet u.a. die Anerkennung ihrer autonomen Organisationshoheit[11]. Demnach sind sie in der Gestaltung ihres organisatorischen Aufbaus grundsätzlich frei. Die Stellung der Kirchen als Körperschaft des öffentlichen Rechts ist nicht nur durch Art. 140 GG anerkannt, sondern ebenso durch die entsprechenden Verfassungsartikel der Länderverfas-

---

[11] Vgl. Hollerbach (1989 b), S. 563.

sungen[12] und der relevanten Staatskirchenverträge und Konkordate der EKiR und des Heiligen Stuhls bzw. des Bistums Trier mit den Ländern ihres jeweiligen Einzugsgebietes[13].

‚*Strukturen der Kirche*' werden seit dem II. Vatikanischen Konzil (1962 – 1965) im theologischen Disput immer häufiger thematisiert, auch seitdem KÜNG sie noch während der Vorbereitungszeit des Konzils zum Titel seiner Erwägungen über Kirche, Konzil und Petrusamt gemacht hat, in denen er die Wesenszüge der Kirche beschreibt die aus ihrer lebendigen Struktur erwachsen[14].

Der in dieser Arbeit verwendete Strukturbegriff versteht unter Struktur die Wesensform, aus der sich andere Organisationsstrukturen entwickeln, die in den jeweiligen kirchenrechtlichen Vorschriften ihren Niederschlag gefunden haben und das Ganze der jeweiligen Kirche aufbauen[15]. Steht in der vorliegenden Arbeit *Strukturen* für *Wesenszüge*, dann werden andererseits mit dem gleichen Wort oft geschichtliche Formen begriffen, in die hinein sich das Wesen der Kirche ausdrückt, ohne identisch mit ihnen zu sein, was sie schließlich auch dem Wandel und der immer notwendigen Reform unterwirft. So in den Überlegungen, die

---

[12] So erklären Art. 22 LV NRW, Art. 43 LV RP, Art. 37 LV Saarland und Art. 51 LV Hessen den Art. 140 GG zu unmittelbar geltendem Landesrecht.

[13] **Für die EKiR** vgl.: Staatsgesetz, betreffend die Kirchenverfassungen der evangelischen Landeskirchen vom 08.04.1924 (*KVG*), in: GS. S. 221, mit der dazugehörigen Zuständigkeitsverordnung vom 04.08.1924, in: GS. S. 594; Vertrag der Evangelischen Landeskirchen mit dem Freistaat Preußen vom 11.05.1931 (*PKV*), in: KGVBl. S. 119; Vertrag der EKiR und der Evangelischen Kirche von Westfalen mit dem Lande Nordrhein-Westfalen vom 09.09.1957 (= *Nordrhein-westfälischer Kirchenvertrag von 1957)*, in: KABl. Rhld. 1957, S. 143; Vertrag zwischen der EKiR, der Evangelischen Kirche von Westfalen und der Lippische Landeskirche mit dem Land Nordrhein-Westfalen vom 29.03.1984 (*NWKV*), in: KABl. Rhld. 1985, S. 1; Vertrag der Evangelische Landeskirchen in Rheinland-Pfalz mit dem Lande Rheinland-Pfalz vom 31.03.1962 (*RPKV*), in: KABl. Rhld. 1962, S. 219; Vertrag der Evangelische Landeskirchen in Hessen mit dem Lande Hessen vom 18.02.1960 (*HKV*), in: KABl. Rhld. 1960, S. 93, 170.

Für das Bistum Trier vgl.: Vertrag des Freistaates Preußen mit dem Heiligen Stuhle vom 14. Juni 1929 (*PK*), in: Listl (1987), S. 709 - 724; Konkordat zwischen dem Heiligen Stuhl und dem Deutschen Reich vom 20. Juli 1933 (*RK*), in: Listl (1987), S. 34-61. Durch das Urteil des Bundesverfassungsgerichts vom 26. März 1957 ist bestätigt worden, dass das Reichskonkordat auch für die Bundesrepublik Deutschland rechtsgültig ist. Da Art. 2 RK die Gültigkeit des Preußenkonkordats betont, ergänzen die formalen Bestimmungen des RK die des PK.

[14] Vgl. Küng (1987), S. 7.

[15] Vgl. Ratzinger (1985), S. 45 ff.

RAHNER dem Strukturwandel der Kirche widmet[16], auch wenn er einleitend unter dem Begriff Strukturen anscheinend das dem Wandel vorausliegend Bleibende verstehen will[17]. HILBERATH bemängelt, dass eine Kirche, die sich als *communio* versteht, „die aber nur einseitig von oben nach unten strukturierte Kommunikations- und Entscheidungswege kennt, (...) dadurch einen Widerspruch zwischen dem äußeren Zeichen und ihrem inneren Wesen"[18] offenbart. Obschon das Anliegen der vorliegenden Arbeit vor allem deskriptiver Natur ist, ist bereits an dieser Stelle darauf hinzuweisen, dass sich eine ganz konkrete äußere Struktur der Kirche nicht einfach von der Beschreibung ihres inneren Wesens ableiten läßt, denn „es ist damit zu rechnen, daß sich das Wesen der Kirche in unterschiedlichen Verfassungen realisieren kann"[19].

Die vorliegende Arbeit wurde im Wintersemester 2000/2001 von der Theologischen Fakultät Trier als Doktordissertation im Fach Kirchenrecht angenommen. Zu großem Dank verpflichtet bin ich Herrn Prof. Dr. Peter Krämer für seine in jeder Hinsicht zuvorkommende Betreuung und für seine zahlreichen Anregungen. Ebenso danke ich Herrn Prof. DDr. Wolfgang Ockenfels OP, der die Mühe des Zweitgutachtens auf sich genommen hat.

Herzlichen Dank sage ich ebenfalls Herrn Superintendenten a.D. Christoph - W. Dahlkötter für zahlreiche wohlwollend-kritische und hilfreiche Gespräche.

Besonders danken möchte ich ebenfalls dem Bistum Trier, das durch die Gewährung eines Druckkostenzuschusses zur Drucklegung dieser Arbeit beigetragen hat.

---

[16] Vgl. Rahner, (1980), S. 333-354; ebenso Congar (1971), S. 139-149.
[17] Vgl. Rahner (1980), S. 333.
[18] Hilberath (2000), S. 19.
[19] Hilberath (2000), S. 19.

B. Ekklesiologische und organisationstheoretische Grundlagen

Der kirchenrechtliche Begriff der Kirche gründet im theologischen Begriff der Kirche, weswegen Kirchenrecht und Ekklesiologie verschränkt sind. Daher sind das zugrundeliegende ekklesiologische Leitbild sowie die historische Entwicklung, die zur Ausformung einer bestimmten Kirchenverfassung geführt hat, „ineinander verwoben"[20].

Kirchenverfassungen sind das Ergebnis einer theologisch fundierten, ekklesiologischen Reflexion über Wesen und Auftrag der Kirche, sie geben eine Antwort auf die Frage nach deren organisatorischer Gestaltung und bilden schließlich den Einfluß des jeweiligen zeitgeschichtlichen Kontextes ab. Rechtssetzung und Rechtsausübung werden in den Kirchen von Glaubensvorstellungen bestimmt.

Eine rechtsvergleichende Untersuchung der Organisationsstruktur der katholischen mit der der evangelischen Kirche wäre ohne die Beachtung der organisationstheoretischen Erklärungsansätze der modernen Betriebswirtschaftslehre unvollständig. Daher werden die für das Thema dieser Arbeit relevanten organisationstheoretischen Grundlagen in einem weiteren Schritt gelegt, um dann bei der Einzeluntersuchung die jeweilige Organisationsstruktur einer betriebswirtschaftlichen Charakterisierung unterziehen zu können.

1. Das Kirchenverständnis als Grundlage des konfessionellen Selbstverständnisses

Das kirchliche Recht ist in der Ekklesiologie als der Prämisse für die Gestaltung des positiven Rechts in der Kirche grundgelegt. Daher wird im folgenden die hinter dem jeweiligen kirchlichen Gesetz stehende Ekklesiologie untersucht, die Auskunft darüber gibt, wie sich die Kirche seins- und wesensmäßig versteht.

---

[20] Hein (1994), S. 1.

In der Apostolischen Konstitution zur Promulgation des CIC, *Sacrae disciplinae leges*, betont Papst JOHANNES PAUL II.: „Das Instrument, das der Codex ist, entspricht deutlich dem Wesen der Kirche, wie es vor allem durch das Lehramt des II. Vatikanischen Konzils ganz allgemein und besonders in seiner ekklesiologischen Lehre dargestellt wird. Ja, dieser neue Codex kann gewissermaßen als ein großes Bemühen aufgefaßt werden, eben diese Lehre, nämlich die konziliare Ekklesiologie in die kanonistische Sprache zu übersetzen"[21]. Daher sollen in einem ersten Schritt die theologischen Grundlagen der Organisationsstruktur der katholischen Kirche aus der zentralen Reflexion des II. Vatikanischen Konzils über das Wesen der Kirche, nämlich aus den Lehraussagen der dogmatischen Konstitution *„Lumen gentium"* (LG) herausgearbeitet werden.

Da sich die EKiR als unierte Landeskirche gem. GA II Abs. 2 KO aus Gemeinden zusammensetzt, die entweder dem lutherischen oder dem reformierten Bekenntnis oder dem Gemeinsamen beider Bekenntnisse folgen, ist in einem zweiten Schritt nach den Ekklesiologien zu fragen, die nach reformierter und nach lutherischer Lehre mit dem Wesen der Kirche zusammenhängen.

1.1. Die Ekklesiologie der Apostolischen Konstitution „Lumen gentium"

In der dogmatischen Konstitution *Lumen gentium*, die sich als authentische Darlegung von „Wesen und universaler Sendung" der Kirche versteht, umschreibt das II. Vatikanische Konzil das Verhältnis zwischen dem Geheimnis der Kirche und den göttlichen Geheimnissen mit seinen Implikationen. Bereits die beiden Titelworte beschreiben die vorgetragene Glaubensüberzeugung und theologische Logik und legen das in der römisch-katholischen Kirche gültige Selbstverständnis dar.

---

[21] Johannes Paul II. (1989), S. XVIII / XIX.

Auch wenn LG den Begriff Struktur in Verbindung mit der Kirche nur an zwei Stellen, nämlich als *organica structura ecclesiae* in LG 22, 2 und als *structura hierarchica* in LG 44, 4, gebraucht, erschließt sich die Ekklesiologie dieser Konstitution aus einer großen Linie des Gesamtwerkes, die in einem nächsten Schritt nachgezogen werden soll. Dabei sind zwei Aspekte besonders wichtig, nämlich wie sich die katholische Kirche in ihrem Verhältnis zur einen Kirche Christi versteht und wie sie innerhalb ihrer Gemeinschaft das Verhältnis zwischen Teilkirche und Gesamtkirche sieht.

1.1.1. Die relevanten Lehraussagen von „Lumen gentium"

Kapitel 1 (LG 1 - 8) und Kapitel 2 (LG 9 - 17) behandeln in einer Zusammenschau[22] das Wesen der Kirche in ihrer transzendenten und geschichtlichen Dimension und nennen die Kirche gleich im zweiten Satz ausdrücklich als Sakrament in Christus (LG 1). Die Natur der Kirche ist also sakramental. Demnach ist sie „in allen ihren Aspekten - und somit auch in ihrem rechtlichen Aspekt - letztlich nur durch den Glauben erkennbar"[23]. Damit wird schon zu Anfang der Kirchenkonstitution deutlich, dass das Konzil die Kirche nicht als eine in sich abgeschlossene Realität betrachtet, sondern sie von Christus her versteht: „er, nicht sie ist Licht der Völker, sein, nicht ihr eigenes Licht erstrahlt auf ihrem Antlitz"[24]. Diese Bezogenheit auf Christus wird durch den Begriff der Sakramentalität umschrieben. Die Kirche ist die von Gott zusammengerufene Gruppe der an Christus Glaubenden (LG 2), in der geheimnisvoll Gottes Reich gegenwärtig ist (LG 3). Belebt durch den Heiligen Geist, ist ihr seit Pfingsten die Kraft gegeben, die sie wachsen läßt und in ihren Diensten und Gaben zusammenhält (LG 4,1), was die Kirche zum von Vater, Sohn und Geist geeinten Volk macht (LG 4,2), in dem

---

[22] Vgl. Philips (1986), S. 152.
[23] Gerosa (1995), S. 45.
[24] Neuner (1997), S. 263.

jetzt Jesu Predigt vom Reich Gottes weitergeht (LG 5). Aus diesem Gedankengang wird deutlich, dass sich die christologische Sicht der Kirche zu einer trinitarischen Ekklesiologie ausweitet[25].

LG 6 zieht zur Beschreibung der Kirche biblische Bilder, wie etwa „Gottes Bauwerk" (1 Kor. 3, 9), „Haus Gottes" (1 Tim 3, 15) oder „heiliger Tempel" (Origines) heran. Diese Bilder kulminieren im Bild vom Leib Christi (1 Kor 12, 12-31a): es spricht gleichermaßen von sakramentaler Einheit und funktionaler Verschiedenheit in der Kirche (LG 7). Zum ersten Mal wird dann in LG 8, 1 die Verfassung der Kirche genannt, in deren Sakramentalität, analog zur Inkarnation[26], Irdisches und Göttliches zusammenwachsen. Petrus und den Aposteln sind die Leitung und Ausbreitung dieser Kirche übertragen, was dann in der katholischen Kirche durch den Nachfolger Petri und in Gemeinschaft mit ihm durch die Bischöfe geschieht: „Diese Kirche, in dieser Welt als Gesellschaft verfaßt und geordnet, ist verwirklicht in der katholischen Kirche, die vom Nachfolger Petri und von den Bischöfen in Gemeinschaft mit ihm geleitet wird"[27].

Auf diese ersten Überlegungen über die sichtbar verfaßte Kirche im ersten Kapitel folgt im zweiten Kapitel deren eingehende Wesensbeschreibung als Volk Gottes, das nach dem Vorbild des alten Bundesvolkes und durch dieses vorbereitet von Christus gestaltet ist. Er hat „aus Juden und Heiden ein Volk berufen, das nicht dem Fleische nach, sondern im Geiste zur Einheit zusammenwachsen und das neue Gottesvolk bilden sollte"[28], wobei mit 1 Petr. 2,9 f. das königliche Priestertum des Volkes angesprochen wird. Dieses Volk hat die Würde und Freiheit der Kinder Gottes, in denen der Heilige Geist wohnt. Sein Gesetz ist die Liebe, sein Ziel die Vollendung des bereits grundgelegten Reiches Gottes, wodurch es

---

[25] Vgl. Ratzinger (2000), S. 5.
[26] Vgl. Grillmeier (1986), S. 171 ff.
[27] LG 8, 2. Zur lehramtlichen Interpretation von LG 8 vgl. den „Brief an die Bischöfe der katholischen Kirche über einige Aspekte der Kirche als Communio" vom 28. Juni 1992.
[28] LG 9, 1.

für alle zur „Keimzelle der Einheit, der Hoffnung und des Heils"[29] wird. Es wird erneut auf die Verfaßtheit der Kirche und auf ihr Erfaßtsein durch Gott verwiesen, denn Christus „hat sie ja mit seinem Blut erworben, mit seinem Geist erfüllt und mit geeigneten Mitteln sichtbarer und gesellschaftlicher Einheit ausgerüstet", wodurch sie „das sichtbare Sakrament dieser heilbringenden Einheit"[30] wird, auch wenn sie immer der Erneuerung bedarf.

Aus dieser sakramentalen Grundlegung des Volkes resultiert das gemeinsame Priestertum aller Gläubigen, das durch das Zitat von Offb. 1, 6 aufgenommen und mit Bezug auf 1 Petr. 2, 4-10 dargelegt wird: „Durch die Wiedergeburt und die Salbung mit dem Heiligen Geist werden die Getauften zu einem geistigen Bau und einem heiligen Priestertum geweiht, damit sie in allen Werken eines christlichen Menschen geistige Opfer darbringen und die Machttaten dessen verkünden, der sie aus der Finsternis in sein wunderbares Licht berufen hat"[31]. Im Anschluß daran betont der Hinweis auf das hierarchische Priestertum dessen Wesensunterschied zum gemeinsamen Priestertum der Gläubigen. Jedoch werden beide Formen als Teilhabe am Priestertum Christi beschrieben und in ihrer Zuordnung zueinander derart erklärt, dass der Amtspriester kraft seiner heiligen Gewalt das priesterliche Volk heranbildet, leitet und das Opfer Christi vollzieht, wobei die Gläubigen kraft des gemeinsamen Priestertums hierbei und bei allen anderen Sakramenten auf ihre Weise mitwirken. Diese Mitwirkung der Gläubigen vollzieht sich im Sakramentenempfang, im Gebet, in der Danksagung und in ihrem Lebenszeugnis (LG 10,2), was dann durch die einzelnen Sakramente hin (LG 11) und in ein christliches Leben hinein (LG 12) entfaltet wird. Dieses Lebenszeugnis der Gläubigen wird in zwei Dimensionen gesehen: einmal als Teilnahme an Christi Verkündigungsdienst, woraus die Unfehlbarkeit des Gottesvolkes folgt, wenn es in Sachen des Glaubens und der Sitte eine allgemeine Überzeugung äu-

---

[29] LG 9, 2.
[30] LG 9, 3.

ßert (LG 12,1); zum anderen als charismatische Befähigung durch den Geist „für die Erneuerung und den vollen Aufbau der Kirche" (LG 12,2).

Aus dem Gedanken des gemeinsamen Priestertums entwickelt sich der von der Einheit und Einzigkeit dieses Volkes (LG 13,1), das die Vielfalt der Völker und ihrer Eigenarten läutert und integriert (LG 13,2), sich in verschiedenen Ordnungen, Diensten, Ämtern, Ständen und Teilkirchen verwirklicht (LG 13,3) und auch in einer je verschiedenen Einheit mit den nicht-katholischen Christen, Kirchen und kirchlichen Gemeinschaften, wie auch mit den anderen an Gott Glaubenden und Menschen guten Willens steht (LG 15f.). Diese Einheit entspricht deren je verschiedener Beziehung zu der einen heilsnotwendigen Kirche, deren volle Gliedschaft vorher bereits bestimmt worden war als Annahme der ganzen Ordnung der Kirche, der in ihr gegebenen Hilfsmittel, der in ihr greifbaren Verbundenheit mit Christus durch den Dienst des Papstes und der Bischöfe, des Glaubensbekenntnisses, der Sakramente und der ganzen Gemeinschaft (LG 14), was das Konzil zu einem abschließenden Bekenntnis zu ihrer Mission in LG 17 veranlaßt.

Das dritte Kapitel (LG 18 - 29) behandelt „die hierarchische Verfassung der Kirche, insbesondere das Bischofsamt": in der Kirche sind von Christus Dienstämter eingesetzt worden, und zwar mit der Vollmacht, den anderen zu dienen, damit „alle in freier und geordneter Weise sich auf das gleiche Ziel hin ausstrecken und so zum Heil gelangen" (LG 18,1). Diese Dienstämter werden als die von Christus her beginnende Fortsetzung seiner Sendung in der Sendung der Apostel und der Bischöfe bestimmt, deren Einheit in Petrus und dem römischen Bischof garantiert ist (LG 18,2).

In LG 19 wendet sich die Kirchenkonstitution dem Bischofsamt zu. Seine Bedeutung wird vom Grundbegriff des Kollegiums erklärt: die Grundlegung des Bischofsamtes liegt in Jesu Wahl der Zwölf nach Art eines Kollegiums mit Petrus

---

[31] LG 10, 1.

an der Spitze, damit sie in Teilhabe an seiner eigenen Vollmacht die Kirche ausbreiten und leiten. Dazu werden die Apostel durch das Pfingstereignis umfassend befähigt, so dass sie die universale Kirche sammeln, die Gott selbst in ihnen gründet und auf Petrus baut. Sie übergeben diese Dienstämter anderen, womit eine Nachfolgegeschichte beginnt mit noch offenen Formen, unter denen dem Bischofsamt eine besondere Bedeutung zukommt (LG 20, 1 f.). Das bedeutet, dass man Bischof nicht als einzelner ist, sondern durch die Zugehörigkeit zum Bischofskollegium ist, welches „seinerseits eine historische Kontinuität des *collegium apostolorum* bedeutet. Insofern kommt das Bischofsamt aus der einen Kirche und führt in sie hinein. Gerade hier wird sichtbar, daß es theologisch keinen Gegensatz zwischen Ortskirche und Gesamtkirche gibt, der Bischof vertritt in der Ortskirche die eine Kirche, und er baut die eine Kirche auf, indem er die Ortskirche aufbaut und ihre besonderen Aufgaben erweckt zum Nutzen des ganzen Leibes"[32]. Unter Berufung auf die Tradition wird das Bischofsamt umfassend Hirtenamt genannt und teilt sich in die drei Funktionen „als Lehrer in der Unterweisung, als Priester im heiligen Kult, als Diener der Leitung". Es ist aufgrund seiner göttlichen Einsetzung[33] ein bleibendes Amt in der Kirche. In den Bischöfen ist Christus selbst unter den Glaubenden gegenwärtig und vornehmlich durch sie verkündet er sein Wort, spendet er die Sakramente des Glaubens, lenkt und leitet er das Volk des Neuen Bundes (LG 21,1). Die Befähigung, welche die Apostel für ihr Amt durch die Ausgießung des Heiligen Geistes erhalten haben, gaben sie durch Handauflegung weiter, was sich dann in der Bischofsweihe als Vollform des Weihesakramentes bis in die heutige Zeit fortgesetzt hat. In ihr wird das dreifache Amt der Heiligung, der Lehre und der Leitung übertragen, das aber nur in der hierarchischen Gemeinschaft („*in communione hierarchica*") der Gliedern des Bischofskollegiums mit dem Papst als seinem Haupt ausgeübt werden kann (LG

---

[32] Ratzinger (2000), S. 5.
[33] LG 20,3.

21,2). Dabei geht die Absicht des Lehramts deutlich dahin, „die Communio im einheitsstiftenden Amt zu begründen. Ihm gegenüber gilt die Verpflichtung der ‚Hirten' wie der Laien, die Communio zu wahren durch Unterordnung unter seinen Leitungsanspruch"[34]. KEHL betont, dass damit zwar explizit die Einbindung des einzelnen Diözesanbischofs in die Gemeinschaft des Bischofskollegiums und mit seinem Haupt ausgesagt werde, implizit aber gleichzeitig „natürlich auch das Verhältnis der einzelnen Ortskirchen zur Gemeinschaft der Universalkirche"[35] gemeint sei.

Nach einer näheren Beschreibung der Kollegialität der Bischöfe in Verbindung mit dem Bischof von Rom als Stellvertreter Christi und Hirt der ganzen Kirche, die in und aus Teilkirchen als die eine und einzige katholische Kirche besteht („*in quibus et ex quibus una et unica Ecclesia catholica existit*"[36]), in der sich Vielfalt, Einheit und organische Struktur der Kirche[37] ausdrücken (LG 22 f.), bringt das Konzil eine Entfaltung des Bischofsamtes: Die Bischöfe sind gesandt, in der Nachfolge der Apostel aus der Kraft des Heiligen Geistes alle Völker zu lehren und ihnen das Evangelium zu verkünden (LG 24). So erhält ihr in Verbindung mit dem römischen Bischof authentisches Lehramt innerhalb ihrer Ämter den hervorragenden Platz (LG 25, 1) und sind sie in ihrer Gesamtheit unfehlbar (LG 25, 2), was wieder dem Bischof von Rom in besonderem Maße zukommt (LG 25, 3 f.). Die Bischöfe haben weiter mit der Fülle des Weihesakramentes die Leitungsvollmacht, die sie im Namen Christi als ihre eigene ausüben, wodurch sie zu den wahren Hirten werden (LG 27). Das Bischofsamt stellt somit zum einen die konkrete Leitung der Ortskirche dar und hat zum anderen eine gesamtkirchliche Verantwortung.

---

[34] Werbik (1994), S. 319.
[35] Kehl (1993), S. 104.
[36] LG 23, 1.
[37] Vgl. LG 8, 2.

An dieser Weihe und Sendung der Bischöfe, in der sie an der Weihe und Sendung Christi teilhaben, gibt es eine Teilhabe in den verschiedenen Abstufungen und Ordnungen der Priester und Diakone (LG 28,1), so dass auch in den Priestern die gleiche Aufgabe weitergeführt wird, nämlich zu predigen, als Hirten zu leiten und den Kult zu feiern. Daher wird ihr priesterlicher Dienst in Meßfeier und Sakramentenspendung in LG 28,1 besonders betont. Während das dreifache Amt als Lehr-, Priester- und Hirtenamt bei den Bischöfen vom Begriff des Hirten umfaßt wird[38], geschieht dies bei den Priestern durch den Begriff der Priesterwürde[39]. Auch bei den Priestern wird die Kollegialität ihres Dienstes betont, jetzt aber als Kollegialität mit dem Bischof, wie überhaupt die Parallelität zum bischöflichen Dienst bis hin zum Dienst an der Einheit der Kirche dargelegt wird (LG 28, 2 ff.). Auch die Diakone haben Anteil am bischöflichen Dienst, indem sie durch die sakramentale Weihe zum Dienst an der Liturgie, der Verkündigung und der tätigen Liebe bestellt sind (LG 29, 1).

Das vierte Kapitel (LG 30 - 38) behandelt „die Laien", bei denen dann noch einmal in entsprechender Parallelität die gleiche Struktur begegnet.

Nachdem die Konstitution betont hat, dass alles über Gottes Volk Gesagte auch für die Laien gilt, beschreibt sie deren besondere Sendung (LG 30), wobei auch hier zunächst die Grundlegung dieser Sendung zur Sprache kommt. Die Teilhabe der Laien am dreifachen Amt Christi und an der Sendung der Kirche wird in ausdrücklicher Abhebung vom Weihe- und Ordensstand genannt (LG 31, l): Auch sie ist in Taufe und Firmung sakramental begründet, und wird vor allem durch die Eucharistie sakramental „mitgeteilt und genährt"[40], wodurch die Laien befähigt werden, am Apostolat der Hierarchie mitzuwirken und ihnen gemäße kirchliche Ämter (*munera ecclesiastica*) zu übernehmen (LG 33, 3).

---

[38] LG 20, 3.
[39] Vgl. Grillmeier (1986) S. 251 f.
[40] LG 33,2

Diese Sendung wird näher als Teilhabe an Dienst und Zeugnis des Hohenpriesters Jesus Christus und aus Jesu Geist (LG 34,1) entfaltet. Damit haben auch die Laien Anteil an Christi Priesteramt und werden somit befähigt, ihr Leben als Opfer darzubringen (LG 34,2). Sie haben ebenfalls Anteil an seinem prophetischen Amt, so dass sie in Leben und Wort (LG 35, 1 f.) Zeugnis geben, was im sakramentalen Stand von Ehe und Familie besonderes Gewicht erhält (LG 35, 3). Der ausdrückliche Hinweis auf „gewisse heilige Aufgaben"[41], die sie bei Verhinderung oder Mangel geweihter Amtsträger stellvertretend übernehmen können, meint implizit auch Leitungsaufgaben. Dieses wird noch deutlicher, wenn ihr Dienst als Aufbau des Reiches Gottes beschrieben wird und dies wieder als Teilhabe an jener Gewalt, in der Christus zukünftig alles dem Vater unterwerfen wird[42] (LG 36). Damit wird de facto eine Teilhabe am Hirtenamt Christi ausgesagt, auch wenn das nicht ausdrücklich genannt wird. Wenn dann noch ausführlich die Zusammenarbeit von Hirten und Laien im Dienst der gemeinsamen Aufgabe thematisiert wird (LG 37), ist der Gedanke der Kollegialität mitgemeint, auch wenn diese auch hier wieder nicht ausdrücklich angesprochen wird.

Soweit die Aussagen der ersten vier Kapitel der Kirchenkonstitution, soweit sie für die Organisationsstruktur der katholischen Kirche wichtig sind[43]. Bereits diese kurze Zusammenfassung zeigt, dass die Kirche eine klare Struktur besitzt, die im Text von *Lumen gentium* konsequent entfaltet wird, und zwar auch dort, wo sie nicht unbedingt aufgezeigt werden will, wie die letzten Überlegungen gezeigt haben. Diese Struktur muß nun genauer in einem zweiten Schritt dargestellt werden.

---

[41] LG 35, 4.
[42] Vgl. 1 Kor. 15, 27.
[43] Obwohl mit den Kapiteln 5 bis 7 der Kirchenkonstitution das innere Wozu der Kirche durch Aussagen über die allgemeine Berufung zur Heiligkeit, über die Religiosen und über die eschatologische Ausrichtung der Kirche dargelegt wird, verzichtet die vorliegende Arbeit auf diese Ausführungen, weil sie nicht zu einem tieferen Verständnis der Organisationsstrukturen beitragen.

1.1.2. Die Grundstruktur der Kirche nach „Lumen gentium"

In einem auswertenden Schritt kann aus den Lehraussagen von „Lumen gentium" eine vierfache, jeweils ineinander übergehende Struktur der Kirche abgeleitet werden, in der die gleiche Kirche jeweils unter anderem Aspekt begriffen wird: die *sakramentale* Grundstruktur, die *hierarchische* Communiostruktur, die *dynamische* Einheitsstruktur sowie die funktionale Dienststruktur[44].

Die *sakramentale Grundstruktur* der Kirche zeigt sich schon in der Überschrift des ersten Kapitels, die vom Mysterium der Kirche spricht. Bereits in diesem Titel betont das II. Vaticanum die Sakramentalität der Kirche und nennt sie im zweiten Satz ausdrücklich Sakrament der Vereinigung mit Gott und der Einheit der Menschheit, was ähnlich noch an drei Stellen geschieht[45]. Mit „den Beziehungen der Kirche zu Vater, Sohn und Hl. Geist und deren Wirken in Schöpfung und Geschichte sind offensichtlich die ‚systemkonstituierenden' Elemente von Kirche als Sakrament der Communio Gottes genannt"[46]. Damit nennt das Konzil die für das katholische Kirchenverständnis grundlegende Verbindung von göttlichem Wirken und menschlicher Geschichte.

Eine zweite Struktur ist die *hierarchische Communiostruktur*. Das grundlegende Strukturprinzip der katholischen Kirchenhierarchie ist der Begriff der *communio hierarchica* (lat. = hierarchische Gemeinschaft), den die Kirchenkonstitution in LG 22 und 23. Er bedeutet, dass das Bischofsamt in die Gesamtkirche, näherhin in die Gemeinschaft mit Papst und Bischofskollegium[47], und das Priesteramt in

---

[44] Zu dieser Einteilung vgl. ausführlicher Hahn (1987), S. 981 ff.
[45] LG 1: sacramentum cum Deo unionis totiusque generis humani unitatis; LG 9, 3: sacramentum visibile salutiferae unitatis; LG 48, 2: universale salutis sacramentum; LG 59, 1: humanae salutis sacramentum.
Vgl. ebenso: SC 5, 2: ecclesiae mirabile sacramentum; SC 26, 1: unitatis sacramentum; AG 1: universale salutis sacramentum; AG 5,1; sacramentum salutis; GS 45,1: universale salutis sacramentum.
[46] Kehl (1993), S. 103.
[47] Nach c. 336 CIC ist das Bischofskollegium gemeinsam mit dem Papst gleichfalls Träger der höchsten und vollen Gewalt über die Kirche. Diese übt das Bischofskollegium nach c. 337 § 1 CIC i. V.

die Teilkirche, konkret in die Gemeinschaft mit dem Bischof und den Priestern eingebunden ist[48]. Dem Papst kommt die Hauptstellung im Bischofskollegium zu, welches ohne seine Zustimmung nichts tun kann[49]. Die *communio* verwirklicht sich zunächst konkret in den Ortskirchen, den Diözesen[50]. Die Gesamtkirche ist als *communio* „in und aus"[51] den Ortskirchen zu verstehen und somit keine bloße Dachorganisation. „Mit Universalkirche und Teilkirche sind die theologischen Eckgrößen der Kirchenverfassung bezeichnet"[52]. Daher ist die Gliederung in Teilkirchen ein wesentliches Strukturelement der Organisation der katholischen Kirche[53]. Bei der Ausgestaltung der Führungsorganisation besteht die eigentliche Aufgabe darin, „innerhalb jenes vorgegebenen Rahmens für Institutionen Sorge zu tragen, aus denen zu ersehen ist, welche Personen und welche Vorgänge gewährleisten, daß alles (....) in Zuordnung zur Kirche geschieht"[54]. Sie besteht in einer Aufteilung der kirchlichen Leitungsvollmachten auf innerkirchliche Ämter und Gliederungen derart, dass gleichzeitig die Einflußmöglichkeiten der zentralen Kirchenführung auf die teilkirchlichen Struktureinheiten gesichert bleibt. Dabei erweist sich „eine hierarchische Stufung der Amtsverfassung und eine Letztverantwortlichkeit der zentralen Leitungsinstanz als unerläßlich"[55]. Es können entsprechend der hierarchischen Leitungsstruktur mehrere Instanzenebenen unter anderem hinsichtlich ihres Anteils an den Entscheidungs- und Realisierungsaufgaben, der Art der Führungsaufgaben sowie der zeitlichen und räumlichen Reichweite der Entscheidungen unterschieden werden. Auf der obersten, gesamt-

---

m. LG 22,1 im ökumenischen Konzil und nach c. 337 §2 CIC durch andere kollegiale Akte aus, die jedoch gemäß c. 337 § 3 CIC vom Papst bestimmt werden.
[48] Puza (1986), S. 201 f.
[49] Vgl. Schwendenwein (1984), S. 168.
[50] Im folgenden werden die Begriffe Diözese und Bistum synonym gebraucht, da sie bedeutungsgleich sind.
[51] LG 23.
[52] Krämer (1987 b), S. 405.
[53] Vgl. Schlief (1974), S. 304. Diese von den Ortskirchen ausgehende Sicht der Kirchenhierarchie wird bei der Beschreibung der Führungsbefugnisse des Diözesanbischofs noch von Bedeutung sein.
[54] Pirson (1992), Sp. 1091.
[55] Pirson (1992), Sp. 1091.

kirchlichen Ebene werden die zeitlich und räumlich umfassendsten Entscheidungen für die gesamte Weltkirche getroffen. Auf der mittleren, teilkirchlichen Ebene werden zeitlich und räumlich begrenzte Entscheidungen für die Diözese oder einen Teilkirchenverband gefällt. Auf der untersten Ebene, der Pfarrebene, werden solche Entscheidungen getroffen, die unmittelbar die Aktionsträger dieser Ebene betreffen. Umgekehrt verhält es sich mit der Realisierung der Aufgaben. Realisiert werden sie überwiegend auf der untersten Ebene.

RATZINGER folgend kann die gesamte Ekklesiologie des II. Vatikanischen Konzils mit dem Grundbegriff der Communio-Ekklesiologie zusammengefaßt werden kann, bzw. kann das Wort Communio als „Synthese für die wesentlichen Elemente konziliarer Ekklesiologie"[56] dienen.

Die dritte Struktur ist die *Einheitsstruktur*. Ihre enge Verbindung zur Sakramentalität der Kirche wird zum einen deutlich, wenn die Liturgiekonstitution die Kirche „Sakrament der Einheit"[57] nennt und zum anderen, wenn auch in LG an zwei Stellen Sakramentalität und Einheit verbunden werden[58].

Die Einheit der Kirche hat ihre Grundlage in deren sakramentaler Einheit mit Gott (LG 4,1 f.), was vor allem in folgender doppelter Beschreibung der Kirche deutlich wird, nämlich als Leib Christi, der in Jesus und in seinem Geist geeint ist (LG 7, 1 f.) und als neues Gottesvolk, das durch Christi Stiftung und in seinem Geist geeint ist (LG 9, 1). Damit wird die dynamische Kraft dieser Einheit deutlich. Sie ist auf Verwirklichung hin angelegt, wenn dieses Volk die Einheit erst bauen muß und gerade so „obwohl es nicht alle Menschen umfaßt und oft nur als kleine Herde erscheint, für das ganze Menschengeschlecht die unzerstörbare Keimzelle der Einheit, der Hoffnung und des Heiles" (LG 9,2) ist. Die der Kirche innewohnende Dynamik läßt sie fremde Völker und Kulturen integrieren und bei aller bleibenden und sinnhaften Verschiedenheit danach streben, „die ganze Menschheit mit all

---

[56] Vgl. Ratzinger (2000), S. 4.
[57] SC 26, 1.

ihren Gütern unter dem einen Haupt Christus zusammenzufassen in der Einheit seines Geistes" (LG 13,2). Diese Dynamik der von Gott her grundgelegten und auf alle Menschen hin zielenden Einheit verpflichtete die Kirche und in ihr allen Glaubenden zur Mission (LG 17).

In LG 5 2 und LG 9, 2 wird angesprochen, dass die Einheit für die eschatologische Vollendung durch den wiederkommenden Christus bestimmt ist, was die Kirchenkonstitution im letzten Satz in LG 69 ausdrücklich betont.

Die *funktionale Dienststruktur* ist die nach außen hin greifbare Struktur der Kirche, wobei Dienst einfach die Aufgabe der Kirche meint, während funktional auf die Grundformen zielt, in denen diese Aufgabe wahrgenommen wird. Die Aufgabe dieses Dienstes ist die Erklärung der Sendung der Kirche (LG 1). Sie ist die Fortsetzung des Heilshandelns Jesu (LG 3): Jesus verkündet die Botschaft vom Anbruch des Reiches, er wird nach Tod und Auferstehung als Christus und Priester erkannt und durch die Aussendung des Geistes wird die Sendung der Kirche begründet, in der seine Sendung weitergeht (LG 5,1 f.): im Wirken Christi als Prediger, Priester und Stifter der Kirche wird das deutlich, was die Ämterchristologie sein Lehramt, Priesteramt und Hirtenamt nennt.

Die Entfaltung des Dienstes der Kirche läßt dann diese dreifache Struktur deutlich werden: nämlich dann, wenn das gemeinsame Priestertum aller als priesterlicher Opferdienst bezeichnet wird, der sich als Teilhabe an Christi Priestertum im sakramentalen Bereich durch Teilnahme und Empfang, im Bereich des Alltäglichen durch das konkrete Leben vollzieht (LG 11). Weiter wird dieses gemeinsame Priestertum als Dienst des prophetischen Zeugnisses angesprochen, das als Teilhabe an Christi Prophetenamt unfehlbar ist (LG 12). Eine Teilhabe am Hirtenamt Christi ist implizit angesprochen, wenn die Charismen deswegen gegeben sind, um „für die Erneuerung und den vollen Aufbau der Kirche verschiedene Dienste zu übernehmen" (LG 12, 2). Diese Teilhabe am dreifachen Amt Christi

---

[58] LG 1 und LG 9, 4.

wird dann jeweils ausdrücklich genannt bei den Bischöfen (LG 19; LG 21, 2), in Gemeinschaft mit ihnen bei den Priestern und Diakonen (LG 20,3), ausdrücklich nochmals bei den Priestern (LG 28, 1) und Laien (LG 31, 1). Dabei wird in je verschiedener Ausführlichkeit deutlich, wie die einzelnen diese Teilhabe wahrnehmen, und in der jeweils betonten Kollegialität mit den nächst höheren Dienstträgern die Einheit des Dienstes betont.

Die nach der Ekklesiologie von *Lumen gentium* greifbare Struktur der Kirche ist demnach die eine Sendung durch Jesus Christus und aus dem Geist Christi. Diese Sendung wird als Teilhabe am Amt Jesu als Lehrer (Prophet), Priester und Hirte (König) zum Lehramt, Priesteramt und Hirtenamt der Kirche bezeichnet. Funktional gesagt ist es die Sendung, weiterzusagen, was er gesagt hat, fortzuführen, was er getan hat, und wie er Gemeinde zu bauen[59].

1.2. Der theologische Kirchenbegriff des evangelischen Kirchenrechts

Der theologische und der kirchenrechtliche Kirchenbegriff sind aufeinander bezogen und dürfen sich deshalb nicht konstitutiv widersprechen. Doch ist „kein Begriff des evangelischen Kirchenrechts so umstritten wie derjenige der Kirche"[60]. Das Kirchenrecht soll den theologischen Anforderungen entsprechen, weil es den ekklesiologischen Begriff der Kirche zum Orientierungspunkt hat: „es beruht auf der richtigen Erkenntnis der Beziehung zwischen geglaubter und verfaßter Kirche"[61]. Nach CA VII wird unter Kirche in enger Anlehnung an die reformatorischen Axiome „*solus Christus, solo verbo, sola fide, sola gratia*", an die lutherischen Axiome Gesetz und Evangelium (Fundamentalartikel), die Zwei-Reiche-Lehre und die Drei-Stände-Lehre und an die lutherischen Bekenntnisschriften

---

[59] Auf diese dreigeteilte funktionale Dienststruktur muß sich letztlich jede Strukturdiskussion beziehen.
[60] Tempel (1966), S. 21.
[61] Vgl. Bock (1997), S. 127.

verstanden: „*Est autem ecclesia congregatio sanctorum, in qua evangelium pure docetur, et recte administrantur sacramenta*"[62].

1.2.1. Lutherische Ekklesiologie

Für den im ersten Grundartikel der KO EKiR enthaltenen lutherischen Kirchenbegriff ist die definitionsartige Bestimmung in CA VII grundlegend: „*Est autem ecclesia congregatio sanctorum* [Versammlung der Gläubigen = d. Verf.], *in qua evangelium pure docetur et recte administrantur sacramenta*".
KÜHN betont, dass damit ein personell-spirituell Moment sowie verschiedene institutionelle Momente als für das lutherische Kirchenverständnis charakteristisch deutlich werden: Kirche sind die ‚Heiligen' im Sinne der im Glauben gerechtfertigten Angehörigen des Heiligen Volkes. Darüber hinaus sind die ‚Versammlung der Gläubigen' um die Lehre des Evangeliums und die Sakramente sowie die Sakramente als Gnadenmittel konstitutive institutionelle Elemente von Kirche. In der Kirche als ‚Versammlung der Gläubigen' ereignet sich vornehmlich die Verkündigung sowie die Feier (Verwaltung) der Sakramente[63]. Damit wird Kirche primär als gottesdienstliche Versammlung gedacht, deren äußere Kennzeichen Predigt und Sakramente sind.
Die Kirche ist nach LUTHER die Gemeinschaft von Glaubenden und als Leib Christi, der durch den Wort und den Geist Christi aufgebaut und geleitet wird, der Ort, an dem das Wort gehört und geglaubt wird: sie ist *creatura verbi* und als solche die im Heiligen Geist zusammengerufene Gemeinde. Sie ist „das heilige christliche Volk Gottes im Wort"[64] Gottes Volk und Gottes Wort gehören untrennbar zusammen[65].

---

[62] CA VII.
[63] Vgl. Kühn (1989), Sp. 1076.
[64] WA 12, 191.
[65] Vgl. WA 11, 408.

Allerdings ist die Erkennbarkeit der Kirche für Luther ein Problem: Sie ist nämlich Glaubensgegenstand und deswegen verborgen. „Dennoch gibt es untrügliche Merkmale, welche die unsichtbare Kirche für jedermann sichtbar machen: Wort und Sakramente, Gebet, Kreuz, Bekenntnis usw. Trotz solcher Differenzierungen ist der lutherischen Theologie bis heute die Last geblieben, jene beiden Wirklichkeiten (verborgene Kirche - sichtbare Kirche) auseinanderzuhalten, ohne (wie wohl frühere Aussagen Luthers nahelegen) eine Trennung zwischen zwei Kirchen zu treffen"[66]. Allerdings betont HECKEL, dass beide Gestalten der Kirche eine untrennbare Einheit bilden: „sie dürfen nicht im neuprotestantischen Mißverständnis in eine unsichtbare und eine sichtbare, Geistkirche und Rechtskirche, jur. und theol. Wesensbestimmung, getrennt werden. Entscheidend ist ihr Rang. Die äußere kirchliche Rechtsordnung ist vom geistlichen Charakter der ecclesia spiritualis bestimmt, sie darf sich nicht davon ‚weltlich' verselbständigen"[67].

Die äußere Organisation der Kirche ist für LUTHER nicht genau festgelegt, weil sie ein Glaubensgegenstand und deshalb verborgen ist. Luther differenziert zwischen verborgener und sichtbarer Kirche, die jedoch die eine Wirklichkeit darstellen. Zugleich gibt es bestimmte Merkmale, welche für die Kirche konstitutiv sind und durch welche die Kirche sichtbar in Erscheinung tritt, wie durch Wort und Sakramente, Gebet und Bekenntnis. Zusätzlich unterscheidet Luther zwischen ‚wahrer' und ‚falscher' Kirche, wobei die ‚wahre' Kirche in Kontinuität mit der apostolischen Kirche steht. Demnach gibt es nach lutherischem Verständnis „hinsichtlich der konkreten Ordnung der Kirche kein verbindliches göttliches Mandat"[68]. Daraus resultiert eine gewisse „Nachlässigkeit"[69] der lutherischen Kirche gegenüber ihrer konkreten Gestalt, so dass ihre Verfassung episkopal, synodal, kongregationalistisch oder eine Mischung daraus sein kann. Die lutherische Kir-

---

[66] Wagner (1996), S. 215.
[67] Heckel (1984), Sp. 106.
[68] Wagner (1996), S. 215.
[69] Geldbach (1999), S. 190.

chenverfassung zeichnet sich aus durch „eine gleichgeordnete Mehrheit kirchenleitender Organe, in denen einerseits die Gemeinschaft der Glaubenden durch die von ihnen gewählten synodalen Gremien, andererseits der Sachverstand der dafür Vorgebildeten und berufenen, insbesondere der ordinierten Theologen zum Zuge kommt"[70].

Nach KINDER wird in CA VII „keine eigentliche Definition der Kirche gegeben, sondern die Wirklichkeit der einen heiligen Kirche wird als vorgegeben bekannt, und es wird die Gewißheit angesprochen, daß sie immer bleiben wird"[71].

1.2.2. Calvinistisch-reformierte Ekklesiologie

Das reformierte Kirchenverständnis basiert auf der Ekklesiologie CALVINS[72]. CALVIN war im Gegensatz zu LUTHER mehr an der sichtbaren Kirche, ihrer Lehre und Gesetzgebung und Ämterordnung interessiert.

Nach CALVIN wird die universale Herrschaft Gottes in der sichtbar verfaßten Kirche konkret. Diese gehört zu den „äußeren Mitteln", mit denen Gott den Menschen zur Gemeinschaft mit Christus einlädt. Die Kirche, die sich in der Gemeinde ‚vor Ort' konkret darstellt, ist eine Stiftung ‚von oben' und kommt nicht durch einen bloßen Zusammenschluß der Gläubigen zustande. CALVIN unterscheidet bei der konkret wahrnehmbaren Kirche zwischen der ‚*ecclesia universalis*', der allgemeinen, über die Welt zerstreuten Kirche, und den ‚*singulae ecclesiae*', den Ortskirchen. In der Ortskirche ist die „unbedingte Einheit hinsichtlich der Lehre und der Sakramente zu wahren"[73].

Zwar hat sich heute CALVIN's Aufteilung der vier Ämter (Pastor, Lehrer, Ältester, Diakon) nicht ganz durchsetzen können, aber die Mitbeteiligung von Gemeindeäl-

---

[70] Tiling (1997), S. 29.
[71] Kinder (1956), S. 365.
[72] Die Ekklesiologie Calvins ist in seiner „Institutio christianae religionis" niedergelegt. Eine umfassende Darstellung der Ekklesiologie Calvins und deren Entwicklungslinien von 1536 bis 1559 bietet: Ganoczy (1968), S. 140 ff.

testen (Presbytern) zusammen mit Pastoren in den Presbyterien, regionalen und landeskirchlichen Synoden ist bis heute ein charakteristisches Merkmal reformierter Kirchenverfassungen.

Das reformierte Kirchenverständnis ist also „trinitarisch-christozentrisch verankert, heilsgeschichtlich orientiert und eschatologisch ausgerichtet"[74]. Reformierte Ekklesiologie kommt insbesondere durch die Barmer Theologische Erklärung von 1934 zum Ausdruck. Nach der III. These von Barmen ist die Kirche „die Gemeinde von Schwestern und Brüdern, in der Jesus Christus in Wort und Sakrament als Herr gegenwärtig handelt". Alles Tun und Handeln der Kirche hat darauf zu zielen, „die Menschen auf das kommende Reich Gottes vorzubereiten"[75]. Zum Spezifischen reformierter Ekklesiologie gehört es, dass sie gemeindeorientiert ist, also der Gestaltung der Ortsgemeinde als der Elementarstruktur der Kirche besondere Aufmerksamkeit widmet.

Die presbyterial-synodale Verfassung der EKiR basiert auf der Ekklesiologie CALVINS. Sie „ist nicht im Sinne einer parlamentarischen Repräsentation des Kirchenvolkes, sondern als Ausdruck der durch Christus im Heiligen Geist begründeten geistlichen Gemeinschaft der Gemeinde zu verstehen"[76].

Nach traditionellem reformiertem Verfassungsdenken liegt der Schwerpunkt rechtlicher Handlungsbefugnisse allein auf der gottesdienstlichen Gemeinde, die sich um Wort und Sakrament versammelt[77]. Dementsprechend wird die KO der EKiR durch das „Einheitsprinzip"[78] personaler Organverknüpfung bestimmt, durch das alle Ausübung von Leitungsfunktionen an die Mitgliedschaft in der Synode geknüpft ist.

---

[73] Iserloh (1987 b), S. 238.
[74] Heron (1989), Sp. 1079.
[75] Heron (1989), Sp. 1080.
[76] Wagner (1996), S. 219.
[77] Vgl. Dahlhoff (1964/65), S. 94 ff.
[78] Frost (1972), S. 315; 334 ff.

2. Erklärungsansätze der Organisationstheorie zur Untersuchung der Organisationsstruktur der evangelischen und der katholischen Kirche

Um ihre Zielsetzungen ‚in der Welt von heute'[79] verwirklichen zu können, sind die Kirchen als normative soziale Gruppen auf das Führungshandeln ihrer Leitungsorganisation angewiesen. Um eine organisationstheoretische Charakterisierung der Organisationsstruktur der evangelischen und der katholischen Kirche zu ermöglichen, soll das folgende Kapitel den theoretischen Bezugsrahmen dafür aufzeigen[80]. Nach einer Definition der relevanten Begriffe Organisation und Führung werden die Organisationsstrukturen der Führung innerhalb der Kirchen untersucht. Aus wirtschaftswissenschaftlicher Sicht sind die Kirchen als non-profit-Organisationen zu klassifizieren. Ebenso wird danach gefragt, wie sich das Selbstverständnis der Kirchen in der Interpretation ihrer Führungsvollzüge ausdrückt.

2.1. Organisation und Führung

2.1.1. Der betriebswirtschaftliche Organisationsbegriff

In der betriebswirtschaftlichen Literatur werden i.d.R. zwei unterschiedliche, ein institutioneller und ein instrumenteller, Organisationsbegriffe einander gegenübergestellt. Der institutionelle Organisationsbegriff definiert eine Organisation als soziales, auf Regeln aufgebautes Gebilde, zu dem sich mehrere Individuen zur Erreichung eines gemeinsamen Ziels zusammengeschlossen haben[81]. In diesem Fall *ist* die Unternehmung die Organisation.

Der instrumentelle Organisationsbegriff versteht unter einer Organisation sämtliche Maßnahmen, die in den Bereich ‚Organisation' fallen. Damit ist sie ein „Mit-

---

[79] Vgl. Titel der Pastoralkonstitution *Gaudium et spes*.
[80] Wie sich diese betriebswirtschaftlichen Grundlagen im Hinblick auf beiden Kirchen anwenden lassen, wird in den beiden nachfolgenden beschreibenden Kapiteln C und D gezeigt.

tel zum Zwecke der Lösung von Koordinations-, Kooperations- und anderen Interaktionsproblemen zwischen Einzelakteuren"[82]. In diesem Fall *hat* eine Unternehmung eine Organisation.

Organisationsstrukturen beschreiben die Weisungs- und Kommunikationsverbindungen zwischen verschiedenen Organisationseinheiten. Sie sind ein „System von Regelungen, die das Verhalten der Organisationsmitglieder auf ein übergeordnetes Ziel ausrichten sollen."[83]

Die Betriebswirtschaftslehre unterscheidet nach der These von CHANDLER „structure follows strategy"[84], nämlich dass eine zielkonforme Organisationsstruktur der gewählten Marktstrategie folgt, vor allem drei idealtypische Formen einer Organisationsstruktur: die funktionale, die divisionale und die Matrixorganisation[85].

Die Funktionalorganisation, auch „Funktionsbereichsorganisation" oder „Gliederung nach Zweckbereichen" genannt, gliedert die Organisationseinheiten auf der zweiten, der Unternehmensleitung nachgeordneten Hierarchiestufe[86] nach den unterschiedlichen betrieblichen Funktionen wie etwa Beschaffung, Produktion, Absatz[87].

Bei der divisionalen Organisationsstruktur werden auf der zweiten Hierarchiestufe Organisationseinheiten - sogenannte Divisionen – geschaffen, deren Leiter speziell für einzelne Produkte bzw. Produktgruppen verantwortlich sind. Eine Untergliederung nach betrieblichen Funktionen, wie bei der Funktionalorganisation, erfolgt hier erst auf der dritten Ebene.

Als dritte Form einer Organisationsstruktur wird die Matrixorganisation genannt. Dabei werden die Organisationseinheiten der zweiten Hierarchiestufe unter

---

[81] Vgl. Schanz (1992), Sp. 1460.
[82] Kräkel (1999), S. 81.
[83] Frese (1997), S. 2893.
[84] Vgl. Chandler (1993), S. Teilweise deutsche Übersetzung, in: Witte (1977), S. 147 - 180.
[85] Eine ausführliche Diskussion der Vor- und Nachteile der Strukturtypen findet sich bei: Hill/ Fehlbaum/ Ulrich (1994), S. 212 - 217.
[86] An dieser Stelle wird deutlich, dass der ursprüngliche Wortsinn von Hierarchie (= hl. Ursprung, hl. Vollmacht) in ihrer vorliegenden betriebswirtschaftlichen Bedeutung total profanisiert ist.

gleichzeitiger Anwendung zweier Gestaltungsdimensionen, nämlich Funktionen und Objekte, gebildet.

2.1.2. Organisationsstrukturen der Führung

Der Begriff „Führung" beinhaltet zwei Komponenten. Aus institutioneller Sicht versteht man unter Führung die in der Organisation bestehenden formalen Führungsstrukturen. Die Führungsebene innerhalb einer Organisation ist die höchste zur Formulierung der verbindlichen Organisationsziele legitimierte Ebene der Hierarchie[88]. Führen aus funktionaler Sicht versteht Führung als Prozeß. Führen ist die „Beeinflussung der Einstellungen und des Verhaltens von Einzelpersonen sowie der Interaktion in und zwischen Gruppen mit dem Zweck, bestimmte Ziele zu erreichen"[89]. Führung ist demnach eine bewußte, zielorientierte Einflußnahme des Führers auf den Geführten, die sich an bestimmten Maßstäben auszurichten hat und die zu einem einheitlichen und zielkonformen Handlungsgeschehen zu bündeln ist. Weitere charakteristische Merkmale der Führung sind die Entscheidungs- und Anordnungsbefugnis sowie die Eigen- und Fremdverantwortung. Aufgabe des Führens ist es, Ziele zu setzen und diese mit Hilfe von menschlichen und sachlichen Leistungen anderer zu realisieren. Dem Führenden kommt dabei eine formale Sanktionsmacht zu, mit der er gegebenenfalls Zwangsmaßnahmen gegenüber den zu Führenden anwenden kann. WAGNER unterscheidet bei der Beschreibung des Führungsverhaltens zwei interdependente Funktionen: die Lokomotions- und die Kohäsionsfunktion[90]. Im Rahmen der aufgabenorientierten Lokomotionsfunktion hat der Führende Aufgaben wie Planung, Entscheidung, Kontrolle und

---

[87] Vgl. Picot (1997), S. 263 ff.
[88] Vgl. Frese (1998), S. 506.
[89] Staehle (1999), S. 328.
[90] Vgl. Wagner (1996), S. 207 f. In ähnlicher Weise unterscheidet Frese (1991), S. 117, ein aufgaben- und ein personenorientiertes Führungsverhalten.

Koordination wahrzunehmen[91]. Im Zusammenhang mit der personenbezogenen Kohäsionsfunktion ist der Führende „Integrierer, Motivator und Förderer der von ihm geführten Gruppe und ihrer Ziele"[92]. Daraus wird deutlich, dass Führung ein interdependentes Geschehen ist.

Die Führungsorganisation ist die organisatorische Gestaltung und Einordnung aller Leitungsstellen in einem Unternehmen und zielt auf den Bereich der Willensbildung und -durchsetzung[93]. Diese strukturelle Führung ist von oben nach unten bzw. von unten nach oben hin denkbar. Hier gibt es verschiedene organisatorische Gestaltungsalternativen, sowohl was die interne Gestaltung des Leitungsorgans als auch seine Einbindung in die Gesamtorganisation der Unternehmung betrifft[94].

2.1.3. Grundlagen der Aufbau- und der Ablauforganisation

Die Aufbauorganisation beschreibt die Ausstattung und Verteilung von Potentialen bzw. Beständen an materiellen und immateriellen Gütern innerhalb einer Organisation[95]. Die Elemente aufbauorganisatorischer Strukturen sind Stellen und Stellenzusammenfassungen. Die Stelle ist die kleinste aufbauorganisatorische Einheit und besteht aus einem Aufgabenkomplex (Inhalt, Spielraum und Umfang der Aufgabe), der einer Person zugeordnet wird. Damit grenzt sie den Zuständigkeitsbereich für den Stelleninhaber ein. Instanzen sind Stellen mit Leitungsbefugnis. Den Instanzen sind Stäbe zugeordnet, die sie bei ihren Leitungsaufgaben durch beratende Entscheidungsvorbereitung unterstützen.

Während die Aufbauorganisation also mit der Schaffung organisatorischer Potentiale zu tun hat, steht bei der Ablauforganisation die Nutzung von organisatori-

---

[91] Vgl. Wagner (1996), S. 207.
[92] Wagner (1996), S. 208.
[93] Vgl. Schulte-Zurhausen (1999), S. 221.
[94] Vgl. Werder (1987), S. 333 ff.
[95] Vgl. Hoffmann (1992), Sp. 208 ff.

schen Potentialen innerhalb der von der Aufbauorganisation geschaffenen Organisationsstruktur unter der Maßgabe von Effektivität und Effizienz im Vordergrund[96]. Sie beschreibt im Rahmen von Aufgabenerfüllungsprozessen den Ablauf des betrieblichen Geschehens bzw. die Ausübung oder Erfüllung von Funktionen.[97] Während Effektivität als Maßgröße für die Zielerreichung („die richtigen Dinge tun") aufzufassen ist, so ist Effektivität als Maßgröße für Wirtschaftlichkeit („die Dinge richtig tun") zu verstehen. Die Organisation des Arbeitsablaufs hat u.a. eine hohe Auslastung der vorhandenen Kapazitäten, hohe Termintreue, kundengerechte Problemlösungen sowie kurze Durchlaufzeiten zum Ziel[98].

Bei der Analyse der Gestaltung von Führungsstrukturen in unterschiedlichen Systemen werden diese zunächst unter dem Gesichtspunkt der äußeren Form des Stellengefüges, der Konfiguration, untersucht. Dabei sind die Leitungstiefe und die Leitungsspanne die organisatorischen Dimensionen der Konfiguration: die Leitungstiefe bildet die Zahl der hierarchischen Leitungsebenen[99], die Leitungsspanne die Anzahl der einer Leitungsstelle unmittelbar unterstellten Personen[100] ab. Eine Führungsstelle bildet die kleinste aufbauorganisatorische Einheit. Sie wird durch die Stellenaufgabe, den Stelleninhaber und ihre Dauerhaftigkeit sowie durch die Leitungskompetenzen[101] und die Verantwortung charakterisiert, die sich aus der Stellenaufgabe ableiten.

---

[96] Vgl. Scholz (1992), Sp. 533 ff.
[97] Vgl. Gaitanides (1992), Sp. 2 f.
[98] Vgl. Bühner (1999), S. 249.
[99] Vgl. Schulte-Zurhausen (1999), S. 222.
[100] Vgl. Schulte-Zurhausen (1999), S. 189.
[101] Zu den Leitungskompetenzen gehören nach HILL/FEHLBAUM/ULRICH (1994), S. 125 ff. u.a. die *Ausführungskompetenz* als das Recht, im Rahmen einer übertragenen Aufgabe tätig zu werden, die *Verfügungskompetenz* als das Recht, über Informationen, Objekte oder Hilfsmittel zu verfügen bzw. sie von anderen verlangen zu können, die *Entscheidungskompetenz* als das Recht, als das Recht, verbindliche Entscheidungen zu treffen sowie die *Vertretungskompetenz* als das Recht, ein soziales System nach außen zu vertreten. Die Vertretungskompetenz beinhaltet zwei Komponenten, nämlich die Verpflichtungs- und die Forderungskompetenz. Während die Verpflichtungskompetenz das Recht beinhaltet, das soziale System gegenüber Dritten vertraglich zu verpflichten, ist die Forderungskompetenz das Recht, Rechte gegenüber Dritten wahrzunehmen, die etwa aus Vertrag entstehen können. Ebenso gehört die *Mitsprachekompetenz* als das Recht einer Person oder Gruppe, vor der Entscheidung einer anderen Person oder Gruppe konsultiert worden zu sein, zu den Leitungs-

Damit eine Stelle ihre Aufgaben erfüllen kann, muß sie das Recht haben, handelnd tätig zu werden, um diejenigen Maßnahmen zu ergreifen, die zur ordnungsgemäßen Aufgabenerfüllung notwendig sind. Derartige Handlungsrechte werden als Kompetenzen bezeichnet und sind „eine wesentliche Basis für die Einflußnahme des Vorgesetzten auf seine Mitarbeiter"[102]. Aus der Verantwortung resultiert eine Verantwortlichkeit im Sinne einer Haftung bzw. Belangbarkeit für fahrlässige und vorsätzliche Fehler, für die Nichtausübung von Kompetenzen und für Mißerfolge bei der Erfüllung der Aufgaben. Die Zuweisung von Kompetenzen wird als Delegation bezeichnet.

Die Führungsaufgaben, bei statischer Betrachtung eine Soll-Leistung, bei dynamischer Betrachtung eine Vielzahl von Aktivitäten zur Erfüllung der Soll-Leistung, werden verschiedenen Stelleninhabern zugewiesen. Mit der Zuweisung von Aufgaben und Kompetenzen wird die Stelle gleichzeitig verpflichtet, die erhaltenen Aufgaben und Kompetenzen richtig zu erfüllen. Diese Verpflichtung ist ihre Verantwortlichkeit. Nach dem **Kongruenzprinzip** als einem der bekanntesten Organisationsgrundsätze[103], nach dem Übereinstimmung zwischen Aufgabe, Kompetenz und Verantwortung verlangt wird, müssen sich Aufgabe, Kompetenz und Verantwortung immer entsprechen. Dieses ist deswegen wichtig, weil z. B. bei der Delegation von Entscheidungen niemand für Sachverhalte zur Verantwortung gezogen werden soll, die er durch das Fehlen von Kompetenz nicht beeinflussen kann[104].

HILL/FEHLBAUM/ULRICH betonen, dass sich mit der Übertragung von Aufgaben, Kompetenzen und Verantwortung die entsprechende Verantwortung des delegie-

---

kompetenzen. Wie weit das Mitspracherecht geht, muß genau bestimmt werden. So kann es sich etwa um ein bloßes Anhörungsrecht, ein Vetorecht oder um ein eigentliches Mitentscheidungsrecht handeln.

[102] Hill/Fehlbaum/Ulrich (1994), S. 124.
[103] Vgl. Schulte-Zurhausen (1999), S. 143.
[104] Vgl. Schierenbeck (2000), S. 113. Ähnlich auch Kieser/Kubicek (1992), S. 83 f.

renden Vorgesetzten qualitativ verändert[105]. So wird zwar mit der Delegation einer bestimmten Kompetenz gleichzeitig die Verantwortung für die richtige Ausübung dieser Kompetenz nach unten auf den Ausführenden verlagert und der Unterstellte übernimmt dafür die Ausführungsverantwortung[106]. Allerdings bleibt für die Vorgesetzten die Gesamtverantwortlichkeit für die richtige Aufgabenerfüllung in seinem Verantwortungsbereich bestehen. Seine Führungsverantwortung hat er aber erst dann umfassend wahrgenommen, wenn er dafür gesorgt hat, dass die Personen, an die er Aufgaben und Kompetenzen übertragen hat, im Sinne des Kongruenzprinzips über die erforderlichen Voraussetzungen verfügen, und dass durch geeignete Zielsetzungs-, Informations- und Kontrollverfahren die Erfüllung der Aufgaben sichergestellt ist[107].

Ein weiterer Parameter zur Beschreibung und Gestaltung von Führungsstrukturen ist die vorherrschende Form der Arbeitsteilung zwischen der ersten und der zweiten Führungsebene; sie wird durch verschiedene Formen der Primärorganisation deutlich. Die Primärorganisation ist die hierarchische Grundstruktur der Führungsbeziehungen und wird durch die Strukturen der Sekundärorganisation ergänzt. Die durch Unter- und Überordnung gekennzeichneten Führungsbeziehungen bilden eine mehrstufige Hierarchie der Leitungsebenen, wobei zwischen oberer, mittlerer und unterer Leitungsebene unterschieden wird. Die Aufgabenverteilung in der Leitungshierarchie ist so gelagert, dass die obere Leitungsebene strategische, die mittlere und untere Leitungsebenen operative Entscheidungen treffen. Jedoch ist die Aufgabenzuweisung vom praktischen Führungsstil des Führenden abhängig[108].

---

[105] Vgl. Hill/Fehlbaum/Ulrich (1994), S. 124 f.
[106] Wird etwa eine Entscheidungskompetenz delegiert, so folgt ihr die Verantwortung für die betroffenen Entscheidungen.
[107] Vgl. Hill/Fehlbaum/Ulrich (1994), S. 125.
[108] Vgl. Schulte-Zurhausen (1999), S. 223 f.

Bei der Willensbildung und -durchsetzung von oben nach unten stellt das Einliniensystem eine grundlegende Ausprägung des Leitungssystems dar. Der Grundgedanke dieses Systems besteht darin, dass jede untergeordnete Stelle nach dem Prinzip der Einheit der Auftragserteilung ihre Anweisungen von nur einer übergeordneten Instanz erhält[109]. Jede Stelle hat nur eine direkt vorgesetzte Leitungsstelle. Dabei werden alle anweisenden Stellen, die in einem unmittelbaren Zusammenhang mit der Erfüllung der Führungsaufgabe stehen, als Leitungshauptstelle oder Linieninstanz bezeichnet[110]. Sie können entlang der Linie die notwendigen Kompetenzen delegieren. Der gesamte Informationsfluß zwischen Vorgesetzten und Untergebenen verläuft im Idealfall über die Linie als dem Verbindungsweg. Sie erlaubt als Instrument der Systemleitung „die Durchdringung des ganzen komplexen Systems mit einem einheitlichen Willen"[111]. Mit der Regelung der meisten Kommunikationsbeziehungen in vertikalen Bahnen wird der Zweck verfolgt, „trotz Aufgabenteilung in der Systemleitung die Einheitlichkeit der Leitung (Willensbildung und -durchsetzung) zu gewährleisten"[112]. Durch die Ergänzung von Stabsstellen zu den Leitungsstellen der Primärorganisation entsteht eine Stablinienorganisation. Die Stablinienorganisation verbindet die deutliche Kompetenz- und Verantwortungsabgrenzung des Einliniensystems mit den Vorteilen der Spezialisierung[113]. Stäbe sind als entscheidungsunterstützende Leitungshilfsstellen[114] aufzufassen, deren Aufgaben die Entscheidungsvorbereitung, die Kontrolle sowie die fachliche Beratung sind. Es ist zwischen zwei Grundtypen von Stabsstellen zu unterscheiden: zwischen generalisierten und spezialisierten Stabsstellen. Aufgrund eines engen Verhältnisses zwischen Linieninstanz und Stab kann auch von einer persönlichen Stabsstelle oder von einer Assistentenstelle gesprochen wer-

---

[109] Vgl. Hill/Fehlbaum/Ulrich (1994), S. 191.
[110] Vgl. Bühner (1999), S. 68.
[111] Hill/Fehlbaum/Ulrich (1994), S. 192.
[112] Hill/Fehlbaum/Ulrich (1994), S. 193.
[113] Vgl. Schierenbeck (2000), S. 110.
[114] Vgl. Bühner (1999), S. 71.

den[115]. Viele Stabsstellen werden zu zentralen Dienststellen ausgebaut. Diesen Zentralstellen werden begrenzte funktionale Kompetenzen zugewiesen, mit deren Hilfe sie selbständig Aufgaben für das Gesamtsystem lösen können[116].

Bei dem Prinzip der Willensbildung und -durchsetzung von unten nach oben ist eine Führungsorganisation genossenschaftlicher Prägung möglich. Eine Genossenschaft bezeichnet die Organisationsform, „deren Zweck die gemeinschaftliche Unterstützung der wirtschaftlichen Ziele der einzelnen (...) Organisationsmitglieder (...) ist"[117]. Dabei vollzieht sich die Willensbildung prinzipiell von den Mitgliedern her nach dem demokratischen Prinzip 'ein Mann - eine Stimme'. Es setzt jedoch in den Mitgliedergruppen relativ homogene Strukturen und Solidarität voraus[118]. Die demokratische, genossenschaftlich-partizipative Struktur eines Verbandes stellt für die Führung ein wesentliches Merkmal dar[119]. Der Willensbildungs- und -durchsetzungsprozeß im Verband läßt sich als permanenter suchender Konfliktlösungsprozeß charakterisieren, wobei häufig die Unfähigkeit, verbandsinterne Interessenkonflikte auszugleichen, den Entscheidungsprozeß behindert[120]. Dabei nehmen die Mitglieder und die Mitarbeiter in unterschiedlicher Weise am Entscheidungs- und Umsetzungsprozeß teil.

Die formale Führungsstruktur bildet als Gesamtheit der hierarchischen Beziehungen die Rahmenbedingung für alle Führungsprozesse. Nach allgemeinem Verständnis bezeichnet Hierarchie eine idealtypischerweise mindestens dreistufige Ordnung der Herrschenden, die durch Über- und Unterordnung strukturiert ist. Dabei kommen jeder Stufe festgelegte Aufgaben und Kompetenzen zu. Der Beg-

---

[115] Vgl. Müller/Schreyögg (1982), S. 206. Während generalisierte Stabsstellen primär der quantitativen Entlastung der Linieninstanz dadurch dienen, dass der Stab z.B. kleinere administrative Aufgaben übernimmt und Formalisierungshilfe leistet, erfüllen spezialisierte Stabsstellen nur ganz bestimmte Teilaufgaben.
[116] Vgl. Hill/Fehlbaum/Ulrich (1994), S. 199 f.
[117] Kräkel (1999), S. 347.
[118] Vgl. Engelhardt (1992), Sp. 680.
[119] Vgl. Blümle (1987), Sp. 2007.
[120] Blümle (1987), Sp. 2013.

riff der Hierarchie kann demnach mit dem der Leitungsstruktur gleichgesetzt werden[121].

Der Begriff Kirchenhierarchie wird je nach konfessioneller Tradition jeweils unterschiedlich aufgefaßt. So kommt ihr nach evangelischer Tradition trotz zum Teil vorhandener hierarchischer Strukturen keine theologische Bedeutung zu: „Übergeordnete Funktionen sind meist an demokratisch legitimierte und kontrollierte Ämter gebunden, und es gibt keinen theologisch begründeten Vorrang der Geistlichen gegenüber dem Laien"[122].

Die katholische Kirche hingegen versteht sich als hierarchisch gegliederte Organisation, die von einer gestuften Hierarchie geleitet wird[123]. Hierarchie bedeutet demnach im katholischen Kirchenrecht anders als im weltlichen Verständnis nicht bloße Unter- und Überordnung, sondern die „strukturierte Gemeinschaft"[124] der Träger der Kirchengewalt.

2.2. Führung bzw. Leitung im Selbstverständnis der Kirchen

Das Selbstverständnis der Kirche als einer *societas sui generis* drückt sich auch in der Interpretation ihrer Leitungsvollzüge aus. Die Kirchen sind im Unterschied zu Wirtschaftsbetrieben nicht auf die Erzielung eines Betriebsgewinns angelegt. Sie verfolgen ein inhaltlich bestimmtes bzw. bestimmbares Sachziel. Zusammen mit staatlichen Verwaltungen und Betrieben, mit wirtschaftlichen Verbänden, politischen Parteien und Organisationen, Hilfsorganisationen und Vereinen werden sie von der Betriebswirtschaftslehre zu den non-profit Organisationen gerechnet: so werden sie mit Hilfe der *International Classification of Non Profit Organiza-*

---

[121] Vgl. Heimerl-Wagner (1999), S. 216.
[122] Vgl. Dziewas (1993), S. 906.
[123] LG 8.
[124] Vgl. Aymans (1996), Sp. 87.

tions nach Haupttätigkeitsbereichen in die Gruppe 10 „Religion" mit primär religiösen Zielsetzungen eingeordnet[125].

Der Begriff der Führung wird im kirchlichen Bereich durchgängig durch den Begriff Leitung ausgedrückt. Daher werden beide Begriffe in der vorliegenden Arbeit synonym verwendet.

2.2.1. Die landeskirchliche Leitungsfunktion in der evangelischen Kirche

In der evangelischen Kirche wird der Führungsbegriff unter den Begriff der Kirchengewalt[126] subsumiert. Dieser Begriff hat eine doppelte Bedeutung: er beinhaltet in funktionaler Hinsicht das kirchenleitende Handeln als solches; in institutioneller Hinsicht bezeichnet er alle dazu beauftragten kirchlichen Organe, i.e.S. das ständige, in der EKiR als das Präsidium der Landessynode konzipierte, landeskirchliche Leitungsorgan, die Kirchenleitung[127].

Der Begriff der Kirchenleitung im funktionalen Sinn als kirchliche Leitungsvollmacht ist an die Stelle der älteren, immer geistlich gefaßten Begriffe Kirchengewalt bzw. Kirchenregiment getreten und hat sich auch in der Amtssprache durchgesetzt[128]. Der Begriff *Leitung* umfaßt seinem materiellen Inhalt nach „als Ausdruck der Summe des rechtlich relevanten Handelns der Landeskirchen eine Vielzahl von Einzelfunktionen"[129]. Die Aufgabe der Kirchenleitung besteht darin, „die äußeren Mittel und Voraussetzungen bereitzustellen, die notwendig sind, um in der *ecclesia particularis* die *ecclesia spiritualis* voll wirksam werden zu lassen.", dem „geistlichen Amt ein Maximum von Möglichkeiten" für die „Verkündigung des lauteren Evangeliums" zu gewährleisten[130]. Kirchenleitung gehört im Sinne

---

[125] Vgl. Anheier/Priller (1997), S. 73.
[126] Er wird auch gleichbedeutend mit den Begriffen *Kirchenregiment* und *Kirchenleitung* verwendet.
[127] Art. 192 - 203 KO. Vgl. Ausführungen in Kap. C. 3.4.3.2.
[128] Vgl. Hoffmann (1987), Sp. 1640. Hoffmann begründet diese Absage an die alten Begriffe damit, dass der heute völlig veränderte Sprachgebrauch von „Gewalt" im Sinne von Gewaltanwendung bzw. Gewaltherrschaft dem geistlich gefaßten Begriff nicht gerecht werde.
[129] Frost (1972), S. 339.
[130] Grundmann (1957), S. 95.

der III. These der Barmer Theologischen Erklärung über den Zusammenhang von Glauben und Gehorsam, Botschaft und Ordnung zur Theologie.

Nach lutherischer Lehre beinhaltet die Kirchengewalt „die Befugnisse des allen Gliedern der *ecclesia spiritualis* aufgetragenen, zur öffentlichen Ausübung aber ohne irgendwelche hierarchischen Unterschiede den Pfarrern überantworteten *ministerium verbi*. Dieses ist als Amt der geistlichen Kirche positiven göttlichen Rechts und hat zum Inhalt die Wortverkündigung und Sakramentsverwaltung"[131].

Der Ansatz der Reformation unterscheidet sich grundlegend von der katholischen Lehre der *sacra potestas*. So betont CAMPENHAUSEN: „Die Lösung des Bandes, das nach kanonischem Recht zwischen Amt und Leitungsbefugnis (Jurisdiktion) besteht, wird zutreffend als eine der entscheidenden Taten der Reformation angesehen"[132].

Die kirchliche Leitungsbefugnis ist im Gegensatz zu „der Lehre der römischen Amtspotestas im evangelischen Amt nicht wesensmäßig enthalten" und folglich „nach evangelischem Verständnis nicht den Geistlichen vorbehalten"[133]. Darin liegt „die messerscharfe Grenzlinie zwischen evangelischem und katholischem Kirchenrecht. Die äußere Kirchenleitung ist nicht aus dem öffentlichen Predigeramt abzuleiten, kann aber mit ihm nach *jus humanum* verbunden werden. In sehr vielen Fällen drängt sich diese Lösung sogar aus der Sache heraus geradezu auf"[134].

Nach SCHRÖER gehören drei wesentliche Momente zum Begriff der Kirchenleitung als einer Grundäußerung kirchlichen Lebens: „1.) Bindung an den Herrn der Kirche, den Dienst des Wortes. 2) sachlogische Verantwortung. Ein bestimmter Kurs soll durch Steuermannskunst eingehalten werden. So wie zwischen Kapitän und Steuermann unterschieden werden kann. Das Einhalten des Kurses erfordert

---

[131] Grundmann (1959), Sp. 1435.
[132] Campenhausen (1984), S. 14.
[133] Campenhausen (1984), S. 17.
[134] Grundmann (1964/65), S. 54.

bestimmte Technik. 3) Mitverantwortung für die zu Leitenden, so daß nicht einfach das Stichwort Gehorsam das Verhältnis bestimmen kann"[135]. Kirchenleitung ist für SCHRÖER vierfach gegliedert: „Bekennen, Lehren, Helfen und Leiten sind die vierfache Wurzel kirchlichen Tuns. (...) Das Leiten wird sich auf Bekenntnis, Lehren und Helfen hin orientieren müssen, es kann nicht zum abtrennbaren Ressort werden"[136]. CAMPENHAUSEN faßt zusammen: „Zwar soll jede kirchenleitende und kirchenverwaltende Tätigkeit von gläubigen Christen im Geist gehorsamer Dienstbereitschaft vorgenommen werden. Weder ist jedoch jede Art von kirchenleitender oder -verwaltender Tätigkeit durch einen Träger des öffentlichen Predigtamtes mit Rücksicht auf die Person, geistliche Kirchenleitung, noch ist die über die öffentliche Wortverkündigung hinausgreifende Kirchenleitung ein notwendiger Bestandteil des öffentlichen Predigtamtes"[137].

Unter Kirchengewalt ist eine geistlich legitimierte, innere Führungsvollmacht zu verstehen, die der Kirche in ihrer Gesamtheit verliehen ist[138]. Dabei ist die Zuweisung der Kirchengewalt an die Mitglieder der Teilkirche „das oberste, unantastbare und unumstößliche Verfassungsprinzip der evangelischen Kirche schlechthin"[139]. Allerdings gehen hinsichtlich der Bestimmungen über die Gliederung ihrer Funktionen „die Meinungen nicht unerheblich auseinander"[140]. Aus diesem Verfassungsprinzip ergibt sich, dass nur die Ausübung der Kirchengewalt verteilbar ist, jedoch nicht die Trägerschaft an sich. Sie ist demnach in ihrer Ausübung sinnvoll zu gliedern und auf Führungsorgane zu verteilen[141].

---

[135] Schröer (1982), S. 335.
[136] Schröer (1982), S. 335.
[137] Campenhausen (1984), S. 16 f.
[138] Zur theologischen Entwicklung des Begriffs der Kirchenleitung vgl. Campenhausen (1984), S. 14 f.
[139] Grundmann (1975), Sp. 1268.
[140] Wendt (1964/65), S. 66.
[141] Vgl. Grundmann (1975 b), Sp. 1268 f.

2.2.2. Die Leitungsvollmacht in der katholischen Kirche

In der katholischen Kirche wird der in der Betriebswirtschaftslehre gebräuchliche Führungsbegriff ausschließlich durch den Begriff der Leitungsvollmacht, Hirtengewalt oder Jurisdiktionsgewalt ausgedrückt[142].

Der Diözesanbischof bedarf, um seinem Hirtendienst nachkommen zu können, einer spezifischen Handlungskraft, welche als *potestas ecclesiastica* bzw. *sacra potestas*, Kirchengewalt bzw. heilige Gewalt bezeichnet wird. Wegen der besonderen Bedeutung der Potestas für den Rechtsstatus des Bischofs in der Kirche im allgemeinen soll näher dargelegt werden, was die Theologie mit *potestas* meint.

In Jesus Christus gründet alle kirchliche potestas. Ziel seiner Vollmacht ist das Heil der Menschen. Von Anbeginn an war die Kirche davon überzeugt, dass Jesus Christus ihr in den Aposteln seine Gewalt übertragen hat, welche die *potestas* an ihre Nachfolger weitergegeben haben. Die Kirche hat den Auftrag, diese potestas zu dem ihr von Jesus Christus zugewiesenen Zweck als *potestas spiritualis*, als *geistliche Vollmacht* (PO Art. 6, Abs. 1, Satz 2), zu gebrauchen. Sie wird *potestas ecclesiastica*, oder *sacra potestas* genannt. Nach der Lehre des II. Vatikanischen Konzils ist die eine geistliche Vollmacht (*sacra potestas*[143]) eine einheitliche, sakramental verankerte Wirklichkeit, die aufgrund göttlicher Einsetzung auf das dreifache Dienstamt der Lehre, der Heiligung und Leitung bezogen ist und darin zur Wirkung kommt[144]. Die Leitungsfunktion in der Kirche beinhaltet die von der Verantwortlichkeit für das Wirken der Kirche untrennbare Entscheidungsgewalt. Sie ist eine Komponente der Kirchengewalt (*potestas ecclesiatica*), nämlich einer einheitlichen Wirklichkeit, die sich in Leitungsvollmacht (*potestas regiminis*) und Weihevollmacht (*potestas ordinis*) unterscheiden läßt. Sie ist „die von Jesus Christus empfangene Vollmacht, in seinem Namen das Heil des Gottes-

---

[142] Vor allem in cc. 129, 130, 131, 596.
[143] LG Art. 18 Abs. 1; ebd. Art. 10 Abs. 2, Art. 27 Abs. 1; PO Art.2 Abs. 2. Zur Natur und Struktur der *sacra potestas* vgl. Corecco (1984), S. 354 ff.

reiches zu verkünden und zu vermitteln, also eine Vollmacht zu geistlichem Handeln. Diese Vollmacht geht nicht über das hinaus, was die Kirche von Jesus Christus als Aufgabe erhalten hat. Auch die Kirche kann den Menschen das heil, die Vereinigung mit Gott und untereinander nicht mit Mitteln der Macht auferlegen. Das Heil kann von den Menschen nur in voller Freiheit angenommen werden; selbst ein widerstrebendes Ja genügt dazu nicht (...) Die der Kirche eigentümliche Vollmacht, kraft der Ordinierte, die in einem bestimmten Umfang als Organe der Kirche bestellt sind, in der Person Jesu Christi als Haupt der Kirche zu handeln vermögen, ist etwas völlig Andersartiges als die Herrschaftsgewalt des Staates"[145].

Das Ziel aller *potestas* ist nach LG 18, 1: „Um Gottes Volk zu weiden und immerfort zu mehren, hat Christus der Herr in seiner Kirche verschiedene Dienstämter eingesetzt, die auf das Wohl des ganzen Leibes ausgerichtet sind. Denn die Amtsträger, die mit heiliger Gewalt (*sacra potestas*) ausgestattet sind, stehen im Dienste ihrer Brüder, damit alle, die zum Volke Gottes gehören und sich daher der wahren Würde eines Christen erfreuen, in freier und geordneter Weise sich auf das nämliche Ziel hin ausstrecken und so zum Heile gelangen."

Die Kirche ist also die Verwalterin der ihr von Jesus Christus anvertrauten Kirchengewalt. c. 129 § 1 legt fest, dass nur „die, die durch die heilige Weihe geprägt sind" fähig sind, *sacra potestas* bzw. *potestas regiminis* übertragen zu bekommen. Die Kirche übt die ihr übertragene Gewalt im Namen des Herrn aus, weswegen man nicht einfach hin von Macht, sondern von *potestas ecclesiastica* oder seit dem II. Vatikanischen Konzil von *sacra potestas*, heiliger Gewalt, spricht. Nach LG 18, 1 muß die Gewalt der kirchlichen Amtsträger „aus ihrem innersten Wesen auf das Heil des Gottesvolkes ausgerichtet" sein und „jegliche

---

[144] LG Art. 19; ebd. Art. 28 Abs. 1; CD Art. 2 Abs. 2; AA Art. 2.
[145] Kaiser (1984), S. 328.

Ausübung von hierher bestimmt werden"[146] Dies wird dem dritten Kapitel der Kirchenkonstitution, welches über das Bischofsamt handelt, als Leitgedanke vorangestellt.

Wegen der Bedeutung der *sacra potestas* für das Leben der Kirche haben sich die Theologen und Kanonisten schon bald mit dem Phänomen der Ausübung von Leitung beschäftigt. In der klassischen Zweigewaltenlehre wurzelnd gibt es in der heutigen Kanonistik verschiedene Versuche, diese an die Kirche von heute zeitgemäß anzupassen[147].

Auch in der vorliegenden Arbeit ist im Zusammenhang mit den Organisationsstrukturen der katholischen Kirche der Begriff der Potestas grundlegend.

Nach MÖRSDORF sind die beiden Gewalten, *potestates ordinis et iurisdictionis*, keine willkürlichen Setzungen, sondern haben in den grundlegenden Aufbauelementen der Kirche, nämlich im Sakrament und im Wort, ihren Grund[148].

Das Verkündigungsgeschehen der Kirche gründet in beidem. Das Wort der Kirche ist Zeugnis von der Menschwerdung des Gottessohnes. Das Wort der Kirche hat gemeinschaftsbildende und -erhaltende Kraft. Und was im Wort gehört wird, verdichtet sich im sakramentalen Zeichen. Wort und Sakrament gehen miteinander eine einzige Wirkeinheit ein und bleiben doch unterscheidbare Elemente.

Beides, Wort und Sakrament haben in Jesus Christus ihren Ursprung und waren in ihm wie eine einzige Gewalt beisammen. Diese Gewalt ist auf die Apostel gekommen, die sie durch Ordination weitergaben. Die frühchristliche Kirche machte nun mit der Ausübung der Ordination die Erfahrung, dass es eine unverlierbare und eine verlierbare Gewalt gab. Die *potestas ordinis* verleiht einen sakramental geprägten, unzerstörbaren Charakter. Ihr steht mit der *potestas iurisdictionis*, die

---

[146] Krämer (1973), S. 46.
[147] So etwa die Ansätze von BERTRAMS (1965), S. 11 ff, der die *potestas iurisdictionis* als Freisetzung der *potestas ordinis* sieht, von MÖRSDORF (1989), S. 21 ff., für den *potestas iurisdictionis* und *potestas ordinis* die zwei Säulen der einen *sacra potestas* sind, von KRÄMER (1973), S. 105 ff., der die *sacra potestas* heilsökonomisch deutet, oder CORECCO (1984), S. 362 ff., nach dem Weihe- und Hirtengewalt zwei formale Modalitäten der einen *sacra potestas* zum Aufbau der Kirche darstellen.

nicht sakramental, sondern durch Amtsverleihung erworben wird, eine Gewalt gegenüber, die auf kirchlicher Sendung beruht, dem Geweihten jedoch durch die kirchliche Autorität wieder entzogen werden kann.

MÖRSDORF führt die verlierbare Struktur der Jurisdiktionsgewalt auf das verkündigende Wort und die Weihegewalt auf das Sakrament zurück. Durch diese Erklärung MÖRSDORFS wird es möglich, die *potestas* an die Aufbauelemente der Kirche, Wort und Sakrament, rückzubinden. Darüber hinaus wird deutlich, dass kirchliche Gewalt nicht eine bloße Regierungsgewalt ist, sondern eine heilige Vollmacht (*sacra potestas*), die in Jesus Christus selber wurzelt. Damit bietet sein Ansatz die Möglichkeit, Weihegewalt und Hirtengewalt in der einen *sacra potestas* zusammenzuführen.

Da sich die beiden hierarchischen Säulen außer durch den Begriff der einen Kirchengewalt unvermittelt gegenüberstanden, hat es verschiedene Versuche gegeben, ihr Verhältnis zueinander und zur *potestas ecclesiastica* zu bestimmen und sie miteinander in Beziehung zu bringen.

MÖRSDORF betrachtet die *potestas iurisdictionis* und *potestas ordinis* als zwei Säulen der einen *sacra potestas*. Er spricht von der Unterschiedenheit der beiden Gewalten. Weihe und Amtsübertragung sind als zwei parallele voneinander getrennte Säulen zu verstehen. Dabei ist die Weihegewalt als „Habilität oder seinsmäßige Befähigung"[149] zum Empfang der Hirtengewalt konzipiert. *potestas ordinis* und *potestas iurisdictionis* ergänzen sich gegenseitig. Die Weihegewalt stellt das Prinzip des Lebens und die Jurisdiktionsgewalt das Prinzip der Ordnung in der Kirche dar. Letzterer kommt die Aufgabe zu, die Ausübung der Weihegewalt zu ordnen.

Die Selbständigkeit beider Gewalten geht nach MÖRSDORF schon aus der zeitlich aufeinander folgenden Ernennung zum Bischof und der anschließenden Bi-

---

[148] Vgl. Mörsdorf (1968), Sp. 587 ff.
[149] Aymans (1997), S. 395.

schofsweihe hervor. „Weihe und Amtsübertragung sind mithin, einerlei ob sie getrennt oder in ein und demselben Akt vorgenommen werden, ihrem Wesen nach verschiedene und nicht auswechselbare Vorgänge"[150]. Sie sind demzufolge zwei sich gegenseitig ergänzende Elemente der einen heiligen Gewalt, die Christus seiner Kirche anvertraut hat.

Der CIC verzichtet allerdings auf diese Terminologie und spricht im Buch I unter dem Titel VIII lediglich von *potestas regiminis*, der Leitungsvollmacht. Die Leitungsvollmacht gibt es „aufgrund göttlicher Einsatzung in der Kirche"[151], kommt in besonderer Weise denen zu, die das Weihesakrament[152] empfangen haben und wird gegenüber den Kirchenangehörigen ausgeübt. Die *poestas regiminis* oder *potestas iurisdictionis* wird in funktionaler Hinsicht nach dem Prinzip der Gewaltenunterscheidung gemäß c. 135 § 1 in drei Funktionen unterschieden: in *legislativa*, *exsecutiva* und *iudicialis*, die gesetzgebende, ausführende und richterliche Vollmacht. Während sich die *potestas legislativa* als gesetzgebende Gewalt „durch die Promulgation allgemein-verbindlicher, generell-abstrakter, auf das Gemeinwohl hingeordneter, dauerhafter Normen (vgl. cc. 7-22)"[153] bestätigt und sowohl inhaltlich als auch verfahrensmäßig an das Gesetz gebunden ist, dient die *potestas iudicalis* als richterliche Gewalt „der amtlichen, verbindlichen Entscheidung von Einzelfällen in Anwendung der generell-abstrakten Rechtssätze, um Rechtsstreitigkeiten zu entscheiden"[154]. Die *potestas exsecutiva* stellt weder Gesetzgebung noch Rechtsprechung dar, sondern ist als vollziehende Gewalt „hingeordnet auf die Setzung von Akten und Maßnahmen, die unmittelbar den praktischen Erfordernissen des *bonum commune* dienen"[155]. Diese verschiedenen Funktionen sind bezüglich ihrer Ausübung und Weitergabe unterschiedlich nor-

---

[150] Mörsdorf (1968), Sp. 593.
[151] c. 129 § 1.
[152] Das Weihesakrament umfaßt nach c. 1009 § 1 die Stufen von Episkopat, Presbyterat und Diakonat.
[153] Pree (1999), S. 170.
[154] Pree (1999), S. 171.
[155] Pree (1999), S. 172.

miert[156]. Diese begriffliche Unterscheidung ist „von Nutzen für die klare Kompetenzabgrenzung zwischen den einzelnen Funktionen und ihren Trägern"[157].

Nach c. 129 § 1 sind nur Kleriker befähigt, Leitungsvollmacht zu übernehmen. Somit ist die Leitungsvollmacht „auf die sakramentale Befähigung des Ordinierten verwiesen"[158], obschon sie als solche in einem nichtsakramentalen Akt übertragen wird und neben möglichen - auch strafrechtlichen - Einschränkungen in deren Ausübung auch wieder entzogen werden kann[159]. Zudem weist KRÄMER darauf hin, dass „das Konzil an der Unterscheidung zwischen dem Sakrament der Weihe und der kirchlichen Beauftragung (kanonischen Sendung) durchaus festgehalten hat"[160].

Ämter und Aufgaben, die sowohl das Weihesakrament als auch die Leitungsvollmacht zugleich voraussetzen, können Laien nicht ausüben: so z. B. das Amt des Generalvikars, die Leitung der Eucharistie und die Spendung einiger anderer Sakramente. Das bedeutet jedoch nicht, dass Laien an der Mitverantwortung und Mitentscheidung in der Kirche völlig abgekoppelt wären, denn sie können gem. c. 129 § 2 nach Maßgabe des Kirchenrechts an dieser Leitungsvollmacht beteiligt werden. So können ihnen in kirchlichen Vereinen oder in Gemeinschaften der evangelischen Räte nach cc. 595 § 1, 617 und 618 leitende Funktionen übertragen werden und ebenso können sie bei der Vorbereitung und Ausführung kirchlicher Entscheidungen nach cc. 129,§ 2, 16 § 1, 212 und 228 mitwirken. Damit wird der Lehre des II. Vatikanischen Konzils von der fundamentalen „Gleichheit in der allen Gläubigen gemeinsamen Würde und Tätigkeit zum Aufbau des Leibes

---

[156] cc. 135 - 144.
[157] Pree (1999), S. 169.
[158] Krämer (1993), S. 50.
[159] cc. 292, 1333 § 1 n. 1.
[160] Krämer (1999 a), S. 150.

Christi"[161] Rechnung getragen: „alle Gläubigen sind befähigt, an der Ausübung kirchlicher Leitungsvollmacht mitzuwirken"[162].

Leitung wird nach c. 130 grundsätzlich im äußeren Rechtsbereich der Kirche (*forum externum*) ausgeübt, kann aber auch im inneren Rechtsbereich (*forum internum*) wahrgenommen werden. Stellt die Ausübung der Leitungsvollmacht im *forum externum* die Regel dar, so ist ihre Ausnahme ausschließlich für das *forum internum* die Ausnahme[163]. Im äußeren Bereich zeichnet sich die Leitungsvollmacht durch ihren Öffentlichkeitscharakter aus, weil sie in einer „rechtlich öffentlichen, beweisbaren Form"[164] ausgeübt wird. So etwa durch die Promulgation eines kirchlichen Gesetzes (c. 7) oder durch den Erlaß eines Verwaltungsaktes (cc. 35, 37).

Folgende Arten der Leitungsvollmacht werden nach der Art ihrer Vermittlung unterschieden: die ordentliche Vollmacht (*potestas ordinaria*), die mit einem Kirchenamt verbunden ist, und die delegierte Vollmacht (*potestas delegata*)[165].

Die ordentliche Leitungsvollmacht kommt nach c. 131 § 1 einem kirchlichen Amtsträger von Rechts wegen (*ipso iure*) aufgrund eines kirchlichen Amtes zu. Ordentliche Leitungsvollmacht kann gem. c. 131 § 2 entweder eigenberechtigte (*propria*), z.B. bei Bischof oder Pfarrer, oder stellvertretende (*vicaria*), z.B. bei Generalvikar oder Pfarrvikar, sein, also je nachdem ob der kirchliche Amtsträger in seinem eigenen Namen oder im Namen eines anderen tätig wird. Das Unterscheidungskriterium liegt also im Ausmaß der rechtlichen Selbständigkeit des Vollmachtträgers[166].

Während die ordentliche Vollmacht mit dem Amt verbunden und also als Amtsvollmacht übertragen wird, so wird die delegierte Vollmacht einer Person ohne

---

[161] LG 32, 3.
[162] Krämer (1999 a), S. 155.
[163] Vgl. Pree (1999), S. 157.
[164] Pree (1999), S. 156.
[165] c. 131.
[166] Vgl. Pree (1999), S. 160.

Vermittlung eines Amtes durch einen Delegationsakt übertragen. Delegierte Gewalt ist ganz vom Deleganten abhängig und ermöglicht dadurch ihren sehr flexiblen Einsatz, „wenngleich es sich nicht eigentlich um Dezentralisation handelt, da die volle Entscheidungsbefugnis über das Ob der Delegation, ihren Umfang und den Modus ihrer Ausübung ganz in der hierarchischen Zuständigkeit des Deleganten verbleibt"[167].

Aus der Darlegung der kanonischen potestas-Lehre ergibt sich, dass die *sacra potestas* in der Kirche keine unpersönliche Macht ist, etwa wie die Verfassung eines Landes, sondern, dass sie personal d. h. in seiner Fülle im Bischofsamt angelegt ist. Gleichwohl ist sie nicht willkürlich, sondern durch das kanonische Recht geregelt.

Die vorliegende Arbeit betrachtet bei der Beschreibung der katholischen Kirchenhierarchie vorwiegend den Bereich der ordentlichen Vollmacht, weil durch sie unmittelbar die Leitung in der Kirche wahrgenommen wird[168].

2.3. Führungsstile und Management-Prinzipien

Wird Führung als *Prozeß der zielbezogenen Verhaltensbeeinflussung von Einzelpersonen und Gruppen*[169] verstanden, hängt die Motivation der Mitarbeiter in besonderem Maße vom Verhalten der jeweiligen Führungskraft ab. Zu den Führungsinstrumenten, die dabei dem Führer zur Verfügung stehen, gehören sowohl Führungsstile als auch Management-Prinzipien[170].

Führungsstile und Management-Prinzipien beeinflussen sich gegenseitig, weil von den in einer Organisation angewandten Management-Prinzipien entscheidende Einflüsse auf Verhaltensstil und Einstellung der Mitarbeiter ausgehen. Der inner-

---

[167] Pree (1999), S. 161 f.
[168] Der Aspekt der delegierten Vollmacht wird noch in Kap. E. 4. eingehend behandelt.
[169] Vgl. Staehle (1999), S. 328.

halb einer Organisation praktizierte Führungsstil beeinflußt aber auch gleichzeitig den Erfolg des jeweiligen Management-Prinzips[171].

2.3.1. Das Kontinuum der Führungsstile nach TANNENBAUM/SCHMIDT

Die Art und Weise sowie die Form, mit der die Führungsaufgaben innerhalb einer Organisation ausgeübt werden, bezeichnet man als Führungsstil. Er ist ein „langfristig relativ stabiles, situationsvariantes Verhaltensmuster des Führers"[172]. Exemplarisch wird in der vorliegenden Arbeit das Kontinuum der Führungsstile nach TANNENBAUM/SCHMIDT[173] herangezogen, das eine nach dem Ausmaß der Anwendung von Autorität durch den Vorgesetzten und dem Ausmaß an Entscheidungsfreiheit der Mitarbeiter geordnete Einstufung des konkreten Führungsstils - zwischen den Extremformen autoritär und demokratisch - ermöglichen soll[174].

Neben der Typisierung der Führungsstile versuchen TANNENBAUM/SCHMIDT, die Determinanten eines situationsgerechten Führungsstils zu ermitteln. Dabei arbeiten sie die folgenden Charakteristika heraus: die des Vorgesetzten, der Mitarbeiter und der Situation. Die Charakteristika des Vorgesetzten beinhalten u.a. sein Wertesystem, sein Vertrauen in die Mitarbeiter und seine Führungsqualitäten, während die Charakteristika der Mitarbeiter u.a. von den Determinanten Ausmaß an Erfahrung in der Entscheidungsfindung, fachliche Kompetenz sowie Problemengagement bestimmt werden. Die Charakteristika der Situation sind u.a. die Art der Organisation und des zu lösenden Problems sowie die Eigenschaften der Arbeitsgruppe.

---

[170] Von einer näheren Beschreibung der Führungstechniken, die aus formalorganisatorischen und sozialpsychologischen Methoden bestehen, muß in der vorliegenden Arbeit aus Gründen der Übersichtlichkeit Abstand genommen werden.
[171] Vgl. Korndörfer (1999), S. 202.
[172] Staehle (1992), Sp. 656.
[173] Vgl. Tannenbaum/Schmidt (1958), S. 95 ff.
[174] Vgl. Schulte-Zurhausen (1999), S. 197 f.

Das Kontinuum nach TANNENBAUM/SCHMIDT unterscheidet sechs unterschiedliche Führungsstile - den autoritären, patriarchalischen, beratenden, konsultativen, partizipativen und delegativen -, wobei davon ausgegangen wird, dass verschiedene Konstellationen der Charakteristika unterschiedliche Führungsstile erfordern, wobei jedoch für eine Situation mehrere Führungsstile angemessen sein können.

Beim autoritären Führungsstil entscheidet der Vorgesetzte und ordnet an. Dabei ist sein Entscheidungsspielraum und der seiner Mitarbeiter gering. Der patriarchalische Führungsstil ist dadurch geprägt, dass der Vorgesetzte entscheidet, jedoch bestrebt ist, die Mitarbeiter von seinen Entscheidungen zu überzeugen, bevor er sie zur Ausführung anordnet. Beim beratenden Führungsstil entscheidet der Vorgesetzte zwar, jedoch läßt er Fragen zu, um durch deren Beantwortung deren Akzeptanz zu erreichen. Der Vorgesetzte informiert im Rahmen des konsultativen Führungsstils seinen Mitarbeiter, dass er bestimmte Entscheidungen zu treffen beabsichtigt. Dann haben die Mitarbeiter die Möglichkeit, ihre Meinung zu äußern, bevor der Vorgesetzte dann die endgültige Entscheidung trifft. Beim partizipativen Führungsstil entwickeln Vorgesetzte und Mitarbeiter als Gruppe Vorschläge. Aus der Zahl der gemeinsam gefundenen und akzeptierten möglichen Problemlösungen entscheidet sich der Vorgesetzte dann für die von ihm favorisierte. Der delegative Führungsstil kennt zwei Varianten: bei der einen trifft die Gruppe die Entscheidung, nachdem der Vorgesetzte zunächst das Problem vorgestellt und die Grenzen des Entscheidungsspielraums aufgezeigt hat; bei der anderen Variante entscheidet die Gruppe in jeder Hinsicht autonom, während der Vorgesetzte als Koordinator nach innen und nach außen fungiert.

2.3.2. Ausgewählte Management-Prinzipien

Neben den durch die Führungspersönlichkeit geprägten gibt es die durch die Organisation geprägten Führungsstile. Diese Führungsstile werden in der Literatur als Führungskonzepte, Führungstechniken oder Managementtheorien genannt. Ein Führungskonzept ist ein normatives System von Handlungsempfehlungen für Personalführungsaufgaben.[175] In der Literatur sind eine Vielzahl dieser Managementtheorien bekannt[176]. Gemeinsam ist allen, dass Entscheidungen und Verantwortung auf Entscheidungsträger delegiert werden, die der Unternehmensführung nachgeordnet sind. Als sogenannte Praktikermodelle haben sich die Management-by-Ansätze in der Unternehmenspraxis entwickelt. Dabei handelt es sich um Beschreibungen von in Unternehmen vorgefundenen Führungssystemen und daraus abgeleiteten Erfolgskonzepten. Im folgenden sollen exemplarisch personenorientierte (*Management by Delegation*) und sachorientierte (*Management by Objectives*, *Management by Exceptions*) Führungstechniken kurz charakterisiert werden. Die Grundidee des *Management by Delegation* ist, dass der Vorgesetzte möglichst umfassende Kompetenzen und Handlungsverantwortung an seine Mitarbeiter delegiert, d. h. er selbst hält sich weitgehend aus der Aufgabenbewältigung heraus, so dass die Ausführung und Umsetzung und damit auch die Verantwortung beim Mitarbeiter liegt[177]. Hauptziele sind dabei der Abbau von Hierarchie und autoritärem Führungsstil, die Entlastung des Vorgesetzten sowie die Förderung von Verantwortungsbereitschaft, Leistungsmotivation und Eigeninitiative bei den Mitarbeitern[178]. Neben der Forderung nach Dezentralisierung der Entscheidungsbefugnisse verdeutlicht dieses Modell, dass die Delegation ständiger Auf-

---

[175] Vgl. Staehle (1999), S. 839.
[176] Zu den wichtigsten Prinzipien gehören: Management by Principles, by Regulations, by Results, by Delegation, by Motivation, by Objectives und by Exceptions.
[177] Vgl. Wagner (1996), S. 254.
[178] Vgl. Schierenbeck (2000), S. 147.

gabenbereiche anstatt zeitlich limitierter Einzelanweisungen ein zentrales Führungsinstrument ist[179].

Die Grundannahme des *Management by Objectives* ist, dass durch Führung über Zielvereinbarung Initiative, Kreativität und Flexibilität der Mitarbeiter gefördert werden[180]. Hauptziele dieser Technik sind die Entlastung der Führungsspitze sowie die Förderung von Eigeninitiative, Verantwortungsbereitschaft und Leistungsmotivation der Mitarbeiter, die durch ihre Partizipation an den Entscheidungen erreicht werden kann[181]. *Management by Objectives* kann jedoch nur erfolgreich sein, wenn ein durchgängig operationalisiertes Zielsystem und ein funktionierendes Informations- und Kommunikationssystem gegeben sind. Aus verhaltenstheoretischer Sicht liegt der Vorteil der kooperativen Zielvereinbarung beim *Management by Objectives* darin, dass mehr Leistung durch klare Ziele und zielorientiertes Verhalten sowie mehr Zufriedenheit durch Identifikation mit den Zielen seitens der Mitarbeiter erreicht werden kann[182].

Als weiteres sachorientiertes Managementkonzept gibt das *Management by Exceptions* „Regeln für die Arbeitsteilung zwischen Vorgesetzten und Mitarbeitern innerhalb vorhandener Organisationsstrukturen vor"[183]. Während hier Führung durch Abweichungskontrolle und Eingriff bei Überschreitung einer zuvor fixierten Toleranzschwelle wahrgenommen wird, sind die Hauptziele eine Entlastung der Vorgesetzten von Routineaufgaben, eine Regelung der jeweiligen Zuständigkeiten und Systematisierung der Informationsflüsse sowie eine Bindung von Entscheidungen an Richtlinien[184]. Im Rahmen des *Management by Exceptions* soll sich der Führer ausschließlich auf seine Führungsaufgaben beschränken und mög-

---

[179] Vgl. Wunderer/Grunwald (1980), S. 290.
[180] Im folgenden wird lediglich die kooperative Variante des Management by Objectives behandelt.
[181] Vgl. Schierenbeck (2000), S. 147.
[182] Vgl. Wunderer/Grunwald (1980), S. 307. Zielorientierung und Zielidentifikation erscheinen gerade in NPO wichtig, da hier das Engagement der Mitarbeiter in besonderem Maße von den Grundzielen der Organisation abhängt.
[183] Wagner (1996), S. 254.
[184] Vgl. Schierenbeck (2000), S. 147.

lichst die Entscheidungen an seine Mitarbeiter übertragen, welche mit der Aufgabenerfüllung verbunden sind[185].

---

[185] Vgl. Fuchs-Wegner (1987), Sp. 1367.

C. Die Organisationsstruktur der evangelischen Kirche

1. Die Verfassungsprinzipien der Evangelischen Kirche in Deutschland

Die evangelische Kirche ist in ihrer Organisation durch das verschränkte Mit- und Nebeneinander von unterschiedlichen Verfassungsstrukturen gekennzeichnet, nämlich der hierarchisch-administrativen und der presbyterial-synodalen Struktur.[186]

Die hierarchisch-administrative Struktur ist der öffentlichen Verwaltung angeglichen. Der organisatorische Aufbau der öffentlichen Verwaltung ist überwiegend an den zu erfüllenden Aufgaben, also dem Verwaltungszweck, ausgerichtet. In ihr gibt es geregelte Rechte und Pflichten sowie das Prinzip der Delegation von Verantwortung. Sie ist durch eine stufenweise Gliederung gekennzeichnet und folgt den Prinzipien der Aufbau- und Ablauforganisation.

Die zweite Organisationsgestalt ist die presbyterial-synodale Struktur. Diese hat in der parlamentarischen Demokratie ihr Gegenbild und baut sich von unten her auf. Die typische Organisationsform der Mitgliedskirche ist die Synode. Sie dient nach einer erfolgten Mehrheitsentscheidung dem Willensbildungsprozeß und manifestiert sich in Wahlen, Berufungen und Mandaten. Wesentliche Merkmale einer presbyterial-synodalen Kirchenverfassung[187] sind, dass die Kirche sich von der Gemeinde her aufbaut, die Leitung der Kirche bei gewählten Führungsorganen, Presbyterien und Landessynode, liegt, in denen Führungsorganen Amtsträger (Ordinierte[188]) und Älteste (Laien) gleichberechtigt zusammenarbeiten und die Presbyterien Abgeordnete in die Kreissynode entsenden und diese in die Landessynode[189]. Die theologische Grundidee der presbyterial-synodalen Kirchenverfas-

---

[186] Vgl. Person und Institution (1993), S. 158.
[187] Eine Darstellung der presbyterial-synodalen Elemente innerhalb der Kirchenordnung der EKiR erfolgt in Kap. C. 3.1.
[188] In der vorliegenden Arbeit werden sämtliche Amtsträger durchgängig in der maskulinen Form bezeichnet.
[189] Vgl. Danielsmeyer/Kühn (1971), S. 13.

sung besteht in der Überzeugung, „daß die Kirche ohne Bischöfe und landesherrliche Obrigkeit maßgeblich von Ältesten, also sog. Laien, mitgeleitet werden"[190] kann. Neben dem Erfordernis, dass Leitungsorgane immer aus Theologen und Laien zusammengesetzt sein müssen, beinhalten die wesentlichen Grundgedanken der presbyterial-synodalen Kirchenverfassung, dass Leitung ein von Jesus Christus gebotener Dienst an der Gemeinde als ‚Gemeinschaft von Brüdern und Schwestern' ist und dass keine Gemeinde irgendeine Art der Gewalt oder Herrschaft über eine andere beanspruchen darf[191]. Demzufolge gilt, dass in der presbyterial-synodal geordneten EKiR der Gedanke einer „gleichberechtigten Partnerschaft zwischen Kirchengemeinden, Kirchenkreisen und Landeskirche"[192] deutlich wird.

Diese beiden Strukturen sind für die vorliegende Arbeit relevant, weil sie die Organisationsstruktur der Evangelischen Kirche in Deutschland und deren Strukturprinzipien abbilden.

Obwohl die Verfassungsstruktur der evangelischen Kirche doppelt, nämlich durch hierarchisch-administrative und presbyterial-synodale Elemente, gesichert ist, gibt es in ihr weiterhin Personen, die mehr Einfluß innerhalb der Kirchenorganisation ausüben, als es der Verfassungstext hergibt. So kann es innerhalb der genannten Verfassungsstrukturen vorkommen, dass hier charismatisch begabte einzelne Funktions- und Amtsträger als Führungspersönlichkeiten wirken, an denen sich die übrigen Organisationsmitglieder orientieren. Dabei handelt es sich um eine geistlich legitimierte Ausrichtung und individuelle Gewissensentscheidung der einzelnen Gläubigen in der Organisation: „an die Stelle von Autorität und Mehrheitsentscheidungen tritt die eigene Urteilskraft im Annehmen von kollegialem Rat"[193] solcher Führungspersönlichkeiten. Allerdings werden charismatische Füh-

---

[190] Mehlhausen (1992), Sp. 1317.
[191] Vgl. Mehlhausen (1992), Sp. 1318.
[192] Becker (1999), Rdnr. 2 zu Art. 167 KO.
[193] Person und Institution (1993), S. 158.

rer durch die aktuelle gesellschaftswissenschaftliche Diskussion kaum mehr berücksichtigt, denn die Lösung von Organisationsproblemen „wird eher in der Schaffung von ‚praktischen Kommunikationsmöglichkeiten' gesehen, die eine Verständigung zwischen Gestaltern und Betroffenen über vernünftige Lösungen ermöglichen. Maßnahmen dazu schließen Änderungen der Unternehmensverfassung in Richtung auf eine ‚demokratische Verständigungsordnung' und eine 'kommunikative Rationalisierung des Managements' mit ein"[194].

2. Die Organisationsstruktur der Evangelischen Kirche in Deutschland

Im folgenden Abschnitt wird die Organisationsstruktur der EKD unter besonderer Berücksichtigung ihrer Verfassungsorgane und ihres Verfassungsdokumentes, der Grundordnung der EKD, behandelt. Den Abschluß bildet ein Exkurs über die aktuelle innerkirchliche Strukturdiskussion hinsichtlich einer Organisationsreform der EKD.

2.1. Die EKD als Zusammenschluß der Landeskirchen

Der Protestantismus ist in der Bundesrepublik Deutschland mit seinen 24 rechtlich selbständigen Landeskirchen zu der Evangelischen Kirche in Deutschland (EKD) zusammengeschlossen. 1997 gehörten 27,398 Millionen Christen den Landeskirchen mit ihren 18.145 rechtlich selbständigen Kirchengemeinden an.[195] Das Wesen der EKD wird unterschiedlich, teils einander ausschließend, typisiert: so reichen deren Charakterisierungen von „kirchliches Föderativgebilde eigener Art"[196] im Sinne eines „föderativen Zusammenschlusses bekenntnisverschiedener

---

[194] Kieser (1999), S. 61.
[195] Vgl. Statistisches Jahrbuch 1999, S. 96.
[196] Brunotte (1954), S. 120 f. Gerade in Art. 14 GO EKD wird der föderale Charakter der EKD als Leitmotiv betont.

Gliedkirchen"[197] über „ausgesprochene Grenzform zwischen den Typisierungsmodellen von Kirchenbund und Bundeskirche"[198] und „Kirchenverbund"[199] bis zu „Kirche und Bund"[200]. Mit Blick auf diese unterschiedlichen Bekenntnisstände definiert DANIELSMEYER die EKD als „Bund bekenntnisgebundener Kirchen, weil noch nicht überwundene Lehrunterschiede sie hindern, Kirche zu sein"[201]. Folglich fehlt es bis heute an einem gemeinsamen und tragfähigen EKD-Verständnis. Festzuhalten bleibt mit SCHLAICH jedoch, dass die EKD nach dem Gesamtkonzept der Grundordnung der Evangelischen Kirche in Deutschland (GO EKD[202]) vom Konsens mit den Gliedkirchen lebt[203].

Nach staatlichem Recht kommt der EKD von Verfassungs wegen nach Art. 137 Abs. 5 WRV i.V.m. Art. 140 GG der Status einer Körperschaft des öffentlichen Rechts zu. Kirchenrechtlich ist die EKD nach Art. 1 Abs. 1 Satz 1 GO EKD die 1991 für das wiedervereinigte Deutschland erneuerte Gemeinschaft der 24[204] selbständigen, territorial voneinander abgegrenzten Gliedkirchen in der Bundesrepublik Deutschland[205].

Die EKD vertritt die Landeskirchen in gesamtkirchlichen,[206] öffentlichen und rechtlichen Fragen gegenüber der Bundesregierung[207] und artikuliert in wichtigen gesellschaftspolitischen Fragen evangelische Standpunkte.

Die Gliedkirchen der EKD sind die bestehenden Landes- und Provinzialkirchen[208]. Deren Organisationen und Ordnungen sind das Ergebnis einer

---

[197] Frost (1972), S. 509.
[198] Frost (1972), S. 501.
[199] Becker (1999), Rdnr. 6 zu GA IV.
[200] Grundmann (1975 a), Sp. 643, 646.
[201] Danielsmeyer (1975), S. 244.
[202] ABl. EKD S. 233. Zuletzt geändert durch: Kirchengesetz zur Regelung von Fragen im Zusammenhang mit der Herstellung der Einheit der Evangelischen Kirche in Deutschland vom 24. Februar 1991 (ABl. EKD 1991, S. 89).
[203] Vgl. Schlaich (1997), S. 370.
[204] Dieses sind zehn lutherische, zwei reformierte und zwölf unierte Landeskirchen.
[205] Die Begriffe Landeskirche und Gliedkirche werden in dieser Arbeit synonym verwendet.
[206] Vgl. Brunotte (1964), S. 75.
[207] Art. 19 GO EKD.
[208] Art. 21 Abs. 1 GO EKD.

500jährigen Geschichte als Kirchen der Reformation, an deren Ende heute eine doppelte Identitätsbindung der jeweiligen Landeskirchen steht, nämlich einer regionalen und einer konfessionellen. Beide Aspekte dieser doppelten Identität ziehen ihre jeweiligen theologischen und verfassungsrechtlichen Konsequenzen nach sich.

So entstanden die Landeskirchen im 16. Jahrhundert dadurch, dass die Fürsten nach dem Grundsatz ‚*cuius regio eius religio*' und dem damit verbundenen Recht, die Reformation in den von ihnen regierten Ländern einführen zu können (*ius reformandi*), die Konfession ihrer Untertanen festlegten. Somit wurden die Kirchen der Reformation sowie die Geschichte ihrer volkskirchlichen Strukturen durch das politische Ordnungsprinzip der deutschen Länder bestimmt. Die heute geltenden territorialen landeskirchlichen Grenzen sind in ihrer letzten Festlegung eine Folge der Neuordnung nach den napoleonischen Kriegen durch den Wiener Kongreß von 1815.

Die meisten Landeskirchen weisen zusätzlich zu diesem regionalen Aufteilungsprinzip noch eine konfessionelle Kennzeichnung auf, und zwar als lutherisch, reformiert und uniert. Nach Art. Abs. 1 GO EKD ist die EKD „die Gemeinschaft ihrer lutherischen, reformierten und unierten Gliedkirchen". Diese konfessionelle Identität prägt die kirchlichen Beziehungen der drei Bekenntnistraditionen untereinander.

Ihr gemeinsames Bekenntnis der Wittenberger Reformation (LUTHER) macht die lutherischen Kirchen zu Bekenntniskirchen: neben der Hl. Schrift als *norma normans* (normierende Norm) gelten für sie die Confessio Augustana und LUTHERS Kleiner Katechismus als Bekenntnisgrundlage. Das Bekenntnis ist als *norma normata* (normierte Norm) der Heiligen Schrift untergeordnet. Mittelpunkt für sie ist stets das Evangelium. Auf der lutherischen Seite geht alles Denken davon aus, dass Gott in Christus Mensch geworden ist, also in Christus uns Menschen leiblich begegnet ist und bis heute begegnet. LUTHER betont das allgemeine Priestertum aller Getauften. Demzufolge unterscheiden sich die mit dem Amt der öffentlichen Wortverkündigung und Sakramentsverwaltung Beauftragten nicht durch eine höhere geistliche Würde von den Gemeindegliedern[209]. Der Gottesdienst ist in der lutherischen Tradition ein Fest der geheimnisvollen Gegenwart Gottes. In Brot und Wein kommt Christus elementar zu den Menschen[210].

Die reformierte Kirche erhielt ihre Prägung von der Schweizer Reformation (der Züricher Reformation ZWINGLI'S und BULLIGER'S sowie der Genfer Reformation CALVIN'S und BEZA'S[211]. Als Bekenntnisschriften gelten vorbehaltlich weiterführender schriftgemäßer Glaubenserkenntnis die altkirchlichen Bekenntnisschriften: das Apostolicum, das Athanasianum sowie das Nicaeno-Constantinopolitanum. Reformierte Überzeugung drückt sich besonders aus im Heidelberger Katechismus[212] (1563) und in der Theologischen Erklärung von Barmen[213] (1934). Reformiert geprägter Theologie geht es in erster Linie darum, Gott allein die Ehre zu geben und damit allen Versuchen entgegenzutreten, Gott zu vereinnahmen oder ihn in ein religiöses Ghetto einzusperren. Reformierte Theologie setzt den Akzent auf die Ordnungen des Zusammenlebens in einer Gemeinde, auf soziale Gerechtigkeit und politische Mitverantwortung der Christen[214]. Die calvinistische Kirchenverfassung konnte den aus der apostolischen Zeit stammenden und für den presybyterial-synodalen Verfassungsaufbau wesentlichen Gedanken, nichtgeistliche Gemeindeglieder an der Leitung der Kirche zu beteiligen, „in der Kirche wirksam ein- und durchsetzen"[215].

Seit 1817, nämlich durch Kabinettsorder des preußischen Königs FRIEDRICH WILHELM III. vom 27.09.1817, entwickelten sich in Preußen Unionen als lutheri-

---

[209] Vgl. Geldbach (1999), S. 190.
[210] Vgl. Birmelé (1997), Sp. 1147.
[211] Vgl. Iserloh (1985 a), S. 157 ff.
[212] Der Heidelberger Katechismus ist ein kurzgefaßtes Lehr- und Unterrichtsbuch im Frage-Antwort-Stil, das wahrscheinlich von den reformierten Theologen URSINUS und OLEVIAN verfaßt wurde.
[213] Vgl. Ausführungen unter Kap. 3.1.
[214] Vgl. Opocensky (1999), Sp. 953 f.
[215] Stapelfeldt (1992), S. 37.

sche und reformierte Landesteile. Weitere Unionen wurden 1818 in der bayerischen Rheinpfalz, 1820 in Bernburg, 1821 in Baden und Waldeck, bis 1822 im Großherzogtum Hessen und in Teilen von Kurhessen sowie 1827 in Dessau gegründet. Der Kirchentyp der Unionskirche versuchte, „den Gegensatz zwischen lutherischem und reformiertem Kirchentum zu überwinden"[216]. Nur ein Teil von ihnen ist zum dritten, selbständigen Konfessionstypus geworden. Sie werden nach Bekenntnis- bzw. Verwaltungs-Unionen unterschieden: dort, wo „gemeinsame geistliche Leitung besteht, regionale Aufgliederung in lutherische und reformierte Gemeinden nicht stattfindet und ein gemeinsamer (unierter) Bekenntnisstand gilt"[217], spricht man von einer Bekenntnis-Union. Der unierte Bekenntnisstand beinhaltet neben der Heiligen Schrift die Augsburgische Konfession sowie lutherische und reformierte Bekenntnisschriften von gleicher verbindlicher Geltung, die bisweilen von eigenen unierten Bekenntnisschriften ergänzt oder durch sie ersetzt werden. Von einer Verwaltungs-Union spricht man dort, wo eine gemeinsame administrative Leitung besteht, die einzelnen Gemeinden oder Gebietsteile reformiert oder lutherisch verfaßt sind und kein gemeinsamer Bekenntnisstand existiert.

Das 25. Mitglied der EKD ist selbst keine Landeskirche, sondern ein Zusammenschluß unierter Gliedkirchen, nämlich die Evangelische Kirche der Union (EKU). In der EKU haben sich die folgenden sieben Landeskirchen zusammengeschlossen: die Evangelische Landeskirche Anhalts, die Evangelische Kirche in Berlin-Brandenburg, die Evangelische Kirche der schlesischen Oberlausitz, die Pommersche Evangelische Kirche, die Evangelische Kirche der Kirchenprovinz Sachsen, die Evangelische Kirche von Westfalen sowie die **Evangelische Kirche im Rheinland**. Das theologische Selbstverständnis der EKU ist in dem Grundar-

---

[216] Wolf (1961), S. 404.
[217] Wolf (1961), S. 42.

tikel ihrer Ordnung vom 22. Juli 1994 (OEKU)[218] niedergelegt. Danach versteht sich die EKU als Kirche, indem sie sich zu Jesus Christus bekennt, sich auf das Zeugnis der Hl. Schrift als alleinige Quelle und Richtschnur gründet, ihren Glauben in der Gemeinschaft mit der alten Kirche bezeugt und „in der einen allgemeinen christlichen Kirche steht, in der das Wort Gottes lauter und rein verkündet wird und die Sakramente Recht verwaltet werden"[219]. Ihr Proprium sieht die EKU darin, dass sie unbeschadet der unterschiedlichen Bekenntnistraditionen „die Gemeinschaft kirchlichen Lebens der in ihr verbundenen lutherischen, reformierten und unierten Gemeinden"[220] pflegt, in allen Gliedkirchen die volle Kanzel- und Abendmahlsgemeinschaft übt, und ihre Glieder ruft, „im Vertrauen auf die Wahrheit und Verheißung des Wortes Gottes trotz bestehender Lehrunterschiede im gemeinsamen Bekennen des Evangeliums zu beharren und zu wachsen"[221].

Die Evangelisch-Lutherischen Kirchen in Bayern, Braunschweig, Hannover, Mecklenburg, Nordelbien, im Land Sachsen, in Schaumburg-Lippe und in Thüringen bilden die Vereinigte Evangelisch-Lutherische Kirche Deutschlands (VELKD), die als solche zwar eine eigenständige Kirche darstellt, jedoch nicht Gliedkirche der EKD ist. Die VELKD mit Sitz im Lutherischen Kirchenamt Hannover ist als Vereinigte Kirche mehr als ein organisatorischer Zusammenschluß. Ihr Gründungsziel war es, das deutsche Landeskirchentum durch gemeinsames Handeln zu ergänzen und dabei von der Übereinstimmung im Bekenntnis auszugehen.[222] Ihre Organe sind die Generalsynode, die Bischofskonferenz, die Kirchenleitung und das Kirchenamt. Die nicht der VELKD angehörenden Landeskirchen haben sich zur „Arnoldshainer Konferenz" zusammengeschlossen.

Daneben hat man sich in anderen Regionen auf unterschiedliche Formen unierter Landeskirchen verständigt, so dass die Evangelischen Kirchen in Baden, Bremen,

---

[218] Vgl. ABl. EKD 1994, S. 405.
[219] Grundartikel Abs. 5 OEKU.
[220] Art. 1 Abs. 2 OEKU.
[221] Art. 1 Abs. 3 OEKU.

Hessen und Nassau, Kurhessen-Waldeck und in der Pfalz die übrigen unierten Kirchen bilden. Die Lippische Landeskirche und die Evangelisch-reformierte Kirche sind die reformierten Kirchen. Die Evangelisch-Lutherischen Landeskirchen in Mecklenburg und Oldenburg sowie die Evangelische Landeskirche in Württemberg sind die übrigen lutherischen Kirchen.

Die EKD erhielt mit der Verabschiedung der GO EKD am 13. Juli 1948 in Eisenach ihre heutige Rechtsgestalt. Die Gliedkirchen sind die konstituierenden Elemente der EKD[223]. Zwischen den nach dem regional-konfessionellen Grundprinzip strukturierten Gliedkirchen besteht im Sinne der Konkordie reformatorischer Kirchen in Europa, nämlich der Leuenberger Konkordie, Kirchengemeinschaft[224]. Die Leuenberger Konkordie ist eine in Leuenberg (Schweiz) im September 1971 entstandene, schriftlich formulierte, vierteilige Lehrvereinbarung über die Förderung der Kirchengemeinschaft im Sinne von Kanzel- und Abendmahlsgemeinschaft zwischen den unterzeichnenden lutherischen, reformierten und unierten Teilkirchen sowie den Böhmischen Brüdern und der Kirche der Waldenser.[225] Mit dieser zwischenkirchlichen Vereinbarung haben sich die daran beteiligten Kirchen dazu verpflichtet, „alles der Kirchengemeinschaft entgegenstehende Recht zu ändern, bestehendes Recht so auszulegen bzw. anzuwenden, daß Kirchengemeinschaft nicht verhindert wird, und bei neuem Recht die Grundsätze der Konkordie zu berücksichtigen"[226].

2.2. Die Grundordnung als zentrales Verfassungsdokument der EKD

Nach dem II. Weltkrieg und mit dem Zusammenbruch der gesamtstaatlichen Strukturen des Nationalsozialismus im Mai 1945 brach auch das allgemeine äuße-

---

[222] Vgl. Hauschild (1996), Sp. 1124 f.
[223] Vgl. Campenhausen (1994), S. 384.
[224] Art. 1 Abs. 2 GO EKD.
[225] Vgl. Schiefer (1997), Sp. 861.
[226] Lingner (1980), S. 346.

re Ordnungsgefüge der Deutschen Evangelischen Kirche (DEK) völlig zusammen[227]. HAUSCHILD weist darauf hin, dass damit jedoch Dank des durch die Bekennende Kirche geförderten Gemeinschaftsbewußtseins unter den im Kirchenkampf zerstrittenen Gruppen nicht der Ausfall der gesamtkirchlichen Organisation verbunden war: „Dazu trug in der Situation von 1945 der Umstand erheblich bei, dass die Kirchen für kurze Zeit gegenüber den Besatzungsmächten als einzige organisierte Interessenvertretung des deutschen Volkes eine neue politische Verantwortung wahrnehmen konnten bzw. mußten. Diese Führungsrolle bei der Neuordnung Deutschlands 1945 konnte über die Ebene der Besatzungszone hinaus nur von einer einheitlich agierenden evangelischen Kirche wahrgenommen werden"[228].

Mit der ersten in das nordhessische TREYSA vom 27. bis 31. August 1945 vom württembergischen Landesbischof WURM einberufenen Kirchenversammlung (TREYSA I) sollte ein Neuanfang nach dem Versagen der 1933 gegründeten DEK in der NS-Diktatur versucht werden. Damit begannen erstmals wieder kirchenrechtliche Bemühungen um eine Neuordnung der Evangelischen Kirche in Deutschland, deren Basis die Autonomie der Landeskirchen bildete und an deren Ende die Begründung einer dreiteiligen „Vorläufigen Ordnung der Evangelischen Kirche in Deutschland"[229] sowie die Wahl eines vorläufigen Rates der Evangelischen Kirche in Deutschland standen. Hauptaufgabe des vorläufigen Rates, der am 22. März 1946 eine „Übergangsordnung der Evangelischen Kirche in Deutschland"[230] erließ, war die verfassungsmäßige Neuordnung der EKD.

Bei der zweiten Kirchenversammlung von TREYSA am 05. und 06. Juni 1947 (TREYSA II) wurde über die künftige Verfassung der EKD beraten und ein neunköpfiger Verfassungsausschuß zur Erarbeitung einer Ordnung der EKD einge-

---

[227] Zur detaillierteren Schilderung der Entstehung der GO EKD vgl. Brunotte (1954), S. 3 - 88; Wolf (1961), S. 447 ff.; Hauschild (1982), S. 667 ff.; Besier (1986), Sp. 1210 ff.
[228] Vgl. Hauschild (1982), S. 667 f.
[229] VO.u.NBl. Nr. 38/39 vom 11. Dezember 1946.

setzt, der eine Entschließung „Zur innerkirchlichen Lage"[231] vorlegte, in deren siebentem Punkt der Rat gebeten wurde, „möglichst bald einer verfassunggebenden Kirchenversammlung den Entwurf einer Ordnung der EKD zur Beschlußfassung vorzulegen"[232]. Bei der Kirchenversammlung von Eisenach vom 11. bis 13. Juli 1948 wurde die vom Verfassungsausschuß erarbeitete GO EKD am 13. Juli 1948 einstimmig angenommen[233].

Die GO EKD ist das maßgebliche Verfassungsdokument der EKD. Sie besteht aus einem Vorspruch (Präambel) und 35 Artikeln. Diese Artikel sind unter den folgenden Überschriften zusammengefaßt: I. *Grundbestimmungen* (Art. 1 - 5), II. *Aufgaben* (Art. 6 - 20), III. *Gliederung* (Art. 21), IV. *Organe und Amtsstellen* (Art. 22 - 32), V. *Besondere und Übergangsbestimmungen* (Art. 33 - 35).

Seit ihrer Inkraftsetzung war die GO EKD von 1948 bis 1982 unverändert geblieben. Danach wurde sie fünfmal, nämlich 1982, 1984 zweimal, 1986 und 1991, geändert[234]. Eine Änderung der GO EKD durch Kirchengesetz bedarf nach Art. 26 Abs. 3 Satz 3 GO EKD einer Stimmenmehrheit von zwei Dritteln der anwesenden Synodenmitglieder und der Zustimmung der Kirchenkonferenz. In der Kirchenkonferenz genügt dabei nach § 2 Abs. 2 der Geschäftsordnung der Kirchenkonferenz (GO KiKo[235]) die einfache Mehrheit, also die Mehrheit der abgegebenen Stimmen. Explizite Aussagen darüber, welches zulässige grundord-

---

[230] VO.u.NBl. Nr. 14 vom April 1946.
[231] ABl. EKD Nr. 14 vom 01. Juli 1947.
[232] ABl. EKD Nr. 14 vom 01. Juli 1947.
[233] Vgl. Brunotte (1954), S. 72; Hauschild (1982), S. 669.
[234] Am 9.12.1982 wurden Art. 31 und 34 GO EKD mit der dortigen Neuordnung des Kirchenamts geändert: ABl. EKD 1983, S. 1.
Am 14.06.1984 erfolgte eine Änderung der Art. 1, Abs. 4 und 5 sowie Art. 4 GO EKD: ABl. EKD 1984, S. 249. Dabei ging es in Art. 1 um die Feststellung des Bestehens der Kirchengemeinschaft im Sinne der Leuenberger Konkordie zwischen den Gliedkirchen sowie in Art. 4 um Kanzel- und Abendmahlsgemeinschaft innerhalb der EKD. Am 14.12.1984 kam es zu einer Ergänzung des Art. 30 Abs. 1 GO EKD bezüglich des Wahltermins des EKD-Rats: ABl. EKD 1985, S. 1. 1986 wurden die Art. 17 und 18 GO EKD geändert: ABl. EKD 1986, S. 481.
Am 24.02.1991 wurde die Kirchenordnung zur Regelung von Fragen im Zusammenhang mit der Herstellung der Einheit der Evangelischen Kirche in Deutschland geändert. (ABl. EKD 1991, S. 89).
[235] ABl. EKD 1971, S. 481.

nungsändernde Gesetz der Zustimmung aller Gliedkirchen bedarf, fehlen in der GO EKD. Eine Grenze für Grundordnungsänderungen nach Art. 26 Abs. 3 Satz 3 GO EKD ergibt sich durch Art. 2 Abs. 2 GO EKD. Danach darf gesamtkirchliche Rechtsetzung das Bekenntnis der Gliedkirchen nicht verletzen. Ebenso darf die Rechtsetzung der Gliedkirchen dem gesamtkirchlichen Recht nicht widersprechen.[236] Somit liegt die Entscheidung über die Wirksamkeit einer Grundordnungsänderung in einer Gliedkirche im Verfahren nach Art. 26 Abs. 3 S. 3 GO EKD bei der einzelnen Gliedkirche selbst. Zusammenfassend ist festzustellen, dass nach dem Wortlaut der Grundordnung die Möglichkeit, sie zu ändern, nicht beschränkt ist, sofern eine dafür notwendige qualifizierte Mehrheit zustandekommt, die Kirchenkonferenz zustimmt und gegebenenfalls aus Bekenntnisgründen erhobene Bedenken von dem jeweiligen Bekenntniskonvent nicht bestätigt werden.

2.3. Die verfassungsmäßigen Leitungsorgane und Amtsstellen der EKD

Die Organe und Amtsstellen der EKD, sowie deren Aufgaben und Befugnisse werden in den Artikeln 22 bis 32 der GO EKD normiert.

Die kirchenleitende Hierarchie der EKD setzt sich zusammen aus den Kirchenleitungen der Landeskirchen, den Räten und Konferenzen der Kirchenbünde (VELKD, EKU, Reformierter Bund, usw.) mit dem Rat der EKD an der Spitze, wobei der hierarchische Aufbau auf der jeweiligen Ebene der Synoden kontrolliert wird. Da die evangelische Kirche keine klare Hierarchie besitzt, in der eindeutig formale Unter- und Überordnungen festgelegt sind, sondern durch viele Querverbindungen dieses Schema durchbrochen wird, ist eine formale Einordnung schwierig. Daher sollen auf der Ebene der EKD lediglich die Leitungsorga-

---

[236] Zu einer ausführlichen Behandlung der Grenzen der Verfassungsänderung nach Art. 2 Abs. 2 GO EKD vgl. Schlaich (1997), S. 351 ff.

ne Synode, Kirchenkonferenz und Rat[237] sowie das Kirchenamt der EKD[238] als dessen administrative Verwaltungsstelle dargestellt und in ihrer Zuordnung zueinander analysiert werden. Am Leitungsgeschehen in der EKD sind also mehrere Organe im Rahmen jeweils geltender Funktionszuweisungen selbständig nebeneinander stehend beteiligt. Dabei wird allerdings keine Gewaltenteilung, die zum Charakteristikum des staatlichen Verfassungsrechts geworden ist, im ausschließlichen Sinne praktiziert, denn diese widerspräche dem evangelischen Kirchenverständnis[239]. Die drei Leitungsorgane sind mit Ausnahme der Doppelmitgliedschaft des Präses in Synode und Rat[240] personell getrennt.

2.3.1. Die Synode der EKD

Die Synode der EKD (derzeit die 9. Synode von 1998 - 2003) setzt sich nach Art. 24 Abs. 1 GO EKD zusammen aus 100 Mitgliedern, die von den synodalen Organen der Gliedkirchen gewählt werden, und 20 Mitgliedern, die vom Rat berufen werden. Für jeden Synodalen sind zwei Stellvertreter zu bestimmen. Von den gewählten und berufenen Synodalen darf gem. Art. 24 Abs. 1 GO EKD nicht mehr als die Hälfte Theologen sein[241]. Damit wurde der besonderen Situation nach der Zusammenführung von EKD und dem Bund der Evangelischen Kirchen in der DDR (BEK) Rechnung getragen.

Der Synode kommt die Aufgabe zu, „der Erhaltung und dem inneren Wachstum der Evangelischen Kirche in Deutschland zu dienen."[242] Ihre Leitungsaufgabe als legislatives Entscheidungsgremium, besteht darin, die gesamtkirchlichen Angele-

---

[237] Art. 22 Abs. 1 GO EKD.
[238] Art. 31 GO EKD.
[239] Vgl. Grundmann (1964/65), S. 64; Campenhausen (1994), S. 398; Pirson (2000 a), S. 97 f.
[240] Art. 26 Abs. 1 und Art. 30 Abs. 1 GO EKD.
[241] Für die erste wieder gesamtdeutsche EKD-Synode (1991-1997) wurde von dieser Grundordnungsregelung insoweit abgewichen, sie bis zum Ende ihrer Amtsdauer aus 160 Mitgliedern (134 gewählten und 26 berufenen) Mitgliedern bestand: vgl. § 3 Abs. 1 Kirchengesetz der EKD zur Regelung von Fragen im Zusammenhang mit der Herstellung der Einheit der Ev. Kirche in Deutschland vom 24.2.1991 (ABl. EKD 1991, S. 89).
[242] Art. 23 Abs. 1 GO EKD.

genheiten, welche die EKD betreffen, zu beraten und über sie zu beschließen.[243] Darunter fallen Kirchengesetze sowie Vorlagen des Rates und der Kirchenkonferenz. Die Synode wird für eine Dauer von sechs Jahren gebildet, kommt in der Regel einmal im Jahr zu einer mehrtägigen Tagung zusammen[244] und wird dabei von einem aus ihrer Mitte gewählten Präsidium, das aus dem Präses, seinen Stellvertretern und den Beisitzern besteht, geleitet.[245] Die Synode wählt gemeinsam mit der Kirchenkonferenz den Rat der EKD.[246]

2.3.2. Die Kirchenkonferenz der EKD

Die Kirchenkonferenz der EKD wird von den Leitungen der Gliedkirchen gebildet.[247] Damit ist sie das „eigentliche bündische Organ der EKD"[248], in deren Arbeit die direkte Mitverantwortung und Einflußnahme der Landeskirchen auf den Weg der EKD stattfindet. Sie ist jedoch kein „Organ zur Vertretung der Interessen einzelner Gliedkirchen"[249]. In ihr haben Gliedkirchen mit mehr als zwei Millionen Kirchenmitgliedern zwei Stimmen, die anderen Gliedkirchen haben eine Stimme.[250]

Die Aufgabe der Kirchenkonferenz ist es, die Arbeit der EKD und der Gliedkirchen mit dem Ziel möglichst einheitlichen Handelns zu beraten.[251] Obwohl hier die Beratung durch die Kirchenkonferenz im Vordergrund steht, weist FROST darauf hin, dass diese Beratungsfunktion „durch die verhältnismäßig starke Stel-

---

[243] Art. 23 Abs. 2 GO EKD.
[244] Art. 25 GO EKD.
[245] Art. 26 Abs. 1 GO EKD.
[246] Art. 23 Abs. 3 GO EKD.
[247] Art. 28 Abs. 2 GO EKD.
[248] Frost (1972), S. 509.
[249] Schlaich (1997), S. 368.
[250] Einziger Paragraph Abs. 1 Kirchengesetz über die Verteilung der Stimmen in der Kirchenkonferenz vom 10. Januar 1949 (ABl. EKD S. 5) i.d.F. des Änderungsgesetzes vom 10. November 1977 (ABl. EKD 1978, S. 1).
[251] Art. 28 Abs. 1 Satz 1, 1. HS GO EKD.

lung der Gliedkirchen gegenüber der Gesamtkirche von erheblicher Gewichtigkeit"[252] ist.

Der Ratsvorsitzende der EKD leitet die Kirchenkonferenz und tritt auf seine Einladung hin zusammen. Sie muß auf Verlangen von drei Gliedkirchen einberufen werden.[253] Die Beratungen der Kirchenkonferenz werden nach § 6 Abs. 1 der Geschäftsordnung[254] der Kirchenkonferenz vom Kirchenamt der EKD vorbereitet. Der Ratsvorsitzende hat wegen seiner Präsenz in den publizistischen Medien eine „besondere Öffentlichkeitsbedeutung als Repräsentant des deutschen Protestantismus"[255]. Seine Stellung ist somit „wesentlich stärker hervorgehoben, als das in der Grundordnung der EKD durch die Vertretung in Rechtsangelegenheiten und das Weisungsrecht ein Eilfällen zum Ausdruck kommt"[256].

Das Verhältnis der Kirchenkonferenz gegenüber den beiden anderen Leitungsorganen der EKD ist durch Mitwirkungs- bzw. Initiativrechte insofern bestimmt, als sie bei der Wahl des Rates mitwirkt[257], in das Gesetzgebungsverfahren der EKD-Synode durch Zustimmungsvorbehalte einbezogen ist[258] und darüber hinaus gegenüber Rat und/oder Synode ein Antrags- und Vorlagerecht[259] hat.

Fördert die Synode durch „Konzentration auf gesamtkirchliche, gesellschaftliche und politische Fragen ein integratives EKD-Bewußtsein", so bringt die Kirchenkonferenz, in der alle landeskirchlichen Leitungen gleichrangig vertreten sind, „stärker die Partikularinteressen zum Ausdruck"[260].

---

[252] Frost (1972), S. 510.
[253] Art. 28 Abs. 3 GO EKD.
[254] ABl. EKD 1971, S. 481.
[255] Hauschild (1999), Sp. 1715.
[256] Hammer (1984), S. 91.
[257] Art. 30, Abs. 1 u. 3 i.V.m. Art. 28 Abs. 1 Satz 2 GO EKD.
[258] Art. 26 Abs. 3 i.V.m. Art. 28 Abs. 1 Satz 2 GO EKD.
[259] Art. 28 Abs. 1 Satz 1, 2. HS GO EKD.
[260] Hauschild (1999), Sp. 1715.

2.3.3. Der Rat der EKD

Der Rat leitet und verwaltet die EKD in allen Angelegenheiten, die nicht ausdrücklich anderen Organen vorbehalten sind und vertritt die EKD in Rechtsangelegenheiten.[261] Insbesondere soll er für die Zusammenarbeit der kirchlichen Werke und Verbände in allen Bereichen sorgen, die evangelische Christenheit in der Öffentlichkeit vertreten und zu Fragen des religiösen und gesellschaftlichen Lebens Stellung nehmen. Diese Stellungnahmen bedeuten „im Chor der Stimmen aus der evangelischen Kirche (...) den autorisierten evangelischen Standpunkt"[262]. In der Regel geschieht dies entweder durch kurzfristige, aktuelle Stellungnahmen oder in Form von Grundsatzerklärungen, Denkschriften, Studien oder Diskussionsbeiträgen.

Nach der Grundordnung hat der Rat der EKD der Synode zu jeder ihrer Tagungen einen Rechenschaftsbericht vorzulegen, der zu besprechen ist.[263] Zusätzlich wird der Synode zweimal während ihrer Amtsperiode ein ausführlicher Rechenschaftsbericht in Buchform vorgelegt, in dem nicht nur die Organe der EKD, sondern vor allem Werke, Einrichtungen und andere Institutionen aus dem Bereich der EKD über ihre Arbeit zu berichten haben.

Dem Rat der EKD gehören für die Amtsdauer von sechs Jahren[264] 15 Mitglieder, Laien und Theologen, an, von denen 14 gemeinsam von Synode und Kirchenkonferenz in geheimer Abstimmung gewählt werden.[265] Der Präses der Synode gehört dem Rat als fünfzehntes Mitglied kraft seines Amtes an.[266] Synode und Kirchenkonferenz wählen aus der Mitte der gewählten Ratsmitglieder gemeinsam den Vorsitzenden des Rates und seinen Stellvertreter.[267] Der Rat ist kein Kabinett mit Ressortaufteilung, vielmehr sind seine Beschlüsse gem. § 5 Abs. 1 der Ge-

---

[261] Art. 34 Abs. 1 GO EKD.
[262] Löwe (1995), Sp. 1039.
[263] Art. 29 Abs. 1 GO EKD.
[264] Art. 30 Abs. 4 GO EKD.
[265] Art. 30 Abs. 1 GO EKD.
[266] Art. 30 Abs. 1 GO EKD.

schäftsordnung für den Rat der EKD[268] vom Kirchenamt vorzubereiten und durchzuführen.

2.3.4. Das Kirchenamt der EKD

Die Geschäfte von Rat, Synode und Kirchenkonferenz werden im Kirchenamt der EKD mit den drei Hauptabteilungen Recht und Verwaltung, Theologie und öffentliche Verantwortung sowie Ökumene und Auslandsarbeit (Kirchliches Außenamt) mit Sitz in Hannover geführt.[269] Aufgaben des Kirchenamtes der EKD sind die Verwaltung der EKD sowie die Führung der laufenden Geschäfte des Rates nach Maßgabe des Kirchenrechtes und der Richtlinien oder Weisungen des Rates.[270] Darüber hinaus hat das Kirchenamt insbesondere die Synode und die Kirchenkonferenz in der Erfüllung ihrer Aufgaben zu unterstützen, nimmt die Aufgaben einer Geschäftsstelle wahr und hat für die Geschäftsführung in den Kammern und Kommissionen zu sorgen.[271] Es wird von einem Kollegium unter dem Vorsitz des Präsidenten des Kirchenamtes geleitet.[272] Diesem Leitungskollegium gehören neben den Hauptabteilungs- und den Abteilungsleitern auch ständige Gäste an.

2.4. Exkurs: Ecclesia reformata est semper reformanda – oder: Die innerkirchliche Diskussion über eine Strukturreform der EKD

„Die Strukturdebatte begleitet den deutschen Protestantismus, abgesehen von früheren wichtigen Ansätzen, seit 1945 mehr oder weniger kontinuierlich"[273]. Mit ihrem Beschluß „Überprüfung kirchlicher Strukturen"[274] vom 07.11.1996 hat die

---

[267] Art. 30 Abs. 3 GO EKD.
[268] ABl. EKD 1994, S. 205.
[269] Vgl. Löwe (1995), Sp. 1039.
[270] Art. 31 GO EKD.
[271] Art. 31 Abs. 2 S. 1 GO EKD.
[272] Art. 31 Abs. 3 GO EKD.
[273] Scharbau (1999), S. 51.
[274] ABl. EKD 1996, S. 536.

8. Synode der EKD den 1997 zu wählenden Rat der EKD aufgefordert, die Gesamtstruktur der EKD mit ihren 24 Landeskirchen und den konfessionellen Zusammenschlüssen zu überprüfen: „Dabei soll die Gemeinschaft in der EKD und das Zusammenwachsen ihrer Gliedkirchen gefördert werden"[275]. Auslöser für diese Debatte, die in ihrem weiteren Verlauf vor allem in den beiden Monatszeitschriften des deutschen Protestantismus, „Lutherische Monatshefte"[276] bzw. „Evangelische Kommentare"[277], geführt wurde, war ein Vortrag, in dem Generalsuperintendent WISCHNATH (Cottbus) deutliche Kritik an den bestehenden Strukturen in der EKD, vor allem in den konfessionellen Bünden äußerte. Damit wurden frühere Versuche, die - 1970 beginnend - zum Ziel hatten, eine überschaubare Gesamtkirche zu schaffen, Doppelstrukturen abzuschaffen und somit die EKD gegenüber den Landeskirchen zu stärken, und die 1980 für gescheitert erklärt werden mußten, nunmehr wieder neu aufgenommen.

Der nachfolgende Exkurs zeichnet in einem ersten Schritt die Bestrebungen um eine Reform der EKD-Strukturen während der Jahre 1970 bis 1980 und erläutert die Gründe für das Scheitern der EKD-Reform. In einem zweiten Schritt wird die aktuell geführte Diskussion um eine neuerliche EKD-Reform bis zur Vorlage des Berichtes des Lenkungsausschusses bei der EKD-Synode im November 1999 nachgezeichnet und einer kritischen Würdigung unterzogen. Da eine Strukturreform der EKD nur mittels Kirchengesetz zur Änderung der GO EKD durchgeführt werden kann, diese aber im Jahre 1974 scheiterte, wird in einem dritten Schritt ein Widerspruchsverfahren vorgestellt, das SCHLAICH für die praktische Durchführung einer zukünftigen Grundordnungsänderung vorschlägt. Den vierten Schritt bildet ein Ausblick aus organisationstheoretischer Sicht.

---

[275] ABl. EKD 1996, S. 536.
[276] Lutherische Monatshefte: Ökumenische Korrespondenz; Kirche im Dialog mit Kultur, Wissenschaft und Politik, Hannover, 1962 ff.

2.4.1. Die Diskussion über eine EKD-Strukturreform in den 1970er Jahren

Die Arbeit an einer EKD-Reform in der 1970er Jahren geht auf die sechsteilige Entschließung der EKD-Synode „Zum künftigen Weg der Evangelischen Kirche in Deutschland"[278] vom 15. Mai 1970 zurück. Darin wurde als wichtigstes Motiv für die als notwendig erachtete Neuordnung genannt, die bestehende Zeugnis- und Dienstgemeinschaft der bekenntnisbestimmten Kirchen zu stärken und zu vertiefen, um „zu einer größeren Gemeinschaft im Verständnis der biblischen Botschaft zu kommen und damit auch der Einheit der Evangelischen Kirche in Deutschland zu dienen."[279] Als Ziel der Neuordnung wird formuliert: „An die Stelle des Kirchenbundes soll eine engere Gemeinschaft der Kirchen (Bundeskirche) stehen. Sie soll in einer ausgewogenen regionalen Gliederung die gemeinsame Arbeit der Gliedkirchen gewährleisten."[280] Ziel der Verfassungsreform war also die Kirchwerdung der EKD.

Äußerer Anlaß für die auch Strukturprobleme einschließende Verfassungsreform war die von den politischen Verhältnissen erzwungene organisatorische Trennung der Gliedkirchen der EKD in der damaligen DDR von den Gliedkirchen in der BRD. Sie hatte nach Inkrafttreten der Verfassung der DDR vom 08.04.1968 zur Bildung des Bundes der evangelischen Kirchen in der DDR und zur Beendigung der Mitgliedschaft seiner Gliedkirchen in der EKD geführt.

Zur Umsetzung der Zielvorgaben der EKD-Synode wurde ein Ausschuß für Struktur- und Verfassungsfragen eingesetzt, der aus 16 Synodalen und 8 Beauftragten der Kirchenkonferenz bestand und dem dann ein konkreter Auftrag mit einem Aufgabenkatalog[281] erteilt wurde. Im Verlauf einer vierjährigen Diskussi-

---

[277] Evangelische Kommentare: Monatsschrift zum Zeitgeschehen in Kirche und Gesellschaft, Stuttgart 1968 ff.
[278] ABl. EKD 1970, S. 279.
[279] Abschnitt 2 der o.g. Entschließung vom 15. Mai 1970.
[280] Abschnitt 3 der o.g. Entschließung vom 15. Mai 1970.
[281] Vgl. Nr. 5 der o.g. Entschließung vom 15. Mai 1970.

ons- und Vorbereitungsphase[282] bis zur Vorlage eines (mittlerweile fünften) Entwurfes im November 1974 hatte der Ausschuß die Verfassungsarbeit unter theologischen, organisatorischen und verfassungsrechtlichen Aspekten aufzunehmen, die nicht voneinander trennbar waren, denn „Theologie, Organisation und Verfassung sind aufeinander bezogen und ineinander verschränkt."[283] Theologisch gesehen ging es um das Problem der Kirchwerdung der EKD bzw. um die Frage, „wie die im deutschen Protestantismus praktizierte ekklesiale Gemeinschaft verfassungsrechtlich neu bestimmt und beschrieben werden konnte."[284] Der organisatorische Aspekt beinhaltete die Frage, „wie die von der EKD zu übernehmenden und im Zusammenwirken mit den Gliedkirchen und Werken zu erfüllenden Gemeinschaftsaufgaben bestimmt und organisatorisch angelegt werden"[285] sollten. Zu den verfassungsrechtlichen Fragen zählte die Bemühung um ein ausgeglichenes Verhältnis zwischen unitarischen und föderativen Elementen in der Verfassung.[286] Ebenso wurde überlegt, welches Instrumentarium der EKD für ihre Arbeit an die Hand gegeben werden sollte, wie etwa Empfehlungen, verbindliche Richtlinien, Vereinbarungen, Rahmengesetze und Gesetze.

Der von der 5. EKD-Synode eingesetzte Verfassungsausschuß erarbeitete auf der Basis von vier vorausgegangenen Entwürfen einen fünften Entwurf, den der Rat der EKD der Synode zur Beschlußfassung auf ihrer Tagung im November 1974 vorlegte. Den Abschluß des synodalen Gesetzgebungsverfahrens bildete die einstimmige Annahme der GO EKD 1974[287] durch die EKD-Synode am 07. November 1974. Mit Verabschiedung durch die EKD-Synode war nunmehr die Initiative für die Verfassungsreform auf die Gliedkirchen übergegangen. Nach Art. 70 GO EKD 1974 bedurfte die neue Grundordnung der Zustimmung sämtlicher

---

[282] Zu den jeweiligen Phasen der Reformbemühungen vgl. die eingehenden Darstellungen von: Lingner (1971), S. 248 ff.; Lingner (1975), S. 348 ff.; Frank (1977), S. 25 ff.; Frost (1979), S. 265 ff.
[283] Lingner (1971), S. 251.
[284] Lingner (1975), S. 349 f.
[285] Lingner (1971), S. 260.
[286] Vgl. Lingner (1971), S. 266.

Gliedkirchen, um in Kraft treten zu können. Jedoch verweigerte die württembergische Landeskirche ihre Zustimmung.[288]

Auf ihrer 6. Tagung beschloß die 5. EKD-Synode 1978, für die Abgabe der Zustimmungserklärungen eine Frist bis zum 31.12.1980 zu setzen.[289] Eine bis zu diesem Zeitpunkt nicht erteilte Zustimmung galt als verweigert. Da bis zum Ablauf dieser Frist die Zustimmungen der Landeskirchen von Württemberg, Bayern und Schaumburg-Lippe[290] ausgeblieben waren, die jedoch nach Art. 70 GO EKD 1974 notwendig gewesen wäre, mußte die EKD-Reform auf der EKD-Synode 1981 endgültig als gescheitert erklärt werden.[291] Rat und Kirchenkonferenz erklärten in einer gemeinsamen Entschließung: „Die neue Grundordnung hatte zum Ziel, der theologischen Entwicklung im Sinne einer vertieften Gemeinschaft in der EKD, den wachsenden Aufgaben der gesamtkirchlichen Organe und der Notwendigkeit gemeinsamen Handelns die erforderliche Rechtsgestalt zu geben. Dieser Versuch ist mißlungen, die Gründe für ihn bestehen aber fort."[292]

2.4.2. Die aktuelle Diskussion über eine Strukturreform der EKD

Nach etwa zwanzigjähriger Unterbrechung wird seit 1996 eine erneute Diskussion um eine EKD-Reform geführt. Sie ist im wesentlichen durch folgende Aspekte geprägt: durch finanzielle Engpässe veranlaßt, äußert sich der Wunsch nach mehr Transparenz und nach Effizienzsteigerung sowie die Stärkung der EKD gegenüber den Landeskirchen und somit nach klarer evangelischer Profilierung im deutschen Protestantismus.[293] Dabei werden folgende Ziele formuliert: die Abschaffung der konfessionellen Bünde als eigener kirchlicher Zusammenschlüsse innerhalb der EKD, die Verminderung der Gesamtzahl der Landeskirchen sowie

---

[287] Abgedruckt in: Dahrmann (1978), S. 522 - 545.
[288] Vgl. Frost (1979), S. 312 f.
[289] Vgl. ABl. EKD 1978, S. 7.
[290] Vgl. Hofmann (1984), S. 83.
[291] Vgl. Becker (1999), Rdnr. 6 zu GA IV.
[292] Frank (1977), S. 33..

die Abgabe der Kompetenzen an die EKD.[294] Bei der damit zusammenhängenden Diskussion um die Organisationsstruktur der EKD geht es darum, dass die EKD in Fragen ihrer Struktur sowie in Fragen ihrer Verlautbarungen zu grundsätzlichen und wichtigen Fragen mehr Gewicht bekommt. Im Vergleich zu der in den 1970er Jahren geführte Diskussion ist anzumerken, dass im wesentlichen keine neuen Inhalte die Diskussion bestimmen, diese jedoch unter veränderten äußeren Umständen angestoßen wurde.

Die aktuelle innerkirchliche Diskussion über eine Strukturreform der EKD wurde maßgeblich durch einen am 31.10.1996 in Mühlheim gehaltenen Gemeindevortrag des Generalsuperintendenten WISCHNATH (Cottbus) ausgelöst, in dem er dahingehend Kritik an den Strukturen der EKD äußerte, dass diese nicht klar und einfach geordnet seien: „Es gibt vielmehr strukturelle Konfusionen, Doppelungen und unbegreifliche Verästelungen. Das Durcheinander im deutschen Protestantismus - es gibt 24 Landeskirchen und drei Bekenntnisstände, die in sich noch einmal diverseste Schattierungen aufweisen – ist (...) eine unsinnige, unverständliche Glaubwürdigkeitslücke."[295]

In der Folgezeit wurde eine kontroverse Diskussion in den beiden miteinander konkurrierenden evangelischen Monatszeitschriften, den eher unierten „Evangelischen Kommentaren" und den lutherisch geprägten „Lutherische Monatsheften" geführt.

Vor allem die Lutheraner sprachen sich dabei für die Beibehaltung von Doppelstrukturen aus. So argumentiert BRANDT, dass „eine Zusammenlegung der konfessionellen Identitäten und ihrer strukturellen Ausdrucksformen (..) auf eine noch größere Selbstisolierung des deutschen Protestantismus"[296] hinauslaufe. Bzgl. des Wunsches nach Vereinfachung der komplizierten Zusammenschlüsse evangeli-

---

[293] Vgl. epd-Dokumentation 46/99, S. 52.
[294] Vgl. Küenzlen (1997), S. 2 ff.
[295] Wischnath (1996), S. 7 f.
[296] Brandt (1997), S. 28.

scher Kirchen in Deutschland plädiert er für eine Beibehaltung der VELKD und fordert, die Arbeitsteilungen zwischen den konfessionellen Bünden besser zu organisieren.

Auch der hannoveraner Oberlandeskirchenrat v. TILING plädiert für eine Beibehaltung der VELKD. Zwar räumt er ein, „daß teilweise Doppelarbeit von der VELKD und den anderen gliedkirchlichen Zusammenschlüsen geleistet wird", jedoch sei die VELKD auch künftig nicht entbehrlich, „weil ihre Arbeit an Ordnungen und Orientierungshilfen auf der Grundlage des lutherischen Bekenntnisses und der lutherischen Tradition geschieht."[297] Jedoch solle sie zukünftig „ihre Gesetzgebungszuständigkeiten so qualifiziert und effizient wahrnehmen, daß die Neigungen ihrer Gliedkirchen, eigene Wege zu suchen, in Grenzen gehalten werden"[298].

Demgegenüber fordert der Stuttgarter Oberkirchenrat KÜENZLEN die Abschaffung der Konfessionsbünde. In Zeiten zurückgehender Kirchensteuereinnahmen seien komplizierte und undurchschaubare Überbauten schwer vermittelbar und deshalb seien klare und eindeutige Strukturen der EKD erforderlich. Daher schlägt er vor: „Die gliedkirchlichen Zusammenschlüsse sollten aufgelöst, die entsprechenden Kirchenämter Schritt für Schritt abgebaut werden. Bei der EKD müßte für verstärkte theologische Kompetenz, etwa in der Frage eines eigenen theologischen Instituts, gesorgt werden. Es ist eine stärkere Rückbindung der Arbeit von Rat und EKD-Kirchenamt mit den Landeskirchen zu suchen. Das würde wohl eine Verstärkung des Gewichts von Kirchenkonferenz und EKD-Synode bedeuten. Nicht tabuisiert werden darf ein möglicher Zusammenschluß verschiedener Landeskirchen."[299]

Landesbischof BERGER sieht das größte Problem der Zwischenstrukturen darin, dass „zu viele Kräfte einig sind in der Sorge, die EKD könnte zu viele Kompe-

---

[297] Tiling (1997), S. 29.
[298] Tiling (1997), S. 30.

tenzen bekommen. Das zeigt schon die EKD-Synode, die auf vielen Gebieten keine Entscheidungsvollmacht besitzt. Den heutigen Herausforderungen angemessen wäre jedoch eine Stärkung der EKD. Dafür sind Veränderungen der einzelnen landeskirchlichen Verfassungen nötig: Sie müßten mehr Kompetenzen an die EKD übertragen."[300]

Auch der Soziologe und Theologe RUTTMANN sieht die Notwendigkeit einer Reform und schlägt vor, die EKD nach dem Vorbild japanischer Konzernstrukturen und Unternehmensstrategien umzubauen. So geht es ihm um „eine Auflösung der Landeskirchen und die Neugründung einer Evangelischen Kirche in Deutschland (EKD) mit einer technischen und administrativen Zentrale. Die mittlere Ebene wird von den Dekanaten gebildet, die die regionalen Erfordernisse der Kirche koordinieren und gestalten. Das für die Gläubigen unmittelbar erfahrbare Gemeindeleben wird von den rechtlich selbständigen Ortsgemeinden ausgerichtet. Facheinrichtungen (Kirchenbau, Missionswerke etc.) können die überregionalen Schwerpunkte abdecken. Insgesamt dürfte es durch die Neuaufteilung der regionalen Zuständigkeiten zu Zusammenlegungen und Effektivierungen kommen, die Sparpotentiale für anderweitig steigende Personalausgaben, zeitigen. In einer Vereinheitlichung zu einer EKD besteht die Chance, bundesweit identische Beziehungen für die Hauptamtlichen, die ehrenamtlichen Mitarbeiter und Mitarbeiterinnen und die Kirchenorgane zu etablieren."[301] Allerdings solle die Gesamtkirche EKD nicht „die konfessionelle Vielfalt in Deutschland in eine nationalkirchliche Unionsbildung auflösen"[302]

Daraus ergibt sich, dass bei der aktuellen Diskussion um die EKD-Reform sowohl konfessionelle als auch nichttheologische Faktoren zu beachten sind, denn „die strukturelle Undurchsichtigkeit (...) fängt mit der konfessionellen Aufgliede-

---

[299] Küenzlen (1997), S. 132.
[300] epd-Dokumentation 47a/97, S. 15.
[301] Ruttmann (1997), S. 68.
[302] Ruttmann (1997), S. 69.

rung an. Die Menschen können kaum noch den Unterschied von evangelisch und katholisch realisieren, da muten wir ihnen innerprotestantisch die Unterscheidung zwischen lutherisch, reformiert und uniert zu - und dann auch die zwischen lutherisch in der VELKD und außerhalb der VELKD (...), zwischen EKU-Kirchen (...) und den übrigen unierten Kirchen."[303]

Daraufhin faßte die EKD-Synode am 07.11.1996 ihren Beschluß „Überprüfung kirchlicher Strukturen", mit dem sie die Gliedkirchen und die gliedkirchlichen Zusammenschlüsse bat, „in verbindliche Gespräche mit dem Ziel einzutreten, in ihren Zusammenschlüssen und Kooperationsformen der veränderten Situation in Kirche und Gesellschaft Rechnung zu tragen. Dabei soll die Gemeinschaft in der EKD und das Zusammenwachsen ihrer Gliedkirchen gefördert werden"[304] 1997 folgte ein Beschluß „Zur strukturellen Konzentration in der EKD"[305], mit dem die EKD-Synode den Rat bat, seine Arbeit an den strukturellen Vereinfachungen in der EKD fortzusetzen sowie mit den gliedkirchlichen Zusammenschlüssen Vorschläge zur Vermeidung von Doppelstrukturen, zur Herstellung einer größeren Einheit innerhalb der EKD sowie zu Kompetenzverlagerungen auf die EKD in Gesetzgebungsfragen zu erarbeiten. Daur verwendet an Stelle des Begriffes Doppelstrukturen den Begriff Parallelstrukturen und definiert diese als „eine in der evangelischen Kirche vorfindliche Initiative, Aktivität oder Gruppe, die, ohne selbst Kirche zu sein oder im ganzen kirchlicher Aufsicht zu unterstehen, eine Alternative zu vorhandenen, von der verfaßten Kirche selbst organisierten oder ihr zuzurechnenden Initiativen, Aktivitäten oder Gruppen bieten will, wobei die Alternative vor allem in einer bestimmten theologischen oder kirchenpolitischen Ausprägung oder Zielrichtung besteht"[306]. Von der Parallelstruktur unterscheidet er die Ergänzungsstrukturen, die „nicht im Zeichen der Parallelität, sondern der

---
[303] epd-Dokumentation 47a/97, S. 5.
[304] ABl. EKD 1996, S. 536.
[305] ABl. EKD 1997, S. 522.
[306] Daur (1997), S. 6 f.

Komplementarität"[307] stehen. In diesem Sinne geht es bei der EKD-Reform um die Vermeidung von Parallelstrukturen.

Ebenso bat die EKD-Synode den Rat, „gemeinsam mit den gliedkirchlichen Zusammenschlüssen zu prüfen, ob und wie die EKD als Kirche anerkannt werden kann und welche kirchenrechtlichen Konsequenzen dies für die Grundordnung der EKD und der Landeskirchen hat."[308] In ihrem Beschluß „Zur strukturellen Konzentration in der EKD" vom November 1998 bekräftigte die EKD-Synode ihren Beschluß von 1997 und bat Rat und Kirchenkonferenz, ihre „Bemühungen verstärkt fortzusetzen, strukturelle Vereinfachungen in der EKD zu erzielen"[309]. Diese in den Entschließungen zum Ausdruck gebrachten Bestrebungen beinhalten Konsequenzen für das Selbstbewußtsein und Selbstverständnis landeskirchlicher Synoden.

Auf ihrer Sitzung am 20./21. März 1996 hatte die Kirchenkonferenz das Kirchenamt der EKD damit beauftragt, „im Einvernehmen mit den gliedkirchlichen Zusammenschlüssen zu erheben und darzustellen, wo sich innerhalb der EKD Parallelstrukturen ergeben haben, wo Doppelarbeit sich zeigt, die unnötig Kräfte bindet und Geld kostet."[310] Dabei ging es also um eine Konzentration der Kräfte innerhalb der kirchlichen Arbeits- und Organisationsformen. Das Ergebnis dieser Erhebung liegt als unveröffentlichter Bericht unter dem Titel „Perspektiven für eine verstärkte Kooperation und Arbeitsteilung innerhalb der evangelischen Kirche" vom 10. November 1997 vor. Der Inhalt dieses in sieben Kapitel[311] unterteilten Berichtes bildete den Leitfaden für die Tätigkeit eines im Dezember 1997 gemeinsam von Rat und Kirchenkonferenz gebildeten

---

[307] Daur (1997), S. 5.
[308] ABl. EKD 1997, S. 523.
[309] ABl. EKD 1998, S. 490.
[310] epd-Dokumentation 50/99, S. 1.
[311] Diese sieben Kapitel behandeln die Arbeitsfelder: „Theologie und öffentliche Verantwortung", „Aus- und Fortbildung", „Publizistik", „Rechtsetzung, Gerichtsbarkeit und Verwaltung", „Ökumenische Beziehungen und Partnerschaften in Verbindung mit der Arbeit des Evangelischen Missionswerkes und der regionalen Missionswerke / Kirchlicher Entwicklungsdienst und Ökumenische Diakonie", „Die evangelische Kirche und ihre Diakonie" sowie „Die EKD und die anderen gliedkirchlichen Zusammenschlüsse".

gemeinsam von Rat und Kirchenkonferenz gebildeten Lenkungsausschusses, dessen Aufgabe es folglich war, Vorschläge für vereinfachte und durchsichtige Arbeitsstrukturen in den sieben verschiedenen Handlungsfeldern zu erarbeiten. Zukünftig sollen die gliedkirchlichen Zusammenschlüsse verstärkt dazu genutzt werden, „Gemeinschaftsaufgaben der beteiligten Kirchen zusammen wahrzunehmen."[312] Folglich formuliert der Bericht als Zielvorstellung der Strukturreform, „zu einer strukturellen Bereinigung der Art zu gelangen, daß innerhalb der EKD als der die Gemeinschaft aller evangelischen Landeskirchen herstellenden Institution zwei konfessionell unterschiedlich geprägte Zusammenschlüsse bestehen bleiben. Kein Zweifel kann jedoch daran sein, daß Schritte zur strukturellen Neuordnung aus den Zusammenschlüssen und ihren Gliedkirchen kommen müssen und nicht von anderer Seite vorgegeben werden können."[313]

Im Hinblick auf die Gesetzgebungskompetenz der EKD diskutiert der Bericht Art. 10 GO EKD[314]. Nach diesem Artikel kann die EKD ihre eigenen Angelegenheiten regeln wie etwa das Beamtenrecht für die Kirchenbeamtinnen und -beamten der EKD oder das Haushaltsrecht der EKD. Der Bericht konstatiert, dass der Bestand an gesamtkirchlicher Regelung im Sinne des Art. 10 Buchst. B GO EKD „nach wie vor bescheiden ist. Der Satz der Grundordnung, wonach die Rechtsetzung der Gliedkirchen dem gesamtkirchlichen Recht nicht widersprechen darf (Art. 2 Abs. GO), läßt zwar auf eine Dominanz der Kompetenzen der EKD schließen. Er hat jedoch bisher keine praktische Bedeutung erlangt."[315] Als Lösungsmöglichkeit wird vorgeschlagen, die „Gesetzgebungszuständigkeiten der EKD und der gliedkirchlichen Zusammenschlüsse im Verhältnis zu den Gliedkirchen wie im Bundesstaat eindeutig durch entsprechende Gesetzgebungskataloge

---

[312] Perspektiven (1997), S. 40.
[313] Perspektiven (1997), S. 40.
[314] Art. 10 GO EKD lautet: „Die Evangelische Kirche in Deutschland kann gesetzliche Bestimmungen mit Wirkung für die Gliedkirchen erlassen a) für Sachgebiete, die im Bereich der Evangelischen Kirche in Deutschland bereits einheitlich geregelt waren; b) für andere Sachgebiete, wenn die beteiligten Gliedkirchen damit einverstanden sind."

festzustellen. Dies bedingte jedoch entsprechende Änderung der Grundordnungen bzw. Verfassungen. Hierfür dürfte z. Zt. ein entsprechender politischer Wille nicht bestehen"[316]. Der Bericht fragt weiter, ob nicht wenigstens das Beteiligungsverfahren der Gliedkirchen an der Gesetzgebung der EKD hinsichtlich Art. 10 Buchst. b GO verbessert werden könne und regt an, dass durch eine entsprechende Stärkung der Beteiligungsrechte der einzelnen Gliedkirchen die Vorbehalte der Gliedkirchen gegenüber gesamtkirchlicher Gesetzgebung durch die EKD gemindert werden könnten[317].

Anläßlich der 3. Tagung der 9. EKD-Synode im November 1999 in Leipzig legte der Lenkungsausschuß seinen Tätigkeitsbericht[318] vor. Zu den Arbeitsfeldern „Rechtsetzung" sowie „Die EKD und die anderen gliedkirchlichen Zusammenschlüsse" sollen im folgenden die Resultate des Berichtes referiert werden.

Bezüglich der Rechtsetzungskompetenz der EKD heißt es, dass die Kirchenkonferenz bereits ein Kirchengesetz zu Änderungen der GO EKD beraten habe, das der EKD-Synode 2000 vorgelegt werden solle. Es habe zum Ziel, die Gesetzgebungskompetenz der EKD zu stärken, gleichzeitig solle aber auch den Gliedkirchen die Möglichkeit gegeben werden, die Übertragung der Gesetzgebungskompetenz auf die EKD wieder rückgängig machen zu können. Damit solle die EKD in die Lage versetzt werden, für alle oder auch nur für einzelne Gliedkirchen Gesetze zu erlassen. Zum einen werden damit die Gliedkirchen entlastet, zum anderen steige die Bedeutung der EKD und insbesondere das Gewicht der EKD-Synode[319].

Zur Frage einer Reduzierung der Landeskirchen hat der Lenkungsausschuß keine eigenen Vorstellungen entwickelt und „geht nach wie vor davon aus, dass ent-

---

[315] Perspektiven (1997), S. 26.
[316] Perspektiven (1997), S. 27.
[317] Perspektiven (1997), S. 27.
[318] Vgl. epd-Dokumentation 50/99, S. 1 ff.
[319] Vgl. epd-Dokumentation 50/99, S. 2.

sprechende Initiativen aus den Zusammenschlüssen bzw. deren Gliedkirchen kommen müssen"[320].

Anläßlich der EKD-Synode im November 2000 wird der Lenkungsausschuß einen abschließenden Bericht für die Kirchenkonferenz und den EKD-Rat erstellen: „Was aus der Arbeit des Lenkungsausschusses wird, hängt von den zuständigen Gremien ab, denen der Auschuss zugearbeitet hat"[321].

Einen nüchternen Ausblick gibt HAUSCHILD, wenn er zusammenfaßt: „Eine von einigen der östlichen Gliedkirchen vorgeschlagene EKD-Reform unterblieb, weil die westlichen Gliedkirchen eine erneute Strukturdiskussion ablehnten. Durch die Vereinigung dürfte wegen des Verlustes der volkskirchlichen Realität in der DDR die ohnehin allmählich abnehmende gesellschaftliche und politische Relevanz der EKD langfristig geringer werden. Doch über 50 Jahre lang war sie eine wesentliche Gestaltungskraft dt. Kirchengeschichte"[322].

2.4.3. Das Widerspruchsverfahren als Vorschlag für die praktische Durchführung einer zukünftigen Grundordnungsänderung

Eine EKD-Reform kann nur, sollte sie überhaupt durchgeführt werden, durch die Verabschiedung eines Kirchengesetzes zur Änderung der GO EKD durch die EKD-Synode realisiert werden. Dabei regelt Art. 26 Abs. 3 Satz 3 GO EKD[323] Kompetenz und Verfahren der EKD zur Änderung der GO EKD.

Vor dem Hintergrund der konkreten Erfahrungen bei der gescheiterten EKD-Reform von 1974, als das grundordnungsändernde Gesetz als Ganzes am Widerspruch einer Landeskirche scheiterte, schlägt SCHLAICH als „Konkordanz der

---

[320] Vgl. epd-Dokumentation 50/99, S. 5.
[321] Vgl. epd-Dokumentation 50/99, S. 5.
[322] Hauschild (1999), Sp. 1717.
[323] Art. 26 Abs. 3 Satz 3 GO EKD lautet: „Kirchengesetze, welche die Grundordnung der Evangelischen Kirche in Deutschland ändern oder die Beziehungen zum Staat oder zu außerdeutschen Kirchen zum Gegenstand haben, bedürfen einer Stimmenmehrheit von zwei Dritteln der anwesenden Mitglieder und der Zustimmung der Kirchenkonferenz."

Normen"[324] der GO EKD von 1948 für zukünftige Grundordnungsänderungen eine Widerspruchslösung vor, nach der „Grundordnungsänderungen nicht unter dem Vorbehalt der ausdrücklichen Zustimmung aller Gliedkirchen, sondern unter dem Vorbehalt, daß sich seitens einer Gliedkirche kein Widerspruch erhebt"[325] verabschiedet werden könnten. Dieses Widerspruchsverfahren hat den Effekt, dass jede Landeskirche eine Grundordnungsänderung durch Widerspruch verhindern kann.

Da für ihn die Beteiligung der Gliedkirchen an Grundordnungsänderungen „zwischen der Zustimmungspflichtigkeit und der ausschließlichen Kompetenz der EKD anzusiedeln"[326] ist, bestehe der Vorteil der Widerspruchslösung darin, dass die EKD ihre Handlungsfreiheit nach Art. 26 Abs. 3 Satz 3 GO EKD behielte, die Gliedkirchen jedoch innerhalb einer bestimmten Frist ein Widerspruchsrecht besitzen, was für alle grundordnungsändernden Gesetze zu gelten habe. In den Fällen, in denen eine Landeskirche nicht von den Änderungen der GO EKD berührt würde, sollte die EKD-Synode von der Widerspruchsmöglichkeit absehen und ein Inkrafttreten des Gesetzes direkt nach Zustimmung der Kirchenkonferenz vorsehen: „Nach diesem Vorschlag würde die Schlußbestimmung eines die Grundordnung ändernden Gesetzes in der Regel lauten, daß das Gesetz durch Veröffentlichung im Amtsblatt der EKD in Kraft tritt, sofern nicht eine Gliedkirche innerhalb einer festgesetzten Frist (von vielleicht einem Jahr) widerspricht"[327]. SCHLAICH sieht den Vorteil seiner Widerspruchslösung darin, „daß die Synode der EKD in Verbindung mit der Kirchenkonferenz - und diese ebenfalls in der Verpflichtung aus der Eigenschaft als EKD-Organ - zunächst die Möglichkeit hat, ihr Vorhaben abzuschließen und den Gliedkirchen vorzulegen. Diese haben die Freiheit, es zurückzuweisen. Die Synode der EKD steht damit - anders als in Fällen des Art. 10

---

[324] Schlaich (1997), S. 371.
[325] Schlaich (1997), S. 366.
[326] Schlaich (1997), S. 366.
[327] Schlaich (1997), S. 367.

Buchst. b GO - bei Grundordnungsänderungen nicht von vornherein unter dem Zwang, sich mit den Gliedkirchen zu vereinbaren."[328]

Der Unterschied dieses Vorschlages zu einem Zustimmungsgesetz besteht in zweifacher Hinsicht[329]: Zum einen braucht eine Landeskirche nach der Vorentscheidung des nach gliedkirchlichem Recht zuständigen Gremiums in ihrer Landessynode erst gar kein Zustimmungsverfahren einzuleiten, wenn das betreffende Thema in der Landeskirche kein Interesse findet. Zum anderen fällt das bloße Widerspruchsgesetz zunächst klar in die Kompetenz der EKD, die es erst mit Zustimmung der Kirchenkonferenz beschließt, was es ihr ermöglichen würde, zunächst einmal zusammen mit der Kirchenkonferenz ihr Konzept zu entfalten, also zu handeln, während den Landeskirchen Zeit zum Erwägen bliebe.

Im Zusammenhang mit seinem Vorschlag weist SCHLAICH darauf hin, dass die Kirchenkonferenz bei ihrem Votum zu kirchenordnungsändernden Gesetzen mit der in § 2 Abs. 2 GO KiKo niedergelegten einfachen Mehrheit entscheiden könnte und bei ihrer Entscheidung (als Organ der EKD und nicht der Teilkirchen!) nicht dazu verpflichtet sei, jeden denkbaren Widerspruch einzelner Gliedkirchen vorwegzudenken, weil dieses Vorgehen von der späteren Widerspruchsmöglichkeit der einzelnen Landeskirchen legitimiert sei.[330]

Das von SCHLAICH vorgeschlagene Widerspruchsverfahren nimmt alle Landeskirchen in die Pflicht, sich beim evtl. Gebrauch ihres Widerspruchsrechts von der in Art. 5 GO EKD normierten „Ordnung der Brüderlichkeit" leiten zu lassen, die das anzustrebende Verhältnis der Landeskirchen untereinander beschreibt.[331] Danach sind die einzelnen Gliedkirchen dazu angehalten, bei ihren Entscheidungen die Absichten anderer Landeskirchen und das Wohl des Ganzen zu berücksichtigen: „Jede Gliedkirche sollte bei Erhebung eines Widerspruchs mitbedenken, daß

---

[328] Schlaich (1997), S. 371.
[329] Vgl. Schlaich (1997), S. 367 f.
[330] Vgl. Schlaich (1997), S. 368.
[331] Vgl. Schlaich (1997), S. 369.

sie die anderen Gliedkirchen und die Synode der EKD auf diese Weise an der gemeinsamen Aufgabenwahrnehmung innerhalb der EKD hindern kann."[332]

2.4.4. Ausblick aus organisationstheoretischer Sicht

Ausgehend von dem Ziel, innerhalb der EKD die Zusammenarbeit besser zu organisieren, Parallelstrukturen und Kompetenzüberschneidungen zu entflechten und unter Außerachtlassung ekklesiologischer Überlegungen, nämlich dass eine EKD-Reform allein an einem theologisch differenten Kirchenverständnis zwischen den Landeskirchen und den sich daraus ergebenden Ordnungsschemata erneut scheitern könnte, wird eine EKD-Reform aus der Sicht der Organisationstheorie verfassungsmäßig zwei Systemgestaltungsprinzipien in Einklang zu bringen haben, nämlich das Subsidiaritätsprinzip[333] und einen teilweise Souveränitäts- bzw. Kompetenzverzicht der Landeskirchen.

Hinsichtlich des Subsidiaritätsprinzips ist zunächst anzumerken, dass das evangelische Kirchenverständnis, das von der Verkündigung des Evangeliums und der Feier der Sakramente geprägt ist, der Kirchengemeinde ein großes Gewicht beimißt. Sie ist Teil der einen Kirche Jesu Christi. Daraus ergibt sich organisatorisch, dass nach dem Subsidiaritätsprinzip alles, was in kleineren geographischen Einheiten kirchlichen Lebens angemessen entschieden und durchgeführt werden kann, nicht von Gremien auf größerer geographischer Ebene wahrgenommen werden soll[334]. Gleiches gilt auch für das Verhältnis von Gemeinde und Landeskirche, ebenso wie für das Verhältnis von kirchlichen Werken und Verbänden zur Landeskirche. Zwar definieren sich die Landeskirchen durch ihre regionale und konfessionelle Identitätsbindung, bestimmen aber andererseits auch allein über

---

[332] Schlaich (1997), S. 370.
[333] Zwar findet sich dieser aus der katholischen Soziallehre (von G. Gundlach SJ geprägte) stammende Begriff „Subsidiaritätsprinzip" nicht ausdrücklich in der Gesetzessprache des evangelischen Kirchenrechts, jedoch ist er in der kirchenrechtlichen Literatur anzutreffen: vgl. Dahlhoff (1964/65), S. 373 u. 375; Lingner (1975), S. 361.
[334] Vgl. Frost (1972), S. 197.

sie. Deshalb gehen alle in der aktuellen Reformdiskussion behandelten EKD-Reformpläne von einem Verständnis der EKD als von einem ‚kooperativen Föderalismus' der Landeskirchen aus, und nicht von einer Bundes- oder Einheitskirche, welche die Selbständigkeit der Landeskirchen aufheben würde.

Subsidiarität bedeutet allerdings auch, dass Aufgaben, die bereits im Einvernehmen mit der größeren geographischen Einheit von ihr wahrgenommen worden sind, dann nicht noch einmal von unterschiedlichen Gremien und Ausschüssen in den Landeskirchen oder in den gliedkirchlichen Zusammenschlüssen behandelt werden müssen. Die Ebene der Landeskirchen, der konfessionellen Zusammenschlüsse und der EKD sind von solcher Subsidiarität betroffen und müßten eigene Strukturreformen einleiten, Doppelarbeit vermeiden und vermutlich viele Gremien, Ausschüsse und Arbeitszweige zusammenlegen oder auch auflösen. So könnten durch Konzentration und überlegte Anwendung des Subsidiaritätsprinzips schlankere Lösungsmodelle für viele praktische Fragen gefunden werden und somit Arbeitszeit und Geld gespart werden.

Hinsichtlich des Souveränitätsverzichts ist daran zu erinnern, dass bereits die GO EKD vom 07.11.1974 im III. Abschnitt in den Art. 14-29 eine EKD-Struktur vorsah, bei der die Landeskirchen der EKD im Interesse einer strukturellen Konzentration zahlreiche Gemeinschaftsaufgaben[335] übertragen haben, die „je nach Notwendigkeit und Situation von Kirchengemeinden, den Gliedkirchen und der EKD allein oder im Zusammenwirken wahrgenommen werden können"[336]. Dabei sollte es nach Art 14 GO EKD 1974 die vornehmliche Aufgabe der EKD sein, die Arbeit der Gliedkirchen zu koordinieren, ihre Zusammenarbeit zu fördern sowie durch eigene gesamtkirchliche Tätigkeit zu ergänzen. Ein gemeinsames Gesetzgebungsverfahren von EKD-Synode und Kirchenkonferenz sollte es nach Art. 53

---

[335] Vgl. Art. 15 Abs. 2 GO EKD 1974.
[336] Frost (1979), S. 300.

GO EKD 1974 ermöglichen, in vielen Bereichen[337] dem EKD-Recht einen Vorrang vor dem landeskirchlichen Recht einzuräumen. Dieses wäre mit einem erheblichen, von den Gliedkirchen zu leistenden Souveränitätsverzicht verbunden gewesen. Genau an dieser Stelle liegt der brisanteste Punkt einer EKD-Reform, die Strukturen konzentrieren möchte und damit gleichzeitig die EKD gegenüber den Landeskirchen stärken will, weil die Landeskirchen erfahrungsgemäß keinen Souveränitätsverzicht zu leisten bereit sind. Kommen dann noch Finanzierungsfragen hinzu und geht die Wahrnehmung der EKD-Aufgaben finanziell zu Lasten der Landeskirchen und ihren Gemeinden, verstärkt das den Widerstand gegen Strukturveränderungen noch zusätzlich.

Bereits durch diesen Verweis auf die Notwendigkeit eines partiellen Souveränitätsverzichts der Landeskirchen wird deutlich, dass bei der geplanten EKD-Reform weniger die innerprotestantischen konfessionell geprägten Fragen ein Problem darstellen, als vielmehr die organisatorische Frage eines Souveränitätsverzichts. Daher wäre es sinnvoll, diese Problematik durch einen Hinweis auf die für alle zu erwartenden positiven Synergieeffekte in Form von Einsparungen finanzieller Ressourcen anzugehen.

Mit FISCHER[338] ist darauf hinzuweisen dass die EKD bei allen weiteren Reformbemühungen, die der Konzentration auf das Wesentliche dienen sollen, auf die Anwendung moderner Managementtechniken weder verzichten sollen noch können wird. Dazu gehören die Entwicklung von Leitsätzen (Wer sind wir, was wollen/sollen wir?) und zuständigkeits- bzw. dienstgruppenübergreifende Angeboten, die Stärkung der Leistungsfähigkeit durch Budgetierung[339], durch die Zusammenführung von Sach- und Entscheidungskompetenzen sowie durch die Deregulierung von Verwaltungsvorschriften und Genehmigungsvorbehalten. Sämtliche Änderungsprozesse müssen durch Controlling gesteuert und durch Personalmanage-

---

[337] Vgl. Art. 21 - 25 GO EKD 1974.
[338] Vgl. Fischer (1999), S. 53 ff.

ment begleitet werden.[340] Dabei geht es dem Controlling als Gestaltungs- und Führungsinstrument im Dienst der Optimierung von Effektivität und Effizienz darum, dass einzelne „Teilfunktionen im Hinblick auf eine wirksame zielorientierte Unternehmenssteuerung anders als bisher so zusammengefaßt werden, daß es über die Koordination, Integration und Verdichtung der notwendigen Führungsinformationen zu einer Zentralisation von Planungs- und Kontrollinformationen im Sinne einer Effizienzsteigerung"[341] der EKD kommt. Personalmanagement, das verschiedene Managementfelder von der Personalbestandsanalyse über die Personalbeschaffung, -entwicklung und -führung bis zum Personalkostenmanagement und -informationsmanagement beinhaltet, müßte sich im vorliegenden Fall auf den Einsatz von Personalentwicklung als „Inbegriff aller Maßnahmen, die der individuellen beruflichen Entwicklung der Mitarbeiter dienen und ihnen unter Beachtung ihrer persönlichen Interessen die zur optimalen Wahrnehmung ihrer jetzigen und künftigen Aufgaben erforderlichen Qualifikationen vermitteln"[342] stützen. Der gesamte Reformprozeß ist nach der Förderungskonzeption der Organisationsentwicklung[343] dergestalt zu begleiten, dass eine Steigerung der Leistungsfähigkeit der gesamten „Organisation EKD" erreicht wird.

Über die organisationstheoretischen Anfragen hinaus bleibt die entscheidende ekklesiologische Frage, die dann jedoch praktische organisatorische Folgen zeitigen müßte: wie ist ein Kirche-Werden der EKD überhaupt möglich, wenn sich die Landeskirchen als völlig selbständige Gliedkirchen verstehen. Somit „bleiben bis in die Gegenwart Spannungen und Unklarheiten zwischen dem Eigenständigkeitsbewußtsein der Gliedkirchen (nicht Mitgliedskirchen!) und dem Einheitswillen der Gesamtheit"[344].

---

[339] Budgetierung ist das Zusammenführen von Fach- und Ressourcenverantwortung.
[340] Vgl. Fischer (1999), S. 69 ff.
[341] Horvath (1998), S. 78.
[342] Heeg (1993), S. 304.
[343] Organisationsentwicklung zielt darauf, das gesamte System einem Wandel zu unterziehen.
[344] Besier (1986), Sp. 1212.

3. Die Organisationsstrukturen der Evangelische Kirche im Rheinland

3.1. Das presbyterial-synodale Verfassungsprinzip der EKiR nach der Kirchen-ordnung von 1952

Der Verfassungsaufbau der EKiR wird durch die Kirchenordnung[345] (KO) festgelegt. Die KO ist als Verfassungsordnung der EKiR „zur Gewährleistung ihrer Identität und ihrer Handlungsfähigkeit unverzichtbar"[346], weil sie die bleibende Wahrnehmung des kirchlichen Auftrages sicherstellt. Sie ist in fünf Teile gegliedert, denen zunächst eine Präambel, die „zumindest indirekt das presbyterial-synodale Grund- und Selbstverständnis"[347] der EKiR dokumentiert, dann vier Grundartikel (GA), die „so etwas wie eine Gründungsurkunde für die Evangelische Kirche im Rheinland"[348] darstellen, sowie ein Vorspruch als einleitende Bestimmungen vorangestellt sind. Die Präambel enthält grundlegende theologische Aussagen über Jesus Christus als dem Fundament der Kirche, der sie durch Wort und Sakrament im Heiligen Geist bis zu seiner Wiederkunft erhält. Für ihren Verkündigungsauftrag hat Christus der Kirche viele Charismen und Dienste gegeben und alle Kirchenglieder in ihren Gemeinden zur Mitwirkung an dieser Verkündigung berufen. MEHLHAUSEN faßt das Aussagegefälle des ersten Grundartikels so zusammen: „1. Christusbekenntnis; 2. Gründung auf die Heilige Schrift; 3. Bekenntnis zum Schriftprinzip der Reformation als vollkommener Richtschnur für Glaube, Lehre und Leben; 4. Bezeugung der drei altkirchlichen Bekenntnisse; 5. Anerkennung der fortdauernden Geltung der reformatorischen Bekenntnisse; 6. Bejahung der schriftgemäßen Bezeugung des Evangeliums durch die Theologische Erklärung von Barmen; 7. Bekenntnis zum Kirchenverständnis von CA VII. Der Spannungsbogen reicht also vom solus Christus über das *sola scriptura* zum

---

[345] Zur Genese der rheinischen Kirchenordnung vgl. Mehlhausen (1983), S. 136 ff.; Faulenbach (1993), S. 257 ff.
[346] Pirson (2000 a), S. 90.
[347] Mehlhausen (1983), S. 139.

sola fide und von dort über die Bekenntnistradition der Kirche bis zum verbindlichen Evangeliumszeugnis von Barmen; die klassische reformatorische Aussage zur Ekklesiologie setzt den Schlußpunkt"[349].

Nach den Feststellungen der vier Grundartikel bildet die EKiR eine „bekenntnisgegliederte Unionskirche, (...) deren Verfassungsstrukturen auf der geschichtlich gewachsenen, presbyterial-synodalen Ordnung beruhen"[350]. Folgende sechs Merkmale und Bestandteile kennzeichnen die presbyterial-synodale Ordnung der EKiR: die Entscheidungsautonomie der unterschiedlichen Ebenen, deren Einschränkung nur aufgrund gesetzlicher Regelungen möglich ist; der Aufbau der Ämter und Funktionen von unten nach oben; in Abgrenzung vom Gewaltenteilungsprinzip beim Staat gibt es die Einheit der Ämter und Funktionen, welche die Entscheidungskompetenzen der Legislative, Exekutive und Judikative in den Ämtern zusammenfaßt; das Pfarrerwahlrecht der Kirchengemeinden; die Befristung der Ämter auf Zeit sowie die Steuerhoheit der Kirchengemeinden[351]. Im geistlichen Sinn bedeutet die presbyterial-synodale Ordnung ein dreifaches, nämlich „daß es Dienste gibt, die von der Gemeinde erbeten, aber auch anerkannt und gewahrt werden" und „daß Leitungsaufgaben in der Kirche auf ihren verschiedenen Ebenen nicht geschehen durch einen Diensttröger (...) allein, sondern durch diejenigen Menschen, welche auch tatsächlich Arbeit tun in der Gemeinde, mit anderen zusammen"[352]. Drittens gilt: „Was die Kraft der Menschen am Ort übersteigt, das soll weitergereicht werden in die Region, aber (...) nicht an einen besonderen Amtsträger, sondern an zusammenkommende Beauftragte aller Gemeinden auf der gleichen Ebene"[353].

---

[348] Schwab (1994), S. 122. Zur Rechtsqualität der Grundartikel vgl. de Wall (1994), S. 250 ff.
[349] Mehlhausen (1983), S. 145. Vgl. die entsprechenden Ausführungen in Kap. B. 1.2.1.
[350] Becker (1999), Rdnr. 1 zum Vorspruch. Zur Entstehung der presbyterial-synodalen Ordnung als Verfassungsgrundsatz der EKiR vgl. Stapelfeldt (1992), S. 31 ff.
[351] Becker (1999), Rdnr. 6 zum Vorspruch.
[352] Stein (1993), S. 287.
[353] Stein (1993), S. 288.

Die KO ist also von einem Gemeinde- und Kirchenverständnis getragen, das in der sechs Thesen umfassenden Barmer Theologischen Erklärung von 1934 als seiner Identifikationsgröße formuliert wurde und einen von diesem Ansatz her beeinflußten kirchenrechtlichen Niederschlag gefunden hat. Die Barmer Theologische Erklärung[354] ist als der bedeutendste Text des deutschen Protestantismus im 20. Jahrhundert zu verstehen. Sie ist der schriftliche Niederschlag der vom 29. bis 31. Mai 1934 in Barmen tagenden Bekenntnissynode der Bekennenden Kirche gegen die Deutschen Christen unter der Führung des Reichsbischofs Ludwig Müller und den Nationalsozialismus. Die Bekennende Kirche hatte sich hier als die rechtmäßige Deutsche Evangelische Kirche (DEK) verstanden. Die Barmer Theologische Erklärung formuliert die theologische Begründung für das Selbstverständnis der Bekenntnissynode, im Gegensatz zu den Deutschen Christen (DC) und der Reichskirchenregierung der Nationalsozialisten die allein legitime Deutsche Evangelische Kirche zu sein[355].

Bei dem genannten Kirchen- und Gemeindeverständnis geht es konkret um die Realisierung der im dritten Abschnitt der Präambel aufgenommenen Aussage, dass es Aufgabe der Gemeinde ist, alle zur Durchführung ihres Verkündigungsauftrages erforderlichen Dienste einzurichten und zu ordnen.[356] Der Verfassungsaufbau der EKiR stellt folglich einen „von einer besonderen Grundkonzeption getragenen Kirchenverfassungstyp"[357] dar. Der Ausgangspunkt dieses synodalen Verfassungstypus ist eine bewußte Konzentration auf presbyterial-synodale[358] Leitungselemente.. Die presbyterial-synodale Ordnung gilt als Verfassungsgrundsatz[359] der rheinischen Kirche, die mit dem WESELER KONVENT von 1568[360] ihren

---

[354] Vgl. Hauschild (1994), Sp. 10.
[355] Vgl. Becker (1999), Rdnr. 3 zu GA I.
[356] Vgl. Präambel KO.
[357] Dahlhoff (1964/65), S. 91.
[358] Art. 169 Ziff. 4 KO.
[359] Vgl. Stapelfeldt (1992), S. 31 ff.
[360] Zur presbyterial-synodalen Verfassungsgeschichte auf rheinischem Boden vgl. Wilhelmi (1963), S. 3 ff.

Anfang nahm und deren Eckpunkte sich mit der Aussage in Art. 104 KO „Die Leitung der Kirchengemeinde liegt beim Presbyterium" bis hin zu Art. 168 Abs. 1 KO „Die Evangelische Kirche im Rheinland wird von der Landessynode geleitet" skizzieren lassen. Damit wird deutlich, daß es ein Anliegen dieser Ordnung ist, besonders nachdrücklich die Kirchengemeinde als ekklesiologische Größe in den Mittelpunkt zu stellen. Dieser zentralen Stellung der Gemeinde wird durch typische Einrichtungen Rechnung getragen. Dabei geht es nicht um die „Durchsetzung eines starren, geschlossenen, in sich unabänderlichen Verfassungsschemas (...) sondern allein um die kirchenrechtliche Gestaltung des Dienstes der Gemeinde"[361].

Nach GA II Abs. 2 KO folgen die Gemeinden innerhalb der EKiR drei unterschiedlichen Bekenntnissen: dem lutherischen, dem reformierten sowie dem gemeinsamen beider Bekenntnisse[362]. GA II hat den Unionscharakter der EKiR besonders herausgearbeitet, „der jedoch nicht dazu führt, daß die reformatorischen Bekenntnisse gleichsam darin untergehen (‚absorbtive Union'), sondern auf ihre Weise zur gemeinsamen Geltung in einer Kirche mit den altkirchlichen Bekenntnissen und der Theologischen Erklärung von Barmen gebracht werden"[363].

Landeskirche, Amtsträger und Kirchengemeinden sind nach der KO dazu angehalten, das unterschiedliche Bekenntnis unbeschadet der bestehenden Kirchengemeinschaft „zu achten ... zu hören ... und ... zu tragen".[364] Da der Bekenntnis-

---

[361] Dahlhoff (1964/65), S. 95.
[362] So auch Danielsmeyer (1958), S. 375 sowie ältere Kirchenrechtshandbücher wie etwa Lütgert (1911), S. 10. Mehlhausen (1983), S. 147 hat darauf hingewiesen, dass bis 1945 in der EKiR die Zählung von fünf Bekenntnisständen für die rheinischen Gemeinden Geltung hatte. Im Anschluß daran nimmt Becker (1999), Rdnr. 2 ff. zu GA II unter der Gruppe der Gemeinden, die dem Gemeinsamen beider Bekenntnisse folgen, weitere Differenzierungen vor. Dieses sind Kirchengemeinden, die aus einem Zusammenschluß lutherischer und reformierter Gemeinden entstanden sind. Folglich unterscheidet Becker innerhalb der EKiR fünf verschiedene Bekenntnisstände, nämlich neben lutherisch und reformiert eben konsensus-uniert, konfessionell-uniert mit lutherischer Prägung sowie konfessionell-uniert mit reformierter Prägung. Auf eine Diskussion der unterschiedlichen Bekenntnisstände wird an dieser Stelle verzichtet.
[363] Beckmann (1980), S. 2.
[364] GA III KO.

stand der Gemeinden deren Identität bestimmt, muß er von sämtlichen landeskirchlichen Leitungsorganen gewahrt werden.[365]

Die EKiR baut sich in der Ordnung ihrer räumlichen Leitungsbereiche über drei Stufen, nämlich von den Kirchengemeinden über die Kirchenkreise zur Landeskirche als Gesamtleitungsgebiet auf. Somit ist sie eine von unten nach oben aufgebaute Kirche. Dieser strukturellen Ordnung folgt auch die inhaltliche Gliederung der KO. Den genannten Leitungsbereichen sind Leitungsämter mit unterschiedlichen Aufgaben und Kompetenzen zugeordnet. Dieses kommt bereits durch die Gliederung ihrer Kirchenordnung (KO) zum Ausdruck. Der erste Teil behandelt nach den einleitenden Bestimmungen (Art. 1 - 4) in aufsteigender Reihenfolge die Kirchengemeinde (Art. 5 - 136), den Kirchenkreis (Art. 137 - 166) und die Landeskirche (Art. 167 - 209).

3.2 Die Ebene der Kirchengemeinde

Die Kirchengemeinde stellt die meist räumlich begrenzte organisatorische Einheit kirchlichen Handelns dar, in der primär Wortverkündigung und Sakramentenspendung vollzogen werden.[366] Gleichzeitig ist sie eine Personengemeinschaft der zu ihr gehörenden Gemeindeglieder und eine Körperschaft des Kirchenrechts. Das Presbyterium ist das Leitungsorgan der Kirchengemeinde, in dem Ordinierte und Laien zusammenwirken[367]. Ihm obliegen alle Leitungsaufgaben. Die Kirchengemeinde kann gem. Art. 7 Abs. 2 KO das Zusammenwirken der Gemeindeglieder sowie die Gestaltung ihrer Dienste sowie ihre Verwaltung durch eine Gemeindesatzung normieren. Gemäß der presbyterial-synodalen Ordnung liegen alle Leitungsfunktionen einer Kirchengemeinde beim Presbyterium, nämlich dem Kollegium von Gemeindepfarrern und den in dieses Gremium gewählten Gemeinde-

---

[365] Vgl. Art 169 Ziff. 2 KO (Landessynode), Art. 67 V KO (Kirchengemeinde), Art. 105 I b KO (Presbyterium), Art. 140 II b (Kreissynode), Art. 157 II a KO (Kreissynodalvorstand), Art. 192 III c (Kirchenleitung).
[366] Vgl. Frost (1987), Sp. 1723.

mitglieder, den Presbytern. Letztlich läßt sich sagen, dass alle Leitungsfunktionen innerhalb der Landeskirche von den Ortsgemeinden ausgehen, weil diese insofern direkt am Leitungsgeschehen der Landeskirche durch die Entsendung von „derzeitigen oder früheren Presbyterinnen und Presbytern in die Kreissynode"[368] mitwirken und die Kreissynoden wiederum die Abgeordneten zur Landessynode wählen.

3.3 Die Ebene des Kirchenkreises

Der Kirchenkreis ist nach Art. 137 ff. KO ist die körperschaftliche Vereinigung der evangelischen Kirchengemeinden eines abgegrenzten geographischen Gebietes innerhalb der EKiR zur Wahrnehmung der sich stellenden kirchlichen Aufgaben.[369] Er ist gem. Art. 4 KO eine Körperschaft öffentlichen Rechts.[370] Er ist synodal organisiert. Das Leitungsorgan des Kirchenkreises ist die Kreissynode.[371] Sie wird von dem Kreissynodalvorstand geleitet, der unter anderem ihre Tagungen vorbereitet, für die Ausführung der Beschlüsse der Kreissynode zu sorgen hat, den Kirchenkreis im Rechtsverkehr vertritt und ansonsten die Rechte der Kreissynode nur außerhalb ihrer Tagung wahrnimmt.[372] Damit wird auch an dieser Stelle deutlich, dass die Leitung des Kirchenkreises ebenfalls beim synodalen Element liegt.

Aufgabe des Kirchenkreises ist es, nach dem Subsidiaritätsprinzip für die Arbeitsbereiche der Kirchengemeinden zuständig zu sein, die diese nur teilweise oder nicht umfassend wahrnehmen können. Darüber hinaus kommen ihm durch

---

[367] Art. 104 KO.
[368] Art. 10 und Art. 105 Abs. 2 KO.
[369] Zur geschichtlichen Entwicklung der rheinischen Kirchenkreise vgl. Frost (1958), S. 77 ff.
[370] Da gem. Art. 4 KO auch die Kirchengemeinden Körperschaften des öffentlichen Rechtes sind, ist der Kirchenkreis genau besehen eine Korporation, die wiederum aus Korporationen, nämlich den einzelnen Kirchengemeinden, zusammensetzt.
[371] Art. 140 Abs. 1 KO.
[372] Art. 157 KO.

seine Gliedschaft in der Landeskirche allgemeine kirchliche Aufgaben der Verwaltung und Aufsicht zu.

Der Superintendent[373], dessen Amt im Zuge der frühen reformatorischen Kirchenvisitationen entstand, ist der leitende Geistliche eines Kirchenkreises und wird gem. Art. 140 Abs. 3 Ziff. a KO von der Kreissynode, dem ‚Parlament' des Kirchenkreises, zu ihrem Vorsitzenden gewählt. Zusammen mit dem Kreissynodalvorstand leitet ein rheinischer Superintendent, dem ein eigener Abschnitt in der KO (Art. 162 - 166 KO) gewidmet ist, die Geschicke des Kirchenkreises, beruft die Kreissynode ein und leitet sie[374] und führt die Dienstaufsicht über die Pfarrer und Pfarrerinnen in seinem Bereich. Darüber hinaus ist er gem. Art. 163 Abs. 2 KO Seelsorger und Berater für die Pfarrer. Zu seinen besonderen Aufgaben gehören nach Art. 164 KO vor allem die Durchführung der Ordinationen der Pfarramtskandidaten, die Leitung der Pfarrwahl sowie die Amtseinführung der Pfarrer, die Leitung der Kirchenvisitation in den Gemeinden. Ebenso hat er gem. Art. 162 Abs. 3 KO für die Ausführung der Beschlüsse von Kreissynode und Kreissynodalvorstand sowie gem. Art. 162 Abs. 6 KO der Anordnungen der Kirchenleitung im Kirchenkreis zu sorgen.

Der Superintendent ist Träger eines „selbständigen geistlichen Leitungsamtes"[375]. Die geistlichen Leitungsfunktionen beinhaltet gem. Art. 162 KO Seelsorge, brüderlichen Rat, geistliche Aufsicht und Ermahnung und findet in der Aufgabe, die allgemeine Dienstaufsicht über das kirchliche Leben und die kirchliche Ordnung in den Gemeinden und Gemeindeorganen des Kirchenkreises auszuüben, ihren umfassenden Ausdruck.

Alle aufgeführten Verwaltungs- und Seelsorgeaufgaben des Superintendenten werden von diesem nebenamtlich wahrgenommen, d.h. er bleibt Inhaber einer

---

[373] Zur Etymologie sowie zur Überlieferung der Bezeichnung „Superintendent" aus vorreformatorischer Zeit vgl. Frost (1972), S. 185 ff.; Streiter (1973), 15 ff..
[374] Art. 143 Abs. 5 KO.
[375] Frost (1958), S. 135.

Pfarrstelle.[376] Ein Pastor ist vielmehr nur dann zum Superintendenten wählbar, wenn er in eine vollen Pfarrdienststelle innehat.[377]
Der Kirchenkreis nimmt durch die in Art. 174 Abs. 2 Ziff. b KO normierte automatische Mitgliedschaft des Superintendenten in der Landessynode an der landeskirchlichen Leitung teil.

3.4 Die Ebene der Landeskirche

Leitungsorgane auf der Ebene der Landeskirche sind die Landessynode, der Präses, die Kirchenleitung, das Landeskirchenamt sowie landeskirchliche Ämter und Einrichtungen. Sie werden enumerativ von der KO abgehandelt.[378] Im Gegensatz dazu werden deren Aufgaben und Kompetenzen nicht systematisch und zusammenhängend abgehandelt, sondern ergeben sich aus mehreren Einzelbestimmungen.

3.4.1 Die Landessynode

Die Kirchenordnung der EKiR bildet die Landessynode als ein selbständiges und wegen ihrer Geschäftsordnungsautonomie aus Art. 190 KO unabhängiges, kirchliches Verfassungsorgan aus: die Leitung der EKiR liegt bei der Landessynode.[379] DAHLHOFF bezeichnet diesen Satz der Kirchenordnung als „das Kernstück, die entscheidende Mitte der gesamten Ordnung."[380] Deswegen wird sie als das höchste landeskirchliche Führungsorgan verstanden, dem die einzige und umfas-

---

[376] Vgl. Becker (1999), Vorbemerkung Nr. 2 zu Art. 162 - 166. Im Zusammenhang mit der Frage der Einrichtung eines hauptamtlichen Superintendentenamtes zur Entlastung des Superintendentenamtes hat die Landessynode 1977 darauf hingewiesen, dass durch das geltende landeskirchliche Recht ausreichende Möglichkeiten zur Entlastung des Superintendenten bestehen. Vgl. etwa die Bestimmungen des Art. 166 KO.
[377] Vgl. Becker (1999), Rdnr. 7 zu Art. 159 KO.
[378] Die vorliegende Arbeit verzichtet in der Abfolge ihrer Darstellung der Führungsorgane bewußt auf die Systematik der Kirchenordnung und handelt die Kirchenleitung nach dem Landeskirchenamt ab, um die Interdependenzen zwischen ihr und den anderen Führungsorganen verständlicher darlegen zu können.
[379] Art. 168 Abs. 1 KO.
[380] Dahlhoff (1964/65), S. 90.

sende Zuständigkeit zukommt, über alle Angelegenheiten der Landeskirche zu beschließen. Damit ist die Synode das Repräsentationsorgan der öffentlich-rechtlichen Körperschaft Kirche[381]. Ihre kirchenrechtliche Begründung als einzig legitimiertes gesamtkirchliches Leitungsorgan gewinnt die Landessynode „als Repräsentantin der Gemeinden in der Gesamtkirche und als Repräsentantin der Gesamtkirche gegenüber den Gemeinden"[382]. Sie ist einerseits Ausdruck des genossenschaftlichen Lebens der EKiR und hat andererseits ein eigenes „Amt der Kirchenleitung"[383]. Damit sind in dem Leitungsorgan Synode gleichzeitig die Funktionen als Legislative der Körperschaft Kirche sowie als Träger geistlich verstandener Kirchenleitung vereint[384]. Aufgrund der spezifisch kirchlichen Zielsetzung der Synode kann sie nicht - vergleichbar mit weltlich-körperschaftlichen Verhältnissen - als ein Kirchenparlament[385] bzw. eine kirchliche Volksvertretung aufgefaßt werden, sondern ist zu verstehen als „Gemeinschaft auf der Suche nach dem umfassend verstandenen consensus ecclesiae"[386]. Schon die unterschiedliche Legitimationsbasis[387] von Landessynode und Parlamenten im staatlichen Bereich macht eine Identifizierung beider Institutionen miteinander unmöglich. GRUNDMANN sieht daher in der Betonung des geistlichen Charakters synodaler Leitung einen zuverlässigen Weg, um die gesamte Leitung der Landeskirche auf ihren besonderen kirchlichen Auftrag zu verpflichten und insbesondere die Synode vor „demokratischer Verweltlichung" zu bewahren[388].

Die Kirchenordnung weist der Landessynode im Leitungsgefüge der Landeskirche den ersten Platz zu. Sie ist *de jure* nicht nur alleiniger Träger sämtlicher Lei-

---

[381] Art. 169 Ziff. 12 KO.
[382] Stiller (1970), S. 378.
[383] Minke (1979), S. 264.
[384] Vgl. Frost (1987), Sp. 1733.
[385] Vgl. Robbers (1989), S. 6.
[386] Barth (1995), S. 34.
[387] Während die Kompetenzen eines Parlaments in der Souveränität des Volkes wurzeln, wird die kirchenleitende Stellung der Landessynode durch das gemeinsame Priestertum aller Gläubigen legitimiert.
[388] Grundmann (1962/63), S. 22.

tungsbefugnisse, insbesondere des Gesetzgebungsrechts, sondern sie bestellt mittelbar die Inhaber der übrigen leitenden Ämter, die folglich ihre Legitimation von der Landessynode erhalten. Der konzentrierte Leitungsanspruch der Landessynode wird dadurch charakterisiert, dass sie oberstes und einzig legitimiertes gesamtkirchliches Leitungsorgan ist und somit das Leitungsmonopol innehat. Aus dieser dichten Zuweisung von Leitungsvollmachten an ein einziges Leitungsorgan resultiert nach DAHLHOFF der typische reformierte presbyterial-synodale Verfassungstypus[389]. Allerdings betont BARTH, dass die Synode kein „Superleitungsorgan" unabhängig von der konkreten Leitungsordnung ist[390]. So wird bspw. in Art. 170 Ziff. 9 KO der Landessynode das Recht zugestanden, die Entscheidungen und Maßnahmen der Kirchenleitung nachzuprüfen. Ein solches Überprüfungsrecht beinhaltet jedoch nicht das Recht, Entscheidungen der Kirchenleitung an sich zu ziehen oder sie abzuändern. Somit kommt der Landessynode keine Generalkompetenz hinsichtlich der landeskirchlichen Leitung in dem Sinne zu, alle Entscheidungen an sich zu ziehen bzw. anderen Leitungsorganen Weisungen zu erteilen[391]. Darüber hinaus ist mit ROBBERS u.a.[392] festzuhalten, dass nach der These IV der Barmer Theologischen Erklärung, deren Gültigkeit die KO in ihrem ersten Grundartikel als verbindlich anerkennt, dass der Landessynode kein Vorrang gegenüber anderen landeskirchlichen Leitungsgremien zukommt, sondern alle Leitungsorgane zusammenarbeiten sollen: die geistlich geprägte Gesamtaufgabe der landeskirchlichen Leitung bleibt ungeachtet der jeweiligen kompetentiellen Aufgabenzuweisungen unteilbar. Dies bedeutet für das Verhältnis von Landessynode zu den Kreissynoden, dass eine Kreissynode ist nicht einfach eine der Landessynode und ihrer Aufsicht unterstellte Dienststelle ist, die lediglich aufgrund einer kirchenordnungsrechtlichen Kompetenzzuweisung tätig wird. Im Ge-

---

[389] Vgl. Dahlhoff (1964/65), S. 91.
[390] Barth (1995), S. 73.
[391] Vgl. Robbers (1989), S. 19.
[392] Vgl. Robbers (1989), S. 19.

genteil sind die Kreissynoden zu verstehen als „Handlungsorgan der Synode selbst, die als Geschäftsführer der Synode (...) wirksam werden"[393].

Die Stellung der Landessynode im Verhältnis zu den anderen Leitungsorganen wäre dort betroffen, wo diesen Vetorechte gegenüber Synodalbeschlüssen oder gar das Recht zur Auflösung der Synode zustände. Ein Recht, gegen Gesetze und Beschlüsse der Landessynode Einspruch zu erheben oder sie zu beanstanden, hat weder der Präses, noch die Kirchenleitung oder das Landeskirchenamt: das presbyterial-synodale Leitungsmonopol der Synode aus Art. 168 Abs. 1 KO läßt keine Vetorechte anderer Leitungsorgane zu.[394] Zwar kann nach Art. 186 Abs. 2 und 3 KO die Mehrheit von synodalen, die einem bestimmten Bekenntnis angehören, Bedenken gegen Synodenbeschlüsse formulieren und von ihr als bekenntniswidrig eingestufte Synodenbeschlüsse verhindern, jedoch ist dieses ein synodeninternes Recht, welches den Bekenntnisschutz durch die Betroffenen ermöglicht und nicht die Stellung der Synode im Gefüge der Leitungsorgane betrifft.

Eine Befugnis zur Auflösung der Synode als Auflösungsrecht zur Beschneidung einer Übermacht der Landessynode ist in der Kirchenordnung der EKiR nicht enthalten. In diesem Sinne weist BARTH darauf hin, dass sich ein Auflösungsrecht nur schwer mit dem geistlichen Charakter der Synode vereinbaren ließe[395].

Die regelmäßige Amtszeit von vier Jahren[396] und ihre Größe von 246 stimmberechtigten Synodalen weisen auf den Charakter der Landessynode als umfassendes Repräsentationsorgan aller kirchlichen Kräfte hin. Der Repräsentationscharakter der Synode macht es erforderlich, dass bereits die kirchlichen Wahlen „ein getreues Spiegelbild der in der Landeskirche vorhandenen Strömungen und Richtungen"[397] darstellen. Die Forderung nach einer quantitativ adäquaten Repräsentanz der relevanten landeskirchlichen Gruppierungen innerhalb der Landessynode

---

[393] Dahlhoff (1964/65), S. 98.
[394] Vgl. Rohde (1972), S. 22 f.
[395] Vgl. Barth (1995), S. 116.
[396] Art. 174 Abs. 1 KO.

ist es weniger eine Frage des rechnerisch exakten Proporzes. Vielmehr geht es um eine „angemessene Vertretung der in der Kirche vorhandenen Sachargumente und der Meinungsvielfalt gerade um der synodalen Arbeit und ihrer notwendigen Ergebnisse willen"[398].

Die Landessynode tritt mindestens einmal im Jahr zu einer ordentlichen Tagung zusammen[399]. Die neu gewählte Landessynode wird durch den Präses und auf Beschluß der Kirchenleitung der alten Landessynode einberufen[400]. Die weiteren Einberufungen vollziehen sich in gleicher Form. Die Landessynode wird von dem Präses geleitet[401].

Während das institutionelle Leitungsorgan Landessynode kontinuierlich ist, endet mit dem Ablauf der vierjährigen Wahlperiode die jeweils konkrete personelle Zusammensetzung des Synodalplenums sowie seiner einzelnen Organe. Die Landessynode wird durch Mitgliedschaften kraft Amtes, Wahlen und durch Berufungen besetzt. Dabei gibt die Kirchenordnung die Zusammensetzung der Landessynode weitgehend vor und regelt insbesondere die Vertretung von Geistlichen und Laien sowie die Mitgliedschaft von leitenden Geistlichen und Vertretern der ständigen Leitungsorgane. Ebenso legt die Kirchenordnung die Vertretung kirchlicher Mitarbeiter, der Dienste und Werke sowie der evangelisch-theologischen Fakultäten der Universitäten Bonn und Mainz und der kirchlichen Hochschule Wuppertal fest. Derartig detaillierte Vorgaben zeigen bereits, dass die Landessynode nicht primär im Demokratieprinzip verwurzelt ist.

Synodale kraft Amtes sind nach Art. 174 Abs. 2 Ziff. a KO der Präses, der Vizepräses und die übrigen Mitglieder des Präsidiums der Landessynode, das nach Art 192 Abs. 2 KO die Bezeichnung „Kirchenleitung" führt. Das Präsidium der Landessynode ist nach Art. 192 Abs. 1 KO berufen, im Auftrag der Landessyno-

---

[397] Daur (1976), S. 7.
[398] Daur (1976), S. 8.
[399] § 1 Abs. 1 GOSyn; Art. 178 Abs. 1 KO.
[400] Art. 178 Abs. 3 KO; § 1 Abs. 2 GOSyn; Art. 197 Abs. 6 KO.

de die EKiR nach der Kirchenordnung, den Kirchengesetzen und den von der Landessynode aufgestellten Grundsätzen zu leiten. Hinzu kommen nach Art. 174 Abs. 2 Ziff. b KO die Superintendenten der Kirchenkreise sowie nach Art. 174 Abs. 3 KO die Vertreter des Landeskirchenamtes, die nicht der Kirchenleitung angehören. Sie nehmen mit beratender Stimme teil.

Die Landessynode wird mittelbar, und zwar durch die Kreissynoden als Wahlkörper[402], gewählt, weil die Gemeinden nicht als einzelne, sondern „in ihrer Verbundenheit und als geistliche Größe repräsentiert" werden[403]. In der EKiR gilt ein sogenanntes „Siebwahlsystem"[404], das sich dadurch auszeichnet, dass die Kreissynode als Synode eines Mittelstufenverbandes im Unterschied zum Rückgriff auf niedere Wahlkörper unter Zugrundelegung eines festen Schlüssels[405] Pfarrer und Presbyter durch Wahl bestellt. Das Siebwahlsystem bedingt daher einen gestuften Organisationsaufbau der Landeskirche, welcher der reformierten Verfassungstradition entspricht. Nach dem Siebwahlsystem ist nur der zur Synode wählbar, der bereits dem Wahlkörper Kreissynode angehört und somit bereits ‚ausgesiebt' wurde.

Bezüglich der Synodalen kraft Wahl schreibt die Kirchenordnung in Art. 176 Abs. 1 und 2 KO feste Zahlen zu wählender Geistlicher und Laien vor. Die Abgeordneten werden unmittelbar und frei durch die Kreissynoden gewählt.[406] Jede Kreissynode wählt nach Art 176 Abs. 1 KO einen Pfarrer und zwei Mitglieder (Älteste) eines Presbyteriums oder der Kreissynode oder frühere Älteste, sofern sie die Befähigung zum Presbyteramt haben. Kirchenkreise mit mehr als 80.000 Gemeindegliedern entsenden nach Art 176 Abs. 2 KO einen weiteren Ältesten,

---

[401] Art. 180 Abs. 1 KO; § 12 Abs. 1 GOSyn.
[402] Art. 140 Abs. 3 Ziff. a KO.
[403] Barth (1995), S. 58.
[404] Frost (1972), S. 315.
[405] Art. 176 KO.
[406] Art. 176 Abs. 1 KO.

solche mit mehr als 120.000 zwei weitere Älteste. Kirchenkreise mit mehr als 100.000 Gemeindegliedern entsenden einen zusätzlichen Pfarrer.

Synodale kraft Berufung sind diejenigen Mitglieder der Landessynode, die von der Kirchenleitung berufen werden.[407] Sie kann nach Art 177 KO bis zu 20 Mitglieder der Synode berufen, die sie gem. § 2 Abs. 2 GOSyn nach Vorlage der Meldungen aus den Kreissynoden benennt. Damit liegt der Berufenenanteil bei 8 %. Folglich beruft ein Gremium Synodale, dessen Mitglieder selbst der Synode angehören und gleichzeitig in ihrer Eigenschaft als führende Mitarbeiter des Landeskirchenamtes als ihr Präsidium fungieren. Im Hinblick auf das Verhältnis zur Gesamtzahl der Synodalen erlaubt die Möglichkeit der Berufung jedoch keine durchgreifenden Korrekturen an den von der Kirchenordnung vorgesehenen Mehrheitsverhältnissen.

Nach Art. 176 Abs. 1 KO werden Ordinierte und Laien im Verhältnis 1:2 gewählt. Die Tatsache, dass die Anzahl der Laien überwiegt, macht nach evangelischem Verständnis das Wesen der Synode aus. Jedoch haben alle als Synodale den gleichen Auftrag.[408]

Die Repräsentanz kirchlicher Mitarbeiter in der Landessynode ist von der Kirchenordnung nicht garantiert; sie sind in der Kirchenordnung nicht als eigene Gruppe anerkannt. Kirchliche Mitarbeiter sind weder Geistliche, noch einfache Gemeindeglieder, sondern „Kirchenfunktionäre".[409] Sie sind zwar als nichtgeistliche Synodale wählbar und stehen insofern in Konkurrenz zu den wählbaren Gemeindegliedern. Jedoch korrigiert das sog. „Siebsystem" diesen Wettbewerb zu Lasten der kirchlichen Mitarbeiter. Nach Art. 176 Abs. 1 KO setzt die Wählbarkeit zur Landessynode die zum Presbyterium voraus. Ein hauptamtlicher Mitarbeiter kann jedoch nach Art. 86 Abs. 1 KO nur nach Maßgabe eines besonderen Kirchengesetzes, nämlich nach § 2 des Kirchengesetzes „über die Wahl

---

[407] Art. 174 Abs. 2 Ziff. e KO.
[408] Vgl. Dahlhoff (1964/65), S. 96 f.

haupt- oder nebenamtlicher Mitarbeiterinnen und Mitarbeiter in das Presbyterium" (Mitarbeiterwahlgesetz - MWG)[410] zum Mitglied des Presbyteriums gewählt werden. Solche Mitarbeiter können jedoch nach Art. 141 Abs. 5 Ziff. a KO nicht zu Mitgliedern der Kreissynode gewählt werden.

Die Vertretung von Mitarbeitern der missionarischen und diakonischen Werke der EKiR in der Landessynode wird von der Kirchenordnung nicht ausdrücklich geregelt. Sie können jedoch gem. Art. 177 KO von der Kirchenleitung berufen werden.

Art. 174 Abs. 2 Ziff. d KO regelt die Vertretung der theologischen Fakultäten. Daur sieht in deren Berücksichtigung die „Anerkennung der kirchenleitenden Funktion der theologischen Wissenschaft".[411] Obwohl Mitglieder der Universität Mainz auf dem Gebiet der Evangelischen Kirche von Hessen und Nassau wohnen und damit einer kirchenfremden Fakultät angehören, jedoch alle Mitglieder der Landessynode nach Art. 175 Abs.1 Satz 1 KO im Bereich der EKiR wohnen müssen, macht Art. 175 Abs.1 Satz 2 KO eine Ausnahme von dieser Bedingung, weil sich deren Kirchengebiet auf Teile von Rheinland-Pfalz bezieht und daher auch rheinischer Pfarrernachwuchs an der Landesuniversität in Mainz studiert. Daher hat die Mainzer evangelisch-theologische Fakultät das Recht, Vertreter als Synodale der Landessynode zu entsenden.

Sonstige Inhaber landeskirchlicher Ämter und Träger anderer gesamtkirchlicher Dienste können nach Art. 174 Abs.3 Satz 2 KO von der Kirchenleitung zu den Synodaltagungen mit beratender Stimme hinzugezogen werden.

Hinsichtlich der Gäste auf der Landessynode ist zwischen fakultativen und obligatorischen Einladungen zu unterscheiden: können nach Art. 183 Abs. 3 KO Gäste, etwa Vertreter nichtevangelischer Kirchen[412], von der Kirchenleitung eingela-

---

[409] Daur (1976), S. 9.
[410] Vgl. KABl. Rhld. 1995, S. 9.
[411] Daur (1976), S. 10.
[412] Vgl. Becker (1999), Rdnr. 1 zu Art. 183 Abs. 3 KO.

den werden, so sind nach Art. 191 KO und § 4 Abs. 3 GOSyn der Rat der EKD und der EKU, die Leitungen der Evangelischen Kirche von Westfalen und der Lippischen Landeskirche einzuladen. Als Gäste gehören die Eingeladenen jedoch nicht mehr zum Kreis der Synodalen und haben demnach kein Stimmrecht.

Aus ihrer Mitte wählt die Landessynode den Vorsitzenden (Präses) und das Präsidium der Synode, das zugleich Kirchenleitung ist.[413] Ebenso werden die zu bestimmenden Mitglieder der Kirchengerichte und des Theologischen Prüfungsamtes sowie die Abgeordneten zu den Synoden der EKD und der EKU und von der Landessynode gewählt.[414]

Als Repräsentativorgan der Landeskirche ist die Landessynode Trägerin verschiedener Leitungsaufgaben, die in den Artikeln 169 und 170 KO aufgezählt werden. Zur Durchführung ihrer Aufgaben errichtet sie nach Art. 188 Abs. 1 KO landeskirchliche Ämter, die nach den Weisungen der Synode und der Kirchenleitung arbeiten und diesen regelmäßig über ihre Arbeit berichten. Unter den Aufgaben kommen insbesondere dem Gesetzgebungs-[415] und dem Haushaltsrecht[416] als den klassischen parlamentarischen Kompetenzen besondere Bedeutung zu.

Die Synode erläßt nach Art. 169 Ziff. 13 KO die Kirchengesetze, überwacht ihre Befolgung und entscheidet nach Art. 170 Ziff. 7 KO über die Grundsätze der kirchlichen Arbeit. Der Erlaß von Kirchengesetzen erfordert nach Art. 187 Abs. 1 KO und § 27 Abs. 1 GOSyn eine zweimalige Beratung und Abstimmung in der Landessynode. Änderungen der Kirchenordnung bedürfen der Zustimmung von zwei Dritteln der anwesenden stimmberechtigten Synodalen und müssen in zwei Lesungen an zwei verschiedenen Tagen beschlossen werden.[417] Diese Gesetze werden dann nach Art. 187 Abs. 2 KO unter Hinweis auf den Synodenbeschluß durch die Kirchenleitung im Kirchlichen Amtsblatt verkündet und treten mit dem

---

[413] Art. 172 Ziff. 1 KO; § 32 GOSyn.
[414] Art. 172 Ziff. 3 - 5 KO.
[415] Art. 169 KO, insbes. Ziff. 13.
[416] Art. 170 KO, insbes. Ziff. 3 ff.

14. Tage nach Ausgabe des Blattes in Kraft. Demnach findet eine besondere Verkündigung nicht statt[418].

Da die Gesetzgebungskompetenz das entscheidende Führungsinstrument der Synode[419] ist, bleibt zu fragen, inwieweit sie andere Führungsorgane in der EKiR an der Gesetzgebung beteiligt und folglich an deren Mitwirkung gebunden ist. Dieses ist in der EKiR nicht der Fall, da der Synode auch die Gesetzesinitiative zukommt und sie selbst bei der Gesetzesverkündigung durch die Kirchenleitung als von ihr gewähltem Synodalpräsidium Herrin des Verfahrens bleibt.

Ebenso berührt die Frage nach dem Verhältnis zwischen der synodalen Gesetzgebung und dem Verordnungs- bzw. Notverordnungsrecht anderer Führungsorgane der EKiR die Stellung der Landessynode im Leitungsgefüge. Nach Art. 80 GG kann im staatlichen Bereich die Exekutive durch Gesetz ermächtigt werden, Rechtsverordnungen zu erlassen, wobei Inhalt, Zweck und Ausmaß der erteilten Ermächtigung im Gesetze bestimmt werden müssen. Damit wird dem Parlament ein Freiraum für die sorgfältige Entscheidung von Grundsatzfragen geschaffen. Analog dazu steht in der EKiR die Kirchenleitung als Verordnungsgeber neben der Landessynode als der zentralen Rechtsetzungsinstanz. Nach Art. 192 Abs. 3 Ziff. e KO hat die Kirchenleitung die Ausführungsverordnungen für die von der Landessynode beschlossenen Kirchengesetze zu erlassen, darf folglich lediglich zur Ausführung der Kirchengesetze tätig werden. Der Vorrang der Synode als rechtsetzende Repräsentantin der EKiR bleibt also auch hier gewahrt[420].

In dringenden Fällen kann die Kirchenleitung jedoch nach Art. 194 Abs. 1 KO Notverordnungen erlassen. Eine Notverordnung ist eine gesetzesvertretende Verordnung. Damit kann die landeskirchliche Normsetzung umgehend auf überraschende und unaufschiebbare Situationen reagieren. Eine nähere Definition einer

---

[417] Art. 187 Abs. 1 KO; § 27 Abs. 2 GOSyn.
[418] Vgl. Rohde (1972), S. 6.
[419] Vgl. Stiller (1970), S. 378.
[420] Vgl. Stiller (1970), S. 380.

solchen Situation liefert die Kirchenordnung jedoch nicht. Dieses außersynodale Notverordnungsrecht ist jedoch an in der Kirchenordnung genau bestimmte Bedingungen geknüpft: so legt Art. 194 KO fest, dass Notverordnungen nur zulässig sind, wenn die Landessynode nicht versammelt und ihre Einberufung nicht möglich ist oder eine Einberufung der Bedeutung der Sache nicht entspricht. Darüber hinaus bedürfen sie der Zustimmung einer qualifizierten Mehrheit von drei Vierteln der gesetzlichen Zahl der Mitglieder der Kirchenleitung und sind als solche im kirchlichen Amtsblatt zu verkünden.[421] Art. 194 Abs. 4 KO entzieht die Bestimmungen der Kirchenordnung ausdrücklich einer Änderung durch Notverordnungen.[422] Bei ihrer nächsten Tagung sind der Landessynode die erlassenen Notverordnungen zur Bestätigung vorzulegen. Wird die Genehmigung versagt, ist die Kirchenleitung verpflichtet, sie durch eine Verordnung außer Kraft zu setzen, was wiederum im Kirchlichen Amtsblatt verkündet werden muß.[423] Damit bleibt auch im Bereich des außersynodalen Notverordnungsrechts der synodale Primat gewahrt. Darüber hinaus ist die nicht versammelte Landessynode am Erlaß der Notverordnungen insofern beteiligt, als nach Art. 194 Abs. 3 KO die synodalen Mitglieder der Kirchenleitung an deren Zustandekommen mitwirken und so die Zustimmung des ständigen Synodalausschusses ersetzen. Folglich wird der synodale Gesetzgebungsprimat durch die Verordnungs- bzw. Notverordnungsrechte der Kirchenleitung ergänzt.

Eine inhaltliche Begrenzung erfährt die synodale Gesetzgebung jedoch durch ihre Bindung an Schrift und Bekenntnis.[424] Diese Bindung ist für die Setzung und Anwendung des gesamten Rechtes innerhalb der EKiR grundlegend. ROBBERS folgert daraus, dass auch der gesamte Bereich der kirchlichen Lehre der synodalen Gesetzgebung entzogen ist, weil die theologischen Aussagen der Lehre aus

---

[421] Vgl. Art. 194 Abs. 3 und 5 KO.
[422] Eine Ausnahme davon bildet der Art. 200 II KO, der die Beschlußfähigkeit der Kirchenleitung regelt, was aber für den hier behandelten Gegenstand unwesentlich ist.
[423] Art. 194 Abs. 6 KO.

dem Bekenntnis abgeleitet werden[425]. Allerdings kennt die evangelische Kirche kein verbindliches Lehramt[426]. Die Landessynode kann keinen Bekenntnisstand ändern, sondern ist im Gegenteil dazu verpflichtet, den Bekenntnisstand der Gemeinden zu achten[427] und dafür zu sorgen, dass er nicht verletzt wird[428]. Da die Geltung eines Bekenntnisses nicht auf einer Verfassungsentscheidung beruht, sondern „vielmehr bei der Verfassungsgebung vorausgesetzt"[429] wird, ist es grundsätzlich ein ebenso vorkonstitutionelles wie konstituierendes Merkmal der EKiR[430], das als religiöse Norm[431] der Macht der synodalen Gesetzgebungsbefugnis entzogen ist[432].

Nach Art. 170 Ziff. 3 ff. KO beaufsichtigt die Synode das Rechnungswesen der Kirchenkreise, stellt den Haushaltsplan für die landeskirchlichen Kassen auf und rechtlich fest und führt Aufsicht über die gesamte Vermögensverwaltung der Landeskirche. Darüber hinaus bestellt sie die Inhaber der übrigen leitenden Ämter und Funktionen. Diese Grundentscheidung hat erhebliche Konsequenzen für ihr Zusammenwirken mit den anderen Leitungsorganen (Präses, Kirchenleitung, Landeskirchenamt) sowie auf das Ausmaß der Leitungskompetenz dieser Organe. So betont ROBBERS, dass diese Kennzeichnung der Landessynode nicht „im Sinne ausschließlicher Überordnung"[433] zu verstehen ist. So werden beispielsweise nach Art. 190 KO ihre Zugriffsmöglichkeiten auf den Bereich der Kirchenleitung ausdrücklich geregelt.

Strukturelle Grenzen der synodalen Leitung ergeben sich aus ihrer Größe und der periodisch erfolgenden Tagungen und der damit zusammenhängenden regelmäßig

---

[424] IV. GA KO.
[425] Vgl. Robbers (1989), S. 11.
[426] Vgl. Robbers (1989), S. 16.
[427] III. GA KO.
[428] Art. 169 Ziff. 2 KO.
[429] Vgl. Pirson (2000 a), S. 107.
[430] Vgl. Barth (1995), S. 104; de Wall (1994), S. 294 f.
[431] Vgl. Liermann (1933), S. 34.
[432] Etwas anderes gilt für die Weiterentwicklung eines Bekenntnisstandes, deren Behandlung den Rahmen der vorliegenden Arbeit jedoch übersteigen würde.

neuen Zusammensetzung des Synodalplenums. Aufgrund der Ehrenamtlichkeit des Synodalenamtes tritt die Landessynode nur periodisch, mindestens jedoch einmal im Jahr zu einer ordentlichen Tagung zusammen.[434] Im Rheinland ist die jährliche Tagung die Regel.[435] Aufgrund dieser fehlenden Permanenz und der Größe der Gruppe ist Ausübung von Leitungsfunktionen problematisch. Der Anspruch einerseits als eigentliches Leitungsorgan alles in sich zu vereinigen, was Bedeutung für die Kirche hat,[436] läßt die Landessynode zu einer Größe anwachsen, die ihre Arbeitsfähigkeit gefährdet.[437] Damit ist die Landessynode als nichtständiges Repräsentativorgan von ihrer Struktur her auf die Entscheidung einiger grundsätzlicher Fragen zugeschnitten.[438]

3.4.2 Der Präses

Der Titel „Präses" ist kennzeichnend für den synodalen Verfassungstyp.[439] Er bezeichnet einen Geistlichen[440], „dem eine über den Synodalvorsitz hinausreichende Leitungsfunktion zukommt, die ihn (...) selbst an die Stelle des Bischofs treten läßt."[441] Demzufolge wird dem Präses die geistliche Leitung nicht als eigene Aufgabe zugewiesen, denn schließlich kommt der Landessynode die umfassend verstandene Leitung zu. Die vollständige Dienstbezeichnung des „Präses der Landessynode"[442] lautet: „Präses der evangelischen Kirche im Rheinland"[443]. Nach ROHDE trägt dieser Titel unverkennbar „episkopale Züge"[444]. Der Präses übt kein geistliches Amt aus, das sich zu einem Verfassungsorgan verselbständigt

---

[433] Robbers (1989), S. 6.
[434] § 1 GOSyn, Art. 178 Abs. 1 KO.
[435] Vgl. Becker (1999), Rdnr. 1 zu Art. 178 Abs. 1 KO.
[436] Art. 121 Abs. 2 KO.
[437] Vgl. Blaschke (1977), S. 275.
[438] Vgl. Robbers (1989), S. 6.
[439] Einen geschichtlichen Rückblick auf die Wurzeln des rheinischen Präses bietet Wilhelmi (1963), S. 3 ff.
[440] Art. 197 Abs. 2 Ziff. a KO.
[441] Barth (1995), S. 137.
[442] Art. 200 KO.
[443] Art. 197 Abs. 8 KO.

hat, sondern läßt sich vielmehr typischerweise als Mitglied eines kirchenleitenden Kollegiums kennzeichnen, welches „erst in Erweiterung dieses Amtes zusätzlich mit der Ausübung verschiedener Funktionen geistlicher Leitung betraut"[445] wurde. Somit ist das Präsesamt ein synodales Primäramt. Der Präses leitet die Landessynode[446]. Darüber hinaus ist er auch Vorsitzender der Kirchenleitung und des Landeskirchenamtes und steht somit der Kirchenverwaltung vor, in der er weitgehende Rechte hat[447]. Ferner führt der Präses den Vorsitz des Theologischen Prüfungsamtes[448] und der Superintendentenkonferenz[449]. Insofern ist das Amt des Präses in der EKiR „im Vergleich zu den anderen Ämtern der leitenden Geistlichen der Landeskirchen das mächtigste (...) Amt in der EKD"[450]. Gleichzeitig ist sein Amt aber auch das „ohnmächtigste Amt in der EKD"[451]. So ist ihm in der Kirchenordnung kein eigener Abschnitt gegeben worden. Er ist zwar in allen wichtigen Gremien der Vorsitzende, was ihm einen erheblichen Einfluß ermöglicht, jedoch hat er keine wesentlich eigenen Rechte. Die Leitung der EKiR soll nicht in einer Hand liegen. Der Präses übt alle ihm übertragenen Aufgaben nach Art. 201 Abs. 1 und 2 KO in Gemeinschaft mit den Mitgliedern der Kirchenleitung, des Landeskirchenamtes und der Superintendentenkonferenz aus. Folglich ist das Verhältnis von Präses zu den Superintendenten als Kooperationsverhältnis zu beschreiben, das gem. Art. 201 Abs. 4 KO durch Erfahrungsaustausch und gegenseitige Beratung gekennzeichnet ist und innerhalb dessen der Präses einem Superintendenten keine Dienstanweisungen erteilen kann. Desgleichen kann der Superintendent einem Pastor keine Weisungen erteilen, denn es gehört „zu den konstitutiven Merkmalen des geistlichen Amtes nach reformatorischem Verständ-

---

[444] Rohde (1972), S. 37.
[445] Barth (1995), S. 141.
[446] Art. 180 Abs. 1 KO.
[447] Art. 201 Abs. 1 KO.
[448] Art. 201 Abs. 2 Ziff. e KO.
[449] Art. 201 Abs. 4 KO.
[450] Becker (1999 a), S. 258.
[451] Becker (1999 a), S. 258.

nis, daß der Amtsträger innerhalb seines eigentlichen Aufgabenbereiches keinen sachlichen Weisungen unterliegt, weil die Erwartung besteht, daß dem Amtsträger bei der Amtsführung der Heilige Geist zur Seite steht"[452].

Die für den synodalen Verfassungstyp charakteristische sachliche und persönliche Verflechtung der genannten Leitungsorgane spiegelt den Versuch wider, die ständige Leitung insgesamt in der Synode zu verankern[453], den Präses in seinen Funktionen in die kollegiale Organisationsstruktur einzubinden und episkopale Elemente zu eliminieren[454] bzw. der Synode ein- und unterzuordnen. BECKER weist darauf hin, „daß die Verfasser der Kirchenordnung von 1952 kein hervorgehobenes Präsesamt wollten, das zu einer Über- und Unterordnung von Ämtern in der Kirche geführt hätte." Folglich bezeichnet er die synodale Einbindung des Präses als „Kernpunkt der (...) Kirchenordnung"[455].

Obwohl der Präses auch episkopale Befugnisse wahrnimmt, kann er deswegen nicht als Träger eines selbständigen geistlichen Leitungsamtes angesehen werden.[456] Vielmehr wird er als Mitglied der Kirchenleitung gewählt, ist hinsichtlich der Wahrnehmung seiner Befugnisse immer wieder auf ein kollegiales Zusammenwirken, insbesondere mit den anderen Mitgliedern der Kirchenleitung angewiesen[457] und wird von diesen vertreten[458]. Insgesamt ist er deshalb primär als Mitglied der Kirchenleitung der Synode zu verstehen[459].

Das Maß der Unabhängigkeit des Präses von anderen landeskirchlichen Leitungsorganen läßt sich anhand der Dauer der regulären Amtszeit, den Bestimmungen zu Wahl, Rücktritt und Abberufung sowie zu den oberhirtlichen Aufgaben, Rechten und Pflichten ablesen.

---

[452] Pirson (1989), S. 148.
[453] Vgl. Dahlhoff (1964/65), S. 105.
[454] Rohde (1972), S. 12.
[455] Becker (1999 a), S. 264.
[456] Vgl. Dahlhoff (1964/65), S. 211.
[457] Art. 200 KO.
[458] Art. 201 KO.
[459] Vgl. Rohde (1972), S. 12.

Die Amtszeit des Präses wird von seiner Zugehörigkeit zu den jeweiligen Kollegien bestimmt, deren Mitglieder aller für die gleiche Frist amtieren: er ist Vorsitzender der Landessynode[460], die ihn für eine Amtszeit von acht Jahren wählt[461], und als solcher gleichzeitig Vorsitzender der Kirchenleitung und des Landeskirchenamtes. Eine Wiederwahl sowohl des Präses als auch aller übrigen Mitglieder der Kirchenleitung ist möglich[462].

Das Amt des Präses ist synodal geprägt - nach DAHLHOFF ist der Synodalvorsitz „Wurzel und Kern seines Amtes"[463]. Folgerichtig erhält er sein Amt durch die Wahl der Landessynode als dem prädestinierten Repräsentationsorgan der Landeskirche[464]. Mangels organschaftlicher Eigenständigkeit seines Amtes unterliegt die Wahl des Präses den allgemeinen Vorschriften für synodale Wahlen. Zunächst erfolgt ein Wahlvorschlag, den ein synodaler Nominierungsausschuß erstellt[465]. An diesen Wahlvorschlag ist die Landessynode allerdings nicht gebunden, so dass weitere Vorschläge aus der Mitte der Synode zugelassen sind[466]. Damit wird die Autonomie der Landessynode ein weiteres Mal unterstrichen, weil außersynodalen Stellen kein wesentlicher Einfluß auf den Wahlvorschlag zukommt. Die Wahl des Präses erfordert dann eine absolute Mehrheit[467]. Auch der Vizepräses, der dem Präses in allen seinen Aufgaben in Gemeinschaft mit den Mitgliedern der Kirchenleitung zur Seite steht, wird in gleicher Weise von der Synode gewählt[468]. Die Landessynode bestimmt ebenfalls die Reihenfolge, in der

---

[460] Art. 180 Abs. 1 KO.
[461] Kirchenleitung und Präses amtieren mit acht Jahren doppelt so lange wie die Synodenmitglieder: Art. 172 KO i.V.m. Art. 197 Abs. 4 KO i.V.m. Art. 174 Abs. 1 KO. Damit nimmt er als Präses an zwei Landessynoden teil.
[462] Vgl. Wilhelmi (1963), S. 72.
[463] Dahlhoff (1964/65), S. 107.
[464] Art. 172 Ziff. 1 KO.
[465] §§ 18 Abs. 7, 32 GOSyn i.d.F. vom 10.01.1991
[466] § 32 Nr. 1 GOSyn i.d.F. vom 09.01.1992.
[467] Art. 198 Abs. 3 KO i.V.m. Beschluß der Landessynode über Mehrheiten bei Abstimmungen und Wahlen vom 29.10.1953 i.d.F. vom 12.01.1991, KABl. Rhld. 1991, S. 2.
[468] Art. 202 KO.

die übrigen hauptamtlichen theologischen Mitglieder der Kirchenleitung den Präses vertreten[469].

Der Präses hat ein freies Rücktrittsrecht[470], allerdings nicht in seiner Eigenschaft als Präses, sondern als Mitglied der Kirchenleitung. Als Mitglied kirchenleitender Kollegien unterliegt der Präses keinem besonderen Dienstrecht: er ist kein Kirchenbeamter sondern unterliegt dem Pfarrerdienstrecht[471]. Entsprechend dieser dienstrechtlichen Ausgestaltung seines Amtes kann der Präses aus gesundheitlichen Gründen oder wegen einer Amtspflichtverletzung abberufen werden. Lassen sich Gesundheitszustand und Amtspflichtverletzung vergleichsweise objektiv feststellen, so setzt eine disziplinarrechtliche Abberufung die Feststellung einer konkreten Amtspflichtverletzung als Tatbestand innerhalb eines formellen Verfahrens voraus. Daraus ergibt sich eine Unabhängigkeit des Präses von der abberufenden Stelle. Eine politische Abberufung, die nicht an das Vorliegen konkreter Tatbestandsvoraussetzungen geknüpft ist, sondern dazu dient, Meinungsverschiedenheiten und Konflikte innerhalb bzw. zwischen den Leitungsorganen zu bereinigen, ist bei dem Präses im Rheinland in seiner Eigenschaft als kirchenleitendem Organ nicht möglich[472]. Insbesondere kann diese nicht in Anwendung allgemeinen Dienstrechtes aufgrund mangelnder Gedeihlichkeit des Zusammenwirkens erfolgen: gem. § 1 KirchenleitungsG vom 12.11.1948 ist der Präses Inhaber eines Pfarramtes, § 49 Abs. 1 b PfDG EKU i.d.F. vom 14.06.1992 ermöglicht für Pfarrer eine Abberufung mangels gedeihlichen Wirkens. Jedoch darf dieses auf Pfarrer gemünzte dienstrechtliche Instrument „nicht ‚sinngemäß' auf leitende geistliche und damit auf Verfassungsebene angewandt werden."[473] Damit ist eine Abberufung des Präses nicht möglich. Da jedoch sein Amt auf maximal acht Jahre befristet ist und eine Beurteilung der Gedeihlichkeit seines Wirkens durch die Sy-

---

[469] § 32 GOSyn, aber § 201 Abs. 3 KO.
[470] § 2 KirchenleitungsG vom 12.11.1948.
[471] § 1 Abs. 1 KirchenleitungsG i.d.F. vom 12.11.1948.
[472] Vgl. Rohde (1972), S. 36.

node periodisch erfolgt, indem sie etwa den Bericht des Präses entgegennimmt[474] und sie das Recht hat, die Entscheidungen und Maßnahmen der Kirchenleitung nachzuprüfen[475], hält BARTH die fehlende Abberufungsmöglichkeit für hinnehmbar.[476]

Die Aufgaben, Rechte[477] und Pflichten des Präses sind in Art. 201 KO geregelt. Sein geistliches Leitungsamt wird in erster Linie als Hirtenamt an den Gemeinden[478] und an den Amtsträgern der Evangelischen Kirche verstanden. Als Vorsitzender der kirchenleitenden Gremien ist er 'Erster unter Gleichen'. Entsprechend dem pastoralen Kern seiner Führungsfunktion übt er seine gesamtkirchliche Seelsorge „in Gemeinschaft mit den Mitgliedern der Kirchenleitung, des Kollegiums des Landeskirchenamtes und Superintendentinnen und Superintendenten"[479] an den kirchlichen Amtsträgern und an den Gemeinden aus.

Dem Präses obliegt die geistliche Leitung der EKiR und er vertritt die Landeskirche innerhalb der EKD gegenüber ihren Gliedkirchen, in der Ökumene und der Öffentlichkeit[480]. Geistliche Leitung beinhaltet nach BARTH „im engeren und eigentlichen Sinne nur Wortverkündigung und Sakramentsverwaltung (...), die als Leitungsfunktionen göttlichen Rechts aus dem geistlichen Amt selbst fließen." Darüber hinaus beinhaltet er die gesamtkirchliche Seelsorge sowie das Recht zum Erlaß schriftlicher Kundgebungen als Unterfall des Predigtrechts. Das Recht zum Erlaß derartiger schriftlicher Kundgebungen stellt die Verlängerung des Predigtrechts ins Schriftliche dar und ist somit ein Instrument geistlicher Leitung. Der Präses ist jedoch nicht befugt, in seiner Eigenschaft als Präses Ansprachen oder

---

[473] Barth (1995), S. 163.
[474] § 17 Abs. 1 GOSyn.
[475] Art. 170 Ziff. 9 KO.
[476] Vgl. Barth (1995), S. 162.
[477] Gnadenrechte, Ordination, Visitation, Repräsentanz der Landeskirche bzw. Einspruchs- und Vetorechte.
[478] Tröger (1996) weist drauf hin, dass Art. 201 I KO explizit von den Gemeinden und nicht von einzelnen Gemeindegliedern spricht, um Kompetenzkonflikte mit den Gemeindepastoren zu verhindern.
[479] Art. 201 Abs. 1, S. 4 KO.
[480] Art. 201 Abs. 2 Ziff. a KO.

Schreiben an die Öffentlichkeit zu richten, da dieses Recht gem. Art. 193 a KO ausschließlich der Kirchenleitung vorbehalten ist[481]. Er hat jedoch nach Art. 201 Abs. 2 Ziff. b KO das Recht, persönliche schriftliche Ansprachen an die Träger kirchlicher Dienste zu richten.

Zu den geistlichen Leitungsfunktionen ‚im weiteren Sinne' können die klassischen bischöflichen Aufgaben der Ordination und der Visitation gezählt werden. Ebenso gehören die Repräsentanz der Landeskirche sowie die Einspruchs- und Vetorechte als Gegenrechte zur Landessynode zu den oberhirtlichen Kompetenzen des Präses.

Mit GRUNDMANN geht die vorliegende Arbeit davon aus, dass in der evangelischen Kirche „mit der Ordination keine Gnadengabe verliehen, sondern ihr Vorhandensein bezeugt"[482] wird. Damit ist die Ordination ein Akt des menschlichen Kirchenrechts[483] und als Teil rechtlicher und nicht geistlicher Leitung zu verstehen. Da der Präses nicht primär ein Pfarramt wahrnimmt, steht das Recht zur Durchführung der Ordinationen nicht ihm zu, sondern ist Aufgabe der Superintendenten[484].

Das Element der Aufsicht über die Gemeinden kommt in seinem Visitationsrecht zum Ausdruck. Die Visitation verbindet Elemente einer Verwaltungsüberprüfung mit solchen eines brüderlichen Besuchsdienstes[485]. Sie ist ein Mittel, um das geistliche Wächteramt wahrzunehmen. Nach evangelischem Verständnis können die über die geistliche Leitung hinausgehenden Visitationsbefugnisse erst kraft menschlichen Rechts dem Amt des leitenden Geistlichen hinzugefügt werden[486]. Der Präses hat einen nur geringen Anteil an der Visitation, weil diese nach Art. 164 Ziff. 3 und Art. 157 Abs. 2 Ziff. c KO den Superintendenten obliegt. In der

---

[481] Vgl. Becker (1999), Rdnr. 1 zu Art. 201 Abs. 2 Buchst. b) KO.
[482] Vgl. Grundmann (1964/65), S. 333.
[483] Vgl. Campenhausen (1975), S. 3.
[484] Art. 164 Ziff. 1 KO.
[485] Vgl. Honecker (1972), S. 337.
[486] Vgl. Campenhausen (1975), S. 3.

EKiR hat nach Art. 193 Ziff. b KO nicht der Präses, sondern nur die Kirchenleitung ein (akzidentielles) Recht zur Visitation in Gemeinden und Kirchenkreisen[487].

Unter der Außenvertretung ist in Abgrenzung von der Vertretung der Kirche im Rechtsverkehr die Befugnis zu verstehen, nach außen für die Kirche zu sprechen und damit ihren auch staatlicherseits zugestandenen Öffentlichkeitsauftrag wahrzunehmen. Weil das Reden für die ganze Landeskirche über den Verkündigungsauftrag hinausgeht, bedarf es eines Rechtstitels[488]. Die Kirchenordnung der EKiR schafft hier zwar durch die Beauftragung des Präses in Art. 200 Abs. 2 Ziff. a KO eine repräsentative Spitze, weist daneben aber der Synode (Art. 169 Ziff. 8 KO) und der Kirchenleitung (Art. 193 Ziff. a KO) ebenfalls Befugnisse zur Außenvertretung zu und unterstreicht somit nochmals, dass der Präses lediglich ein kollegial geprägtes Amt im Auftrag der Synode wahrnimmt.

Im Zusammenhang mit den rechtlichen Leitungsbefugnissen des Präses ist zu fragen, ob die Kirchenordnung ihm ein eigenes Recht einräumt, die Synode aufzulösen oder ein Veto gegen ihre Beschlüsse einzulegen, um so ggf. der Verantwortung seines geistlichen Leitungsamtes auch gegenüber einer Mehrheit der Synodalen geltend zu machen. Jedoch steht dem Präses kein Vetorecht gegen Synodenbeschlüsse oder gar ein Auflösungsrecht der Synode zu, denn derartige Bestimmungen fehlen völlig in der KO. Hinzu kommt, dass das Veto der Kirchenleitung aufgrund der dominierenden Stellung der Synode von ihr mit einfacher Mehrheit überstimmt werden kann, so dass der Präses selbst zusammen mit den Mitgliedern der Kirchenleitung kein echtes Gegengewicht zur Synode darstellt. Demnach muß sich der Präses wie jedes andere Mitglied der Landessynode ihren Mehrheitsentscheidungen beugen.

---

[487] Art. 193 Ziff. b KO.
[488] Vgl. Robbers (1989), S. 9.

Zusammenfassend ist anzumerken, dass die geistliche Leitung des Präses in einzelnen, ihm übertragenen Leitungsbefugnissen wurzelt, wobei er bei deren Ausübung in kollegiale Strukturen eingebunden ist. Anzufragen bleibt dabei, ob geistliche Leitung kollegial möglich ist.

3.4.3 Die ständige Leitung und Verwaltung der EKiR

Weil die Landessynode aus den genannten Gründen strukturell nicht auf die Ausübung ständiger Leitung und Verwaltung der EKiR zugeschnitten ist, kann sie als ständiges Leitungsorgan selbst nur mittelbar dadurch wirksam werden, dass sie kleinere synodale Dauergremien aus sich herausbildet. Daher wird die Aufgabe ständiger Leitung und Verwaltung der EKiR neben dem Präses von den Ständigen Synodalausschüssen, dem Landeskirchenamt und der Kirchenleitung ausgeübt. Die Arbeitsweise kirchlicher Verwaltungstätigkeit unterscheidet sich weithin nicht von der in der öffentlichen Verwaltung, da sie primär von den zu erledigenden Aufgaben geprägt ist.

3.4.3.1. Die Ständigen Synodalausschüsse

Die rechtliche Grundlage für die Einrichtung und Arbeit der Ständigen Synodalausschüsse bildet Art. 189 KO. Insbesondere für theologische, kirchenrechtliche und finanzielle Angelegenheiten bestellt die Landessynode zur Vorbereitung ihrer Aufgaben nach Art. 189 Abs. 1 KO bei jeder Neubildung der Landessynode Ständige Synodalausschüsse für die Dauer einer Wahlperiode. Diese Ausschüsse unterstützen und ergänzen die landeskirchlichen Organe dadurch, dass ihnen sachkundige Gemeindemitglieder, Pfarrerinnen und Pfarrer sowie andere hauptamtliche Mitarbeiter angehören, welche eine gründlichere Meinungsbildung und Beratung ermöglichen. Die Ständigen Ausschüsse der Landessynode im Sinne von Art. 189 sind der Finanz-, Kirchenordnungs-, und der Nominierungsausschuß, der Ausschuß für öffentliche Verantwortung, für Erziehung und Unterricht, der Innerkirchliche und der Theologische Ausschuß[489]. Diese Arbeitsausschüsse treten, anders als die Tagungsausschüsse[490], auch während der Zeit zu Arbeitssitzungen zusammen, in der die Landessynode nicht tagt. Die Arbeit der landeskirchlichen Auschüsse wird durch die „Geschäftsordnung für die landeskirchlichen Ausschüsse"[491] geregelt. Die Landessynode wählt nach Art. 189 Abs. 2 KO die Vorsitzenden und die stellvertretenden Vorsitzenden der Ständigen Synodalausschüsse wie auch die übrigen Mitglieder, soweit sie dies nicht der Kirchenleitung überläßt. Ebenso bestimmt Art. 189 Abs. 2 KO, dass mindestens die Hälfte der Mitglieder eines jeden Ausschusses der Landessynode angehören muß. Auf der Grundlage von Art. 189 Abs. 3 KO erteilt die Landessynode oder die Kirchenleitung den Ständigen Synodalausschüssen Aufträge zur Bearbeitung bestimmter Angelegenheiten, die wiederum der Kirchenleitung über ihre Arbeit zu berichten haben. Die Koordinierung deren Arbeit obliegt der Kirchenleitung[492]. Dabei hat die Kirchenleitung gegenüber den Ständigen Synodalausschüssen die Pflicht, die für ihre Arbeit notwendigen Auskünfte zu erteilen[493]. Eine Begrenzung erfährt die Arbeit der Ständigen Synodalausschüsse darin, dass sie nach Art. 189 Abs. 8 KO weder befugt sind, Beschlüsse zu fassen, die der EKiR Verpflichtungen auferlegen, noch öffentliche Erklärungen abzugeben.

3.4.3.2. Das Landeskirchenamt

Die Kirchenordnung der EKiR sieht das Landeskirchenamt (LKA) als eine organschaftlich strukturierte, kirchliche Verwaltungsbehörde vor und regelt deren Aufgaben und Struktur in den Artikeln 204 bis 206 KO. Unter Kirchenverwaltung

---

[489] Vgl. Becker (1999), Rdnr. 2 zu Art. 189 Abs. 1 KO.
[490] Dieses sind nach § 18 Abs. 1 GOSyn i.d.R. sieben Ausschüsse, nämlich der Theologische Ausschuß, der Ausschuß für Kirchenordnung und Rechtsfragen, der Öffentlichkeits- sowie der Innerkirchliche Ausschuß, der Ausschuß für Erziehung und Bildung, der Finanz- sowie der Nominierungsausschuß.
[491] Vgl. KABl. Rhld. 1982, S. 15, zuletzt geändert durch den Beschluß der Landessynode vom 11.01.1996, in: KABl. Rhld. 1996, S. 92.
[492] Art. 189 Abs. 9 KO.

soll hier ein durch die kirchliche Rechtsordnung eingerichtetes, ständiges, kollegial strukturiertes Führungsorgan verstanden werden, das weitere ständige Mitarbeiter beschäftigt[494]". Das Landeskirchenamt ist kein verfassungsmäßig leitendes Organ der EKiR[495], sondern befindet sich als ständige Verwaltungsbehörde in der „Rechtsstellung eines Hilfsorgans der Kirchenleitung".[496] Aufgrund von Art. 204 Abs. 4 KO regelt die von der Kirchenleitung beschlossene Dienstordnung (DO LKA)[497] die Aufgaben sowie die Organisations- und Leitungsstrukturen des Landeskirchenamtes. Die Bezeichnung des LKA als ständige Behörde ergibt sich aus ihrer behördenartigen Organisation, die sich durch die Wahrnehmung der Aufgaben durch langfristig tätige, hauptamtliche Mitarbeiter, die meist als Pfarrer oder Kirchenbeamte tätig sind[498], auszeichnet.

Das LKA wird durch ein kollegiales Verwaltungsgremium geleitet, das mit dem Begriff „Kollegium" bezeichnet wird[499]. Unter dem Vorsitz des Präses[500] und in Verantwortung gegenüber der und nach deren Weisungen Kirchenleitung (soweit diese ihre Führungsfunktion nicht selbst ausübt) nimmt das Kollegium des Landeskirchenamtes als zentrale Dienststelle Leitungs- und Verwaltungsaufgaben für die Landeskirche wahr[501]. Auch hier besteht das Organisationsprinzip personeller Organverknüpfung, und zwar in einer Personalunion zwischen einem Teil der Mitglieder von Kirchenleitung und Landeskirchenamt. Die führenden Mitglieder des LKA kommen aus der Kirchenleitung und treten erst kraft dieses Amtes zusätzlich in das Leitungskollegium ein. So sind die Mitglieder des Kollegiums nicht auch kraft Amtes Mitglieder der Kirchenleitung, sondern es werden umge-

---

[493] Art. 189 Abs. 7 KO.
[494] Vgl. Ruppel (1959), Sp. 1412.
[495] Vgl. Schiedspruch des Schlichtungsausschusses vom 17.11.1975 (GZ 3/1975, Az.: 11-21-7-2).
[496] Dahlhoff (1964/65), S. 105. Ebenso: Wilhelmi (1963), S. 70.
[497] Dienstordnung für das Landeskirchenamt der Evangelischen Kirche im Rheinland i.d.F. vom 08.01.1997.
[498] Art. 206 Abs. 2 KO.
[499] §§ 6 ff. DO LKA.
[500] Art. 201 Abs. 1 KO.
[501] Art. 204 KO.

kehrt neben dem Präses Theologen und Juristen als hauptamtliche Angehörige der Kirchenleitung gewählt, die dann kraft dieses Amtes auch führende Mitglieder des Kollegiums sind[502]. Diejenigen Mitglieder des Kollegiums des Landeskirchenamtes, die nicht der Kirchenleitung angehören, werden von ihr berufen und tragen den Titel „Landeskirchenrat"[503], nehmen in der Regel an den Sitzungen an der Kirchenleitung mit beratender Stimme teil und werden dabei lediglich zu Fragen ihres Arbeitsgebietes herangezogen[504]. Die kollegiale Struktur der Leitung des LKA versucht, in besonderer Weise dem Anspruch zu entsprechen, kirchliche Leitung dürfe nicht autoritär, sondern müsse brüderlich erfolgen[505]. Sie impliziert im Verhältnis zu den übrigen landeskirchlichen Führungsorganen eine gewisse Eigenständigkeit, weil das Kollegium nicht bloß eine Geschäftsstelle der Kirchenleitung ist, sondern auf die verantwortliche Entscheidung innerhalb der ihm zugewiesener Entscheidungsbereiche angelegt ist[506]. Mit der Einrichtung des LKA soll demzufolge die kollegiale Wahrnehmung der Leitungsaufgaben sichergestellt werden, auch und gerade dann, wenn sie außerhalb der Sitzungen der Kirchenleitung wahrgenommen werden müssen.

Das Verhältnis des Leitungskollegiums zum Verwaltungsapparat des Landeskirchenamtes ist dadurch geprägt, dass das Kollegium genau besehen die Kirchenverwaltung darstellt, die sich zur Wahrnehmung ihrer Aufgaben der übrigen Mitarbeiter bedient. Diese unmittelbare Führung ständiger Mitarbeiter unterscheidet das Kollegium des LKA von dem der Kirchenleitung. Demnach werden Mitglieder und Mitarbeiter unter dem Gesichtspunkt ihrer sachlichen Zuordnung auf zwei verschiedene Institutionen verteilt.

Die kollegiale Strukturierung bezieht sich lediglich auf die Leitungsebene des LKA, nämlich das Kollegium: es besteht aus theologischen und juristischen Mit-

---

[502] Art. 205 Abs. 2 Satz 1 KO, § 6 DO LKA.
[503] Art. 205 Abs. 2 Satz 2 KO; Art. 206 Abs. 1 KO.
[504] Art. 206 Abs. 3 KO.
[505] Vgl. Jacob (1959), S. 410.

gliedern, und zwar nach Art. 205 Abs. 2 Satz 1 KO dem Präses, dem Vizepräses, dem Vizepräsidenten und den übrigen hauptamtlichen Mitgliedern der Kirchenleitung. Der Vizepräses ist der ständige Vertreter des Präses und hat dafür zu sorgen, dass die theologische Arbeit im Landeskirchenamt koordiniert wird und wichtige theologische Fragen abteilungsübergreifend beraten und entschieden werden[507]. Der Vizepräsident leitet das Landeskirchenamt und ist in dieser Eigenschaft für eine geordnete Geschäftsführung verantwortlich, wobei ihm die zentralen Dienste innerhalb des Landeskirchenamtes unmittelbar zugeordnet sind. Dabei wird er durch den Verwaltungsdirektor unterstützt[508]. Diesem kollegialen Führungsteam theologischer und juristischer Mitglieder ist dann die Verwaltungsorganisation des Landeskirchenamtes administrativ zugeordnet. Das Leitungskollegium nimmt seine Aufgaben grundsätzlich in gemeinsamer Verantwortung wahr und trifft die wesentlichen Entscheidungen grundsätzlich gemeinsam nach dem Kollegialprinzip in „geschwisterlicher Beratung"[509]. Dabei entscheidet die Mehrheit der abgegebenen Stimmen[510]. Der Beschlußfassung des Kollegiums sind nach § 8 DO LKA die nachfolgenden Aufgabenbereiche vorbehalten: die Grundsatz- und Strukturfragen der Landeskirche sowie alles, was mit der Errichtung, Neubildung, Veränderung oder Aufhebung von Kirchengemeinden bzw. Pfarrstellen betrifft. Ebenso bereitet es die Beschlüsse der Kirchenleitung vor, führt sie aus und ist wiederum im Auftrag der Kirchenleitung an der Vorbereitung und Durchführung von Beschlüssen der Landessynode beteiligt.

Die danach verbleibenden Aufgaben treffen die einzelnen Mitglieder in ihrem Arbeitsbereich, wobei sie auch dann für das Leitungskollegium handeln[511].

---

[506] Vgl. Dahlhoff (1964/65), S. 106.
[507] § 4 DO LKA.
[508] § 5 DO LKA.
[509] Art. 205 Abs. 1 KO.
[510] § 9 Abs. 1 DO LKA.
[511] Art. 3.1.3. GO LKA.

Die Aufgaben des LKA werden im Teil I DO LKA unter den §§ 1-3 abgehandelt. So unterstützt es nach § 1 DO LKA die Kirchenleitung bei der Erfüllung ihrer Aufgaben und nimmt die allgemeine Verwaltung selbständig wahr. Die Kirchenleitung kann dem Landeskirchenamt Leitungsaufgaben zur selbständigen Erledigung übertragen, die sie aber auch wieder an sich ziehen kann.[512] Unter den in § 3 DO LKA genannten Aufgaben sind insbesondere zu nennen: die Aufsicht über die Kirchengemeinden, Verbände und Kirchenkreise, die Sorge für die Aus- und Fortbildung der Theologen und kirchlichen Mitarbeiter, Entscheidungen in Personalangelegenheiten und Dienst- und Fachaufsicht über Theologen sowie landeskirchliche Angestellte und Einrichtungen, Entscheidungen und Genehmigungen im Bereich des kirchlichen Arbeitsrechts, die Verwaltung kirchlichen Vermögens und des landeskirchlichen Haushaltes, die Vertretung der EKiR im Rechtsverkehr sowie die Beratung der Kirchenleitung bei allen Grundsatzentscheidungen im Bereich von schulischer Bildung, Erziehung und Unterricht. Aus dieser enumerativen Nennung der Aufgaben wird deutlich, dass bedeutende Teile der im LKA zu erbringenden Arbeitsvorgänge technischer und administrativer Struktur sind und selbst bei routinemäßiger Erledigung ein hohes Maß an Verwaltungstechnik erfordern. Dennoch steht die geistliche Relevanz der Aufgabenerfüllung im Vordergrund, denn es ist ein Wesensmerkmal des LKA, dass es sich „durch seine Bezogenheit auf die Gesamtverantwortung der Kirche ständig Fragen und Aufgaben von grundsätzlicher Bedeutung"[513], nämlich entscheidenden Fragen des geistlichen Lebens der Landeskirche mit ihren theologischen Hintergründen und geistlichen Konsequenzen gegenübergestellt sieht.

Im Interesse ihrer Optimierung werden die sich aus der Verwaltungsfunktion ergebenden Aufgaben nach § 10 DO LKA sechs Abteilungen mit ihren Referaten (Sachgebieten), die durch die Geschäftsverteilung zu Dezernaten zusammenge-

---

[512] § 1 Abs. 3 DO LKA; Art. 204 Abs. 3 KO.
[513] Campenhausen (1984), S. 31.

faßt sind, übertragen.[514] Die sechs Abteilungen des Landeskirchenamtes werden nach Art. 205 Abs. 1 KO durch hauptamtliche Mitglieder der Kirchenleitung geleitet. Diese Abteilungsleiter, welche die Richtlinien für die Arbeit ihrer Abteilung bestimmen und für den Geschäftsablauf und die ordnungsgemäße Verwaltung ihrer Abteilung verantwortlich sind,[515] tragen die Bezeichnung „Oberkirchenrat" und sind zugleich Dezernenten für die ihnen übertragenen Referate.[516] Die von der Kirchenleitung ernannten stellvertretenden Abteilungsleiter tragen die Bezeichnung „Landeskirchenrat", gehören ebenfalls dem Kollegium des Landeskirchenamtes an und sind Dezernenten für die ihnen übertragenen Referate[517].

3.4.3.3 Die Kirchenleitung

Die KO sieht zusätzlich zur Kirchenverwaltung durch das Landeskirchenamt die Kirchenleitung in Art. 192 bis Art. 203 KO als ständiges Leitungsorgan vor. Sie ist als das Präsidium der Landessynode konzipiert, nimmt nach Art. 192 Abs. 1 KO im Auftrag der Landessynode und in Bindung an die Kirchenordnung, die Kirchengesetze und die von der Landessynode aufgestellten Richtlinien die ständige Führung der Landeskirche wahr und führt in Ausübung dieser Befugnisse die Bezeichnung „Kirchenleitung".[518] Der aus Art. 168 Abs. 1 KO resultierende umfassende Leitungsanspruch der Landessynode wird demnach vornehmlich über die Kirchenleitung realisiert, welcher somit eine zentrale Bedeutung im Verfassungsaufbau der EKiR zukommt. Sie trägt damit die Verantwortung für die lau-

---

[514] Dieses sind: Abteilung I (Dienst von Theologen und Kirchenbeamten), Abteilung II (Dienst an Gruppen, Mitarbeitern), Abteilung III (Ökumene, Mission, Religionen), Abteilung IV (Erziehung und Bildung), Abteilung V (Kirchenrecht und theologische Grundsatzfragen) und Abteilung VI (Finanzen und Vermögen, Diakonie, gesellschaftliche Verantwortung).
[515] § 11 Abs. 1 DO LKA.
[516] § 10 Abs. 2 DO LKA.
[517] § 10 Abs. 3 DO LKA.
[518] Art. 192 Abs. 2 KO.

fende Arbeit in der Landeskirche zwischen den Tagungen der Landessynode und führt gleichzeitig die Aufsicht über die landeskirchliche Verwaltung[519].

Die Aufgaben der Kirchenleitung sind in Art. 192 Abs. 3 KO normiert. Danach hat sie den Charakter eines Exekutivorgans der Landessynode, weil sie deren Beschlüsse auszuführen und Ausführungsbestimmungen für die von der Landessynode beschlossenen Kirchengesetze zu erlassen hat[520]. Darüber hinaus bestätigt sie die Wahlen der Superintendenten, Assessoren und stellvertretenden Assessoren[521], ernennt die Mitglieder des Landeskirchenamtes[522] und leitet die Vermögens- und Finanzverwaltung der Landeskirche[523]. Zu den weiteren Aufgaben der Kirchenleitung gehört die Überwachung der Einhaltung und Durchführung der Kirchenordnung, der Gesetze und sonstigen Ordnungen der Kirche[524] sowie die Aufsicht über die Gemeinden und Kirchenkreise[525]. Die Kirchenleitung vertritt die EKiR in allen Rechtsangelegenheiten[526] und allein ihr kommt das Recht zu, öffentliche Verlautbarungen für die Landeskirche zu erlassen[527]. Sie hat das Recht, in den Gemeinden und Kirchenkreisen Visitationen durchzuführen[528].

Gleichzeitig ist sie legislatives Führungsorgan, weil zur Zeit der Abwesenheit der Landessynode Notverordnungen mit gesetzesvertretendem Charakter erlassen kann, die allerdings durch die Landessynode bestätigt werden müssen[529]. Folglich nimmt die Kirchenleitung die umfassenden Leitungsbefugnisse der Synode „als deren Treuhänder und als synodales Organ"[530] wahr. Die zentrale Stellung der Kirchenleitung als synodales Organ bestimmt auch ihre Zusammensetzung. Sie ist

---

[519] Vgl. v. Campenhausen (1994), S. 391.
[520] Art. 192 Abs. 3 Ziff. e KO.
[521] Art. 192 Abs. 3 Ziff. i KO.
[522] Art. 192 Abs. 3 Ziff. k KO.
[523] Art. 192 Abs. 3 Ziff. m KO.
[524] Art. 192 Abs. 3 Ziff. d KO
[525] Art. 192 Abs. 3 Ziff. f KO.
[526] Art. 195 KO.
[527] Art. 193 Abs. 1 KO.
[528] Art. 193 Abs. 2 KO.
[529] Art. 194 KO. Zur Rechtsquelle der Notverordnung im kirchlichen Verfassungsrecht vgl. Stiller (1970), S. 367 ff.

ein Kollegium. Unter seinen sechzehn Mitgliedern[531] ist das synodale Element maßgeblich vertreten: sie besteht aus acht ordinierten Theologinnen und Theologen[532] und acht Gemeindegliedern, welche die Wählbarkeit zum Presbyteramt besitzen[533]. Sie ist jedoch kein bloßer Ausschuß der Synode.

Die Kirchenleitung besteht aus haupt- und nebenamtlichen Mitgliedern, die von der Landessynode durch Wahl berufen werden[534]. Die Kirchenleitung wird von der Synode für eine Amtszeit von acht Jahren gewählt[535]. Eine vorzeitige Abberufung der Mitglieder der Kirchenleitung ist nicht vorgesehen[536]. Die jeweiligen hauptamtlichen Funktionsträger treten nicht kraft eines bestimmten Amtes in die Kirchenleitung ein, sondern nehmen gerade umgekehrt ihre weiteren Aufgaben als Mitglieder der Kirchenleitung wahr. So gehören ihr nach Art. 197 Abs. 2 KO hauptamtlich fünf Theologen und zwei Juristen an: nämlich der Präses, der Vizepräses sowie drei weitere ordinierte Theologen, welche die Befähigung zur Übernahme einer Pfarrstelle haben, sowie der Vizepräsident und ein weiteres rechtskundiges Mitglied, das die Befähigung zum Presbyteramt und zum Richteramt besitzt. Diese Regelung versucht, „die wünschenswerte Einbeziehung kirchlicher Verwaltungspraktiker in die Leitung mit deren presbyterial-synodaler Struktur zu vereinen"[537]. Daneben gehören der Kirchenleitung noch nebenamtliche Vertreter an, die keine weiteren Funktionen wahrnehmen und deshalb in besonderer Weise als synodale Vertreter gelten. Im Nebenamt sind nach Art. 197 Abs. 3 KO drei ordinierte Theologen und sechs Gemeindeglieder mit der Befähi-

---

[530] Barth (1995), S. 285.
[531] Art. 196 Abs. 1 KO.
[532] Art. 196 Abs. 1 a KO.
[533] Art. 196 Abs.1 b KO.
[534] Art. 197 Abs. 1 KO i.V.m. Art. 172 Ziff. 1 KO.
[535] Art. 197 Abs. 4 KO.
[536] Vgl. Becker (1999 a), S. 266.
[537] Barth (1995), S. 287.

gung zum Presbyteramt Mitglieder der Kirchenleitung. Diese Nebenamtlichen stellen die Mehrheit der Mitglieder in der Kirchenleitung[538].

Der Präses ist als Vorsitzender der Kirchenleitung der Repräsentant der EKiR in der Öffentlichkeit[539]. Die umfangreichen Aufgaben des Präses aus Art. 201 Abs. 2 KO obliegen ihm nur ergänzend und kraft seiner Stellung in der Kirchenleitung[540]. Der Präses ist damit nicht Träger eines eigenständigen geistlichen Amtes, sondern soll vornehmlich kraft der nur von ihm wahrgenommenen Doppelfunktion als Vorsitzender von Synode und Kirchenleitung[541] deren synodalen Charakter garantieren[542]. Der Präses ist zudem Vorsitzender des Kollegiums des Landeskirchenamtes. Daher unterstreicht Robbers, dass die Synode „mit ihrem Präses (...) die anderen Organe der Kirche" konstituiert und die Gestaltung seines Amtes damit geradezu zum Ausdruck des Synodalprinzips wird[543]. Gleichzeitig wächst dem Präses faktisch durch diese Funktionenhäufung ein großer kirchenleitender Einfluß zu[544].

3.4.3.3.1 Das Verhältnis der Kirchenleitung zur Landessynode

Die Kirchenleitung ist als Präsidium der Landessynode konzipiert. Der Präses leitet als Vorsitzender der Kirchenleitung die Verhandlungen der Synode und kann diese Aufgabe nach Art. 180 Abs. 1 KO mit Zustimmung des Synodalplenums an andere Mitglieder der Landessynode delegieren, die nicht der Kirchenleitung angehören müssen. Somit wird anerkannt, dass die Spitze der Synode als Kirchenleitung fungieren soll.

---

[538] Nach Art. 197 Abs. 2 - 3 KO beträgt hier das Verhältnis der Nebenamtlichen zu den Hauptamtlichen 9 zu 7.
[539] Vgl. Campenhausen (1994), S. 391.
[540] Art. 201 Abs. 3 KO.
[541] Art. 201 Abs. 1 KO.
[542] Vgl. Dahlhoff (1964/65), S. 107.
[543] Robbers (1993), S. 305.
[544] Vgl. Becker (1999 a), S. 262 ff.

Die Tatsache, dass die Kirchenleitung ihre synodalen Leitungsbefugnisse als ständiges Leitungs- und Verwaltungsorgan „im Auftrag der Landessynode"[545] ausübt, unterstreicht abermals das für das synodale Leitungsmodell charakteristische funktionale Ineinander dieser Leitungsgremien. Damit wird zugleich deutlich, dass die Mitglieder der Kirchenleitung als „Vertrauensleute und Geschäftsführer der Synode zu handeln"[546] haben und gegenüber der Synode kein Eigengewicht erlangen, sondern ein Instrument der Synode und Garant einer insgesamt synodalen Leitung sein soll.

Indem das Kollegium des LKA mit Mitgliedern der Kirchenleitung besetzt wird, wird das LKA der synodalen Leitung unter- bzw. eingeordnet. Insgesamt läuft die Mitgliedschaft von Angehörigen der Kirchenleitung im Leitungskollegium der Sache nach eher darauf hinaus, dass Leiter und leitende Mitglieder des Landeskirchenamtes die Stellung von hauptamtlichen Mitgliedern der Kirchenleitung und damit gleichzeitig auch des Vorstandes der Landessynode innehaben. Diesen Vorstand muß die Landessynode infolgedessen im Verhältnis zu der eigenen doppelt langen Amtszeit im Ergebnis zur Hälfte von der vorigen Synode übernehmen und jede zweite Synode den ganzen. Durch im Vergleich zur Landessynode doppelt so lange Amtszeit ihres Präsidiums werden die Einflußmöglichkeiten der Landessynode auf die Kirchenleitung und deren Stellung im Leitungsgefüge geschwächt und macht eine Kontrolle ihres Handelns kaum möglich. Ihre Befugnis, Entscheidungen und Maßnahmen der Kirchenleitung nachzuprüfen[547], gleicht diese Schwäche nicht aus, denn schon aus dem Wortlaut ergibt sich daraus nur ein Recht auf Beschäftigung mit und Information über beliebige Einzelfälle, hingegen nicht die Befugnis, Entscheidungen der Kirchenleitung aufzuheben, abzuändern oder an sich zu ziehen,[548] was sich jedoch in der Praxis als kaum

---

[545] Art. 192 Abs. 1 KO.
[546] Dahlhoff (1964/65), S. 91.
[547] Art. 170 Ziff. 9 KO.
[548] Vgl. Robbers (1989), S. 19.

durchführbar erwiesen hat⁵⁴⁹. DAHLHOFF schlägt hier zum Ausgleich die Trennung von Synodalpräsidium und Kirchenleitung vor.⁵⁵⁰ Eine derartige Trennung hält ROHDE mit dem Wesen einer presbyterial-synodalen Ordnung zumindest für nicht unvereinbar⁵⁵¹.

3.4.3.3.2 Das Verhältnis der Kirchenleitung zum Landeskirchenamt

Landessynode und Verwaltungsbehörde sind in spezifischer Weise an der Leitung und Verwaltung der EKiR beteiligt. Indem die Kirchenleitung als ständiges Organ neben das Landeskirchenamt gestellt wird, wird dessen Gewicht relativiert und die Synode an der ständigen Leitung der EKiR beteiligt. Die Tatsache, dass die Mitgliedschaft in der Kirchenleitung grundsätzlich die im Verwaltungskollegium des Landeskirchenamtes mit sich bringt⁵⁵², und dass das Landeskirchenamt nach Art. 204 Abs. 1 KO die Stellung eines Exekutivorgans der Kirchenleitung einnimmt, läßt auf eine Unterordnung des Landeskirchenamtes unter die Kirchenleitung schließen, wobei diese auf die ständige Hilfe, Vorarbeit und Entlastung durch das Landeskirchenamt verwiesen ist. Somit ist zu berücksichtigen, dass die Kirchenleitung in der EKiR „nicht nur zur Entlastung und Unterstützung auf das Landeskirchenamt angewiesen" ist, sondern sie hat, „um ihrer umfassenden Verantwortung überhaupt genügen zu können, ... hauptamtliche Mitglieder aufnehmen und eine behördenmäßig-permannte Arbeitsform annehmen müssen"⁵⁵³. Das Ausmaß der Unterordnung kommt dadurch zum Ausdruck, dass die Landessynode die Kirchenleitung ausschließlich aus sich heraussetzt und dabei das Landes-

---

⁵⁴⁹ Vgl. Becker (1999 a), S. 266.
⁵⁵⁰ Vgl. Dahlhoff (1964/65), S. 110.
⁵⁵¹ Vgl. Rohde (1972), S. 21.
⁵⁵² Nach Art. 205 Abs. 2 KO sind der Präses, der Vizepräses und die übrigen hauptamtlichen Mitglieder der Kirchenleitung Mitglieder des Kollegiums.
⁵⁵³ v. Campenhausen (1984), S. 30.

kirchenamt als Verwaltungsbehörde zu einem „unselbständigen Synodalorgan"[554] macht. Sämtliche Leitungs- und Verwaltungskompetenzen liegen grundsätzlich bei der Kirchenleitung selbst. Zudem werden der Kirchenleitung ausdrücklich nicht nur Leitungsaufgaben wie die Ernennung der Mitglieder des LKA und die Bestätigung der Wahlen zu leitenden Ämtern der Kirchenkreise[555] zugesprochen, sondern ihr kommt zudem ein umfassender Katalog an Verwaltungskompetenzen zu, wie die Leitung der Vermögens- und Finanzverwaltung der Landeskirche sowie die Dienstaufsicht über die kirchlichen Amtsträger.[556] Mit diesen umfassenden Leitungs- und Verwaltungskompetenzen wird ihre Stellung als eigentliche kirchliche Exekutive begründet und gleichzeitig kommt der Kirchenleitung auch die Vertretung der Kirche im Rechtsverkehr zu.[557] Demnach verblieben dann für das LKA weder ein eigener Aufgabenbereich mehr, noch hätte es als der Kirchenleitung dienende Behörde eigene Kompetenzen. Jedoch muß das LKA in gewissem Umfang selbständig neben der Kirchenleitung tätig werden, damit diese nicht hoffnungslos überfordert wird und somit den Überblick behalten, Schwerpunkte setzen und damit ihre umfassende Leitungsaufgabe verantwortlich wahrnehmen kann. Aus diesem Grunde bestimmt die Kirchenordnung ein „Ineinander der Aufgaben- und Verantwortungsbereiche" beider Organe.[558] Demnach wird der der Kirchenleitung obliegende Leitungsdienst subsidiär durch das LKA ausgeübt.[559] Diese Aussagen lassen das Bemühen erkennen, das gesetzlich normierte Leitungsmonopol der Kirchenleitung mit der erforderlichen Verwaltungstätigkeit des LKA in Einklang zu bringen[560]: das LKA übt den der Kirchenleitung obliegenden Dienst in ihrem Auftrag aus, soweit die Kirchenleitung ihn nicht selbst wahr-

---

[554] Maurer (1968), S. 125.
[555] Art. 192 Abs. 3 Ziff. h, i, k KO.
[556] Art. 192 Abs. 3 Ziff. m, f KO.
[557] Art. 195 KO.
[558] Dahlhoff (1964/65), S. 93.
[559] Art. 204 Abs. 1 KO.

nimmt. Ausdrücklich wird dem LKA zusätzlich die Führung der allgemeinen Verwaltung als „eigene Aufgabe"[561] zugewiesen. Die Tatsache, dass dem Landeskirchenamt in den Artikeln 204 bis 206 KO ein eigener Unterabschnitt in der Verfassung[562] gewidmet ist und mit Art. 204 Abs. 4 KO die verfassungsrechtliche Grundlage der Dienstordnung für das Landeskirchenamt liegt, rechtfertigt es, das Landeskirchenamt als selbständiges Leitungsorgan der EKiR zu behandeln.

Die Eingriffsbefugnisse der Kirchenleitung gegenüber der Verwaltung der Landeskirche sind groß, weil diese nach Art. 205 Abs. 1 KO mit ihren hauptamtlichen Mitgliedern die Abteilungsleiter des LKA stellt. Nach § 7 Abs. 1 DO LKA ist das Kollegium des LKA der Kirchenleitung verantwortlich. Zusätzlich kann sie umfassend auf dessen Tätigkeit Einfluß nehmen, weil das LKA an Beschlüsse und Weisungen[563] der Kirchenleitung und hinsichtlich der laufenden Verwaltung an die von ihr erlassenen Richtlinien gebunden ist.[564] Zudem hat die Kirchenleitung das Recht, Beschlüsse des LKA zu überprüfen und durch eigene Entscheidungen zu ersetzen. Die Dienstordnung, welche die Kirchenleitung dem LKA gibt[565], präzisiert diese Befugnisse.

Auch wenn das Kollegium des LKA als Beschlußorgan[566] nach Art. 205 Abs. 1 KO seine Beschlüsse in „geschwisterlicher Beratung" zu fassen hat, macht MAURER darauf aufmerksam, dass zwischen den Mitgliedern des Kollegiums Unterschiede hinsichtlich der Art und Reichweite ihres Einflusses bestehen. So verfüge ein Landeskirchenrat, der im Vergleich zu einem Oberkirchenrat als hauptamtlichem Mitglied der Kirchenleitung ein weniger großes Arbeitsgebiet zu bestellen habe und nach Art. 206 Abs. 3 KO nur insoweit zu den Sitzungen der Kirchenlei-

---

[560] Vgl. Barth (1995), S. 289.
[561] Art. 204 Abs. 2 KO.
[562] Vgl. Rohde (1972), S. 43.
[563] Art. 204 Abs. 3 KO.
[564] Art. 204 Abs. 2 KO.
[565] Art. 204 Abs. 4 KO.
[566] § 6 DO LKA.

tung herangezogen werde, über weit weniger Überblick über die Gesamtsituation und Rückhalt in der Landessynode[567].

3.4.4. Die Kirchengerichte

Nach einem Urteil des Verwaltungsgerichts Düsseldorf[568] ist „die Einführung einer Gerichtsbarkeit nach dem gewaltenteilenden Vorbild des säkularisierten liberalen Rechtsstaates (...) eine rein innerkirchliche Angelegenheit" und die Landeskirche muß selbst entscheiden, ob sie „eine solche Gerichtsbarkeit mit ihren religiösen Grundauffassungen und der sich daraus ergebenden Organisation"[569] für vereinbar hält. Die EKiR hat sich für ein eigenes Gerichtswesen entschieden und behandelt es in einem eigenen dritten Abschnitt des dritten Teils über die Landeskirche in den Artikeln 207 bis 209 KO. Damit stehen die Kirchengerichte auf den ersten Blick im dritten Teil der KO gleichberechtigt neben der Landessynode im ersten Abschnitt und der Kirchenleitung im zweiten Abschnitt und begründen eine gewisse Eigenständigkeit der Judikative gegenüber der Legislative und der Exekutive. Ihre exakte Einordnung in die presbyterial-synodale Verfassungsordnung der EKiR wird jedoch erst anhand der Einzelbestimmungen für die den Kirchengerichten zugewiesenen Aufgaben und Kompetenzen möglich. Die Tatsache, dass nach Art. 172 Ziff. 2 KO die Landessynode die von ihr zu bestimmenden Mitglieder der Kirchengerichte wählt, unterstreicht bereits an dieser Stelle den Führungsanspruch der Landessynode innerhalb der EKiR.

Die judikative Führungsfunktion ist den Kirchengerichten in der EKiR nach Art. 207 KO in Form einer unabhängigen, nur kirchlichem Recht unterworfenen Dis-

---

[567] Vgl. Maurer (1968), S. 125.
[568] VerwG Düsseldorf, Urteil vom 27.06.1963 – 1 K 2486/62.
[569] JZ 1965, S. 26.

ziplinarkammer und einer Verwaltungskammer übertragen.[570] Unabhängige Richter stellen einen weitgehenden Rechtsschutz der Kirchenglieder sicher.
Bildung, Zusammensetzung und Verfahren der Kirchengerichte werden nach Art. 209 KO durch Kirchengesetze geregelt, wobei hier vor allem das Disziplinargesetz der EKD[571], das Ausführungsgesetz zum Disziplinargesetz[572] sowie das Kirchengesetz über die kirchliche Verwaltungsgerichtsbarkeit in der EKiR (Verwaltungskammergesetz)[573] heranzuziehen sind.

3.4.4.1. Die Disziplinarkammer

Eine Disziplinargerichtsbarkeit ist innerhalb der EKiR nach Art. 208 Abs. 1 KO durch die Disziplinarkammer gewährleistet: sie ist als erstinstanzliches Gericht für Entscheidungen bei Dienstpflichtverletzungen von Pfarrern und Kirchenbeamten zuständig. Sind Rechtsmittel bei Dienststrafverfahren zugelassen, entscheidet nach Art. 208 Abs. 1 Satz 1 KO im Revisionsverfahren bei Disziplinarverfahren der Disziplinarhof der EKU.

3.4.4.2. Die Verwaltungskammer

Die Verwaltungskammer nimmt die Verwaltungsgerichtsbarkeit der EKiR wahr und besteht nach § 4 VwKG aus dem Vorsitzenden und vier beisitzenden Mitgliedern, wobei der Vorsitzende und drei weitere Mitglieder die Befähigung zum Richteramt oder zum höheren kirchlichen Verwaltungsdienst haben müssen. Sie alle werden nach Art. 172 Ziff. 2 KO von der Landessynode gewählt. Das weitere Mitglied muß ordinierter Theologe sein. Nach § 5 VwKG entscheidet die

---

[570] An diesem Punkt ist ein Hinweis auf Art. 97 Abs. 1 GG angebracht, nach dem im staatlich-säkularen Bereich die Richter „unabhängig und nur dem Gesetz unterworfen" sind.
[571] Vgl. DG EKD vom 09.12.1995, in: ABl. EKD, S. 561.
[572] Vgl. AGDiszG vom 10.01.1997, in: KABl. Rhld. 1997, S. 81.
[573] Vgl. VwKG vom 09.01.1997, in: KABl. Rhld. 1997, S. 78; zuletzt geändert durch KG vom 13.01.1999, in: KABl. Rhld. 1999, S. 66.

Verwaltungskammer in der Besetzung mit dem Vorsitzenden und den beisitzenden Mitgliedern.

Die Zuständigkeit der Verwaltungskammer besteht nach Art. 208 Abs. 2 KO in ihrer Entscheidungsbefugnis in Streitigkeiten aus dem Bereich der kirchlichen Ordnung und Verwaltung in den durch die Kirchenordnung oder durch die Kirchengesetze bestimmten Fällen.[574] Soweit Rechtsmittel zugelassen sind, entscheidet im zweiten Rechtszug der Verwaltungsgerichtshof der EKU als Anrufungsinstanz.[575]

Die Kirchenordnung nennt an vier Stellen Entscheidungszuständigkeiten der Verwaltungskammer. So entscheidet sie nach Art. 11 Abs. 4 KO, wenn bei vermögensrechtlichen Auseinandersetzungen eine Einigung der beteiligten Kirchengemeinden nicht zustande kommt. Endgültig entscheidet die Verwaltungskammer nach Art. 88 Abs. 2 KO, wenn sie gegen einen disziplinarrechtlichen Beschluß eines Kreissynodalvorstands fristgerecht angerufen wird. Nach Art. 133 Abs. 2 KO kann die Kirchenleitung bei der Verwaltungskammer die Auflösung eines Presbyteriums wegen Amtspflichtverletzung beantragen, die dann das Presbyterium auflösen und den Schuldigen die Wählbarkeit auf bestimmte Zeit entziehen kann. Die Verwaltungskammer entscheidet darüber hinaus nach Art. 138 Abs. 5 KO bei einer Vermögensauseinandersetzung anläßlich der Änderung von Gemeindegrenzen, die zugleich Grenzen eines Kirchenkreises sind. Nach § 8 VwKG ist die Verwaltungskammer auch für die Entscheidung von Streitigkeiten über Entscheidungen der Kreissynodalvorstände nach Art. 103 Abs. 4 Satz 2 KO, nämlich die Anstellung, Gehaltseinstufung und Kündigung von kirchlichen Angestellten in den Kirchengemeinden, zuständig.

Somit kommen der Verwaltungskammer keine verfassungsgerichtlichen Kompetenzen zu und sie ist „insbesondere nicht zuständig bei Anfechtung von Maßnah-

---

[574] Art. 208 Abs. 2 KO.
[575] § 3 Abs. 2 VwKG.

men der Landessynode oder für eine abstrakte Normenkontrolle gegenüber den Kirchengesetzen"[576].

3.5. Die Organisationsstruktur der evangelischen Kirche aus organisationstheoretischer Sicht

Die Struktur der EKD ist föderativ organisiert und sie wird föderativ geleitet[577]. Zwar leitet sie die Landeskirchen nicht durch eine zentralistische Verwaltung, Gesetzgebung und Finanzpolitik, ist aber gleichzeitig auch kein unverbindlicher Zusammenschluß jeweils autarker Territorialkirchentümer. Die Leitungsorganisation der EKD besteht in einer horizontalen Zuordnung von Synode, Rat und Kirchenkonferenz als gleichberechtigte Leitungsorgane[578]. Die Leitungsverantwortung wird somit mehreren kirchenleitenden Organen übertragen.

Das Leitungsgeschehen in der EKiR stellt sich als differenzierter Prozeß zwischen Kirchenmitgliedern, gewählten Presbytern und Synodalen, formellen und informellen Leitungsgremien wie der Kirchenleitung, den Synodalausschüssen oder den Pfarrern mit ihren Presbyteriumsvorsitzenden und den hauptamtlichen Funktionären auf verschiedenen Ebenen dar. Die KO hat eine personelle und funktionelle Organverknüpfung ihrer kirchenleitenden Organe Synode, Kirchenleitung, Präses und Landeskirchenamt vorgenommen, durch die letztlich alle Leitung auf die Landessynode zurückgeführt wird. Die den räumlichen Leitungsbereichen entsprechenden Leitungsorgane werden in zwei Arten unterschieden[579]: die *Leitungsorgane vom Gemeindetypus* werden von 'unten nach oben', also durch Wahl gebildet und haben die Aufgabe der Selbstverwaltung. Zu diesen Leitungsorganen mit *presbyterial-synodaler Struktur* zählen die Presbyterien, die Kreis-, sowie die Landessynode. Die *Leitungsorgane vom Amtstypus* werden von

---

[576] Dahlhoff (1964/65), S. 108.
[577] Vgl. Brunotte (1964), S. 79.
[578] Vgl. Wendt (1986), Sp. 493.
[579] Zu der nachfolgenden Unterscheidung vgl. Wolf (1961), S. 685 ff.

'oben nach unten' durch Berufung und Ernennung gebildet. Zu derartigen Leitungsorganen zählen etwa das Amt von Pastor und Präses, die Kirchenleitung oder das Leitungskollegium des Landeskirchenamtes. Diese Zuordnung vertikaler und horizontaler Elemente im Bereich der Führung der Landeskirche ist somit ein besonderes Kennzeichen evangelischer Leitungsorganisation.

Die Leitungsorganisation auf bundesdeutscher Ebene ist mit einer genossenschaftlichen Verbandsorganisation vergleichbar, zu der sich die Landeskirchen als rechtlich und wirtschaftlich unabhängige Entscheidungsträger mit dem Ziel der Wahrnehmung gemeinsamer Interessen zusammenschließen. Dabei entscheiden sie als Kooperationspartner gemeinsam über Art und Umfang der Arbeit der EKD.

Das Leitungssystem der EKiR ist vergleichbar aufgebaut. Es besteht rechtlich gesehen aus der mit einer Mitgliederversammlung vergleichbaren Landessynode und der mit einem Vorstand vergleichbaren Kirchenleitung. Während der Vorstand die Geschäfte führt und den Verband rechtlich vertritt, nimmt die Landessynode gleichzeitig die Kontrollfunktion gegenüber der Kirchenleitung wahr. Die Organisationsform der Kirchengemeinden ist vergleichbar mit der einer Förderungsgenossenschaft, die durch hauptamtliche Verwaltungsbeamte geführt wird[580]. Sie steht im Dienst der Kirchenglieder. Folglich bedingt die Mitgliedschaft dort die Pflicht zur Bereitstellung finanzieller Mittel. Das Kirchenglied ist dabei Entscheidungsträger. Es vollzieht Beschlüsse und erfüllt Normen. Die Leitungsorganisation ist die eines Kollektivs.

Der in der evangelischen Kirche realisierte Führungsstil kann bei aller in Generalisierungen liegenden Gefahr in Anlehnung an TANNENBAUM/SCHMIDT als demokratisch bzw. delegativ bezeichnet werden[581]: die Gruppe (z. B. Presbyterium, Landessynode, Kirchenleitung, Landeskirchenamt) entscheidet autonom und der

---

[580] Im Unterschied zu Hauptamtlichen vollzieht sich die Mitarbeit im Presbyterium auf ehrenamtlicher Basis.

‚Vorgesetzte' fungiert als Koordinator. Unter Berücksichtigung der synodalen Strukturen und der Stellung des Präses als moderierendem Vorsitzenden in kirchenleitenden Gremien sowie der Superintendenten im Kreissynodalvorstand und der Pastoren in den Presbyterien ist diese Zuordnung zu einem demokratischen Führungsstil zutreffend. Aufgrund der anzustrebenden einmütigen Kollegialentscheidungen sind Führungsstile von autoritär bis kooperativ ausgeschlossen. Inwiefern in der Praxis auch partizipative Führungsstile vorkommen, hängt von der Persönlichkeit und dem Geschick der leitenden Geistlichen ab.

Bei einer Einordnung nach den durch die Organisation geprägten Führungsstilen ist als Führungsstil überwiegend das *Management by Delegation* realisiert. Charakteristisch ist dabei, dass in der evangelischen Kirche sowohl Delegation *‚von unten nach oben'*, als auch *‚von oben nach unten'* vorkommt. Indem die Landessynode umfangreiche Aufgaben und Kompetenzen an die Kirchenleitung und das Landeskirchenamt delegiert, findet eine Delegation von oben nach unten statt. Die Kirchenglieder delegieren Leitungsaufgaben und -kompetenzen durch Wahlen über die Presbyterien und Kreissynoden an die Landessynode, wobei eine Delegation von unten nach oben stattfindet. Das Verhältnis der landeskirchlichen Leitungsorgane untereinander macht ebenfalls die große Bedeutung der Delegation von Aufgaben, Kompetenzen und Verantwortung als Leitungsinstrument deutlich: von der Landessynode an die Kirchenleitung und von ihr wiederum an das Landeskirchenamt.

---

[581] Vgl. Schulte-Zurhausen (1999), S. 197 f.

D. Die Organisationsstruktur der katholischen Kirche

Die Leitung innerhalb der katholischen Kirchenhierarchie ist allein aus ihrem gesamtkirchlichen Kontext heraus zu verstehen. So ist die Teilkirche von ihrem Wesen her auf die Gemeinschaft mit allen anderen Ortskirchen angelegt. Für diese Arbeit ergibt sich daraus die Konsequenz, dass der Darstellung der Leitungsorganisation am Beispiel einer Diözese zunächst die Beschreibung der Leitungsstrukturen auf gesamtkirchlicher Ebene voranzustellen ist.

1. Die rechtlichen Grundlagen der kirchlichen Organisationsstruktur

Die für die Leitung in der katholischen Kirche relevanten Normen des geschriebenen Rechtes finden sich in erster Linie im CODEX IURIS CANONICI (CIC), dem verbindlichen Gesetzbuch der lateinischen Kirche[582]. Diese Normen beinhalten die grundlegenden Gliederungs- und Organisationsprinzipien der katholischen Kirche wie das Kirchenverständnis von der hierarchischen Communio, nämlich das Bestehen der Gesamtkirche in und aus Teilkirchen, an deren Spitze der Diözesanbischof steht, den Primat des römischen Papstes, seine kollegiale Einheit mit dem Bischofskollegium sowie die ausschließliche Übertragung von Leitungsämtern an Kleriker.

Die Normen des kirchlichen Verfassungsrechtes sind im Teil II des Buches II unter der Überschrift „Hierarchische Verfassung der Kirche" in cc. 330 bis 572 niedergelegt. Das katholische Kirchenrecht versteht sich als juridischer Niederschlag und ausführendes Organ der Theologie. Es setzt theologische Erkenntnis in Handlungsanweisungen um[583]. Das kirchliche Verfassungsrecht beschreibt sowohl den hierarchischen Aufbau der Kirche mit ihren gesamt- bzw. teilkirchlichen Struktu-

---

[582] c. 1. Die gesetzlichen Bestimmungen des CCEO werden in der vorliegenden Arbeit vernachlässigt, da es zum einen um einen Rechtsvergleich geht, dessen Normen katholischerseits zum Rechtskreis der lateinischen Kirche gehören und zum anderen die Regelungen über den Papst und das Bischofskollegium im CCEO mit denen im CIC weitgehend identisch sind.
[583] Neumann, J. (1981), S. XV.

ren als auch die Grundstellung der Gläubigen als Eckpunkte der Kirchenverfassung[584]. Daher müssen die Beschlüsse des II. Vatikanischen Konzils, unter ihnen insbesondere die dogmatische Konstitution über die Kirche *Lumen gentium* (LG), die Liturgiekonstitution *Sacrosanctum Concilium* (SC) sowie die Dekrete über die Hirtenaufgabe der Bischöfe in der Kirche *Christus Dominus* (CD), über das Apostolat der Laien *Apostolicam actuositatem* (AA), über die Missionstätigkeit der Kirche *Ad gentes* (AG), über die Katholischen Ostkirchen *Orientalium Ecclesiarum* (OE), über Dienst und Leben der Priester *Presbyterorum Ordinis* (PO) sowie die Ausführungsbestimmungen zu den einzelnen Konzilsdokumenten hinzugezogen werden.

2. Die institutionellen Organe auf gesamtkirchlicher Ebene

Die für die Darstellung der Organisationsstruktur auf der gesamtkirchlichen Ebene relevanten universalkirchlichen Normen befinden sich in Buch II Teil II Sektion I des CIC unter der Bezeichnung „Die höchste Autorität der Kirche" und beinhaltet cc.330 - 367. Dabei werden in einem ersten Kapitel der Papst und das Bischofskollegium als Träger der höchsten Gewalt dargestellt[585]. Sie sind die beiden Träger der obersten Leitungsgewalt in der Kirche. Danach werden die Bischofssynode, die Kardinäle, die Römische Kurie sowie die Gesandten des Papstes aufgezählt. Die vorliegende Arbeit folgt in ihrer Darstellung der relevanten Strukturen der o.g. Systematik des CIC.

---

[584] Krämer (1997, Sp. 75) weist darauf hin, dass die katholische Kirche lediglich über eine Kirchenverfassung im materiellen Sinn (vgl. Liber II CIC) verfügt, da die Bemühungen um eine Lex Ecclesiae Fundamentalis, ein kirchliches Verfassungsrecht im formalen Sinn, gescheitert sind.
[585] cc. 330 - 367.

2.1. Der Papst

Der Papst[586] als Bischof von Rom und Nachfolger des Apostels Petrus ist das Oberhaupt der römisch-katholischen Kirche. Er ist „das immerwährende und sichtbare Prinzip und Fundament für die Einheit der Vielheit sowohl von Bischöfen als auch von Gläubigen"[587].

Kraft seines Amtes hat er die höchste, unmittelbare und universale ordentliche Gewalt in der Kirche, die er immer frei ausüben kann[588]. Seine Amtsgewalt, die er durch die Annahme seiner rechtmäßig erfolgten Wahl in Verbindung mit der Bischofsweihe erhält, „erstreckt sich auf die ganze Kirche und betrifft alle Teilkirchen wie auch jeden Gläubigen".[589] Diese Leitungsvollmacht des Papstes äußert sich in einer umfassenden Gewalteneinheit: er ist oberster Gesetzgeber, oberster Richter und Inhaber der obersten Exekutivgewalt[590]. Diese Leitungsvollmachten stellen die „äußerste Verdichtung der kirchlichen Höchstgewalt"[591] dar. Als Mitglied des Bischofskollegiums ist er zugleich (als Nachfolger des Apostels Petrus) dessen Haupt und besitzt daher seine „spezifische primatiale Gewalt"[592].

Kraft seines Amtes besitzt der Papst nicht nur die Leitungsvollmachten für die Gesamtkirche, sondern auch den Vorrang ordentlicher Gewalt über alle Teilkirchen und Teilkirchenverbände, wodurch jedoch die eigenberechtigte, ordentliche und unmittelbare Gewalt der Diözesanbischöfe gestärkt und geschützt wird[593]: damit wird die Unmittelbarkeit der päpstlichen Vollmacht nicht absolut gesetzt, sondern in das verfassungsrechtliche Struktur der Kirche als einer *communio ecclesiarum* eingeordnet.

---

[586] Vgl. cc. 331 - 335 CIC sowie LG 18,2; 22. Seit dem 16.10.1978 Papst JOHANNES PAUL II. (KAROL WOJTYLA, geb. 1920)
[587] LG 23.
[588] c. 331 CIC.
[589] c. 332.
[590] Vgl. Puza (1986), S. 203.
[591] Schwendenwein (1984), S. 169.
[592] Greshake (1989), S. 92.
[593] c. 333 § 1.

Die Hauptfunktion des Papstes, ist die Leitung der römisch-katholischen Kirche. Bei dieser Aufgabe steht ihm der Kardinalstaatssekretär[594] zur Seite.

2.2. Das Bischofskollegium

Das Bischofskollegium, dessen Haupt der Papst ist, ist ebenfalls Träger der höchsten und vollen Gewalt über die Gesamtkirche und wird in cc. 336 - 341 normiert. Das Fehlen einer Normierung von Funktion und Aufgabenstellung des Bischofskollegiums im CIC macht einen Rückgriff auf die Lehraussagen des II. Vatikanischen Konzils erforderlich: nach LG 22, 2 stellt das Bischofskollegium „die Vielfalt und Universalität des Gottesvolkes, insofern es unter einem Haupt versammelt ist, die Einheit der Herde Christi dar." Zu ihm gehören alle Bischöfe, die durch den Empfang der sakramentalen Weihe in die hierarchische Communio mit seinem Haupt und seinen Gliedern eingegliedert wurden: dieses betrifft die Diözesan- ebenso wie die Titularbischöfe. Es steht in der Kontinuität des Apostelkollegiums und ist somit „gleichfalls Träger der höchsten und vollen Gewalt im Hinblick auf die Gesamtkirche."[595] Den Diözesanbischöfen kommt eine doppelte Repräsentationsaufgabe zu: sie repräsentieren innerhalb des Bischofskollegiums je ihre eigene Kirche und gleichzeitig alle zusammen in Einheit mit dem Papst die Gesamtkirche[596]. KRÄMER betont, dass Repräsentation nicht im Sinne von Stellvertretung im rechtlichen Sinne verstanden werden kann, sondern als „eine im Sakramentalen gründende Funktion des geistlichen Amtes, die darauf abzielt, die vielen Teile des Gottesvolkes zur Einheit untereinander und mit Christus zusammenzuführen"[597].

---

[594] Seit 29.06.1991 ANGELO KARDINAL SODANO (geb. 1927).
[595] c. 336. Vgl. LG 20; 22, CD 4.
[596] Vgl. LG 23, 1.
[597] Krämer (1993), S. 107.

2.3. Weitere Leitungsorgane der gesamtkirchlichen Organisationsstruktur

Der CIC nennt das Ökumenische Konzil als Erscheinungsform des Bischofskollegiums[598], die Bischofssynode, das Kardinalskollegium[599], die Römische Kurie[600] sowie die Gesandten des Papstes[601] als besondere Organe der gesamtkirchlichen Leitung. Die Organisation der gesamtkirchlichen Leitung, deren Sitz der Vatikan ist, und die auch als „Apostolischer Stuhl"[602] bezeichnet wird, ist das Ergebnis einer langen historischen Entwicklung[603].

2.3.1. Das Ökumenische Konzil

Ist ein Konzil im allgemeinen eine rechtmäßige Zusammenkunft von Bischöfen zur Beratung, Beschlußfassung und Gesetzgebung über kirchliche Angelegenheiten dogmatischen, pastoralen und sittlichen Inhaltes, so macht die Bezeichnung Ökumenisches Konzil deutlich, dass es sich hier um eine, die gesamte Kirche repräsentierende Vollversammlung des Bischofskollegiums handelt[604]. Damit wird deutlich, dass dem Konzil als wichtige Aufgabe der Dienst an der Einheit der Kirche zukommt: „es hat die Aufgabe, dafür Sorge zu tragen, daß die vielen Kirchen in der einen Kirche integriert bleiben"[605].

Das Ökumenische Konzil ist, dem Aufbau des CIC folgend, innerhalb des Bischofskollgiums eingeordnet. Bischofskollegium und Ökumenisches Konzil sind jedoch nicht identisch, sondern das Ökumenische Konzil ist die feierliche Form, in der das Bischofskollegium seine höchste Autorität in der Kirche ausübt. In der

---

[598] cc. 337 - 341.
[599] cc. 349 - 359.
[600] cc. 360 - 361.
[601] cc. 362 - 367.
[602] Unter dem „Apostolischen Stuhl" sind nach c. 461 der Papst und i.d.R. auch die Behörden der römischen Kurie zu verstehen.
[603] c. 361 CIC. Vgl. die historischen Anmerkungen zu der Entwicklung und Aufgabenstellung der jeweiligen Kurienbehörden in: Annuario Pontificio (2000), S. 1933 ff.
[604] Vgl. Hartelt (1999), S. 347. Nach Klärung des eigentlichen inhaltlichen Unterschiedes wird im folgenden der Begriff „Konzil" gleichbedeutend mit „Ökumenisches Konzil" verwendet.
[605] Krämer (1993), S. 112.

Kirchengeschichte gab es nach der Zählung von BELLARMIN bislang einundzwanzig[606] Ökumenische Konzilien. Das Ökumenische Konzil ist im CIC in den cc. 337 § 1 sowie 338 - 341 normiert und somit in die Bestimmungen über das Bischofskollegium eingebettet. Legten c. 331 und c. 336 fest, dass dem Papst kraft seines Amtes die höchste, volle, unmittelbare und universale Gewalt in der Kirche zukommt und dass das Bischofskollegium immer nur gemeinsam mit dem Papst als seinem Haupt ebenfalls Träger der höchsten und vollen Gewalt über die Kirche ist, so übt nach c. 337 § 1 das Bischofskollegium seine „Gewalt im Hinblick auf die Gesamtkirche (...) in feierlicher Weise auf dem Ökumenischen Konzil aus". Allerdings obliegt es nach c. 337 § 2 seiner Sonderstellung entsprechend dem Papst, jeweils auszusuchen und festzulegen, wie „das Bischofskollegium seine Aufgabe hinsichtlich der Gesamtkirche kollegial ausüben soll." Damit sind neben dem Ökumenischen Konzil auch andere kollegiale Leitungsakte denkbar, bei denen jedoch der Papst als Haupt des Bischofskollegium mitwirken muß.

Nach LG 22, 2 gibt es ein Ökumenisches Konzil nur dann, „wenn es vom Nachfolger Petri als solches bestätigt oder wenigstens frei angenommen wird", wobei dem Papst als dem Nachfolger Petri das Vorrecht zukommt, „ diese Konzilien zu berufen, auf ihnen den Vorsitz zu führen und sie zu bestätigen". Demzufolge bestimmt c. 338 § 1, dass es in der alleinigen Kompetenz des Papstes liegt, ein Konzil einzuberufen, auf ihm persönlich oder durch einen persönlichen Stellvertreter den Vorsitz zu führen, es zu verlegen, aufzulösen bzw. zu unterbrechen und dessen Beschlüsse zu approbieren.

Nach c. 338 § 2 bestimmt der Papst sowohl die Beratungsgegenstände als auch die Geschäftsordnung des Konzils, wobei den Konzilsvätern das Recht zukommt, dem Papst noch andere Verhandlungsgegenstände hinzuzufügen, die jedoch seiner Genehmigung bedürfen.

---

[606] Vgl. Hartelt (1999), S. 348.

Die Teilnehmer mit beschließendem Stimmrecht an einem Konzil sind nach c. 339 § 1 „alle und nur die Bischöfe, die Glieder des Bischofskollegiums" sind.[607] Darüber hinaus kann der Papst auch Nicht-Bischöfe als Konzilsmitglieder berufen.[608] Der Papst stimmt nicht mit ab.

Die Entschlüsse eines Konzils bedürfen, um rechtsverbindlich zu werden, der gemeinsamen Genehmigung von Papst und Bischofskollegium sowie der Bestätigung durch den Papst und seiner Anordnung der Verkündigung.[609] Damit wird deutlich, dass die konziliare Beschlußfassung ein kollegialer Akt ist, in welcher der Gesamtwille des Bischofskollegium zum Ausdruck kommt[610]. Das bedeutet gleichzeitig auch, dass zwar das Votum des Papstes für den kollegialen Akt konstitutiv ist, aber „dieser kollegiale Akt nicht von der Mehrheit der Bischöfe bestimmt" wird, „sondern von der Übereinstimmung ihres Urteils mit dem Haupt des Kollegiums"[611]. Demzufolge gilt: kein Zustandekommen der kollegialen Beschlußfassung eines Konzils ohne die Mitwirkung des Papstes. Daher ergibt sich mit c. 340, dass das Konzil beim Tod eines Papstes solange von Rechts wegen unterbrochen wird, bis der neu gewählte Papst anordnet, es fortzuführen oder aufzuheben.

2.3.2. Die Bischofssynode

Die Bischofssynode wird im CIC im 2. Kapitel des II. Buches unter den cc. 342 - 348 behandelt und wird in der Systematik des CIC als „eigenes Hilfsorgan des Papstes"[612] neben dem Kardinalskollegium, der Römischen Kurie und den päpstlichen Gesandten betrachtet. Das besondere Recht der Bischofssynode ist durch

---

[607] Vgl. CD 4.
[608] c. 339 § 2.
[609] c. 341 § 1.
[610] Vgl. Hartelt (1999), S. 351.
[611] Vgl. Corecco (1994 c), S. 395.
[612] Stoffel (1989), MK, Einführung vor 342, Rdnr. 3.

das Motuproprio „*Apostolica sollicitudo*" (MPAS)[613], durch das sie 1965 von Papst Paul VI. als Organ der Gesamtkirchenleitung offiziell eingerichtet wurde, sowie durch die „*Ordo Synodi Epsicoporum celebrandae recognitus et auctus nonnullis additamentis perficitur*" (OSE) normiert.

Als kollegiales bischöfliches Beratungsgremium ist die Bischofssynode nach c. 342 eine Versammlung von ausgewählten Vertretern der Bischofskonferenzen aus verschiedenen Ländern der Erde und der Ordensgemeinschaften, die zu bestimmten Zeiten zusammenkommt, um mit dem Papst über bestimmte Themen zu beraten und um die Verbundenheit zwischen ihm und den Bischöfen zu fördern. Sie stellt „auf schmaler personeller Basis doch eine gewisse Repräsentanz des Gesamtepiskopats dar"[614] und unterstützt als Forum der gegenseitigen Information und Beratung den Papst bei der Bewahrung der Einheit der Gesamtkirche. Somit kommen in der Bischofssynode „entsprechend dem Repräsentationsprinzip die kollegiale Verbundenheit aller Bischöfe, ihre Sorge für die Gesamtkirche und ihre Sorge für die Teilkirchen zum Ausdruck"[615].

Es ist nach c. 343 die Aufgabe der Bischofssynode, die gem. c. 344 n. 3 vom Papst festgelegten Verhandlungsgegenstände zu beraten und Wünsche zu äußern, sie jedoch nicht zu entscheiden oder Dekrete zu erlassen, es sei denn, der Papst hätte ihr in bestimmten Fällen eine Entscheidungskompetenz eingeräumt: so ist es ihm vorbehalten, solche Entscheidungen in Kraft zu setzen[616]. Durch ihre fehlende Entscheidungsbefugnis unterscheidet sie sich vom allgemeinen Konzil.

Der Bischofssynode ist nach c. 348 § 1 ein aus Bischöfen bestehendes ständiges Generalsekretariat unter Leitung eines vom Papst ernannten Generalsekretärs beigeordnet.

---

[613] AAS 57 (1965), S. 775 - 780.
[614] Puza (1986), S. 218.
[615] Gerosa (1995), S. 347.
[616] cc. 342, 343.

Nach Art. 23 OSE werden die Verhandlungsgegenstände von den Bischofskonferenzen bzw. den entsprechenden Organen der Ostkirchen vorzuberaten. Das Ergebnis dieser Vorberatungen wird dann von den jeweiligen Vertretern in der Versammlung der Bischofssynode vorgetragen. Die Entscheidungen des Bischofssynode bedürfen der Bestätigung durch den Papst.[617] c. 344 läßt die Hinordnung der Bischofssynode auf die Person des Papstes deutlich werden, denn alle rechtlich relevanten Sachverhalte wie etwa deren Einberufung, Schließung oder Vertagung oder die Festlegung von Beratungsgegenständen und Tagesordnung sind allein ihm vorbehalten. Somit hat er einen entscheidenden Einfluß auf die Bischofssynode.

Nach c. 345 i.V.m. c. 346 § 2 sind drei Arten von Synoden-Versammlungen vorgesehen, nämlich die Generalversammlung als ordentliche bzw. als außerordentliche Versammlung und die Spezialversammlung. In Angelegenheiten der Gesamtkirche erfolgt ihre Einberufung durch den Papst als ordentliche oder außerordentliche Generalversammlung. Während bei ordentlichen Generalversammlungen „Angelegenheiten behandelt werden sollen, die das Wohl der ganzen Kirche direkt betreffen"[618], so versammelt sich die außerordentliche Generalversammlung dann, wenn Angelegenheiten verhandelt werden, die einer unverzüglichen Erledigung bedürfen. Wegen des vereinfachten Wahlprozesses ihrer Mitglieder hat sie den Vorteil, dass sie schnell einsatzfähig ist[619]. Da die ordentliche Generalversammlung eine repräsentative Vertretung des gesamtkirchlichen Episkopats gewährleisten könnte, kommt sie schon aufgrund ihrer Gestalt dem Ökumenischen Konzil nahe.[620] Die zur Spezialversammlung einberufene Synode befaßt sich mit Angelegenheiten einer oder mehrerer Regionen (Teilkirchenverbände). Die Bera-

---

[617] c. 343.
[618] Fürst (1999), S. 355.
[619] Vgl. Mörsdorf (1966), S. 135; Aymans (1970), S. 149, der als weiteren Vorteil nennt, dass der begrenzte Teilnehmerkreis einem fruchtbaren Dialog unter den Teilnehmern dienlich sein kann.
[620] Vgl. Mörsdorf (1966), S. 135.

tungen der Bischofssynode erfolgen in Plenarversammlungen oder in kleineren Arbeitsgruppen[621] bzw. Studienkommissionen[622].

STOFFEL sieht den Vorteil in den verschiedenen Formen der Bischofssynode darin, dass sie die Bischofssynode zu einem „flexiblen Instrument" machen, „das sich den Erfordernissen der Zeit leicht anpassen kann"[623].

Die Zusammensetzung der Bischofssynode richtet sich gem. c. 346 jeweils nach der Form ihrer Versammlung: so besteht sie vorwiegend aus Bischöfen, die für die jeweilige Synode von ihrer Bischofskonferenz gewählt worden sind oder kraft besonderen Rechts bzw. vom Papst direkt ernannt worden sind.[624] Sie ist somit ein Repräsentativorgan des Episkopats. Das Synodalenamt endet mit dem Abschluß der Versammlung[625].

Da die Bischofssynode seit ihrer ersten ordentlichen Generalversammlung im Jahre 1967 immer wieder zu ordentlichen und außerordentlichen Generalversammlungen sowie zu Spezialversammlungen zusammengekommen ist[626], kann von ihr als einer Einrichtung mit Dauercharakter gesprochen werden.

2.3.3. Das Kardinalskollegium

Die Rechtsstellung der Kardinäle wird in den cc. 349-359 behandelt. Die Kardinäle sind im Verfassungssystem zwischen der Bischofssynode und der Römischen Kurie eingeordnet. Sie sind nach c. 349 die obersten Berater des Papstes und unterstützen ihn bei der Leitung der Gesamtkirche entweder durch kollegiales Handeln anläßlich von Zusammenkünften gem. c. 353 (Konsistorien) oder als einzelne in Ausübung verschiedener Leitungsämter innerhalb kurialer Behörden.

---

[621] Art. 34 OSE.
[622] Art. 8; 9; 37 OSE.
[623] Stoffel (1989), MK c. 345 Rdnr. 4.
[624] Vgl. eingehender: Fürst (1999), S. 355 f.
[625] c. 347 § 1.
[626] Vgl. Fürst (1999), S. 357 ff. Bei der Aufzählung wurden die noch unter der Rubrik „Geplante Versammlungen" genannte Besondere Synode für Ozeanien sowie die Zweite Besondere Synode für Europa mit berücksichtigt, weil sie nach Drucklegung des Artikels stattgefunden haben.

Sie werden nach c. 351 § 1 vom Papst frei ernannt. Durch die Ernennung eines Geistlichen zum Kardinal erkennt der Papst dessen Verdienste an bzw. bringt die Bedeutung eines Bischofsstuhles zum Ausdruck.[627] Die Kardinäle bilden nach c. 349 ein Kollegium, das nach c. 350 in die drei Rangklassen der Kardinalbischöfe (c. 350 §1), der Kardinalpriester (c. 350 §§ 1 und 2) und der Kardinaldiakone (c. 350 § 2) gegliedert ist. Das Kardinalskollegium als solches tritt jedoch bei der Regierung der Gesamtkirche kaum in Erscheinung.

Den Kardinälen kommt nach c. 349 im Fall der Sedisvakanz (Verwaisung des Papstamtes) das Recht zu, nach Maßgabe besonderer rechtlicher Bestimmungen[628] für die Durchführung der Papstwahl (Konklave) zu sorgen. Nach Art. 5 § 2 PB hören die Kardinäle bei Vollendung ihres achtzigsten Lebensjahres auf, Mitglieder der Dikasterien der Römischen Kurie und aller ständigen Einrichtungen des Heiligen Stuhls und des Vatikanstaates zu sein.[629] In diesem Fall verlieren sie nach Nr. 33 UDG das Recht zur Papstwahl und zur Teilnahme an einem Konklave.

2.3.4. Die Römische Kurie

Bei der Ausübung seiner höchsten, vollen und unmittelbaren Gewalt über die Gesamtkirche bedient sich der Papst verschiedener Behörden, welche die Gesamtbezeichnung „Römische Kurie"[630] tragen. Der CIC normiert die Römische Kurie in den cc. 360 - 361. Struktur und Zuständigkeiten der Römischen Kurie sind zuletzt von Papst JOHANNES PAUL II. mit der Apostolischen Konstitution *Pastor Bonus* (= PB)[631] vom 28.06.1988 geregelt worden. Hinzuzuziehen ist die gem.

---

[627] Vgl. Leisching (1999), S. 361.
[628] Vgl. Apostolische Konstitution Papst Johannes Pauls II. *Universi Dominici Gregis* (= UDG) vom 22.02.1996, welche an die Apostolische Konstitution Papst Pauls VI. *Romano Pontifici eligendo* vom 01.10.1975 anknüpft.
[629] Nach c. 354 und Art. 5 § 2 PB sind eben diese Kardinäle gebeten, dem Papst bei Vollendung des fünfundsiebzigsten Lebensjahres den Amtsverzicht anzubieten.
[630] CD 9. Vgl. Del Re (1998), S.
[631] AAS 80 (1988), S. 841-934.

Art. 37 PB am 30.04.1999 erlassene *Allgemeine Geschäftsordnung der Römischen Kurie*[632], welche dienst- und arbeitsrechtliche Ausführungsbestimmungen über die Struktur und das Personal der Dikasterien sowie eine allgemeine Verfahrensordnung enthält. Darüber hinaus hat nach Art. 1 § 2 RGCR jedes Dikasterium eine eigene Geschäftsordnung, die der Bestätigung durch den Kardinalstaatssekretär bedarf.

Die Römische Kurie ist „das Gesamt der Dikasterien und Einrichtungen, die dem Papst in der Ausübung seines obersten Hirtendienstes zum Wohl der Gesamtkirche und der Teilkirchen und zum Dienst an ihnen helfend zur Seite stehen, um die Einheit des Glaubens und die Gemeinschaft des Volkes Gottes zu stärken und die der Kirche eigene Sendung in der Welt zu fördern"[633]. Diese Definition geht über die vornehmlich technische Definition über Begriff, Zielsetzung und Aufgaben der Römischen Kurie durch c. 360 hinaus und unterstreicht dabei deren pastorale Zielsetzung. SCHMITZ begründet die zurückhaltende Definition des c. 360 damit, dass sie einerseits „für zeitbedingte organisatorische und sonstige Veränderungen offen bleiben" müsse und andererseits, dass bei der Promulgation des CIC 1983 die „in Arbeit befindliche grundlegende Kurienreform noch nicht abgeschlossen" war[634]. KRÄMER weist darauf hin, dass die Römische Kurie zwar nicht zur Wesensstruktur der Kirche gehört, aber deshalb wesentlich auf den Petrusdienst ausgerichtet ist, weil sie „den Papst im Dienst an der Einheit der Kirche unterstützt und dadurch ihre Aufgabe zugleich als Dienst an den vielen Teilkirchen erfüllt"[635] weswegen ihre Darstellung in der vorliegenden Arbeit nicht fehlen darf.

Die Römische Kurie handelt nach c. 360 sowie Art. 1 PB im Rahmen der ihr übertragenen Zuständigkeiten im Namen des Papstes und in seiner Autorität. Da die ordentliche Gewalt der Römische Kurie eine vom Papst übertragene und da-

---

[632] *Regolamento Generale della Curia Romana* (= RGCR).
[633] Art 1 PB.
[634] Schmitz (1999 a), S. 365, FN 5.
[635] Krämer (1993), S. 119.

mit eine stellvertretende ist, darf sie keinen selbständigen Willen neben dem Papst oder gegen ihn entwickeln[636].

Nach Art. 2 § 1 PB setzt sich die Römische Kurie aus verschiedenen Dikasterien genannten Behörden zusammen, nämlich aus dem Staatssekretariat, den Kongregationen, Gerichtshöfen, Räten und den Ämtern. Diese Ämter sind nach Art. 2 § 1 PB die Apostolische Kammer, die Verwaltung der Güter des Apostolischen Stuhls sowie die Präfektur für die wirtschaftlichen Angelegenheiten des Hl. Stuhls. Die Dikasterien sind nach Art. 2 § 2 PB rechtlich unter sich gleichberechtigt. Zu den Einrichtungen der Römischen Kurie zählen ebenfalls die Präfektur des Päpstlichen Hauses sowie das Amt für die liturgischen Feiern des Papstes.[637] Hinzu kommen die in den Art. 186-193 PB genannten Institutionen, die nicht im engeren Sinne zur Römischen Kurie zählen, ihr jedoch angegliedert, zugeordnet oder verbunden sind.[638] Einen aktuellen Gesamtüberblick über sämtliche Organe der Römischen Kurie bieten das jeweilige Päpstliche Jahrbuch[639] sowie der jährliche Abdruck in der deutschsprachigen Ausgabe der Vatikanzeitung[640].

Die Dikasterien bestehen nach Art. 3 § 1 PB aus einem Kardinalpräfekten oder einem Erzbischof als Präsidenten, denen ein Sekretär zur Seite steht, sowie aus weiteren Kardinälen und Bischöfen und, je nach Art der Behörde nach Art. 3 § 2 PB auch Kleriker und Laien beiderlei Geschlechts. Sie alle werden für eine Amtszeit von fünf Jahren ernannt.[641] Nach Art. 4 PB und Art. 2 RGCR leiten Präfekt bzw. der Präsident das Dikasterium, wobei ihnen jeweils der Sekretär unter Zuhilfenahme eines Untersekretärs zuarbeiten.

---

[636] May (1999 c), Sp. 1289.
[637] Art. 2 § 3 PB.
[638] Dieses sind das Vatikanische Geheimarchiv (Art. 187 PB), die Vatikanische Apostolische Bibliothek (Art. 188 PB), die Päpstliche Akademie der Wissenschaften (Art. 189 PB), die Vatikanische Druckerei, die Vatikanische Verlagsbuchhandlung, die Vatikanzeitung L'Osservatore Romano, Radio Vatikan, das Vatikanische Fernsehzentrum (Art. 191 PB), die Dombauhütte von St. Peter (Art. 192) sowie der Päpstliche Wohltätigkeitsdienst (Art. 193 PB).
[639] Annuario Pontificio (2000), S. 1237 ff.
[640] Vgl. L'Osservatore Romano, Wochenausgabe in deutscher Sprache vom 11. August 2000, S. 4-5.
[641] Art. 5 § 1 PB; Art. 12 §2 RGCR.

Beim Tod des Papstes scheiden nach Art. 6 PB und Art. 42 RGCR alle Leiter und Mitglieder der Dikasterien aus dem Amt. Lediglich der Kardinalkämmerer und der Großpönitentiar sind davon ausgenommen. Die Sekretäre führen die ordentlichen Amtsgeschäfte weiter, jedoch bedürfen sie der Bestätigung des neuen Papstes innerhalb von drei Monaten nach seiner Wahl. Um die Internationalität und den gesamtkirchlichen Charakter der Römischen Kurie zu unterstreichen, sollen die Mitglieder, Konsultoren und Bediensteten der Dikasterien aus verschiedenen Regionen der Welt ausgewählt werden.[642]

Art. 11-21 PB benennen enumerativ die Aufgaben der Behörden. Die Beratungs- und Entscheidungsebenen der Dikasterien sind die Generalversammlung[643], auf der sehr bedeutsame Angelegenheiten zu behandeln sind, die einmal jährlich stattfindende Vollversammlung[644], bei der Angelegenheiten grundsätzlicher Art[645] behandelt werden und zu der alle Mitglieder eingeladen werden, die ordentliche Versammlung[646], zu der nur die in Rom wohnhaften Mitglieder geladen werden aber auch alle übrigen teilnehmen können, der Kongreß[647], an dem die leitenden Mitarbeiter des Dikasteriums teilnehmen sowie die Konsultorenversammlung[648], bei der, je nach Bedarf, aktuelle Fragestellungen behandelt werden können.

Art. 21 § 1 PB betont, dass Angelegenheiten, die in die Zuständigkeit mehrerer Dikasterien fallen, von diesen auch gemeinsam behandelt werden sollen, wobei Art. 21 § 2 PB die Einrichtung interdikasterieller Kommissionen ermöglicht.

Zur Erörterung von Fragen schwerwiegender Natur, zur Arbeitskoordination sowie zum gegenseitigen Informationsaustausch und zur Beschlußfassung wird nach Art. 22 PB und Art. 99 § 1 RGCR auf Anordnung des Papstes mehrmals in einem Jahr eine Versammlung der leitenden Kardinäle einberufen.

---

[642] Art. 9 PB. In gleichem Sinne ebenfalls Art. 7 und 8 PB.
[643] Art. 11 § 1 PB.
[644] Art. 11 § 2 PB, Art. 112 § 1 RGCR.
[645] Art. 113 §1 RGCR.
[646] Art. 11 § 2 PB, Art. 112 § 2 RGCR.
[647] Art. 118 - 120 RGCR.

2.3.4.1. Das Staatssekretariat

Das Staatssekretariat (Art. 39 - 47 PB) ist diejenige Behörde der Römischen Kurie, die dem Papst am engsten bei der Ausübung seiner höchsten Gewalt zur Seite steht.[649] Als Haupt- und Zentralorgan für die Verwaltung der römisch-katholischen Kirche unterstützt es somit den Papst unmittelbar bei der Leitung der Gesamtkirche und ist damit das wichtigste Dikasterium.

Nach Art. 40 PB wird das Staatssekretariat von einem Kardinal mit dem Titel Kardinalstaatssekretär geleitet und ist in eine Erste Sektion für die Allgemeinen Angelegenheiten und in eine Zweite Sektion für die auswärtigen Staatsbeziehungen unterteilt.

Die Sektion für die Allgemeinen Angelegenheiten oder Erste Sektion ist „das zentrale Handlungsinstrument des Papstes mit übergreifenden Zuständigkeiten und umfassendem Koordinierungsauftrag".[650] Sie wird von einem Erzbischof, dem Substituten für die Allgemeinen Angelegenheiten, geleitet, der von einem Prälaten, dem Assessor für die Allgemeinen Angelegenheiten, unterstützt wird. Zu ihren Aufgaben zählen nach Art. 41 § 1 PB in besonderem Maße, dem Papst in Fragen der Erledigung seines täglichen Dienstes sowie der Geschäfte, welche die ordentlichen Kompetenzen der anderen Behörden der Römischen Kurie und des Apostolischen Stuhls übersteigen, behilflich zu sein; die Verbindung zu den Dikasterien und deren Koordination bei Wahrung der jeweiligen Selbständigkeit; die Leitung des Päpstlichen Gesandtschaftswesens, insbesondere zu den Teilkirchen; die Beziehungen zu den Gesandten der weltlichen Staaten. Hinzu kommt nach Art. 41 § 2 PB die Sorge für Repräsentation und Tätigkeiten des Heiligen Stuhls bei internationalen Institutionen und internationalen katholischen Einrichtungen. Sie regelt u.a. die Aufgaben und Tätigkeiten der Vertreter des Heiligen

---

[648] Art. 12 Satz 2 PB, Art. 121 - 122 RGCR.
[649] Art. 39 PB.
[650] Vgl. Schmitz (1999 a), S. 370.

Stuhls, vor allem gegenüber den Ortskirchen und erledigt alles, was die Botschaften beim Heiligen Stuhl betrifft.[651]

Der Sektion für die Beziehungen zu den Staaten oder Zweiten Sektion kommt nach Art. 45 - 47 PB die Aufgabe zu, die Angelegenheiten zu erledigen, die mit den Regierungen verhandelt werden müssen. Demnach liegen insbesondere die Behandlung politischer Fragen sowie die Pflege der diplomatischen Beziehungen des Heiligen Stuhls zu anderen Staaten[652], der Abschluß von Konkordaten und ähnlicher Abkommen inbegriffen in ihrer Kompetenz[653]. Darüber hinaus ist die Zweite Sektion gem. Art. 46 Nr. 2 PB für die Vertretung des Heiligen Stuhls bei internationalen Organisationen und Konferenzen zuständig. Damit ist sie im weltlichen Bereich mit einem Außenministerium vergleichbar und ist auch gem. Art. 46 Nr. 3 PB Direktivorgan für die Päpstlichen Gesandten (cc. 362-367), die den Apostolischen Stuhl bei den Regierungen vertreten und die Kurie gegenüber der Kirche des jeweiligen Landes repräsentieren. Die Nuntien haben ebenfalls eine informierende und kontrollierende Funktion zwischen dem Papst und den katholischen Kirchen der einzelnen Länder auszuüben[654]. Sie wird von einem Erzbischof, dem Sekretär für die Beziehungen zu den Staaten, geleitet, dem ein Prälat, der Untersekretär für die Beziehungen zu den Staaten, zur Seite steht. Außerdem wirken Kardinäle und Bischöfe mit.

Der Kardinalstaatssekretär koordiniert die erforderliche Abstimmung zwischen beiden Abteilungen und ist damit der Leiter der päpstlichen Politik. Als sein Mitarbeiter steht er „in einem besonders engen Vertrauensverhältnis zum Papst"[655] und kann daher in der Leitung der universalen Kirche als der höchste Repräsentant der diplomatischen und politischen Aktivitäten des Heiligen Stuhls betrachtet werden, der unter bestimmten Umständen die Person des Papstes vertritt.

---

[651] Art. 41 § 1 PB.
[652] Am 10.01.2000 unterhielt der Heilige Stuhl diplomatische Beziehungen mit 173 Ländern.
[653] Art. 46 Nr. 1 PB.
[654] Vgl. Annuario Pontificio (2000), S. 1995.

2.3.4.2. Die Kongregationen

Die Kongregationen sind als Kollegialbehörden mit eigenem Aufgabenkreis organisiert und als solche in erster Linie die obersten Verwaltungorgane des Papstes. Ihnen steht jeweils ein Kardinal-Präfekt vor, dem ein Sekretär im Rang eines Erzbischofs zur Seite steht. Mitglieder der Kongregationen sind Kardinäle und (Diözesan-)Bischöfe, deren Anzahl der Papst bestimmt und der diese beruft.[656] Ihr gesetzlich normierter Zuständigkeitsbereich „erstreckt sich grundsätzlich auf die ganze Kirche, sofern er nicht auf bestimmte Teilbereiche beschränkt ist."[657] Am 20. August 1999 gab es neun Kongregationen[658] mit verschiedenen Aufgabenschwerpunkten: die Kongregation für die Glaubenslehre[659], die Kongregation für die Orientalischen Kirchen[660], die Kongregation für den Gottesdienst und die Sakramentenordnung[661], die Kongregation für die Selig- und Heiligsprechungsprozesse[662], die Kongregation für die Bischöfe[663], die Kongregation für die Evangelisierung der Völker[664], die Kongregation für den Klerus[665], die Kongregation

---

[655] Schmitz (1999 a), S. 370.
[656] Vgl. Ritter (1997), Sp. 251.
[657] Schmitz (1999 a), S. 371.
[658] Vgl. L'Osservatore Romano, Wochenausgabe in deutscher Sprache vom 27. August 1999, S. 4-5.
[659] Art. 48-55 PB; vgl. Annuario Pontificio (2000), S. 1937; vgl. Del Re (1998), S. 413 ff. Sie ist nach Art. 48 PB für den Schutz und die Förderung von Glauben und Sitte in der ganzen katholischen Kirche zuständig.
[660] Art. 56-61 PB; vgl. Annuario Pontificio (2000), S. 1938. Diese Kongregation ist nach Art. 56 PB grundsätzlich und umfassend für die administrativen Belange aller in Gemeinschaft mit dem Papst stehenden Ostkirchen zuständig.
[661] Art. 62-70 PB; vgl. Annuario Pontificio (2000), S. 1938 f.; vgl. Del Re (1998), S. 404 ff. Sie ist nach Art. 62 PB vorbehaltlich der Kompetenz der Glaubenskongregation für alle Fragen der Liturgie, insbesondere der Sakramente, zuständig.
[662] Art. 71-74 PB; vgl. Annuario Pontificio (2000), S. 1939 f.; vgl. Del Re (1998), S. 418 ff. Sie ist die nach Art. 71 PB für die Selig- und Heiligsprechungsverfahren zuständige Behörde, die darüber hinaus Entscheidungen über Echtheit und Aufbewahrung von Reliquien fällt.
[663] Art. 75-82 PB; vgl. Annuario Pontificio (2000), S. 1940 f.; vgl. Del Re (1998), S. 409 ff. Diese Kongregation ist die nach Art. 75 PB vorbehaltlich der Kompetenzen der Kongregation für die Evangelisierung der Völker im Bereich der lateinischen Kirche zuständige Behörde für die Bischöfe und die Teilkirchen. Nach Art. 83-84 PB ist dieser Kongregation die Päpstliche Kommission für Lateinamerika angeschlossen.
[664] Art. 85-92 PB; vgl. Annuario Pontificio (2000), S. 1942 f.; vgl. Del Re (1998), S. 410 ff. Ihr kommt nach Art. 85 PB vorbehaltlich der Kompetenz der Kongregation für die Orientalischen Kirchen (folglich mit Beschränkung auf die Lateinische Kirche) die Leitung und Koordination der Evangelisierung und missionarischen Tätigkeit zu.

für die Institute des gottgeweihten Lebens und für die Gemeinschaften des Apostolischen Lebens[666] sowie schließlich die Kongregation für das katholische Bildungswesen (für die Seminare und Studieneinrichtungen)[667].

2.3.4.3. Die weiteren Kurialbehörden

Zu den Kurienbehörden zählen darüber hinaus die Gerichtshöfe, Päpstlichen Räte und Kommissionen sowie die Ämter.

Zu den Gerichtshöfen zählen die Apostolische Signatur (oberstes Gericht), die Rota Romana und die Apostolische Poenitenteria. Darüber hinaus gibt es elf Räte und fünf Kommissionen. Der 1967 gegründete *Päpstliche Rat für die Laien* räumt den Laien einen Platz bei der zentralen Leitung der Universalkirche ein

3. Die Organisationsstruktur auf teilkirchlicher Ebene

Die auf teilkirchlicher Ebene bestehende Organisationsstruktur umfaßt vor allem die Diözesen[668]. Nach dem wörtlich auf CD 11, 1 zurückgreifenden c. 369 ist eine Diözese „der Teil des Gottesvolkes, der dem Bischof in Zusammenarbeit mit dem Presbyterium zu weiden anvertraut wird", die „von ihrem Hirten abhängt", „von ihm durch das Evangelium und die Eucharistie im Heiligen Geist zusammengeführt wird" und eine Teilkirche bildet, „in der die eine, heilige, katholische

---

[665] Art. 93-98 PB; vgl. Annuario Pontificio (2000), S. 1944 f.; vgl. Del Re (1998), S. 407 ff. Diese Kongregation ist nach Art. 93 PB für alles zuständig, was Leben und Dienst der Priester und Diakone des Weltklerus, die religiöse Unterweisung aller Gläubigen und die Fragen kirchlicher Vermögensverwaltung anbelangt.

[666] Art. 105-111 PB; vgl. Annuario Pontificio (2000), S. 1945; vgl. Del Re (1998), S. 416 ff. Die Zuständigkeit dieser Kongregation bezieht sich nach Art. 105 PB auf die Lebensführung gemäß der evangelischen Räte innerhalb der institutionalisierten Formen des geweihten Lebens sowie auf die Förderung der Tätigkeit der Gesellschaften des Apostolischen Lebens in der lateinischen Kirche.

[667] Art. 112-116 PB; vgl. Annuario Pontificio (2000), S. 1946; vgl. Del Re (1998), S. 401 ff. Aufgabe dieser Kongregation ist nach Art. 112 ff. PB, alle die katholische Erziehung an den Seminaren, den Universitäten, Fakultäten und sonstigen Hochschulen sowie an den Schulen und sonstigen Erziehungs- und Bildungseinrichtungen betreffenden Fragen zu behandeln.

[668] Neben der Diözese als der eigentlichen rechtlichen Vollgestalt einer Teilkirche gibt es jedoch noch andere Organisationsformen, wie etwa die Gebietsprälatur, das apostolische Vikariat, die Gebietsabtei, die Apostolische Präfektur oder die auf Dauer errichtete Apostolische Administratur.

und apostolische Kirche Christi wahrhaftig gegenwärtig ist und wirkt"[669]. Demnach sind Diözesen[670] i. d. R. territorial abgegrenzte Teilkirchen der römisch-katholischen Weltkirche, umfassen jeweils „alle in dem Gebiet wohnenden Gläubigen"[671] und sind folglich die „maßgebenden Territorialgliederungen"[672] der katholischen Kirche. Obwohl die gebietsmäßige Abgrenzbarkeit in c. 372 als Definitionskriterium genannt wird, verweist KRÄMER darauf, dass personale Gesichtspunkte ein wesentlicheres Gewicht insofern ausmachen, als es nach c. 372 § 2 bei der Bestimmung einer Diözese um eine Gemeinschaft von Gläubigen geht, „die auch aufgrund ihrer Rituszugehörigkeit oder aus anderen, ähnlich gearteten Gründen (z.B. für die Militärseelsorge) zu einer eigenen Teilkirche zusammengeschlossen werden können"[673].

Die einzelne Diözese ist wegen der dargestellten theologischen Begründung kein bloßer Verwaltungsdistrikt der Gesamtkirche, sondern deren konkrete Erscheinungsform, die als ein Teil der Gesamtkirche von einem Diözesanbischof im Zusammenwirken mit seinen Priestern geführt wird[674]. Damit hat das II. Vaticanum die Leitungsorganisation der katholischen Kirche grundsätzlich dezentralisiert[675]. Gleichzeitig bleibt mit AYMANS anzumerken, dass es trotz der genannten theologisch gleichen Qualität von Gesamt- und Teilkirche eine juristische und damit auch organisatorische Über- und Unterordnung gibt, welche "die gesamte Verfassungsstruktur der katholischen Kirche von der Gesamtkirche über die Teilkirchenverbände bis hin zur Teilkirche und deren Untergliederungen durchwal-

---

[669] c. 369 CIC.
[670] In der vorliegenden Arbeit werden quasidiözesane Teilkirchen nicht behandelt.
[671] c. 372 § 1 CIC.
[672] Schmidt-Bleibtreu (1999), S. 1828.
[673] Krämer (1993), S. 71. So auch Kalde (1999), S. 421, der zwischen dem konstitutive, personalen und dem determinativen territorialen Element unterscheidet.
[674] CD 11; C. 369.
[675] Vgl. Schlief (1974), S. 305.

tet"[676]. Sie erwächst aus dem unterschiedlichen Umfang der bischöflichen Leitungsvollmacht, die auf den verschiedenen Organisationsebenen ausgeübt wird.

3.1 Die Diözesanverfassung in der Bundesrepublik Deutschland

Die kirchlichen Organisationsstrukturen in der Bundesrepublik Deutschland werden nach der „Rahmenordnung für die pastoralen Strukturen und für die Leitung und Verwaltung der Bistümer in der Bundesrepublik Deutschland"[677] drei Ebenen zugeordnet: während die Diözesen sowie die Deutsche Bischofskonferenz und die anderen Einrichtungen und Gremien der inter- und überdiözesanen Kooperation zu der oberen pastoralen Ebene zählen, bilden die Regionen und Dekanate die mittlere und die Pfarrgemeinden und Pfarrverbände die untere pastorale Ebene.

Die siebenundzwanzig deutschen Diözesen sind zu sieben Kirchenprovinzen[678] zusammengefaßt, „um ein gemeinsames pastorales Vorgehen der verschiedenen Nachbardiözesen" zu fördern[679]. Dabei sind einem Erzbistum weitere Suffraganbistümer zugeordnet, die eine Kirchenprovinz bilden. Dieses sind in Deutschland die Kirchenprovinzen *Bamberg* (mit den Suffraganbistümern Eichstätt, Speyer und Würzburg), *Berlin* (mit den Suffraganbistümern Dresden-Meissen und Görlitz), *Freiburg* (mit den Suffraganbistümern Mainz und Rottenburg-Stuttgart), *Hamburg* (mit den Suffraganbistümern Hildesheim und Osnabrück), *Köln* (mit den Suffraganbistümern Aachen, Essen, Limburg, Münster, Trier), *München und Freising* (mit den Suffraganbistümern Augsburg, Passau und Regensburg) und *Paderborn* (mit den Suffraganbistümern Erfurt, Fulda, Magdeburg). Dabei ist die Errichtung, Aufhebung oder Veränderung eines solchen Teilkirchenverbandes

---

[676] Vgl. Aymans (1983), S. 242.
[677] Vgl. Gemeinsame Synode der Bistümer in der Bundesrepublik Deutschland (1976), S. 688 ff.
[678] Vgl. Annuario Pontificio (2000), S. 1212.
[679] c. 431 § 1 CIC.

Sache des Apostolischen Stuhls[680]. Der Metropolit mit dem Titel Erzbischof steht der Kirchenprovinz vor[681].

Die Deutsche Bischofskonferenz (DBK)[682] ist als ständige Einrichtung der Zusammenschluß der Bischöfe aller Diözesen in Deutschland durch LG 23 sowie durch CD 3, 37 und 38 „in der Lehre des II. Vatikanischen Konzils verankert"[683] sowie durch cc. 447 - 459 CIC gesamtkirchlich normiert. Teilkirchenrechtlich wird ihre Organisationsstruktur durch ihr Statut vom 04. März 1998 (Statut DBK)[684] sowie die Ausführungsbestimmungen zu ihrer Arbeitsweise durch ihre Geschäftsordnung vom 07. Dezember1992 (GO DBK)[685] geregelt.

Die DBK, über deren Errichtung, Auflösung oder Veränderung nach c. 449 § 1 die höchste kirchliche Autorität[686] entscheidet, ist als „ständige Einrichtung (...) der Zusammenschluß der Bischöfe einer Nation oder eines bestimmten Gebietes"[687] eine eigene hierarchische Instanz auf der Ebene zwischen den Diözesanbischöfen und dem Papst. Sie erhält ihre geistliche Vollmacht „nicht aus der höchsten, sondern aus der bischöflich-teilkirchlichen Autorität"[688]. Heinemann charakterisiert sie als eine Einrichtung, „die im synodalen Element der Kirche grundgelegt ist und, da sie auf der bischöflich-teilkirchlichen Gewalt aufbaut, ihre theologische Begründung mit Selbstverständlichkeit besitzt"[689]. Ihr kommt in der staatlichen Rechtsordnung der Bundesrepublik Deutschland keine Rechtsfähigkeit[690]

---

[680] c. 431 § 3 CIC.
[681] c. 435 f. CIC.
[682] Auf eine Darstellung der verschiedenen internationalen Zusammenschlüsse von Bischofskonferenzen wird in der vorliegenden Arbeit verzichtet. Zur rechtlichen und theologischen Begründung und Einordnung der Bischofskonferenz vgl. Krämer (1987 b), S. 403 ff.; Heinemann (1989), S. 98 ff.
[683] Krämer (1989 a), S. 154.
[684] Vgl. Kirchliches Amtsblatt für das Bistum Trier 1999, Nr. 152.
[685] Abgedruckt in: AfkKR 161 (1992), S. 462 ff.
[686] Damit sind nach cc. 330, 331 und 336 der Papst und das Bischofskollegium zu verstehen. Zur Analyse der rechtlichen Beziehungen zwischen den Bischofskonferenzen und dem Apostolischen Stuhl vgl.: Krämer (1987 a), S. 127 ff.
[687] c. 447.
[688] Aymans (1983), S. 46.
[689] Heinemann (1989), S. 120.
[690] Vgl. Listl (1999), S. 412.

zu; sie ist eine öffentliche juristische Person kirchlichen Rechts[691] und stellt ein „Element der Dezentralisierung und Regionalisierung in der Kirche"[692] dar. Die Zuständigkeit der Bischofskonferenz ist nach c. 447 auf „gewisse pastorale Aufgaben" beschränkt. Ihre Aufgabenstellung beinhaltet nach Art. 1 Abs. 1 Statut DBK das Studium sowie die Beratung und Förderung gemeinsamer pastoraler Anliegen, der Koordinierung kirchlicher Arbeit, den gemeinsamen Erlaß von Entscheidungen und Stellungnahmen sowie die Pflege der Kontakte zu anderen Bischofskonferenzen.

Die Organe der DBK sind nach Art. 3 Statut DBK die Vollversammlung, der Ständige Rat, der Vorsitzende sowie die Bischöflichen Kommissionen, deren Arbeitsweise zusätzlich in der GO DBK geregelt sind:

Der Vollversammlung[693] als ihrem obersten Organ gehören gem. Art. 4 Statut DBK alle Mitglieder der Deutschen Bischofskonferenz[694] an. Seit Bestehen der Konferenz finden zweimal jährlich viertägige Vollversammlungen statt. Die Frühjahrs-Vollversammlung an jeweils wechselnden Orten und die Herbst-Vollversammlung in Fulda am Grab des hl. Bonifatius. Der Aufgabenbereich der Vollversammlung umfaßt gem. Art. 8 Statut DBK insbesondere in organisatorischer Hinsicht die Wahl des Vorsitzenden und Stellvertretenden Vorsitzenden, die Wahl des Sekretärs und seines Stellvertreters, den Erlaß einer Geschäftsordnung, die Einrichtung Bischöflicher Kommissionen, die Errichtung von Dienststellen, die Entsendung ständiger Vertreter in Gremien außerhalb der Deutschen Bischofskonferenz, sowie inhaltlich den Erlaß allgemeiner Dekrete (Gesetze, Ausführungsverordnungen, Verwaltungsanordnungen) sowie von Entscheidungen im Einzelfall. Nach Art. 8 Abs. 1 a Statut DBK i.V.m. c. 455 § 1 hat die DBK für bestimmte Materien Gesetzgebungskompetenz: diese erstreckt sich auf den Erlaß

---

[691] Art. 40 Abs. 1 DO DBK.
[692] Puza (1986), S. 222.
[693] Art. 4 - 18 Statut DBK, §§ 1 - 5 GO DBK.

allgemeiner Dekrete, von Verwaltungsentscheiden in Einzelfällen sowie auf Mitwirkungsrechte verschiedener Art bei Rechtshandlungen Dritter[695]. In Fällen, in denen der DBK keine allgemeine Normsetzungsvollmacht eingeräumt ist, bedürfen Beschlüsse der Konferenz der Zustimmung jedes Diözesanbischofs, um ihn zu binden. Damit bleibt die Zuständigkeit des einzelnen Diözesanbischofs bei der Leitung seines Bistums uneingeschränkt erhalten.[696] Folglich erlangen z. B. gemeinsame Erlasse erst durch die Unterschrift des jeweiligen Diözesanbischofs Verbindlichkeit für den Bereich der einzelnen Diözese. Die Kooperation der Diözesanbischöfe ermöglicht jedoch ein „gemeinsames und gemeinschaftliches Vorgehen in einem einheitlichen soziokulturellen Raum"[697]. Daher weist KRÄMER darauf hin, dass die Bischofskonferenz als gesetzgebendes Organ „nicht durch einen freiwilligen Zusammenschluß oder gar durch einen Rechtsverzicht der einzelnen Bischöfe zugunsten einer ihnen übergeordneten Instanz" entsteht, sondern ihre formale Einrichtung von der höchsten Autorität in der Kirche (c. 449 § 1) abhängt und es sich von der materialen inhaltlichen Seite her um eine wahre bischöfliche Vollmacht handelt, die in der Bischofskonferenz wirksam wird[698].

Um die Vollversammlung von laufenden Aufgaben zu entlasten und eine kontinuierliche Beratung der Diözesanbischöfe zu gewährleisten, wurde 1974 der Ständige Rat[699] eingerichtet, in dem jede Diözese durch den Bischof mit Sitz und Stimme vertreten ist. Der Bischof kann sich nach Art. 19 Abs. 2 Statut DBK durch einen Weihbischof aus seiner Diözese vertreten lassen. Der Ständige Rat kommt jährlich fünf- bis sechsmal zu einer eintägigen Sitzung zusammen. Zu den Aufgaben des Ständigen Rates gehören nach Art. 21 Statut DBK neben der Bearbeitung der laufenden Geschäfte die Koordinierung der Arbeit in den Bischöfli-

---

[694] Dieses sind die in Art. 2 Abs. 1 und 2 aufgeführten Mitglieder: die Diözesanbischöfe, die Koadjutoren, die Diözesanadministratoren, die Weihbischöfe
[695] Vgl. MK (1985), Anhang zu c. 455.
[696] c. 455 § 4.
[697] Krämer (1987 b), S. 407.
[698] Vgl. Krämer (1987 b), S. 405.

chen Kommissionen, die Koordinierung der pastoralen Tätigkeit der Diözesen untereinander, die Kooperation auf überdiözesaner Ebene sowie die Beratung von kirchenpolitischen und organisatorischen Fragen. In dringenden Fällen trifft der Ständige Rat gem. Art. 21 f Statut DBK Entscheidungen, für die ansonsten die Vollversammlung zuständig ist, wobei er jedoch stets an die Beschlüsse der Vollversammlung gebunden ist[700]. Darüber hinaus bereitet er die Sitzungen der Vollversammlung vor.

Der Vorsitzende[701] leitet die Vollversammlung und den Ständigen Rat, an deren Beschlüsse er in seiner Amtsführung gebunden ist[702]. Er repräsentiert die Deutsche Bischofskonferenz nach außen gegenüber Staat und Gesellschaft und tritt gegenüber der Öffentlichkeit tritt als der Sprecher der DBK auf.

Zur Bearbeitung von Fragen bestimmter Sachbereiche hat die Vollversammlung derzeit 14 Kommissionen[703] errichtet, zu deren Aufgabenstellung die Beobachtung von Entwicklungen in ihrem Sachbereich und die Erarbeitung von Stellungnahmen für die Vollversammlung, die Durchführung der Beschlüsse von Vollversammlung und Ständigem Rat sowie die Erledigung der laufenden Aufgaben gehören[704].

Zur Unterstützung ihrer Tätigkeit und zur Wahrnehmung ihrer Aufgaben unterhält die Deutsche Bischofskonferenz nach Art. 36 Statut DBK das Sekretariat der DBK, das dem Vorsitzenden bei der Vorbereitung der Vollversammlung und der Sitzungen des Ständigen Rates wie auch bei der Durchführung der Beschlüsse dieser Gremien zur Verfügung steht und vom Sekretär der Deutschen Bischofs-

---

[699] Art. 19 - 27 Statut DBK, §§ 6 - 10 GO DBK.
[700] Art. 20 Statut DBK.
[701] Art. 28 - 29 Statut DBK, § 11 GO DBK.
[702] Art. 29 Abs. 1 Statut DBK, § 11 Abs. 1 GO DBK.
[703] Art. § 30 - 35 Statut DBK, §§ 12 - 16 GO DBK. Diese Kommissionen sind die Glaubens-, die Ökumene-, die Pastoral-, die Liturgie sowie die Jugendkommission, die Publizistische Kommission, die Kommissionen für gesellschaftliche und soziale Fragen, für Geistliche Berufe und kirchliche Dienste, für Erziehung und Schule, für Fragen der Wissenschaft und Kultur, für weltkirchliche Aufgaben, für Ehe und Familie, für caritative Fragen sowie die Kommission für Migrationsfragen.
[704] § 14 Abs. 3 DO DBK.

konferenz geleitet wird [705], das Kommissariat der deutschen Bischöfe - Katholisches Büro Bonn -, das im Auftrag der Deutschen Bischofskonferenz in politischen Fragen gegenüber den Organen des Bundes, den gemeinsamen Einrichtungen der Bundesländer, den Landesvertretungen beim Bund, den Parteien und den auf Bundesebene vertretenen gesellschaftlichen Kräften sowie im Zusammenhang damit auch gegenüber übernationalen Stellen; als Dienststelle der Deutschen Bischofskonferenz tätig wird, den zur Wahrnehmung rechtlicher und finanzieller Angelegenheiten seit 1968 bestehenden Verband der Diözesen Deutschlands, der zugleich Rechtsträger der Deutschen Bischofskonferenz ist[706], sowie für bestimmte Sachbereiche weitere Dienststellen der DBK[707].

Mitsprache-, antrags- und stimmberechtigte Mitglieder der DBK sind alle Diözesanbischöfe, die Koadjutoren, die Diözesanadministratoren sowie die Weihbischöfe und die anderen Titularbischöfe, die ein besonderes Amt in Deutschland bekleiden, das ihnen vom Apostolischen Stuhl oder von der Bischofskonferenz übertragen worden ist[708].

3.2. Die Organisationsstruktur innerhalb der Diözese Trier

Bei der Darstellung der Leitungsorganisation innerhalb der Diözese Trier wird in Anlehnung an die „Rahmenordnung für die pastoralen Strukturen und für die Leitung und Verwaltung der Bistümer in der Bundesrepublik Deutschland"[709] zwischen der oberen, der mittleren und der unteren pastoralen Ebene unterschieden. Dabei liegt der Schwerpunkt auf der oberen Ebene, weil sich hier die Leitungsvollmacht konzentriert.

---

[705] § 17 GO DBK.
[706] Art. 40 Abs. 2 Statut DBK, § 18 GO DBK.
[707] §§ 19 ff GO DBK.
[708] Art 5 Abs. 2 Statut DBK. Eine Ausnahme bildet Art. 5 Abs. 1 Statut DBK, bei der es um die Erstellung und Änderung des Statuts der DBK geht, denn hier haben die Weihbischöfe kein Stimmrecht.

3.2.1 Die obere pastorale Ebene

Das Bistum ist „als selbständige Teilkirche die grundlegende Struktureinheit auf der oberen pastoralen Ebene"[710]. Die rechtlichen Normen für Leitung und Leitungsorganisation innerhalb eines Bistums sind in cc. 460 - 573 unter dem Titel III „Innere Ordnung der Teilkirchen" niedergelegt.

3.2.1.1. Amt und Aufgaben des Diözesanbischofs

Das Bistum Trier wird wie jede andere Diözese von einem Diözesanbischof geleitet[711]. Dieser ist „der amtliche Vorsteher einer die lokalen Kirchen umfassenden und sie zugleich integrierenden Region"[712]. Dabei kommt ihm nach c. 381 § 1 „*potestas propria, ordinaria et immediata*", eine „eigenberechtigte, ordentliche und unmittelbare Gewalt" zu. In Erfüllung seines bischöflichen Dienstes wird er von drei Auxiliarbischöfen[713] unterstützt, die gleichzeitig zu Bischofsvikaren ernannt sind[714]. Ein Weihbischof hat die Aufgabe, das Bischofsamt in den Gemeinden präsent zu machen und den Bischof bei der Ausübung der Weihegewalt zu unterstützen. Er gibt Anregungen für die Seelsorge, unterstützt die Dechanten und hält Kontakt zu den Priestern und verantwortlich tätigen Laien. Neben seiner Arbeit in der Region ist der Weihbischof in Übereinstimmung mit dem Diözesanbischof an der Leitungsverantwortung für das Bistum beteiligt. Er hat kein Nachfolgerecht gegenüber dem Diözesanbischof[715].

---

[709] Vgl. Gemeinsame Synode der Bistümer in der Bundesrepublik Deutschland (1976), S. 688 ff.
[710] Vgl. Gemeinsame Synode der Bistümer in der Bundesrepublik Deutschland (1976), S. 701.
[711] Seit 17.05.1981 Bischof Dr. HERMANN-JOSEF SPITAL (geb. 1925).
[712] Rahner/Fries (1983), S. 109.
[713] Vgl. cc. 403 - 411. Im deutschen Sprachraum ist wegen des hauptsächlich auf Weihehandlungen bezogenen Dienstes die Bezeichnung „Weihbischof" üblich, weswegen sie in dieser Arbeit synonym verwendet wird.
[714] Vgl. Personalschematismus und Anschriftenverzeichnis des Bistums Trier für das Jahr 2000, S. 18.
[715] c. 403 § 1.

a) Wahl und Ernennung

Die Ernennung des neuen Bischofs vollzieht sich in Deutschland aufgrund mehrerer mit dem Hl. Stuhl abgeschlossenen Konkordate nach einem gegenüber der Weltkirche mit wenigen Ausnahmen unterschiedlichen, differenzierten System, welches lokale Organe zur Mitbestimmung bei der Personenauswahl durch Vorschlag und Wahl vorsieht.

Für das gesamtkirchliche Rechtssystem gibt es eine für die gesamte lateinische Kirche geltende Weise der Bischofsernennung: die freie Ernennung eines Bischofs durch den Papst. Daneben wird die nachträgliche Bestätigung der zuvor rechtmäßig Gewählten durch den Papst erwähnt. Die Ernennung bzw. die Wahl des Diözesanbischofs ist in c. 377 geregelt.

Nach c. 377 § 1 CIC wird der Bischof vom Papst frei benannt oder letzterer bestätigt den rechtmäßig Gewählten. Diese Grundsatznorm zum Ernennungsverfahren stellt zwei Möglichkeiten dar: einerseits den Weg der direkten Ernennung durch den Papst und andererseits den Weg einer nicht näher einzeln aufgeführten Form einer Wahl, die vom Papst bestätigt werden muß. Eine Rangfolge der beiden Möglichkeiten läßt sich aus dem Gesetzestext nicht herauslesen. Demnach scheinen beide Formen gleichrangig zu sein.

Die Regelungen des am 14. Juni 1929 zwischen dem Freistaat Preußen des Deutschen Reiches und dem Hl. Stuhl geschlossen Konkordates gelten ebenso wie für das 1841 preußisch gewordene Trier auch ausdrücklich für alle Diözesen auf dem Gebiet der Bundesrepublik Deutschland, deren Territorium dem des preußisch geprägten Rechtsbereichs zuzurechnen sind[716]. Ein Konkordat ist „die Bezeichnung für die klassische Form eines Vertrages zwischen Staat und Kirche (...), i.w.S. für jede vertragsförmige Vereinbarung zwischen einem Staat und der kath. Kirche, gleichgültig wie sie bezeichnet wird"[717]. Ziel von Konkordaten ist es,

---

[716] Vgl. Schmitz (1999 b), S. 429, FN Nr. 13. Zum konkreten Ablauf der Bischofswahl im Bistum Trier vgl. Krämer (1980), S. 243 ff.
[717] Hollerbach (1987), Sp. 620.

„der Kirche rechtliche und tatsächliche Lebensbedingungen in dem Staat, mit dem sie abgeschlossen werden, zu sichern und ihr die Unabhängigkeit in der Wahrung ihres göttlichen Heilsauftrags zu garantieren"[718]. Ein solches Konkordat regelt somit im Sinne eines geordneten Zusammenlebens von Kirche und Staat rechtlich auf Dauer „prinzipiell alle Gegenstände gemeinsamen Interesses"[719] und schafft für das betreffende Staatsgebiet staatliches und kirchliches Partikularrecht[720]. c. 3 regelt das Verhältnis zwischen den Normen des Codex und mit dem Hl. Stuhl abgeschlossenen Verträgen und „ordnet die Weitergeltung aller dieser Abmachungen an nach dem Grundsatz, Konkordatsrecht bricht kodikarisches Recht"[721]. Weil der Hl. Stuhl neben dem Vatikanstaat ein Völkerrechtssubjekt ist, haben Verträge mit ihm auch völkerrechtlichen Charakter[722]. Folglich hat er sich im Interesse seiner Glaubwürdigkeit und Zuverlässigkeit an den völkerrechtlichen Grundsatz zu halten, dass Verträge, die in beiderseitigem Einverständnis zustande kamen, auch nicht von nur einem Vertragspartner gelöst, geändert oder eingeschränkt werden können. Diesem Erfordernis trägt c. 3 Rechnung.

Das Bischofswahlrecht des Preußenkonkordates kennt ein zusätzlich zum in c. 377 § 2 normierten absoluten Listenverfahren[723] durchzuführendes relatives Listenverfahren[724] gem. c. 377 § 3. Danach reichen gem. Art. 6 PK[725] bei einer Erle-

---

[718] Mikat (1974), S. 445.
[719] Hollerbach (1987), Sp. 620.
[720] Vgl. Mörsdorf (1986), Sp. 454.
[721] Heimerl/Pree (1983), S. 27.
[722] Vgl. Lüdicke (1985 ff.), S. 3 f.
[723] Nach dem absoluten Listenverfahren des c. 377 § 2 haben die Bischöfe einer Kirchenprovinz und gegebenenfalls die Bischofskonferenz mindestens alle drei Jahre eine geheime Liste von ‚episkopablen' Priestern dem Hl. Stuhl zu überstellen. Jeder einzelne Bischof kann unabhängig solche Listen nach Rom schicken.
[724] Nach dem relativen Listenverfahren des c. 377 § 3 hat der päpstliche Gesandte einen Dreiervorschlag zu ermitteln und diesen dem Hl. Stuhl mitzuteilen und zwar zusammen mit einem eigenen Votum und den Vorschlägen des Metropoliten und der Suffraganbischöfe der betreffenden Provinz sowie des Vorsitzenden der Bischofskonferenz. Ebenso soll der Legat die Mitglieder des Konsultorenkollegiums, des Domkapitels, Welt- und Ordenskleriker auch Laien zu Rate ziehen, soweit er es für angebracht hält. Allerdings geht aus der Formulierung der Norm nicht klar hervor, wer den Dreiervorschlag erstellen soll.
[725] Der Text des Preußenkonkordats lautet zum Bischofswahlrecht: *Artikel 6: „(1) Nach Erledigung eines Erzbischöflichen oder Bischöflichen Stuhles reichen sowohl das betreffende Metropolitan-*

digung des bischöflichen Stuhles das durch die Sedisvakanz betroffene Trierische Domkapitel nach Art. 19 Abs. 5 seiner Statuten (Statuten DK)[726] sowie alle Diözesanbischöfe, deren Bischofssitz in einem preußischen Nachfolgestaat liegt[727], für die Wahl eines neuen Bischofs dem Apostolischen Stuhl Vorschlagslisten ein. Wieviele Namen das Trierische Domkapitel sowie die jeweiligen Diözesanbischöfe vorschlagen sollen oder können, sagt Art. 6 PK nicht. Die Listen des betreffenden Domkapitels müssen nach MÖRSDORF allerdings durch ordentliche Beschlußfassung als kollegiale Entscheidung zustande kommen[728]. Da nach dem Wortlaut des Konkordats nicht deutlich wird, ob die Bischöfe die Listen einzeln oder gemeinsam erstellen, können sie die Listen gemeinsam oder einzeln schicken. Die Weihbischöfe sind als solche an der Listenerstellung nicht beteiligt.

Über die Gestaltung des Listenverfahrens wird im Preußenkonkordat nichts festgelegt, es ist demzufolge rein innerkirchlich zu regeln. Innerkirchlich kommt dem päpstlichen Legaten eine Schlüsselrolle im Verfahren um die Bischofsernennung zu. Er führt nach c. 364 Nr. 4 für die Auswahl des Kandidaten einen Informativprozeß durch, der für die Ortskirche kirchenpolitisch und pastoral eine wichtige Angelegenheit ist, weil durch seine Informationspolitik dem Hl. Stuhl ein Bild der Diözese sowie über die für eine Bischofsernennung in Frage kommenden Kandidaten übermittelt wird.

Unter Würdigung dieser Listen, jedoch nicht in Bindung an sie, stellt der Hl. Stuhl einen Dreiervorschlag auf. ‚Würdigung' bedeutet nicht mehr als eine ernst-

---

oder Kathedralkapitel als auch die Diözesanerzbischöfe und -bischöfe Preußens dem Heiligen Stuhle Listen von kanonisch geeigneten Kandidaten ein. Unter Würdigung dieser Listen benennt der Heilige Stuhl dem Kapitel drei Personen, aus denen es in freier, geheimer Abstimmung den Erzbischof oder Bischof zu wählen hat. Der Heilige Stuhl wird zum Erzbischof oder Bischof niemand bestellen, von dem nicht das Kapitel nach der Wahl durch Anfrage bei der Preußischen Staatsregierung festgestellt hat, daß Bedenken politischer Art gegen ihn nicht bestehen.
(2) Bei der Aufstellung der Kandidatenliste und bei der Wahl wirken die nichtresidierenden Domkapitulare mit."

[726] Vgl. Kirchliches Amtsblatt für das Bistum Trier 1995, Nr. 174.
[727] Dieses sind nach Aymans (1997), S. 333, FN Nr. 20 die Diözesen der Kirchenprovinzen Köln, Paderborn, Berlin und Hamburg. Das preußische Wahlrecht ist nach der deutschen Wiedervereinigung ausdrücklich auf die neu errichteten Diözesen übertragen worden.

liche Erwägung, denn der Hl. Stuhl ist an die Listen „de jure (...) nicht gebunden"[729]. Der Papst kann also in seinen Wahlvorschlag auch Kandidaten aufnehmen, die auf keiner der ihm eingereichten Vorschlagsliste stehen. Er könnte sogar einen Dreiervorschlag erstellen, der keinen der auf den Listen angeführten Kandidaten enthält[730]. Das Domkapitel „hat" dann nach dem Wortlaut des Konkordats sowie nach Art. 20 Abs. 2 Statuten DK „unverzüglich" in freier und geheimer Wahl den neuen Bischof aus dieser Dreierliste zu wählen, d.h. das Wahlrecht ist eine Wahlpflicht. Das bedeutet auch, dass dem Domkapitel weder bei der Vorlage des Dreiervorschlags noch zu einem späteren Zeitpunkt weitere Personen zur Auswahl stehen. LISTL betont, dass das Domkapitel rechtlich dazu verpflichtet ist, „nicht nur Wahlversuche zu unternehmen, sondern den Erzbischof oder Bischof zu ‚wählen', also eine erfolgreiche Wahl vorzunehmen, indem es aus den drei Personen eine zum Erzbischof oder Bischof wählt"[731]. So ist auch die Möglichkeit des Nichtzustandekommens einer Wahl ist in den Trierer Domkapitelstatuten nicht vorgesehen, kann aber zu erheblichen Schwierigkeiten führen[732]. Umstritten ist, ob in einem derartigen Fall und nach dem Verstreichen der dreimonatigen kanonischen Frist gemäß den Bestimmungen des c. 165 das Devolutionsrecht[733] eintritt, nämlich dass der Papst dann dazu berechtigt ist, einen neuen Bischof von Trier frei zu ernennen[734].

---

[728] Vgl. Mörsdorf (1934), S. 723.
[729] Hollerbach (1991), S. 56.
[730] Vgl. Kaiser (1989), S. 77.
[731] Listl (1996), S. 902.
[732] So etwa bei der Besetzung des Kölner Erzbischofsstuhles im Jahre 1988. Dazu vgl. Hartmann (1990), S. 124 ff.; Listl (1996), S. 905 ff.
[733] Das Eingreifen des Papstes in Fällen der Wahl von ungeeigneten Kandidaten oder im Fall eines Wahlversäumnisses durch das wahlberechtigte Gremium wird aus dem im Kirchenrecht seit 1179 entwickelten Rechtsinstitut der Devolution abgeleitet. Es beinhaltet näherhin den Übergang der Entscheidungsgewalt an die höhere Instanz beim Versagen der zunächst zuständigen Stelle. Im kanonischen Ämterrecht wird zwischen echter und unechter Devolution unterschieden. Bei echter Devolution geht das Recht zur Verleihung eines Kirchenamtes an den übergeordneten kirchlichen Oberen über. Eine echte Devolution liegt nur in den Fällen vor, bei denen die eintretende Autorität im Recht selbst genannt wird. Bei unechter Devolution wird aus einer gebundenen Amtsverleihung eine freie. Tatbestände, die die Grundlage für die unechte Devolution bieten, sind in cc. 162, 165 und 182 § 2 normiert. Vgl. dazu u.a.: May (1999 b), S. 179; Kalde (2000), Sp. 410. Eine grundlegende, syste-

Bei der Aufstellung der Kandidatenliste und an der Wahl des künftigen Diözesanbischofs wirken neben den residierenden Domkapitularen auch die nichtresidierenden vollberechtigt mit[735]. Die für die Wahl des Trierer Bischofs erforderlichen Stimmenmehrheiten richten sich nach c. 119 n. 1 CIC, der für die ersten beiden Wahlgänge die absoluten Stimmenmehrheit für den zu Wählenden vorschreibt. Im dritten Wahlgang genügt die einfache Mehrheit.

Nach erfolgter Wahl und deren Annahme durch den Gewählten muß das Domkapitel nach Art. 20 Abs. 3 Statuten DK gem. Art. 6 Abs. 1 PK durch Anfrage bei den Landesregierungen von Rheinland-Pfalz sowie des Saarlandes feststellen, ob Bedenken politischer Art gegen den gewählten Geistlichen bestehen. Nach Art. 6 PK wird der Hl. Stuhl niemand zum Bischof von Trier bestellen, bei dem Bedenken dieser Art vorliegen. Bei dieser Formulierung dieser politischen Klausel wird zwar nicht klar, welche Art politischer Bedenken hier gemeint sind, jedoch handelt es sich dabei um „Erinnerungen allgemeinpolitischer Natur, nicht jedoch parteipolitischer Natur"[736], die begründet werden müssen. Durch das Vorliegen begründeter politischer Bedenken seitens der Landesregierungen wird nach AYMANS die Handlungsfreiheit des Apostolischen Stuhls rechtlich nicht eingeschränkt, obwohl es dann aber kurialer Gepflogenheit entspreche, in einem solchen Fall von der beabsichtigten Berufung Abstand zu nehmen.[737] Demgegenüber

---

matische Darstellung des Devolutionsrechtes bietet Ebers (1965), S. 269 ff.. Für Ebers (1965), S. 270 ist das Devolutionsrecht „das außerordentliche Verleihungsrecht des nächsthöheren Kirchenoberen für den Fall, dass die zur Besetzung eines kirchlichen Amtes oder zu entscheidender Mitwirkung bei derselben berufenen Personen schuldhafterweise ihre Rechte gar nicht oder den kanonischen Vorschriften zuwider ausgeübt haben". Diese Definition trifft jedoch nur insofern zu, als c. 425 § 3 auch die Ausnahme von der Regel normiert. Auch wenn das Devolutionsrecht in erster Linie auf die Besetzung bzw. auf die Vermeidung von unnötig langen Vakanzen kirchlicher Ämter zielt, kommt ihm doch auch ein Strafcharakter zu, weil eine Verschuldung als Voraussetzung für seinen Eintritt gegeben sein muß.

[734] Vgl. die bei Hartmann (1990), S. 135 ff., Listl (1996), S. 908 ff. nachgezeichnete staatskirchenrechtliche Diskussion. Im Zusammenhang mit der Nachfolgeregelung von Kardinal Höffner in Köln haben die beteiligten Landesregierungen das Devolutionsrecht nach c. 165 nicht anerkannt.

[735] Vgl. Art. 20 Abs. 1 Statuten DK i.V.m. Art. 6 Abs. 2 PK.

[736] Aymans (1997), S. 331.

[737] Vgl. Aymans (1997), S. 332.

betont MÖRSDORF, dass der Hl. Stuhl bei Vorliegen politischer Bedenken den Gewählten nicht bestätigen dürfe und infolgedessen das Domkapitel aus einem seitens des Hl. Stuhls erneut zu erstellenden Dreiervorschlag neu zu wählen habe[738]. Auch nach LINK hat der Papst in diesem Fall eine neue Dreierliste zu erstellen.[739] Der Ansicht, durch die politische Klausel des Art. 6 PK bestehe ein echtes staatliches Vetorecht, ist aus zwei Gründen zu widersprechen: das am 20. Juli 1933 zwischen dem Hl. Stuhl und dem Deutschen Reich im Vatikan Reichskonkordat stellt im Schlußprotokoll zu Art. 14 Abs. 2 Satz 2 ausdrücklich fest, dass ein staatliches Vetorecht nicht begründet werden soll. Aufgrund der Tatsache, dass Art. 2 RK die Gültigkeit des Preußenkonkordats betont, ergänzen die formalen Bestimmungen des RK die des PK. Des weiteren ist durch die in Art. 137 Abs. 3 Satz 2 WRV i.V.m. Art. 140 GG gewährleistete Ämterhoheit der Kirchen eine staatliche Mitwirkung bei der Besetzung eines Bischofsstuhles weder als positives Mitwirkungsrecht noch als negatives Ausschließungsrecht möglich, da nach diesen Bestimmungen jede Religionsgemeinschaft ihre Ämter ohne Mitwirkung des Staates oder einer bürgerlichen Gemeinde verleiht.

Sind politische Bedenken nicht gegeben, ernennt der Papst den neuen Bischof[740]. MÖRSDORF weist darauf hin, dass der Gewählte nach der Wahl durch das Domkapitel das obligatorische Recht auf die Übertragung des Amtes gegenüber dem Papst hat, denn dieser ist durch das Konkordat an den Vertragspartner gebunden[741].

STUTZ bewertet das für das Bistum Trier geltende preußische Kapitelwahlrecht als „ein zugunsten des Kapitels und des Staates etwas umgebogenes, gemildertes päpstliches Besetzungsrecht"[742]. Nach HOLLERBACH hat sich Preußen mit diesem

---

[738] Vgl. Mörsdorf (1934), S. 725.
[739] Vgl. Link (1964), S. 254.
[740] Vgl. Hartmann (1990), S. 70 ff.
[741] Vgl. Mörsdorf (1934), S. 724.
[742] Stutz (1930), S. 18.

Konkordatsschluß zum „Anwalt der Domkapitel" gemacht[743]. MUSSINGHOFF sieht bei diesem preußischen Modell den Vorzug, dass alle drei Ebenen der Kirche beteiligt sind: die Weltkirche in der Person des Papstes, die kirchliche Region in der Gemeinschaft der Bischöfe Preußens und die Ortskirche im Domkapitel[744]. HARTMANN betont, dass die Katholiken und die katholische Kirche in Preußen durch das Konkordat von 1929 bei der Bischofsernennung Schutz und Hilfe vom Staat zur Durchsetzung von Rechten gegenüber der Kurie suchten[745].

Nach c. 377 § 5 werden zukünftig keinen weltlichen Autoritäten, d.h. staatlichen Instanzen, Rechte wie die der Wahl, Nomination, Präsentation, Designation von Bischöfen mehr eingeräumt. Die Kirche sieht sich als alleinige Kompetenzträgerin für die Bestellung ihrer Ämter und schließt folglich nichtkirchliche Autoritäen von einer Mitwirkung am Verfahren aus. Diese Norm liegt ganz auf der Linie der Aussage von CD 20, wonach es „wesentliches, eigenständiges und an sich ausschließliches Recht der zuständigen kirchlichen Obrigkeiten ist, Bischöfe zu ernennen und einzusetzen" und die staatlichen Autoritäten gebeten werden, eventuell zugebilligte Rechte abzugeben. Allerdings bleibt mit POTZ darauf hinzuweisen, dass durch den c. 377 eine ortskirchliche Beteiligung praktisch ausgeschlossen bzw. auf ein Minimum reduziert ist, denn er stellt fest, dass Regelungen, die ursprünglich die Aufgabe hatten, die kirchliche Freiheit vor eingriffen des Staates im Bereich der Ämterbesetzung zu schützen, „nun undifferenziert auf die Abwehr der Partizipation des Volkes Gottes übertragen"[746] werden.

Nach Art. 16 RK hat der neuernannte Trierer Diözesanbischof vor Amtsantritt nach einer vorgeschriebenen Formel einen Treueid[747] gegenüber dem Staat in die

---

[743] Hollerbach (1991), S. 56.
[744] Vgl. Mussinghoff (1993b), S. 6.
[745] Vgl. Hartmann (1990), S. 70 f.
[746] Potz (1991), S. 49.
[747] Zur Problematik des staatlichen Treueids des Diözesanbischofs vgl. Hollerbach (1986), S. 193 ff.; Dahl-Keller (1994), S. 175 ff.

Hand der zuständigen Ministerpräsidenten abzulegen⁷⁴⁸. Da das Gebiet des Bistums Trier zum Teil in Rheinland-Pfalz und zum Teil im Saarland liegt, besteht der Rechtsbrauch, dass der Bischof von Trier vor den Ministerpräsidenten beider Bundesländer den Treueid leistet. So hat der amtierende Trierer Bischof DR. HERMANN-JOSEF SPITAL am 5. Mai 1981 den Treueid in der Mainzer Staatskanzlei vor Ministerpräsident VOGEL und am 7. Mai 1981 in der Staatskanzlei des Saarlandes vor dem saarländischen Ministerpräsidenten ZEYER abgelegt⁷⁴⁹. Ein Treueid, wie er in c. 380 CIC vorgesehen ist, fehlt im Preußen-Konkordat.

Das Amt des Diözesanbischofs wird unbefristet auf Lebenszeit übertragen und endet durch Tod oder Amtsverzicht.⁷⁵⁰

b) Die bischöfliche Leitungsvollmacht

Bei der Leitung des Bistums kommt dem Diözesanbischof alle erforderliche ordentliche, eigenberechtigte und unmittelbare Gewalt zu, die zur Ausübung seines Hirtendienstes erforderlich ist.⁷⁵¹. Da der Bischof bei ihrer Ausübung abgesehen von gesetzlichen Normen⁷⁵² rechtlich nicht an andere gebunden ist, bezeichnet man seine Leitungsvollmacht als unmittelbar. Sie ist des weiteren ordentlich, weil

---

[748] Allerdings wurde in Zusammenhang mit der am 03.08.1951 erfolgten Ernennung von Bischof Dr. MATTHIAS WEHR zum neuen Bischof von Trier von der Ableistung des Treueids in vollem Einvernehmen zwischen der rheinland-pfälzischen Landesregierung und der katholischen Kirche gänzlich abgesehen. Der Grund dafür lag nach Dahl-Keller (1994), S. 159, darin, dass der neu ernannte Trierer Bischof auch vor dem saarländischen Ministerpräsidenten HOFFMANN den Treueid hätte ableisten müssen. Dieser strebte jedoch im Sinne der französischen Saarpolitik neben dem wirtschaftlichen Anschluß des Saargebietes an Frankreich auch die politische Autonomie des Saarlandes und in diesem Zusammenhang die Errichtung eines selbständigen Saarbistums an, was in der Konsequenz zur Abtrennung der entsprechenden Gebiete von den Bistümern Trier und Speyer geführt hatte. Um nicht diese separatistische Politik politisch aufzuwerten, unterblieb mit Rücksicht darauf, dass der Treueid nicht auch vor dem Ministerpräsidenten des Saarlandes abgelegt werden sollte, die Ableistung des Treueides vollständig.

[749] Vgl. Paulinus vom 17. Mai 1981, Nr. 20, S. 9. Diese Tatsache widerspricht den Ausführungen von Hollerbach (1986), S. 197, nach denen der Treueid in den Fällen, in denen das Gebiet einer Diözese zu mehreren Bundesländern gehört, nicht mehrfach geleistet werde.

[750] c. 401 § 1.

[751] c. 381 § 1. Seine spezifischen Leitungsaufgaben und die damit verbundenen Rechte und Pflichten werden in cc. 391 - 400 näher normiert.

[752] c. 381 - 402.

sie nicht als delegierte Vollmacht vom Papst übertragen wird, sondern mit dem Bischofsamt selbst gegeben ist. Das Merkmal der Eigenständigkeit besagt, dass die Bischöfe die Teilkirche nicht als Stellvertreter des Papstes leiten, sondern die ihnen eigene Vollmacht im Namen Christi ausüben[753]. Im Zusammenhang mit der Frage, wie sich die Unmittelbarkeit der päpstlichen Vollmacht in Bezug auf jede einzelne Teilkirche mit der Eigenständigkeit der bischöflichen Vollmacht verhält, stellt c. 333 § 1 in Anlehnung an LG Nr. 27 b fest, dass die päpstliche Leitungsvollmacht die bischöfliche nicht ausschaltet, sondern stärkt und schützt[754].

Die bischöfliche Leitungsvollmacht wird, ähnlich wie beim Staat, in dreifacher Hinsicht funktional unterschieden: ihm kommt gleichzeitig die legislative, administrative und judikative Leitungsvollmacht zu[755]. Es geht hierbei jedoch nicht um eine Gewaltenteilung in der Kirche um Macht zu teilen bzw. zu kontrollieren. Walf betont: „Dabei handelt es sich jedoch nicht um eine Gewaltenteilung oder Gewaltentrennung im Sinne von Locke und Montesquieu, da nach katholischer Auffassung die Einheit der Gewalt von Papst und Bischof nicht angetastet werden darf"[756]. Es geht also um „die Aufgliederung des bischöflichen Hirtendienstes in drei verschiedene Bereiche (...), in denen die eine, unteilbare geistliche Vollmacht tätig wird. Es handelt sich (...) um eine (...) Funktionenabgrenzung der eigenberechtigten Vollmacht und unveräußerlicher Verantwortlichkeit des bischöflichen Grundamtes in der Partikularkirche"[757].

Zu den Leitungsaufgaben des Bischofs gehören die Verantwortung für die kirchliche Disziplin im Bistum[758], die gesetzliche Vertretungsvollmacht der Diözese, die sich auf alle Rechtsgeschäfte bezieht[759], sowie die Leitung des Apostolates[760].

---

[753] Vgl. Krämer (1993), S. 73; LG 27, 1 f.
[754] Vgl. Kap. D. 2.1.
[755] c. 391 § 1.
[756] Walf (1984), S. 48.
[757] Schick (1999), S. 464.
[758] c. 392.
[759] c. 393.
[760] c. 394.

Der Bischof ist Lehrer des Glaubens, Priester des heiligen Gottesdienstes sowie Diener am Leitungsdienst[761]. Die Verantwortung für die kirchliche Disziplin zielt auf den Erhalt und die Förderung der kirchlichen Einheit der Teilkirche mit der Gesamtkirche. Sie beinhaltet, dass der Bischof auf die Beachtung aller kirchlichen Gesetze in seinem Bistum achtet und dafür zu sorgen hat, dass keine Mißbräuche der kirchlichen Disziplin vorkommen.

Mit den Leitungsaufgaben sind verschiedene Pflichten verbunden. So z. B. die Verpflichtung zur Anwesenheit in der Diözese, bei der sich der Bischof nicht vertreten lassen kann[762]. Zudem hat er die Pflicht, seine Diözese in jedem Jahr ganz oder teilweise zu visitieren,[763] „so daß wenigstens alle fünf Jahre die ganze Diözese einer Visitation unterzogen wird"[764]. Im Bistum Trier wird diese Visitation, die auch eine gewisse Kontrollfunktion hat, durch die für die jeweiligen Visitationsbezirke zuständigen Weihbischöfe bzw. Regionaldekane vorgenommen[765].

Darüber hinaus hat der Diözesanbischof gem. c. 399 die besondere Pflicht, alle fünf Jahre dem Papst über den Stand der Diözese nach näheren Anweisungen des Apostolischen Stuhls einen Bericht zu geben. In dem Jahr nach der Berichterstattung muß der Bischof zum sogenannten „ad-limina"-Besuch nach Rom kommen, wo er nach c. 400 im Rahmen einer persönlichen Begegnung mit dem Papst und den Behörden der Kurie über die aktuelle Situation im Bistum zu sprechen und Rechenschaft abzulegen hat. Die im Jahr zuvor eingereichten Berichte sowie die Berichte des Nuntius bilden dabei die Gesprächsgrundlage.

---

[761] c. 375 § 1.
[762] c. 395.
[763] c. 396.
[764] Vgl. Schmitz (1999 b), S. 439.
[765] Im Bistum Trier sind dieses gem. Personalschematismus und Anschriftenverzeichnis des Bistums Trier für das Jahr 2000, S. 18, die Visitationsbezirke Saarbrücken, Trier und Koblenz.

3.2.1.2. Die Übertragung von Leitungsaufgaben

Bei der Leitung des Bistums ist der Bischof nicht auf sich allein gestellt, sondern übt sein Leitungsamt „im Zusammenwirken mit seinen Mitarbeitern (Weihbischof, Generalvikar, Hauptabteilungsleitern) sowie dem Diözesanpastoralrat, dem Priesterrat und anderen zuständigen Gremien des Bistums"[766] aus. Während er die Gesetzgebung persönlich ausüben muß,[767] überträgt er die hoheitliche Aufgabe der Rechtsprechung an den Bischöflichen Offizial[768] und die der Verwaltung an den Bischöflichen Generalvikar.[769] Der institutionelle Oberbegriff für alle Einrichtungen und Personen, die im Namen des Bischofs Aufgaben der Bistumsleitung in Verwaltung und Gerichtsbarkeit wahrnehmen, ist die Diözesankurie.[770] Sie gliedert sich in das Bischöfliche Generalvikariat (BGV) und das Bischöfliche Offizialat. Diese Trennung der administrativen und der judikativen Funktionen in der Kirche „soll zu einem sachgerechten Vollzug der kirchlichen Vollmacht beitragen."[771]

Eine institutionelle Prämisse für die Organisation der Diözesanverwaltungen aller deutscher Bistümer stellt wiederum die Rahmenordnung dar, die sich in diesem Zusammenhang als praktische Umsetzung der Aussagen des II. Vatikanischen Konzils über die Diözesankurien (CD 27) versteht und in der Anlage ein Organisationsplan-Modell als Vorschlag für eine einheitliche Gliederung der Generalvikariate enthält[772]. Der Generalvikar ist Stellvertreter des Bischofs und Leiter des BGV. Der Generalvikar hat zwei Stellvertreter, die Mitglieder des Domkapitels sind. Ihm kommt gemäß c. 479 § 1 vom Amts wegen in der ganzen Diözese jene ausführende Gewalt zu, die dem Diözesanbischof von Rechts wegen zusteht. Ausgenommen davon sind jene Verwaltungsakte, die im Kirchenrecht ausdrück-

---
[766] Gemeinsame Synode der Bistümer in der Bundesrepublik Deutschland (1976), S. 703.
[767] Vgl. Schwendenwein (1984), S. 196.
[768] c. 1420.
[769] c. 475.
[770] cc. 469 - 494.
[771] Schick (1999), S. 464.

lich dem Diözesanbischof vorbehalten sind.[773] Der Generalvikar in Trier übt die ausführende Gewalt im Bistum Trier aus. Das BGV nimmt die Bistumsverwaltung wahr. Es vollzieht die Kirchengesetze, bereitet Entscheidungen der Bistumsleitung einschließlich des Bistumshaushaltsplans und des Stellenplans vor und führt sie aus, berät die Pfarrer und Pfarrgemeinden des Bistums in Rechts- und Verwaltungsangelegenheiten, führt die Aufsicht über alle kirchlichen Institutionen in der Diözese und nimmt die laufende Verwaltung wahr.[774] Er kann vom Diözesanbischof wie die übrigen Amtsträger in der Diözesankurie[775] gem. c. 477 § 1 frei ernannt und aus gerechtem Grund[776] wieder frei abberufen werden. Das BGV Trier ist in eine Zentralstelle im Rang einer Hauptabteilung und acht Hauptabteilungen gegliedert, denen Abteilungen, Referate und Sachgebiete nachgeordnet sind. Der Organisationsplan[777] regelt die Zuständigkeiten. Eine Geschäftsordnung zur Regelung der Arbeitsabläufe fehlt für das BGV Trier.

Der Bischöfliche Offizial ist der Leiter des Bischöflichen Offizialates[778] und übt die richterliche Gewalt für das gesamte Bistum aus. Das Offizialat ist als weisungsunabhängiges Diözesangericht für alle kirchlichen Streit- und Strafsachen im Bistum zuständig. Es behandelt in der überwiegenden Mehrheit der Fälle Ehenichtigkeitsprozesse[779].

---

[772] Gemeinsame Synode der Bistümer in der Bundesrepublik Deutschland (1976), S. 706.
[773] So z.B. die Einberufung einer Diözesansynode (c. 461 § 1), Einsetzung des Vermögensverwaltungsrates (c. 492 § 1), Berufung der Mitglieder und Einberufung des Diözesanpastoralrates (cc. 512, 514). Einen Großteil der administrativ-exekutiven Vollmachten des Diözesanbischofs machen die Erlaubnisvorbehalte bzw. die genehmigungspflichtigen Akte aus.
[774] Vgl. Gemeinsame Synode der Bistümer in der Bundesrepublik Deutschland (1976), S. 703.
[775] c. 470.
[776] c. 193 § 3.
[777] Vgl. Personalschematismus und Anschriftenverzeichnis des Bistums Trier für das Jahr 2000, S. 41 - 63.
[778] Vgl. Personalschematismus und Anschriftenverzeichnis des Bistums Trier für das Jahr 2000, S. 79.
[779] Vgl. Mussinghoff (1993a), S. 247; Müller (1983), S. 366.

3.2.1.3. Die Konsultationsorgane des Diözesanbischofs

Auf Bistumsebene gibt es verschiedene verfassungsrechtlich relevante Konsultationsorgane des Bischofs. Diese auch im Bistum Trier vorkommenden Beratungsorgane (das Domkapitel, der Priesterrat und der Diözesanpastoralrat) sind dadurch gekennzeichnet, dass der Bischof einerseits verpflichtet ist, den Rat dieser Organe einzuholen, andererseits jedoch nicht zu dem empfohlenen Handeln gezwungen werden kann. Hinzu kommt, dass der Bischof mit Ausnahme des Domkapitels Vorsitzender der jeweiligen Räte ist. Die Einrichtung der Beratungsorgane zielt somit darauf hin, dass der Bischof nicht über der Diözese steht, sondern in sie eingebunden und letztverantwortlich ist. Als verfassungsrechtlich nicht relevantes Konsultationsorgan gibt es im Bistum Trier den Katholikenrat der vollständigkeitshalber behandelt wird.

Die Einrichtung dieser Konsultationsorgane ist Ausdruck der Mitsprache, Mitentscheidung und Mitverantwortung in Fragen des Glaubens sowie der Gestaltung des kirchlichen Lebens.

a) Der Priesterrat

Der Priesterrat ist eine rechtsverbindlich vorgeschriebenes Gremium von Priestern, welches das Presbyterium einer Diözese repräsentiert und gleichsam als Senat den Bischof bei der Leitung der Diözese unterstützen soll.[780] Die theologischen Wurzeln des Priesterrates liegen in PO 7, wonach die sakramental fundierte hierarchisch gegliederte Gemeinschaft zwischen dem Bischof und seinen Priestern nach der institutionalisierten Form eines Rates verlangt, und den Bischof bei der Leitung der Diözese mit seinen Ratschlägen wirksam unterstützt. Gesamtkirchlich ist der Priesterrat in cc. 495 - 502 normiert. Er hat ein lediglich beratendes Stimmrecht.[781] Seine Anhörungs- und Zustimmungsrechte[782] verändern den

---
[780] c. 495 § 1; § 1.
[781] c. 500 § 2.
[782] c. 127.

beratenden Charakter ebenfalls nicht, weil der Bischof nicht zu bestimmten Leitungsentscheidungen gezwungen werden kann. Nach c. 496 muß ein Priesterrat eigene, vom Diözesanbischof genehmigte Statuten haben, wobei die Bischofskonferenz das Recht hat, dazu Normen zu erlassen. Im Bistum Trier erfolgt die nähere rechtliche Ausgestaltung des durch Dekret vom 25. Oktober 1967 errichteten Priesterrates[783] in dem dreiteiligen Statut des Priesterrates[784] vom 04. Mai 1999.

Das Statut des Priesterrates im Bistum Trier besteht in seiner aktuellen Fassung aus einer Satzung (Satzung PR), einer Geschäfts- (GO PR), sowie einer Wahlordnung (WO PR).

Artikel 2 Satzung PR legt die Aufgabenbereiche des Priesterrates fest und unterteilt sie nach einer Aufgabendefinition in § 1 in den der Beratungsfunktion (§ 2), der Anhörungspflicht seitens des Bischofs (§ 3) sowie den der Mitwirkungsrechte (§ 4).

Die Gegenstände der beratenden Stellungnahme in Art. 2 § 2 Satzung PR beziehen sich auf priesterliche Standesfragen, so vor allem auf Dienst und Leben der Priester und Priestergemeinschaften. Des weiteren nimmt der Priesterrat beratend Stellung zu Aus- und Fortbildung sowie späteren Versorgung des Diözesanklerus sowie zur Berufungspastoral für geistliche Berufe. Er ist beratend an der pastoralen Planung und den Seelsorgestrukturen sowie bei der Errichtung wichtiger diözesaner Ämter beteiligt. Der Priesterrat begleitet somit viele aktuelle Entscheidungen des Bischofs bzw. seiner Verwaltung mit seinem Rat.

Nach c. 500 § 2 soll der Diözesanbischof den Priesterrat in Angelegenheiten von größerer Bedeutung hören. Die Anhörungsrechte des Priesterrates beinhalten nach Art 2 § 3 seiner Satzung in Übereinstimmung mit den jeweiligen gesamtkirchlichen Bestimmungen diejenigen Vorgänge, die mit der errichtung, Aufhebung und Veränderung von Pfarreien und überpfarrlichen pastoralen Struktu-

---

[783] Vgl. Kirchliches Amtsblatt für das Bistum Trier 1967, Nr. 188.
[784] Vgl. Kirchliches Amtsblatt für das Bistum Trier 1999, Nr. 213.

ren[785], mit der Entscheidung über die Abhaltung einer Diözesansynode[786], mit dem Erlaß von Vorschriften über die Vergütung seelsorglicher Dienste und die Verwendung von Gaben nach c. 531, mit der Genehmigung von Kirchenneubauten, mit der Entwidmung einer nicht mehr gebrauchten Kirche[787] sowie mit der Festlegung von diözesanen Abgaben[788] verbunden sind.

Ferner wirkt der Priesterrat des Bistums Trier gem. Art. 2 § 4 seiner Satzung bei der Vorbereitung einer Diözesansynode[789], bei der Bildung des Diözesanpastoralrates sowie eines Kreises von Pfarrern mit, der auf Dauer eingerichtet ist und beim Verfahren zur Amtsenthebung oder Versetzung von Pfarrern beteiligt ist. Ein weiteres wichtiges Mitwirkungsrecht des Priesterrates bezieht sich das Verfahren für die Bestellung eines Diözesanbischofs und der Weihbischöfe im Rahmen des geltenden Rechts.

Der Priesterrat im Bistum Trier setzt sich für eine Amtsperiode von fünf Jahren[790] gem. Art. 3 § 1 seiner Satzung aus dem Diözesanbischof, 20 nach der Wahlordnung gewählten Priestern, dem Bischöflichen Generalvikar und dem Regens des Priesterseminars als geborenen Mitgliedern, sechs Priestern als entsandten Mitgliedern verschiedener Gremien bzw. Gruppen[791] und bis zu fünf Priestern zusammen, die vom Bischof berufen wurden.

Der Bischof ist nach c. 500 § 1 und Art. 4 § 1 Satzung PR Vorsitzender des Priesterrates, womit „eine mögliche Mißdeutung des Priesterrates als ‚Gegenüber' des Bischofs vermieden"[792] wird. Seine Aufgaben sind u.a. die Mitwirkung bei der Festlegung von Richtlinien für den beruflichen Einsatz von Priestern so-

---

[785] c. 515 § 2.
[786] c. 461 § 1.
[787] c. 1222 § 2.
[788] c. 1263.
[789] Nach c. 463 § 1 n. 4 sind alle Mitglieder des Priesterrates Teilnehmer einer Diözesansynode.
[790] Art. 5 § 1 Satzung des Priesterrates.
[791] Diese Gruppen sind näherhin die Bischofsvikare, das Domkapitel, die hauptamtlichen priesterlichen Mitglieder der THEOLOGISCHEN FAKULTÄT TRIER sowie die Vertretergemeinschaft der Ordenspriester.
[792] Hommens (1999), Sp. 578.

wie die Mitberatung bei der Besetzung wichtiger Leitungsämter in der Diözese[793]. Dieses wird auch dadurch ermöglicht, dass der Bischof zu Beginn jeder Sitzung ausführliche Informationen über anstehende Themen und Probleme gibt[794].

In Übereinstimmung mit c. 501 § 2 bestimmt Art. 6 § 3 der Satzung des Priesterrates, dass der Priesterrat im Falle der Sedisvakanz zu bestehen aufhört und seine Aufgaben vom Domkapitel (s.u.) wahrgenommen werden. Diese Vorschrift steht allerdings in einer gewissen Spannung zu der Tatsache, dass sich der Priesterrat im wesentlichen aus vom Presbyterium und zwar in Unabhängigkeit von der Person der jeweiligen Bischofs gewählten Mandatsträgern zusammensetzt. Des weiteren wäre es sinnvoll, dass der Priesterrat bei Eintritt der Sedisvakanz weiter arbeitet, um einen intensiven Meinungsaustausch zwischen Priesterrat, Domkapitel, Diözesanpastoralrat und Katholikenrat über den zu wählenden neuen Bischof zu initiieren.

Wegen der gem. Art. 1 § 1 der Geschäftsordnung zweimal im Jahr stattfindenden Sitzungen kann sich die Tätigkeit des Priesterrates schon aus organisatorischen und zeitlichen gründen jeweils nur auf besonders herausragende Fragen aus dem Bereich des Lebens und Dienstes der Priester beziehen.

Nach c. 502 hat der Bischof aus dem Priesterrat ein aus sechs bis zwölf Mitgliedern bestehendes Konsultorenkollegium zu berufen.

b) Das Domkapitel

Das Domkapitel ist in LG 28, CD 27 und PO 7 theologisch begründet und in cc. 503 - 510 gesamtkirchlich normiert. Nach c. 503 ist das Domkapitel ein Kollegium von Priestern, das vornehmlich gottesdienstliche Funktionen hat und daneben die Aufgaben erfüllt, die ihm durch allgemeines Recht oder den Bischof übertra-

---

[793] Vgl. Meiners (1993), S. 142.
[794] Vgl. Meiners (1993), S. 144.

gen werden. Es ist als „kollegiale juristische Person (...) prozeß-, partei- und deliktsfähig"[795].

Aufgrund der in c. 505 normierten Satzungsautonomie des Domkapitels gelten im Bistum Trier die am 26. Juni 1995 beschlossenen „Statuten des Kapitels der Hohen Domkirche zu Trier" (Statuten DK)[796].

Dem Trierer Domkapitel gehören neben den konkordatär vorgesehenen Dignitäten (Dompropst und Domdechant) acht residierende und vier nichtresidierende Domkapitulare an[797].

Die Aufgaben des Domkapitels sind den Statuten DK folgend in allgemeine[798], spezielle[799] sowie Aufgaben *sede vacante*[800] zu differenzieren: Im Rahmen seiner allgemeinen Aufgaben hat das Domkapitel gottesdienstliche (Art. 12) sowie Verwaltungsaufgaben (Art.13).

Dem Domkapitel kommt das Recht der Bischofswahl aus einer Dreierliste zu[801].

Durch einen gem. c. 502 § 3 im Jahre 1983 erfolgten Beschluß hat die DBK verbindlich festgelegt, dass die Aufgaben des Konsultorenkollegiums den Deutschen Kathedralkapiteln übertragen werden. Im Hinblick auf das Bistum Trier ermöglicht es dieser Beschluß dort, wo „die Domkapitel nach teilkirchlichem Recht , vor allem nach Konkordatsrecht, eine bedeutende Stellung einnehmen und diese zum Wohl der Diözese auch ausüben, den Domkapiteln auch nach neuem Recht ihre Rolle zu belassen"[802]. Für das Domkapitel von Trier gilt folglich die „Ordnung für das Konsultorenkollegium gemäß can. 502 CIC" (Konsultorenkollegiumsordnung – KKO)[803] vom 30. November 1993[804].

---

[795] Hirnsperger (1995), Sp. 328.
[796] Vgl. Kirchliches Amtsblatt für das Bistum Trier 1995, Nr. 174.
[797] Art. 2 Abs. 1 Statuten DK; vgl. Personalschematismus und Anschriftenverzeichnis des Bistums Trier für das Jahr 2000, S. 20.
[798] Art. 12 - 15 Statuen DK.
[799] Art. 21 - 24 Statuten DK.
[800] Art. 16 - 20 Statuten DK.
[801] Art. 20 Statuten DK i.V.m. Art. 6 PK und Art. 14, Abs. 1 RK.
[802] Schmitz (1999 c), S. 458.
[803] Vgl. Kirchliches Amtsblatt für das Bistum Trier 1993, Nr. 229.

Das Domkapitel ist insofern in die Verwaltungsorganisation eingegliedert, als deren Mitglieder der Generalvikar sowie einige Leiter der Hauptabteilungen im BGV sind.[805] Allerdings ist folgende Konstellation mit SCHMITZ kritisch anzumerken: „Da das Konsultorenkollegium seiner Konzeption nach ein vom Bischof unabhängiger Rat und ein extrakuriales Gremium sein soll, andererseits die Mitglieder der Domkapitel im deutschsprachigen Raum weiterhin überwiegend in der Diözesankurie tätig und insofern weisungsgebunden sind, ergeben sich aus der dadurch bedingten Verquickung von extrakurialen und intrakurialen Aufgaben und von weisungsfreien und weisungsgebundenen Aufgaben Bedenken gegen die durch c. 502 § 3 gebotene Möglichkeit, die allerdings auch schon gegenüber dem bisher geltenden Recht bestanden"[806].

In der Zeit der Sedisvakanz übernimmt das Domkapitel nach Art. 18 Statuten DK die Aufgaben des Priesterrates.

Im Vergleich zu den anderen Beratungsorganen kommt dem Domkapitel als solchem eine größere Eigenständigkeit zu, weil der Bischof nicht Mitglied in ihm ist und der Dompropst den Vorsitz führt.[807] Diese Aussage gilt allerdings dann nicht, wenn das Domkapitel die Aufgaben des Konsultorenkollegiums wahrnimmt, weil es in diesem Fall unter dem Vorsitz des Diözesanbischofs steht, der dann zu den Sitzungen einlädt und die Tagesordnung bestimmt, sich jedoch nicht an den Abstimmungen beteiligen darf[808]. Im Falle der Sedisvakanz führt nach Art. 7 Abs. 2 KKO der interimistische Leiter der Diözese den Vorsitz oder, falls dieser noch nicht bestellt ist, der Dompropst[809].

---

[804] Die in der KKO bezeichneten Aufgaben haben Eingang in die Statuten DK gefunden, weswegen an den entsprechenden Stellen mit „in Wahrnehmung der Aufgaben des Konsultorenkollegiums" formuliert wird. Daher wird die KKO im folgenden nicht weiter eingearbeitet.
[805] Vgl. Personalschematismus und Anschriftenverzeichnis des Bistums Trier für das Jahr 2000, S. 20.
[806] Schmitz (1999 c), S. 458.
[807] c. 507 § 1.
[808] Art. 7 Abs. 1 KKO i.V.m. c. 502 § 2.
[809] In Abweichung davon schreibt c. 502 § 2 vor, dass *sede vacante* der Diözesanadministrator, oder, wenn dieser noch nicht ernannt ist, der der Weihe nach älteste Priester des Konsultorenkollegiums den Vorsitz innehat.

c) **Der Diözesanpastoralrat**

Neben dem Priesterrat hat das II. Vaticanum in CD 27,5, AG 30,2 und PO 7 ein ähnliches diözesanes Beratungsgremium für Laien vorgesehen. Das Gesetzbuch behandelt den Diözesanpastoralrat in cc. 511 - 514. Allerdings liegt es nach dem in Anlehnung an die Konzilsdokumente formulierten c. 511 im Gegensatz zur nach c. 495 § 1 verpflichtenden Bildung des Priesterrates in der verantwortlichen Entscheidung des Diözesanbischofs, ob er einen solchen Pastoralrat einsetzt. Dieses ist im Bistum Trier der Diözesanpastoralrat[810], der durch die „Ordnung für den Diözesanpastoralrat der Diözese Trier" (OrdDPR)[811] vom 27. März 1976 partikularrechtlich geregelt ist.

Nach § 1 Abs. 1 OrdDPR nimmt Diözesanpastoralrat dadurch an der Willensbildung und Entscheidungsfindung bei den der gemeinsamen Verantwortung obliegenden Aufgaben der Diözese teil, dass er den Bischof berät. Damit verfügt der Diözesanpastoralrat auf der Ebene des Bistums über ein weitreichendes Mitspracherecht, welches dazu dient, die beim II. Vatikanischen Konzil betonte Eigenständigkeit stärker wahrzunehmen.

Diesem diözesanen Beratungsorgan kommen während seiner vierjährigen Amtszeit[812] gem § 2 OrdDPR die folgenden drei Aufgabenfelder der Mitwirkung, Behandlung und Wahl zu. Nach § 2 Nr. 1 OrdPDR wirkt er mit bei der Festlegung und Koordinierung von Schwerpunkten und Richtlinien allgemeiner pastoraler Vorhaben sowie von Grundsätzen für den Einsatz und die Weiterbildung pastoraler Mitarbeiter, bei der Errichtung wichtiger diözesaner Ämter, bei der Behandlung von überdiözesanen Fragen sowie bei dem Verfahren für die Bestellung des Bischofs und der Weihbischöfe im Rahmen des jeweils geltenden Rechts. Nach § 2 Nr. 2 OrdDPR behandelt der Diözesanpastoralrat die Anträge und Anfragen des

---

[810] CD 27,5; c. 511. Vgl. Personalschematismus und Anschriftenverzeichnis des Bistums Trier für das Jahr 2000, S.26 ff.
[811] Vgl. Kirchliches Amtsblatt für das Bistum Trier 1976, Nr. 116.
[812] § 1 Abs. 2 OrdDPR.

Katholikenrats der diözese und wählt nach § 2 Nr. 3 OrdDPR die von ihm in den Diözesankirchensteuerrat zu entsendenden Mitglieder.

Dem Diözesanpastoralrat gehören nach § 3 OrdDPR der Bischof, die Weihbischöfe, der Generalvikar, der Leiter der Hauptabteilung 2 „Pastorale Dienste" im BGV, sowie verschiedene von den Regionaldekanen, vom Priesterrat, vom Ordensrat der Männer, von den regionalen Schwestern-Arbeitsgemeinschaften sowie vom Katholikenrat gewählte Vertreter und bis zu 5 weitere vom Bischof nach Anhörung der übrigen Mitglieder berufene Mitglieder an.

Rechtlich gesehen ist der Diözesanpastoralrat kein repräsentatives Organ der Gläubigen einer Diözese, jedoch sollen seine Mitglieder so vom Bischof berufen werden, dass die gesamte Diözese authentisch repräsentiert wird.[813] Mit dem Priesterrat ist der Diözesanpastoralrat insofern strukturell vergleichbar, als dieses Gremium vom Bischof einberufen und geleitet wird[814] sowie ein beratendes Stimmrecht[815] hat.

d) Der Katholikenrat

Nach AA 26 ist in einer Diözese nach Möglichkeit ein diözesaner Rat einzurichten, dessen Aufgabe es ist, „die apostolische Tätigkeit der Kirche im Bereich der Evangelisierung und Heiligung, im caritativen und sozialen Bereich und in anderen Bereichen bei entsprechender Zusammenarbeit von Klerikern und Ordensleuten mit den Laien" zu unterstützen und die verschiedenen Vereinigungen und Werke der Laien zu koordinieren. Für dieses Gremium „zur Förderung der apostolischen Tätigkeit der Kirche und zur Koordinierung des Laienapostolats"[816] fehlen sowohl Bestimmungen innerhalb des CIC als auch gesamtkirchliche Ausführungsbestimmungen. Die fehlende gesamtkirchliche Normierung des in AA 26

---

[813] c. 512 §2. Vgl. Schmitz (1999 c), S. 461.
[814] § 5 Abs. 1 u. 3 OrdDPR.
[815] § 6 Abs. 2 ff. OrdDPR.
[816] Krämer (1993), S. 84.

genannten Rates im CIC ist ein Indiz dafür, dass „ein nach Art. 26 VatII AA gebildeter Rat nicht der Ebene der verfassungsrechtlichen Beratungsorgane zuzurechnen ist, sondern dem Bereich des in der freien Initiative der gläubigen liegenden Vereinigungsrechts zugehört"[817] und somit der verbandsrechtlichen Organisationsstruktur zuzurechnen ist. Aus diesem Grunde wird der Katholikenrat an dieser Stelle nur vollständigkeitshalber und aufrißartig abgehandelt.

Der Katholikenrat im Bistum Trier ist durch seine aufgrund eines bischöflichen Erlasses vom 24.05.1976[818] beschlossene und am 22.12.1976 durch den Bischof von Trier bestätigte Satzung (SatzungKR)[819] teilkirchenrechtlich normiert. Dem Katholikenrat, der während seiner Amtszeit von jeweils vier Jahren[820] mindestens zweimal im Jahr zu ordentlichen Vollversammlungen zusammenkommt[821], obliegen nach § 1 SatzungKR die folgenden Aufgaben: er hat die apostolische Tätigkeit im Bistum zu fördern und die Kräfte des Laienapostolats zu koordinieren (Abs. 1). Darüber hinaus beobachtet er die Entwicklungen im gesellschaftlichen, staatlichen und kirchlichen Leben und bezieht zu Fragen dieser Bereiche Stellung, vertritt Anliegen der Katholiken des Bistums in der Öffentlichkeit und auf überdiözesaner Ebene, gibt Anregungen für die Arbeit der Katholiken in Bistum und Gesellschaft und stimmt die in ihm zusammengeschlossenen Kräfte aufeinander ab. In diesem Sinne berät er den Bischof und den Diözesanpastoralrat. (Abs. 2). Schließlich entsendet er nach § 1 Abs. 3 SatzungKR Vertreter in den Diözesanpastoralrat und in das Zentralkomitee der deutschen Katholiken. Zur Bewältigung bestimmter Aufgabenbereiche kann der Katholikenrat Sachausschüsse und Kommissionen einrichten.[822]

---

[817] Schmitz (1999 c), S. 463.
[818] Vgl. Kirchliches Amtsblatt für das Bistum Trier 1976, Nr. 161.
[819] Die Satzung des Katholikenrates der Diözese Trier ist nicht im Kirchlichen Amtsblatt für das Bistum Trier publiziert worden und liegt daher nur in unveröffentlichter Form vor.
[820] § 5 Abs. 1 SatzungKR.
[821] § 2 Abs. 1 SatzungKR.
[822] § 4 Abs. 1 SatzungKR.

3.2.2. Die mittlere und die untere pastorale Ebene

Die organisatorischen Struktureinheiten der mittleren und unteren pastoralen Ebene eines Bistums sind die Regionen, Dekanate, Pfarrverbände[823] und Pfarreien. Bei der Darstellung der teilkirchenrechtlich verankerten organisatorischen Strukturen folgt die vorliegende Arbeit stets den Aussagen des CIC, der „Rahmenordnung für die pastoralen Strukturen"[824], der „Rahmenordnung für Strukturen der Mitverantwortung" der Würzburger Synode[825]. sowie der für das Bistum Trier geltenden Diözesanbestimmungen als Rechtsquellen. Die diözesanen Regelungen ersetzen die bislang in den Synodalstatuten des Bistums Trier vom 19. Juli 1959 geregelten und für die vorliegenden Arbeit relevanten Gegenstände, da diese Gegenstände vielfach durch spätere Gesetze, Ordnungen und Verordnungen, wie z.B. durch den CIC 1983, durch Partikularnormen der DBK zum CIC sowie teils durch eigene diözesane Bestimmungen aufgehoben bzw. neu gefaßt worden sind[826].

In der Diözese Trier bilden die insgesamt 977 Pfarrgemeinden, Pfarrvikarien, Vikarien und Expositituren die untere pastorale Ebene.. Zur Förderung der Seelsorge durch ein gemeinsames Handeln sind nach c. 374 § 2 und § 1 Abs. 2 der „Diözesanbestimmungen über die Gliederung des Bistums" (DBGB)[827] jeweils mehrere Pfarreien zu einem Dekanat und mehrere Dekanate zu einer Region zusammengefaßt. Die zu sieben Regionen zusammengefaßten 75 Dekanate die mittlere pastorale Ebene. Der organisatorischer Aufbau sowie die Aufgaben von Regionen, Dekanaten, Pfarreien und deren Sonderformen sind durch Erlasse des Bischofs partikularrechtlich näher normiert.

---

[823] Zu Pfarrverbänden vgl. Krämer (1999), S. 535 ff. Da im Bistum Trier keine Pfarrverbände errichtet sind, entfällt in der vorliegenden Arbeit deren eingehende Schilderung.
[824] Im folgenden zitiert als: „Rahmenordnung".
[825] Vgl. Gemeinsame Synode der Bistümer in der Bundesrepublik Deutschland (1976), S. 659 ff u. 698 ff.
[826] Vgl. Kirchliches Amtsblatt für das Bistum Trier 2000, Nr. 31.
[827] Vgl. Kirchliches Amtsblatt für das Bistum Trier 2000, Nr. 32.

Nachfolgend werden die kirchenrechtlichen Grundlagen dieser territorialen Ebenen der Organisationsstruktur des Bistums Trier dargelegt.

3.2.2.1. Die dözesane Region

Das deutsche Teilkirchenrecht sieht unter Berufung auf das Subsidiaritätsprinzip und auf den Grundsatz der Dezentralisierung der Pastoral[828] in der Rahmenordnung die Möglichkeit zur Errichtung diözesaner Regionen vor, obwohl es keine derartige Bestimmungen innerhalb des CIC gibt. Demzufolge besteht eine diözesane Region aus einem Zusammenschluß mehrerer benachbarter Dekanate und umfaßt dabei einen Raum, „der aufgrund kultureller oder soziologischer Einheitlichkeit eine eigene pastorale Strukturform zwischen Dekanaten und Bistum erfordert"[829], um innerhalb der soziologisch und kulturell unterschiedlich geprägten Gebiete „die Pastoral den Gegebenheiten der verschiedenen Räume individuell anzupassen."[830] Ihre Errichtung liegt nach Anhörung der beteiligten Dekanate in der Kompetenz des Diözesanbischofs, der in Ergänzung zu der Rahmenordnung ein Regionalstatut aufzustellen hat.[831] Für das Bistum Trier gilt die mit Wirkung zum 01. Januar 2000 vom Diözesanbischof erlassene „Ordnung für die Regionen im Bistum Trier" (OrdReg) vom 15. Dezember 1999 als Regionalstatut.[832]
Die sieben Regionen im Bistum Trier sind die Regionen Trier, Koblenz, Saarbrücken, Westeifel, Rhein-Mosel-Ahr, Rhein-Hunsrück-Nahe und Saar-Hochwald[833]. Aufgabe der Region ist die Konkretisierung, Ergänzung und die Durchführung des diözesanen Pastoralplans: sie „fördert die Pastoral entsprechend den regionalen Gegebenheiten und Erfordernissen, stärkt die wechselseitige Kommunikation,

---

[828] Vgl. Gemeinsame Synode der Bistümer in der Bundesrepublik Deutschland (1976), S.700.
[829] Gemeinsame Synode der Bistümer in der Bundesrepublik Deutschland (1976), S.700.
[830] Gemeinsame Synode der Bistümer in der Bundesrepublik Deutschland (1976), S.698.
[831] Vgl. Gemeinsame Synode der Bistümer in der Bundesrepublik Deutschland (1976), S.700.
[832] Vgl. Kirchliches Amtsblatt für das Bistum Trier 2000, Nr. 4.
[833] Auf die Beschreibung der Zuordnung der einzelnen Dekanate zu den jeweiligen Regionen wird an dieser Stelle verzichtet. vgl. dazu Personalschematismus und Anschriftenverzeichnis des Bistums Trier für das Jahr 2000, S. 146 - 378.

fördert die Kooperation und sorgt für die Koordinierung der Aufgaben, die der gesellschaftlichen Präsenz der Kirche dienen"[834]. Indem die Region für den Kommunikationsfluß von unten nach oben und umgekehrt[835] sorgt, bringt sie als organisatorische Mittelinstanz zwischen der Bistumsleitung und den Dekanten „Initiativen und Informationen ihres Bereiches in die Planungen des Bistums ein und gibt diözesane Impulse an die nachgeordneten pastoralen Einheiten weiter"[836]. Dabei darf die Region grundsätzlich nur solche Aufgaben an sich ziehen, die im einzelnen Dekanat nicht oder nur schwer erfüllt werden können[837], wie etwa spezialisierte Beratungsstellen, soweit diese nicht auf der Ebene des Bistums eingerichtet sind.

Die Ordnung für die Regionen im Bistum Trier nennt in § 2 Abs. 2 - 7 eine Vielzahl an umfassenden regionalen Aufgaben, welche vor allem die Bereiche der Pastoral, der Aus- und Fortbildung, der Ökumene, der kirchliche Vorschriften und Weisungen, der öffentlichen Vertretung, der Personalförderung sowie der Vorbereitung und Durchführung von Konferenzen beinhalten.

An der Spitze einer Region steht jeweils ein Regionaldekan, der die Region im Auftrag des Bischofs leitet.[838] Der Regionaldekan wird für eine Amtszeit von sieben Jahren[839] vom Bischof auf Grund eines Vorschlagsverfahrens der Region ernannt.[840] Ein Regionaldekan muß nach § 8 Abs. 3 OrdReg ein im aktiven Dienst des Bistums stehender Geistlicher sein, der mindestens seit sieben Jahren Priester und seit fünf Jahren im Bistum Trier tätig ist

Der Regionaldekan hat nach § 3 Abs. 2 und 3 OrdReg neben der Sorge für die Erfüllung der o.g. Aufgaben der Region die folgenden Aufgaben: er ist Dienstvorgesetzter der für die Region beauftragten haupt- und nebenamtlichen Mitarbei-

---

[834] § 2 Abs. 1 OrdReg.
[835] Vgl. Geringer (1999), S. 480.
[836] Gemeinsame Synode der Bistümer in der Bundesrepublik Deutschland (1976), S. 700.
[837] § 2 Abs. 3 OrdReg.
[838] § 3 Abs. 1 OrdReg.
[839] § 10 Abs. 4 OrdReg.

ter mit allen dazugehörigen Pflichten. Darüber hinaus ist er für die Beaufsichtigung der Amtsführung der Dechanten zuständig und visitiert im Abstand von drei Jahren nach der bischöflichen Visitation die Pfarreien und selbständigen Seelsorgestellen in der Region. Der Regionaldekan wirkt bei der Pfarrstellenbesetzung vakanter Pfarreien mit und nimmt in Städten, in denen mehrere Dekanate bestehen, Koordinationsaufgaben wahr.

Der Regionaldekan wird in seiner Amtsausübung durch einen stellvertretenden Regionaldekan unterstützt.[841] Der stellvertretende Regionaldekan ist ein Dechant, der von den Dechanten der Region dem Bischof zur Ernennung vorgeschlagen und von diesem für eine Amtszeit von fünf Jahren ernannt wird.[842]

Die regionale Dechantenkonferenz, der als Mitglieder der Regionaldekan und die Dechanten der Region angehören, unterstützt den Regionaldekan bei der Erfüllung seiner Aufgaben dadurch, dass sie Informations- und Erfahrungsaustausch pflegt sowie Absprachen im Hinblick auf pastorale Vorhaben trifft[843]. Daneben stehen dem Regionaldekan bei der Wahrnehmung seiner Dienstpflichten vom Bistum angestellte Mitarbeiter sowie eine Geschäftsstelle als administrative Institution zur Verfügung[844].

3.2.2.2. Das Dekanat

Nach c. 374 § 2 CIC können - auf Anregung durch das II. Vaticanum, eine stärkere Zusammenarbeit der Pfarrer und aller anderen Seelsorger zu ermöglichen[845] - mehrere Pfarreien zu besonderen Zusammenschlüssen, bspw. zu Dekanaten, verbunden sein, um die Seelsorge durch gemeinsames, überpfarrliches Handeln zu fördern. Für das Bistum Trier gilt die mit Wirkung zum 01. Januar 2000 vom Di-

---

[840] § 8 Abs. 1 OrdReg.
[841] § 4 OrdReg.
[842] § 11 OrdReg.
[843] § 5 OrdReg.
[844] §§ 6, 7 OrdReg.
[845] Vgl. CD 30,1; LG 28,3; LG 30; LG 32,3; LG 37,3; PO 8,1; PO 9,2; AA 18,1; AA 24,5; AA 25,1.

özesanbischof erlassene „Ordnung für die Dekanate im Bistum Trier" (OrdDek)[846] vom 15. Dezember 1999 als Dekanatsstatut. Das Dekanat ist demnach als „territoriale Untergliederung der Diözese auf der Ebene zwischen Pfarreien und Region"[847] ein Zusammenschluß von kanonischen Pfarreien und/oder Quasi-Pfarreien, die jedoch ihre kanonische Selbständigkeit beibehalten. Es ist nach der Rahmenordnung zu einer eigenständigen pastoralen Einheit zwischen Pfarrgemeinde und Bistum zu entwickeln[848]. Das Dekanat ist im Unterschied zur diözesanen Region eine „wirkliche Verwaltungseinheit die der Aufrechterhaltung der Kirchendisziplin zu dienen hat"[849].

Es ist die Aufgabe eines Dekanates, Planungen und Entscheidungen des Bistums an das eigene Gebiet anzupassen, für besondere pastorale Dienste Sorge zu tragen und die Pastoral der Pfarreien zu koordinieren[850]. Somit ist das Dekanat oft eine „Nahtstelle von territorialer und kategorialer Seelsorge"[851].

Die Aufgaben eines Dekanates im Bistum Trier werden in § 2 OrdDek beschrieben. Danach sind die vielen Einzelaufgaben fünf Aufgabengebieten zuzuordnen. Diese beziehen sich auf die Pastoral, auf die in der Pastoral haupt- und ehrenamtlich Tätigen, auf kirchliche Gesetze und Vorschriften, auf den Bereich der Informations- und Öffentlichkeitsarbeit und Kontaktpflege zu Behörden und nichtkirchlichen Organisationen sowie auf die Reflexion der Arbeit des Dekanates. Die genannten Aufgabengebiete des Dekanates werden nach § 3 OrdDek von den Priestern und den weiteren pastoralen Mitarbeitern sowie den Organen des Dekanates wahrgenommen. Zu den Organen des Dekanates zählen der Dechant, der Definitor, die Dekanatskonferenz und der Dekanatsrat[852].

---

[846] Vgl. Kirchliches Amtsblatt für das Bistum Trier 2000, Nr. 5.
[847] § 1 Abs. 1 OrdDek.
[848] Vgl. Gemeinsame Synode der Bistümer in der Bundesrepublik Deutschland (1976), S. 698.
[849] Gehringer (1999), S. 480.
[850] Vgl. Gemeinsame Synode der Bistümer in der Bundesrepublik Deutschland (1976), S. 698 f.
[851] Gehringer (1999), S. 483.
[852] § 5 OrdDek.

An der Spitze eines Dekanates steht jeweils ein Dechant, der das Dekanat im Auftrag des Bischofs im Zusammenwirken mit der Dekanatskonferenz und dem Dekanatsrat leitet[853]. Der Dechant wird für eine Amtszeit von fünf Jahren[854] vom Bischof auf Grund eines Vorschlagsverfahrens der Dekanatskonferenz ernannt[855]. Das Amt des Dechanten ist in cc. 553 - 555 universalkirchlich normiert. Ein Dechant muß nach § 17 Abs. 2 OrdDek ein Priester sein, der als Pfarrer oder auf Dauer bestellter Pfarrverwalter im Dekanat wohnt und tätig ist.

Dem Dechanten obliegen neben den ihm nach § 7 OrdDek partikularrechtlich übertragenen Aufgaben nach c. 555[856] die folgenden Amtspflichten: er hat im Bereich der allgemeinen Seelsorge die gemeinsame pastorale Tätigkeit im Dekanat zu fördern und zu koordinieren (c. 555 § 1 n. 1). Des weiteren hat nach c. 555 § 1 nn. 2 f. die priesterliche Lebensführung der Kleriker seines Dekanates sowie die Erfüllung ihrer geistlichen Amtspflichten zu beaufsichtigen sowie dafür Sorge zu tragen, dass die liturgischen Vorschriften beachtet, die Ausstattung und Sauberkeit der gottesdienstlichen Räume (insbesondere im Bezug auf die Feier und Aufbewahrung der Eucharistie) gewahrt, die Kirchenbücher korrekt geführt und aufbewahrt, die kirchliche Vermögensverwaltung sorgfältig wahrgenommen und schließlich das Pfarrhaus umsichtig gepflegt wird. Zur Überprüfung aller dieser Obliegenheiten hat der Dechant nach c. 555 § 4 jede Pfarrei seines Dekanates zu visitieren, was allerdings im Bistum Trier nach § 2 Abs. 2 Nr. 13 OrdReg durch den Regionaldekan geschieht. Im Falle der Erkrankung oder des Todes eines Pfarrers seines Dekanates hat der Dechant gem. c. 555 § 3 vorzusorgen, dass die Kirchenbücher, pfarrlichen Dokumente, sakralen Geräte oder anderes Kircheneigentum nicht verlorengehen oder weggeschafft werden.

---

[853] § 6 Abs. 1 OrdDek.
[854] § 19 Abs. 2 OrdDek.
[855] § 17 Abs. 1 OrdDek i.V.m. cc. 553, 554.
[856] Durch diesen Verweis des c. 555 § 1auf partikularrechtliche Regelungen, im vorliegenden Fall auf das Dekanatsstatut, wird diese Norm an die teilkirchlichen Erfordernisse angepaßt.

Unter Hinweis auf c. 555 spezifiziert § 7 OrdDek die Aufgaben eines Dechanten im Bistum Trier näher in Aufgaben gegenüber Priestern und weiteren pastoralen Mitarbeitern (Abs.2), in der Verwaltung und Jurisdiktion (Abs. 3), bei Konferenzen (Abs. 4) sowie in der Vertretung des Dekanates (Abs. 5).

So hat er nach als Dienstvorgesetzter auf der Ebene des Dekanates nach § 2 i.V.m. § 7 Abs. 2 für die theologische und spirituelle Fortbildung der im Dekanat tätigen Priester und pastoralen Mitarbeiter zu sorgen und bei etwaigen Differenzen zwischen ihnen zu vermitteln. Der Dechant hat die Sorge für die Priester und die disziplinäre Aufsicht persönlich wahrzunehmen.

Innerhalb der Verwaltung und Jurisdiktion achtet er gem. § 7 Abs. 3 etwa auf die Durchführung der kirchlichen Vorschriften im Dekanat, wird bei der Neubesetzung einer Pfarrstelle tätig, führt die Dekanatsakten und verwahrt sie in einem Dekanatsarchiv, erstellt in Zusammenarbeit mit dem zuständigen Rendanten den Finanzentwurf des Dekanates zur Vorlage und Beratung in der Dekanatskonferenz und leitet ihn nach seiner Entschließung über den Regionaldekan an das Bischöfliche Generalvikariat.

Die Aufgaben des Dechanten bei Konferenzen beziehen sich nach § 7 Abs. 4 OrdDek auf die Teilnahme an den Dechantenkonferenzen auf Bistums- und Regionalebene, auf die Leitung der Dekanatskonferenz und -versammlung sowie der Dekanatsjugendpastoralkonferenz.

Nach § 7 Abs. 5 kommen dem Dechanten Vertretungsaufgaben des Dekanates gegenüber anderen kirchlichen Stellen, Einrichtungen und Organisationen sowie gegenüber Behörden und außerkirchlichen Einrichtungen innerhalb des Dekanates zu. Darüber hinaus hat er für die Öffentlichkeitsarbeit des Dekanates zu sorgen.

Durch die geschilderte Vielfalt der Amtspflichten des Dechanten wird deutlich, dass sein Amt insbesondere eine Aufsichts- und Fürsorgefunktion beinhaltet.

Bei der Wahrnehmung seiner Aufgaben wird der Dechanten nach § 8 OrdDek von einem Definitor als vom Bischof ernannten Stellvertreter unterstützt, der nach

§ 20 OrdDek ebenfalls Priester sein muß und für eine Amtszeit von fünf Jahren bestellt wird. Die Aufgaben eines Definitors im Bistum Trier bestehen gem. § 9 OrdDek vornehmlich in Vertretungsaufgaben im Verhinderungs- bzw. Todesfall des Dechanten. Darüber hinaus übernimmt der Definitor bei Erledigung des Amtes des Dechanten bis zum Amtsantritt eine neuen Dechanten dessen Aufgaben und ist für die Wahl des Dechanten zuständig.

Die Dekanatskonferenz ist nach §§ 10 - 12 gemeinsam mit dem Dechanten als ihrem Vorsitzenden für die Erfüllung der dem Dekanat übertragenen Aufgaben verantwortlich und dient darüber hinaus der Koordination, Information und dem pastoralen Austausch. Mitglieder der Dekanatskonferenz sind nach § 10 Abs. 2 OrdDek die hauptamtlich im pfarrlichen Dienst stehenden Priester und weiteren pastoralen Mitarbeiter, wobei der Dechant im Einvernehmen mit den übrigen Mitgliedern auch andere im Dekanat hauptamtlich Priester und hauptamtlich tätige pastorale Mitarbeiter als weitere Mitglieder berufen kann, soweit deren Anzahl nicht mehr als ein viertel der amtlichen Mitglieder beträgt.

Zu den Aufgaben der Dekanatskonferenz gehören nach § 11 OrdDek vor allem die Aufstellung eines Arbeitsplanes für das Dekanat, der die vom Bistum und der Region festgelegten pastoralen Schwerpunkte zu berücksichtigen und dessen Durchführung sie zu begleiten hat. Dabei sorgt sie auf Dekanatsebene für die arbeitsteilige Durchführung pastoraler Maßnahmen, bemüht sich um einen Austausch von pastoralen Erfahrungen zwischen Priestern und pastoralen Mitarbeitern und fördert in Verbindung mit dem Dechanten die Fortbildung der ehren- und hauptamtlichen Mitarbeiter. Ferner wählt die Dekanatskonferenz nach Maßgabe der §§ 18 und 20 in schriftlicher, geheimer Wahl jeweils einen Kandidaten zur Bestellung des Dechanten bzw. des Definitors, die dem Bischof zugeleitet werden. Diese Aufgaben nimmt die Dekanatskonferenz bei ihren gem. § 12 OrdDek monatlich stattfindenden Sitzungen wahr.

Von der Dekanatskonferenz ist der Dekanatsrat zu unterscheiden, der dem Dechanten zur Unterstützung in der Dekanatsleitung nach §§ 13 - 15 zur Seite steht, dessen Amtszeit vier Jahre beträgt[857] und der aus amtlichen, gewählten und berufenen Mitgliedern besteht, deren Hälfte Laien sein sollen.[858] Nach § 14 OrdDek ist der Dekanatsrat gemeinsam mit dem Dechanten und der Dekanatskonferenz für die Erfüllung der dem Dekanat übertragenen Aufgaben verantwortlich, wobei seine Mitwirkung je nach Sachgebieten und in Abhängigkeit von diözesanen Regelungen beratender bzw. beschließender Natur ist.

Die Aufgaben des Dekanatsrates werden näher in § 14 Abs. 2 OrdDek beschrieben. So hat er u.a. den Dechanten in seinem Amt zu unterstützen, im Bereich der allgemeinen Seelsorge die pastorale Planung festzulegen, wie auch der Katholikenrat die Anliegen der Katholiken in der Öffentlichkeit zu vertreten und die gesellschaftliche Situation zu beobachten, auf etwaige Notwendigkeiten hinzuweisen und gegebenenfalls konkrete Maßnahmen anzuregen sowie im Dekanat das Verantwortungsbewußtsein für die Weltkirche und die Ökumene zu verstärken.

In formaler Hinsicht bestehen folgende Unterschiede zwischen der Dekanatskonferenz und dem Dekanatsrat: während die Amtsdauer der Dekanatskonferenz nicht normiert ist, legt § 13 OrdDek für den Dekanatsrat eine Amtszeit von vier Jahren fest. Des weiteren finden die Sitzungen des Dekanatskonferenz in der Regel monatlich statt, diejenigen des Dekanatsrates werden jedoch gem. § 15 Abs. 1 nach Absprache anberaumt und sind im Gegensatz zur Dekanatskonferenz öffentlich, soweit nicht Personalangelegenheiten beraten werden oder Beratungen in nichtöffentlicher Sitzung beschlossen werden. Auf der inhaltlichen Ebene haben zwar beide Organe den selben Aufgabenbereich, nämlich die dem Dekanat übertragenen Aufgaben, jedoch ist ihre Beschlußfassungskompetenz größer als die der Dekanatskonferenz, die ihm entscheidungsvorbereitend zuarbeitet und deren Ar-

---

[857] § 13 Abs. 1 OrdDek.
[858] § 13 Abs. 2 OrdDek.

beit einen mehr beratenden bzw. anregenden Charakter hat: so berät bzw. sie gem. § 14 Abs. 2 den von der Dekanatskoferenz vorgelegten Arbeitsplan, berät und beschließt den Entwurf über die Verteilung der Finanzmittel des Dekanates, beschließt in Kooperation mit der Dekanatskonferenz pastorale Maßnahmen auf Dekanatsebene und achtet auf deren Durchführung sofern sich dafür kein anderer Träger finden läßt.

Die Dekanatsversammlung ist nach § 16 OrdDek eine Versammlung, die jährlich stattfindend den Jahresbericht des Dechanten über die pastorale Situation und die Arbeit des vergangenen Jahres entgegennimmt und ein pastorales Thema behandelt, das sie nach Möglichkeit von der Bistums-Dechantenkonferenz übernimmt. Die Dekanatsversammlung setzt nach § 16 Abs. 1 OrdDek sich aus den Mitgliedern der Dekanatskonferenz und des Dekanatsrates sowie eines Vertreters des Bistums, für gewöhnlich dem Regionaldekan, zusammen. Die Tatsache, dass die Dekanatsversammlung mit einem geistlichen Wort beginnt und mit einem Gottesdienst schließt unterstreicht den religiösen und liturgischen Schwerpunkt ihrer Arbeit. Sie bildet als gemeinsame Sitzung von Dekanatsrat und Dekanatskonferenz kein Gegenüber zum Dechanten, obwohl er ihr gegenüber Nach § 16 Abs. 3 Bericht erstattet.

3.2.2.3. Die Pfarrei

Nach § 1 Abs. 1 DBGB ist die Diözese Trier gemäß c. 374 § 1 nach dem grundsätzlich territorialen Gliederungsprinzip in verschiedene Pfarreien und ggfs. in Pfarrvikarien strukturiert. Die kodikarischen Normen über die Pfarrei sind im Liber II *„De populo Dei"* (Caput VI, cc. 515-519) niedergelegt. Jedoch enthalten auch die Normen über den Pfarrer und den Pfarrvikar (cc. 520-552) als unmittelbar betroffene Priester sowie cc. 1740-1741 implizit Hinweise auf die Pfarrei. Folglich umschreibt c. 518 die Pfarrei als eine territorial abgegrenzte, alle Gläubigen eines bestimmten Gebietes umfassende Wirklichkeit. So bildet in der Diözese

Trier auf der untersten Ebene der ordentlichen Kirchenverfassung die kanonische Pfarrei die Regelform entsprechend den kanonischen und staatskirchenrechtlichen Normen: fest umschriebenes Territorium, auf Dauer errichtet, rechtlich verfaßte Gemeinschaft von Gläubigen unter der Leitung und seelsorglichen Betreuung eines *parochus proprius*, eigene Pfarrkirche, eigene Vermögensverwaltung. Die Pfarrei ist somit die „unterste, rechtlich selbständige pastorale Einheit innerhalb des Bistums"[859], in der nach SC 42 die Kirche als Einheit des Gottesvolkes in einem überschaubaren Lebensraum vor Ort sichtbar und erfahrbar werden soll. Zu der unteren pastoralen Ebene gehören die 977 Pfarrgemeinden, Pfarrvikarien, Vikarien und Exposituren des Bistums Trier.

a) Die verschiedenen Formen der Pfarrei im Bistum Trier nach dem CIC

aa) Die kanonische Pfarrei

Die kanonische Pfarrei ist die „Regelform der Pfarrei"[860]. Der kirchliche Gesetzgeber definiert sie in c. 515 § 1 als eine bestimmte Gemeinschaft von Christgläubigen, die in einer Teilkirche auf Dauer errichtet ist und deren Seelsorge einem Priester unter der Autorität des Bischofs als ihrem eigenberechtigten Hirten anvertraut wird. Im Einklang mit den Aussagen des II. Vaticanums über die Kirche als ‚communio fidelium'[861] wird die Pfarrei in c. 515 als personale Gemeinschaft innerhalb der Teilkirche und unterste verfassungsrechtliche Organisationsform der Diözese und nicht als Verwaltungsbezirk der Teilkirche umschrieben. In der Pfarrei soll die Kirche als Einheit des Volkes Gottes in einem überschaubaren Lebensraum vor Ort sichtbar und erfahrbar werden.[862] BOLOGNINI umschreibt die Pfarrei in bezug auf CD 30 als eine „istituzione fondamentale della struttura or-

---

[859] Gemeinsame Synode der Bistümer in der Bundesrepublik Deutschland (1976), S.694.
[860] Schick (1999), S. 491.
[861] Vgl. u.a. LG 9 ff.
[862] Vgl. SC 42.

ganizzativa della Chiesa particolare"[863]. Die Pfarrei ist der „unterste rechtlich selbständige Teilverband in der Kirche zum ordentlichen Vollzug der Heilssendung der Christi an seinem Volk und an der ganzen Menschheit; sie ist Teil des Volkes Gottes mit allen Rechten und Pflichten"[864]. PAARHAMMER definiert die Pfarrei als „rechtliche Grundform der Gemeinde; der Begriff ‚Gemeinde' ist also Oberbegriff für verschiedene Organisationsformen der Gemeinschaft von Christgläubigen"[865].

Konstitutiv für die Pfarrei sind die Gläubigen, die durch das Amt des Pfarrers zu einer Einheit zusammengebunden und damit zur Gemeinde werden. Die Gemeinde, deren Gründung von einem Bischof, Priestern und Laien angeregt worden sein kann, ist „keine kollegiale Gemeinschaft von gleichberechtigten Mitgliedern, sondern eine Gemeinschaft konsekratorisch verschieden geprägter Kirchenglieder, in der alle Glieder gemeinsam, jeder auf die ihm zukommende Weise an der Verwirklichung der Sendung der Kirche zusammenarbeiten"[866]. Durch die auf Dauer errichtete Pfarrei entsteht eine Gebietskörperschaft. Für die auf ihrem Territorium wohnenden Katholiken ist durch das Territorialprinzip wegen der Taufe und des Wohnsitzes der Pfarrzwang begründet. Als ordentliches Glied kann sich ein Gemeindeglied diesem Pfarrzwang nur durch Aufgabe seines Wohnsitzes entziehen. Mit dem Pfarrzwang verbunden ist die Regelung des c. 107 § 1, wonach jeder Gläubige durch seinen Wohnsitz als auch durch seinen Nebenwohnsitz einem bestimmten Pfarrvolk angehört und dadurch seinen Pfarrer und Ordinarius erhält.

Entsprechend der missionarischen Dimension der Kirche sind der Pfarrei ferner alle in ihr wohnenden Menschen zugeordnet, die nicht getauft sind oder nicht der katholischen Kirche angehören oder sich von ihr getrennt haben. Die dem Pfarrer

---

[863] Bolognini (1991), S. 201.
[864] Schick (1999), S. 485.
[865] Paarhammer (1985), MK, Rdnr. 2 zu c. 515.
[866] Schmitz (1979), S. 57.

anvertraute Seelsorge schließt nach c. 528 § 1 bewußt auch diesen Personenkreis in die ihm übertragene ‚cura animarum' ein, wobei er den eigenen Anteil der Laien an der Sendung der Kirche anzuerkennen und zu fördern und ihre Vereine, die für die Ziele der Religion eintreten, zu unterstützen hat.

Nach c. 515 § 2 und § 4 Abs. 1 DBGB ist es allein Sache des Diözesanbischofs nach Anhören des Priesterrats, Pfarreien und Personalpfarreien zu errichten, aufzuheben oder zu verändern. Damit sind entsprechend CD 8 dem Bischof, nicht jedoch dem Diözesanadministrator (vgl. c. 428), alle zur Ausübung seines Hirtenamtes notwendigen Vollmachten übertragen. Handelt es sich bei der Errichtung, Aufhebung oder Änderung der Pfarrei um eine Territorialpfarrei, soll der Bischof von Trier gem. § 4 Abs. 2 DBGB alle diejenigen anhören, die ein rechtliches Interesse daran haben, so namentlich die betroffenen Pfarrer, sowie die Pfarrgemeinde- und Verwaltungsräte.

Weil die Pfarrei eine personal gebildete Gemeinde ist, hat der kirchliche Gesetzgeber in c. 513 § 3 folgerichtig bestimmt, dass jede rechtmäßig errichtete Pfarrei von Rechts wegen eine juristische Person und zwar als nichtkollegiale Personengemeinschaft[867] ist. Damit wird sie „in erster Linie als Körperschaft gesehen, nicht als Territorium wie früher"[868].

Zusammenfassend ist anzumerken: Die kanonische Pfarrei, deren äußere Mitte die Pfarrkirche ist, bildet im Bereich der ordentlichen Kirchenverfassung die Regelform der pfarrlichen Organisation und muß „in der Lage sein, in geistlicher und zeitlicher Hinsicht voll ihre Sendung zu erfüllen"[869].

---

[867] cc. 515 § 1, 115 § 2, 116 § 1.
[868] Schick (1999), S. 490.
[869] Paarhammer (1985), MK, Einführung zu c. 516, S. 2.

ab) Die Quasipfarrei (Pfarrvikarie)

Unter einer Quasipfarrei versteht man in der ganzen Kirche eine „Ersatzform der Pfarrei, oft eine Vorstufe zu ihr"[870]. Als Ersatzform ist sie im deutschsprachigen Raum unter den Begriffen (Pfarr-) Kuratie, Pfarrvikarie, Rektorat, Pfarrexpositur, Lokalie, Kuratbenefizium bekannt[871]. Nach c. 516 § 1 ist sie wie die kanonische Pfarrei eine Territorialpfarrei, zu ihr gehört eine bestimmte Gemeinschaft von Christgläubigen, sie hat einen Priester als ‚*parochus proprius*' für die Verwirklichung der Seelsorge und besitzt eine eigene Pfarrkirche. Was sie allerdings von der kanonischen Pfarrei unterscheidet, „ist einerseits die noch nicht erfolgte Errichtung als Pfarrei und andererseits der daraus fließende Mangel der Errichtung auf Dauer"[872]. Wenn und solange besondere, schwerwiegende Gründe vorliegen, unterläßt es der Bischof, die bestimmte Gemeinschaft der Gläubigen als Pfarrei zu errichten[873]. Die Quasipfarrei ist der kanonischen Pfarrei gleichgestellt und genießt darum in der Regel den Status einer juristischen Person; ebenso gleichgestellt ist der Quasi-Pfarrer dem kanonischen Pfarrer. und trägt die Bezeichnung Pfarrvikar.[874]

In der Diözese Trier trägt gem. § 2 Abs. 2 Nr. 1 DBGB die in c. 516 beschriebene Quasi-Pfarrei die Bezeichnung Pfarrvikarie: hier gibt es näherhin 23 Pfarrvikarien[875], 6 Vikarien[876] und 3 Exposituren[877].

---

[870] Schick (1999), S. 491.
[871] Vgl. Schick (1999), S. 491.
[872] Paarhammer (1985), MK, 516, 2.
[873] § 2 Abs. 2 Nr. 1 DBGB.
[874] Vgl. Schick (1999), S. 491; § 2 Abs. 2 Nr. 1 DBGB.
[875] Zu den Pfarrvikarien im Bistum Trier zählen am 01.01.2000: Pölich, St. Andreas; Trassem, St. Erasmus; Neuwied-Block, Hl. Familie; Neunkirchen-Heinitz, St. Barbara; Nohfelden-Türkismühle, St. Ignatius; Nonnweiler-Braunshausen, Maria Himmelfahrt; Schüller, St. Paulus; Müllenbach, St. Servatius u. Dorothea; Kollig, St. Willibrord; Bermel-Kalenborn, St. Dionysius; Cochem-Braubeck, St. Klaus v. Flüe; Gappenach, St. Maximin; Zilshausen-Petershausen, St. Maria Magdalena; Laubach-Leienkaul, St. Maria Königin der Märtyrer; Idar-Oberstein, St. Barbara; Langweiler, St. Nicetius, Losheim-Rissenthal, St. Blasius; Losheim-Niederlosheim, St. Hubertus; Losheim-Rimlingen, Kreuzauffindung; Rehlingen-Biringen, St. Heinrich; Wadern-Büschfeld, Maria Himmelfahrt; Überherrn-Wohnstadt, St. Monika; Wadgassen-Werbeln, St. Antonis v. Padua.

ac)   **Die Expositur**
Die Expositur findet im CIC keine ausdrückliche Erwähnung. Sie ist aber nach gängiger Lehrmeinung auch weiterhin ein abhängiger Seelsorgebezirk innerhalb der Mutterpfarrei, die vom zuständigen Bischof errichtet und mit einem für die Wahrnehmung der Seelsorge eigens bestellten Priester („vicarius expositus' / Pfarrvikar), der gleichzeitig „vicarius ccoperator' an der Mutterpfarrei bleibt, ausgestattet. Die Expositur kann eine eigene Vermögensverwaltung besitzen. Infolge des II. Vatikanums soll es auch in einem derartigen Seelsorgebezirk einen Pfarrgemeinderat mit dem Ziel der Förderung der Seelsorge geben, unabhängig von dem Pfarrgemeinderat in der Mutterpfarrei.

b)   **Die Leitung der Pfarrei**
ba)   **Der Pfarrer**
Der Pfarrer steht der Pfarrei kraft seiner Priesterweihe vor, die ihm aufgrund seiner rechtmäßigen Beauftragung durch den Diözesanbischof, die sich nach Maßgabe des allgemeinen Kirchenrechts und des Partikularrechts vollzieht[878], übertragen worden ist. Er ist für deren Vertretung bei Rechtsgeschäften[879] verantwortlich. Als juristische Person ist die Kirchengemeinde Trägerin von Kirchenvermögen, für dessen Verwaltung der Pfarrer verantwortlich ist[880].
Neben den für das Amt des Pfarrers und des Pfarrvikars geltenden cc. 515 - 538 und 542 - 544 haben innerhalb des Bistums Trier die in den am 01.02.2000 in Kraft gesetzten „Diözesanbestimmungen über das Amt des Pfarrers und des

---

[876] Zu den Vikarien im Bistum Trier zählen am 01.01.2000: Damflos, St. Johannes d.T.; St. Thomas, St. Thomas; Roth, St. Sebastian, Weinsheim/Nahe, Herz Jesu; Kail, St. Bartholomäus; Nonnweiler-Sitzerath, St. Nikolaus.
[877] Zu den Exposituren im Bistum Trier zählen am 01.01.2000: Traben-Trarbach-Kautenbach, Maria Himmelfahrt; Lebach-Falscheid, St. Josef; Rehlingen-Eimersorf, St. Margarita.
[878] Gemeinsame Synode der Bistümer in der Bundesrepublik Deutschland (1976), S. 695.
[879] cc. 515 - 552; CD 30, 1.
[880] cc. 532, 1281 - 1288.

Pfarrvikars" (DBAmt)[881] normierten Vorschriften Geltung. Nach § 1 Abs. 1 DBAmt besitzt der Pfarrer in seiner Pfarrei ordentliche und eigenberechtigte Vollmacht. Nach § 2 DBAmt trägt der Leiter der Pfarrvikarie die bezeichnung Pfarrvikar und erhält i.d.R. den Titel ‚Pfarrer'. Weil die Pfarrvikarie der Pfarrei gleichgestellt ist, kommen dem Pfarrvikar, sofern der Bischof nichts anderes verfügt, alle Rechten und Pflichten eines Pfarrers zu, wobei er nicht vicarius paroecialis im Sinne des c. 545 § 1 ist.[882] Aufgrund des Priestermangels oder anderer Umstände kann einem Priester im Bistum Trier nach § 3 DBAmt in Übereinstimmung mit der Norm des c. 526 § 1 die Sorge für Seelsorgeeinheiten[883] übertragen werden, wobei er für jede einzelne Pfarrei zum Pfarrer ernannt wird. c. 517 § 1 sieht vor, dass die Seelsorge für einen Seelsorgebezirk[884] unter Beachtung der cc. 542 - 544 zugleich mehreren Priestern solidarisch übertragen werden kann. Nach § 4 DBAmt ernennt der Bischof aus dem Kreis dieser Priester einen Leiter des seelsorglichen Wirkens mit dem Titel eines ‚Moderators'. Davon zu unterscheiden ist im Bistum Trier ein Priester mit dem Titel ‚Seelsorgsleiter', der im Falle des c. 517 § 2, nämlich dass der Bischof wegen Priestermangels einen Diakon oder eine andere Person, die nicht die Priesterweihe empfangen hat oder eine Gemeinschaft von Personen an der Wahrnehmung der Seelsorge einer Pfarrei beteiligen zu sollen glaubt, mit den Vollmachten und Befugnissen eines Pfarrers ausgestattet, die Seelsorge leitet.

Nach c. 519 nimmt der Pfarrer unter der Autorität des Bischofs, zu dessen Teilhabe am Amt Christi er berufen ist, als eigentlicher Hirte die Seelsorge für die ihm anvertraute Gemeinschaft wahr, um für sie die Dienste des Lehrens, Heiligens und des Leitens auszuüben. Dabei wird der Pfarrer von anderen Priestern oder Diakonen sowie durch Laien nach Maßgabe des Rechts unterstützt.

---

[881] Vgl. Kirchliches Amtsblatt für das Bistum Trier 2000, Nr. 33.
[882] § 2 DBAmt.
[883] Vgl. § 3 Abs. 1 DBGB.
[884] Vgl. § 3 Abs. 2 DBGB.

Die Aufgaben des Pfarrers im Dienst an Wort und Sakrament sowie die sonstigen Seelsorgsaufgaben sind in den cc. 528 - 530 normiert, wobei in c. 530 die ihm in besonderer Weis aufgetragenen Amtshandlungen genannt werden. Der Pfarrer ist Dienstvorgesetzter aller für die Pfarrgemeinde angestellten Mitarbeiter.

Bei der Leitung der Pfarrei wird der Pfarrer von zwei Gremien der Mitverantwortung unterstützt, die nebeneinander arbeiten. Der Vermögensverwaltungsrat[885] als Einrichtung des Staatskirchenrechts „vertritt die Gemeinde und das Vermögen"[886]. Neben diesem Gremium mit Entscheidungskompetenz steht der Pastoralrat[887] als pastorales Beratungsgremium.

bb) **Der Vermögensverwaltungsrat**

Die Pfarrei ist als juristische Person (entsprechend staatskirchenrechtlichen Regelungen ist sie als Kirchengemeinde errichtet) Trägerin von Kirchenvermögen. Der Pfarrer ist für dessen ordnungsgemäße Verwaltung nach Maßgabe der Normen von cc. 1281 - 1288 i.V.m. c. 532 verantwortlich, wobei sein Verwaltungsdienst im Namen der Kirche geschieht und treuhänderisch zu verstehen ist.[888] Bei der Wahrnehmung seiner Verwaltungsaufgaben wird der Pfarrer vom Verwaltungsrat, dessen Vorsitzender er ist, unterstützt. c. 537 schreibt für jede Pfarrei einen Vermögensverwaltungsrat als verbindlich vor, der gleichzeitig den vom Diözesanbischof erlassenen Normen unterliegt. So gilt im Bistum Trier das „Gesetz über die Verwaltung und Vertretung des Kirchenvermögens im Bistum Trier (Kirchenvermögensverwaltungsgesetz - KVVG)[889] vom 01. Dezember 1978 in der ab 01. Juli

---

[885] Der Vermögensverwaltungsrat wird im deutschen Sprachraum auch Kirchenvorstand, insbesondere im Bistum Trier ‚Verwaltungsrat' genannt, weswegen beide Begriffe in der vorliegenden Arbeit synonym verwendet werden.
[886] § 1 Gesetz über die Verwaltung des katholischen Kirchenvermögens vom 24.07.1924 i.d.F. vom 03.04.1992 (GV NW S. 124, 125). Dieses Gesetz gilt im ehemals preußischen Staatsgebiet.
[887] Der Pastoralrat wird im deutschen Sprachraum auch Pfarrgemeinderat genannt, weswegen beide Begriffe in der vorliegenden Arbeit synonym verwendet werden.
[888] Vgl. Paarhammer (1985), c. 532, Satz 4.
[889] Vgl. Kirchliches Amtsblatt für das Bistum Trier 1978, Nr. 271.

1996 geltenden Fassung[890] sowie die „Ordnung für die Wahl der Verwaltungsräte der Kirchengemeinden im Bistum Trier"[891] (OrdVerw) vom 01. Dezember 1978 in der ab 01. Mai 1995 geltenden Fassung.[892]

Nach § 1 Abs. 1 KVVG ist der Verwaltungsrat für die Verwaltung des kirchlichen Vermögens in der Kirchengemeinde verantwortlich und vertritt die Kirchengemeinde und das Vermögen. Seelsorgeentscheidungen stehen dem Verwaltungsrat nicht zu.[893] Die Wahl der Mitglieder erfolgt gem. § 5 Abs. 1 KVVG durch den Pfarrgemeinderat, wobei nach § 6 Abs. 1 KVVG jedes Gemeindemitglied ein passives Wahlrecht hat, das seit mindestens drei Monaten seine Hauptwohnung in der Pfarrgemeinde hat und nach staatlichem Recht volljährig ist sowie nach § 6 Abs. 2 KVVG weder nach staatlichen noch kirchenbehördlichen Entscheidungen von den ihm zustehenden Rechten ausgeschlossen ist. Darüber hinaus ist nach § 6 Abs. 3 KVVG solche Personen nicht wählbar, die in einem Dienstverhältnis zur Kirchengemeinde oder im Dienst des Bistums stehen. Der Verwaltungsrat besteht aus dem Pfarrer und den vom Pfarrgemeinderat gewählten Mitglieder.[894] Die Amtszeit der gewählten Mitglieder des Verwaltungsrates beträgt acht Jahre, wobei nach jeweils vier Jahren die Hälfte von ihnen ausscheidet.[895]

bc) Der Pfarrgemeinderat

Als zweites Gremium auf der Pfarrebene ist der Pfarrgemeinderat zu nennen. Nach c. 536 § 1 ist in jeder Pfarrei, wenn es dem Diözesanbischof nach Anhörung des Priesterrates zweckmäßig erscheint, ein Pastoralrat zu bilden, in dem die Gläubigen gemeinsam mit den pfarrlichen Seelsorgern zur Förderung der Seel-

---

[890] Vgl. Kirchliches Amtsblatt für das Bistum Trier 1996, Nr. 129.
[891] Vgl. Kirchliches Amtsblatt für das Bistum Trier 1978, Nr. 272.
[892] Vgl. Kirchliches Amtsblatt für das Bistum Trier 1995, Nr. 99.
[893] Vgl. Emsbach (1994), S. 48.
[894] § 3 Abs. 1 KVVG.
[895] § 7 Abs. 1 KVVG.

sorgstätigkeit mithelfen sollen. Der Pfarrgemeinderat geht theologisch auf CD 27 sowie nachkonziliare Ausführungsbestimmungen zurück.[896]

Nach dem Wortlaut des c. 536 sind gesamtkirchlich drei Normierungen vorgegeben, nämlich dass nach § 1 der Pfarrer den Vorsitz führt, und dass nach § 2 der Pastoralrat lediglich ein beratendes Stimmrecht hat sowie seine Tätigkeit durch vom zuständigen Diözesanbischof festgesetzten Normen geregelt wird.

Aufgrund des c. 536 § 2 sind die Grundsätze für die Organisation und die Aufgabenstellung eines Pfarrgemeinderates durch die „Ordnung für Pfarrgemeinderäte im Bistum Trier" (OrdPGR)[897] normiert. Danach ist es die Aufgabe des Pfarrgemeinderates, „in allen Fragen, die den Aufgabenbereich der Pfarrgemeinde betreffen, (...) mitzuwirken sowie im Sinne kooperativer Pastoral die Zusammenarbeit in der Pastoral der Pfarrgemeinde, der Seelsorgeeinheit und des Dekanates zu fördern."[898] Er kann eigenverantwortlich tätig werden und hat den Pfarrer in seinem Amt zu unterstützen. Ihm gehören für eine Amtszeit von vier Jahren[899] je nach Größe der Gemeinde bis zu zwölf in geheimer und unmittelbarer Wahl von den Gemeindemitgliedern gewählte Mitglieder an.[900] Nach § 5 Abs. 1 OrdPGR ist natürliche Person aktiv wahlberechtigt, die katholisch ist, am Wahltag das 16. Lebensjahr vollendet hat und in der Pfarrgemeinde wohnt. Wählbar sind nach § 5 Abs. 2 i.V.m. § 7 Abs. 1 OrdPGR alle Wahlberechtigten, die nicht durch einen kirchenbehördlichen Entscheid von den allen Kirchengliedern zustehenden Rechten ausgeschlossen sind. Die gesetzlichen Bestimmungen für die Wahl der Pfarrgemeinderäte sind in der „Wahlordnung für die Pfarrgemeinderäte im Bistum Trier" (WoPGR) vom 20. März 1995 normiert.[901]

---

[896] Vgl. hierzu die Quellenagaben zu c. 536 in: Codex Iuris Canonici. Fontium annotatione (1989), S. 152.
[897] Vgl. Kirchliches Amtsblatt für das Bistum Trier 1999, Nr. 111 u. XXX.
[898] § 2 Abs. 1 OrdPGR.
[899] § 6 Abs. 1 OrdPGR.
[900] § 4 OrdPGR.
[901] Vgl. Kirchliches Amtsblatt für das Bistum Trier 1995, Nr. 78.

Vergleicht man die teilkirchliche Rechtslage im Bistum Trier nach der OrdPGR mit den gesamtkirchlichen Normierungen des c. 536, so lassen sich mit Kalde vier grundsätzliche Unterschiede[902] feststellen: liegt es nach c. 536 § 1 im freien Ermessen des Diözesanbischofs, einen Pfarrgemeinderat zu errichten, so schreibt es § 1 Abs. 2 OrdPGR in jeder Pfarrgemeinde des Bistums Trier als verpflichtend vor, ein solcher zu bilden.[903] Ebenso schreibt die „Rahmenordnung für Strukturen der Mitverantwortung in der Diözese" die Errichtung eines Pfarrgemeinderates in jeder Pfarrgemeinde als verpflichtend vor.[904] Während c. 536§ 2 dem Pfarrgemeinderat ein durchgängig beratendes Stimmrecht zubilligt, ist es nach § 2 Abs. 1 OrdPGR seine Aufgabe, „in allen, die Pfarrgemeinde betreffen, je nach Sachbereichen und unter Beachtung diözesaner Regelungen beratend oder beschließend mitzuwirken". c. 536 § 1 nennt als Aufgabe des Pfarrgemeinderates die Unterstützung bei der Förderung der Seelsorgetätigkeit. Die in § 2 Abs. 2 OrdPGR genannten Aufgaben gehen jedoch über diese Aufgabenbeschreibung bei weitem hinaus und beinhalten neben der allgemeinen Seelsorge Sachgebiete der katechetischen, liturgischen und sozial-caritativen Dienste, der Öffentlichkeitsarbeit, der Ökumene sowie Personalangelegenheiten. Somit hat der Pfarrgemeinderat einen „Doppelcharakter als Beratungsorgan des Pfarrers und als Organ des Laienapostolates zur Anregung und Koordinierung verschiedener Initiativen in der Pfarrei."[905]

Aufgrund dieser doppelten Funktion des Pfarrgemeinderates, die sowohl die Koordinierung der Laieninitiativen, wie auch die Mitwirkung in Seelsorgsfragen der Pfarrgemeinden gem. c. 536 beinhaltet, sehen die geltenden Statuten vor, dass auch ein Laie den Vorsitz haben kann. Zwar schreibt c. 536 § 1 vor, dass der Pfarrer automatisch den Vorsitz im Pfarrgemeinderat führt. § 8 Abs. 1 OrdPGR

---

[902] Vgl. Kalde (1999), S. 530 f.
[903] Die Tatsache, dass nach § 1 Abs. 3 OrdPGR in Seelsorgeeinheiten ein Pfarreienrat gebildet werden kann, wird im vorliegenden Kontext nicht weiter berücksichtigt.
[904] Vgl. Gemeinsame Synode der Bistümer in der Bundesrepublik Deutschland (1976), S. 659, 663.

hingegen überläßt die Bestellung des bzw. der Pfarrgemeinderatsvoritzenden dem Pfarrgemeinderat selbst, wie auch die „Rahmenordnung für Strukturen der Mitverantwortung in der Diözese" die Frage des Pfarrgemeinderatsvorsitzes einer diözesanen Regelung anheimstellt und empfiehlt, dass der Pfarrer möglichst nicht als Vorsitzender bestimmt werden soll.[906] Demnach kann der Vorsitzende der Pfarrer oder ein Laienmitglied sein. In der Praxis ist es in der Regel ein Laienvorsitzender[907].

KALDE charakterisiert die genannten vier Unterschiede dadurch, „daß die Pfarrgemeinderatsstatuten sowohl verfassungs- als auch vereinsrechtliche Momente enthalten"[908]. Um die Spannung zwischen dem Pastoralrat nach c. 536 und dem Pfarrgemeinderat im deutschsprachigen Raum zu beheben, nennt KRÄMER drei Lösungsvorschläge[909], wobei er bezüglich der Aufgaben des Pfarrgemeinderates vorschlägt, c. 536 dahingehend zu ändern, dass „die bisher nur beratende Funktion des Pastoralrates zu einem Entscheidungsrecht aufgewertet wird. Dadurch würde die Pfarrei insgesamt als einheitliches Rechts-Subjekt deutlicher werden und nicht in einem Gegenüber von Pfarrer und Gemeinde, vertreten durch den Pastoralrat, erscheinen"[910].

Bei einem Vergleich der konkreten Aufgabenumschreibung innerhalb der Ordnung des Pfarrgemeinderates in § 2 Abs. 2 OrdPGR mit der des Dekanatsrates in § 14 OrdDek sind große inhaltliche und teilweise wörtliche Übereinstimmungen zu bemerken. Dabei wird schon durch den Wortlaut des § 2 Abs. 2 OrdPGR[911] deutlich, dass die jeweilige Aufgabenstellung bis auf die Ebene der Pfarrgemeinde ‚heruntergebrochen' wird und gleichzeitig, jedoch das Prinzip der Subsidiarität

---

[905] Kalde (1999), S. 531.
[906] Vgl. Gemeinsame Synode der Bistümer in der Bundesrepublik Deutschland (1976), S. 661.
[907] Vgl. Lenich (1993), S. 80.
[908] Kalde (1999), S. 531.
[909] Vgl. Krämer (1993), S. 93 f.
[910] Krämer (1993), S. 95, wobei mein Beschluß nur dann zustande kommt, wenn der Pfarrer zustimmt.
[911] Er besagt, dass bei allen Aufgaben „die besondere Lebenssituation der Menschen in der Pfarrgemeinde zu sehen und in die Überlegungen und Planungen miteinzubeziehen" sind.

der Aufgabenerfüllung[912] gewahrt bleibt. Gleiches ergibt sich auch bei einem Vergleich der Aufgabenstellung der Region in § 2 OrdReg mit der des Dekanates in § 2 OrdDek. Hat der Pfarrgemeinderat im wesentlichen im weiteren Sinne seelsorgliche Aufgaben wahrzunehmen, so hat es der Verwaltungsrat allein mit der Verwaltung des Kirchenvermögens zu tun. Da jedoch seelsorgliche Überlegungen und Vermögensentscheidungen in besonderem Maße voneinander abhängig sein können, ist eine vertrauensvolle, konstruktive Zusammenarbeit beider Organe notwendig. Die Rahmenordnung für Strukturen der Mitverantwortung in de Diözese fordert sogar, dass der Verwaltungsrat „unter Beachtung der vom Pfarrgemeinderat beschlossenen pastoralen Richtlinien den Haushalt aufstellt"[913]. Um eine derartige Kooperation sowie eine hinreichende Information zwischen Pfarrgemeinderat und Verwaltungsrat zu gewährleisten, nimmt nach § 3 Abs. 3 KVVG und § 3 Abs. 1 OrdPGR ein Vertreter des Verwaltungsrates an den Sitzungen des Pfarrgemeinderates beratend teil und umgekehrt. Eine derartige „personelle Verzahnung"[914] sowie das Anhörungsrecht bei der Festsetzung des Haushaltsplanes gem. § 3 Abs. 2 OrdPGR und §2 Abs. 1 KVVG und die rechtliche Bindung der Arbeit des Verwaltungsrates an den Pfarrgemeinderat aufgrund der Wahl der Mitglieder des Verwaltungsrates durch den Pfarrgemeinderat gem. § 2 Abs. 2 OrdPGR dienen einer im Interesse der Pfarrei guten Zusammenarbeit.

3.3. Die Organisationsstruktur der katholischen Kirche aus organisationstheoretischer Sicht

Eine eindeutige Charakterisierung der Organisationsstruktur der katholischen Kirche ist aus organisationstheoretischer Sicht aufgrund des gleichzeitigen Vorkommens hierarchischer und synodaler Leitungselemente nicht möglich.

---

[912] Vgl. § 14 Abs. 2 Nr. 3 OrdDek.
[913] Vgl. Gemeinsame Synode der Bistümer in der Bundesrepublik Deutschland (1976), S.660.
[914] Busch (1994), S. 1006.

Charakteristisch für die Organisationsstruktur der katholischen Kirche ist, daß sämtliche Leitungspositionen gemäß c. 129 mit Klerikern besetzt werden, die jeweils in Abhängigkeit von ihrem Weihegrad einen territorial begrenzten Bereich leiten. Die Diözesanverfassung ist nicht nur als ein personeller, sondern auch als ein territorialer Ordnungsfaktor gedacht, so daß die Gliederung der Kirche in Diözesen es ermöglicht, seelsorglichen Funktionen auszuüben. Eine derartige Leitungsstruktur wahrt den Gesamtzusammenhang zwischen Teil- und Gesamtkirche und stellt eine einheitliche Verbindung zwischen den jeweiligen organisatorischen Einheiten her.

Des weiteren ist zwischen der hierarchischen Communio-Struktur und verschiedenen, nichthierarchischen Kollegialorganen zu unterscheiden. Der Unterschied zwischen den hierarchischen[915] und den nichthierarchischen[916] Kollegien liegt darin, daß erstere Entscheidungskollegien sind, während letztere eine Beratungsfunktion wahrnehmen. Die hierarchischen Kollegien haben Anteil an der Leitungs- und Gesetzgebungsvollmacht. Die nichthierarchischen Kollegien haben zwar nur Beratungskompetenzen, jedoch wird durch sie die Willensbildung auf eine breitere Basis gestellt.

Der Papst als Leiter der Gesamtkirche, die Bischöfe als Leiter der einzelnen Teilkirchen und in ihnen die Pfarrer als Leiter der Pfarrgemeinde sind die Träger von Leitungsvollmacht in der katholischen Kirche. Wenn Laien nach c. 129 § 1 nicht befähigt sind, Leitungsvollmacht zu übernehmen, so bedeutet dies jedoch nicht, daß sie von jeglicher Mitwirkung ausgeschlossen wären. Es geht im Selbstverständnis der katholischen Kirche um „ein strukturiertes Zusammenwirken, in dem die qualitative Rollenverteilung zwischen dem bzw. den Verantwortlichen Träger(n) der Leitungsgewalt und den jeweils zugeordneten Gläubigen gewahrt, die-

---

[915] So z. B. Bischofskollegium oder nationale Bischofskonferenz.
[916] Hier etwa Priesterrat, Diözesanpastoralrat, Pfarrgemeinderat oder Kirchenvorstand.

se aber in einen gemeinsamen Beratungsvorgang eingebunden sind"[917]. Es bleibt festzuhalten, daß hier ein Beratungsvorgang im Sinne einer Entscheidungsvorbereitung, jedoch keine aktive Entscheidungsbeteiligung gemeint ist.

Die Leitungsorganisation auf gesamtkirchlicher Ebene ist zentralistisch aufgebaut. Daß Regionen gewisse Aufgaben auf überdiözesaner Ebene regeln können (z. B. durch die Bischofskonferenz), sofern der Papst es wünscht, spricht nicht gegen diesen Standpunkt, der sich auch in anderen Punkten bestätigt[918]. Im Hinblick auf die Leitung der Gesamtkirche fehlen organisatorische Subsysteme, in denen „die Fachkompetenz der Laien, die Kompetenz der Theologen und die Amtsträger in einen sachlichen Dialog gebracht werden"[919].

Bei der Frage nach dem Führungsstil, welcher in der katholischen Kirchen realisiert ist, kann keine eindeutige Zuordnung zu den Ausprägungsformen nach TANNENBAUM/SCHMIDT[920] vorgenommen werden. Betrachtet man die Führungsorganisation mit der hierarchischen Stellung des Papstes auf der gesamtkirchlichen und des Bischofs auf der teilkirchlichen Ebene, so deutet dies eher auf einen patriarchalischen Führungsstil hin. Inwieweit dieser Führungsstil auf den jeweiligen Papst bzw. Diözesanbischof zutrifft, hängt in besonderer Weise von deren Persönlichkeit ab. Der rechtliche Rahmen für das päpstliche wie auch für das bischöfliche Führungsverhalten läßt sowohl einen autoritären als auch einen partizipativen Führungsstil zu: so kann der Diözesanbischof in den meisten Fällen ohne Konsultation entscheiden und anordnen. Er kann aber auch seine Mitarbeiter innerhalb eines gesteckten Entscheidungsspielraumes frei entscheiden lassen, wobei die Letztentscheidung beim Bischof liegt. *De facto* werden viele Entscheidungen allerdings in den Kollegien getroffen, in denen der Diözesanbischof meist den

---

[917] Aymans (1991), S. 209.
[918] So besteht die Gehorsamspflicht des Priesters nicht nur gegenüber dem Diözesanbischof, sondern auch gegenüber dem Papst direkt (c. 273). Für Berufungen von ordentlichen Professoren der Theologie an kirchlichen Hochschulen ist das 'nihil obstat' des Apostolischen Stuhls einzuholen.
[919] Hünermann, P. (1995), S. 258.
[920] Vgl. Schulte-Zurhausen (1999), S. 197 f.

Vorsitz führt. Ähnlich wie in der öffentlichen Verwaltung werden für besondere Probleme eigene Kommissionen oder Arbeitsgruppen gebildet. Bei der mittleren und unteren pastoralen Ebene hängt das Führungsverhalten ebenfalls sehr stark von den einzelnen Führungspersönlichkeiten ab. Auch hier können die Leitungsformen zwischen den oben aufgezeigten Grenzen differieren. Welcher Führungsstil zutreffend ist, kann jeweils nur in Würdigung des Einzelfalls beurteilt werden. Am ehesten könnte man von einem persönlichkeitsabhängig-situativen Führungsstil sprechen[921]. Der kirchliche Führungsstil wird auch bis zu einem gewissen Grad durch die Verpflichtung zum Gehorsam gegenüber dem geistlichen Vorgesetzten geprägt[922]. Hinsichtlich des Führungsstils, mit dem das Amt eines Diözesanbischofs ausgeführt werden sollte, empfiehlt STECHER einen „integrativ-motivierenden", weil dieser der Lehre von der hierarchischen communio wesentlich angemessen sei[923].

Somit gibt es weder auf den einzelnen Ebenen noch in den einzelnen Führungsinstitutionen einen bestimmten Führungsstil, noch kann von einem generalisierenden Führungsstil der Kirche gesprochen werden.

Anders verhält es sich bei der Einteilung in die durch die Organisation geprägten Führungsstile. Im kirchlichen Führungsstil wäre das *Management by Exceptions* am ehesten realisiert, bzw. es wird den kirchlichen Gepflogenheiten am ehesten gerecht. Dadurch wird allerdings nicht ausgeschlossen, daß auch Elemente der anderen Formen in Erscheinung treten. Charakteristisch bei *Management by Exceptions* ist, daß die Unternehmensführung nur dann in den Entscheidungsprozeß eingreift, wenn außergewöhnliche Abweichungen von den vereinbarten Zielen auftreten. Als außergewöhnliche Abweichungen wären solche zu qualifizieren, die einen 'kritischen Wert' übersteigen. Probleme ergeben sich allerdings bei der

---

[921] Vgl. Schwarz (1996), S. 137 f.
[922] c. 173.
[923] Stecher (1993), S. 513.

Festlegung des kritischen Wertes, da die kirchlichen Ziele kaum quantifizierbar sind.

E. Rechtsvergleich der Organisationsstrukturen anhand ausgewählter Themenbereiche

Nachdem die jeweiligen kirchenrechtlich abgesicherten Organisationsstrukturen dargestellt worden sind, folgt nun ein Rechtsvergleich, der für vier Themenbereiche vorgenommen wird. Innerhalb dieser Bereiche gibt es unterschiedliche kirchenrechtliche Ausgestaltungen der jeweiligen Organisationsstrukturen. Um die Lesbarkeit des Vergleichs nicht zu sehr zu beeinträchtigen, ist darauf verzichtet worden, bei jeder Sachfrage alle kirchenrechtlichen Details aufzuführen: die Fülle der kirchenrechtlichen Detailaspekte, die sich in den Beschreibungen der vorangegangenen Kapitel findet, macht beim Vergleich eine Bündelung und Konzentration auf ausgewählte Fragenkomplexe notwendig.

Die zentralen Unterschiede zwischen der Organisationsstruktur der EKiR und der des Bistums Trier können insbesondere an den personenorientierten Strukturen der Kirchenleitung, an dem jeweiligen Synodalwesen und an der unterschiedlichen Bedeutung der Pfarr- bzw. Kirchengemeinde[924] im Verfassungsaufbau abgelesen werden. Daher geht es in einem ersten Durchgang um einen Vergleich von Präses und Bischof, bzw. Superintendent und Regionaldekan als exponierte Leitungsorgane der jeweiligen Kirchenhierarchie. Mit der Untersuchung von leitendem Geistlichen, Landessynode und ständiger Kirchenleitung werden die drei typischen Leitungselemente[925] der EKiR in den Vergleich einbezogen. In einem zweiten Abschnitt wird dann die Stellung der Landessynode in der EKiR mit der einer Diözesansynode im Bistum Trier verglichen. Ein dritter Schritt stellt auf der Analyseebene der Pfarrei bzw. der Kirchengemeinde einen Rechtsvergleich hinsichtlich der Stellung der Gemeinden innerhalb der jeweiligen kirchlichen Lei-

---

[924] Im folgenden werden im Interesse einer präzisen Unterscheidung die katholischen Kirchengemeinden als „Pfarreien" und die evangelischen als „Kirchengemeinden" bezeichnet, wobei diese sprachliche Ungenauigkeit angesichts der staatskirchenrechtlichen Bezeichnung bewußt in Kauf genommen wird. Ebenfalls werden der leitende katholische Geistliche „Pfarrer" und der evangelische „Pastor" genannt.

[925] Vgl. Barth (1995), S. 15.

tungsstruktur an. Angesichts des aktuell anhaltenden Priestermangels in der katholischen Kirche sowie angesichts der presbyterial-synodalen Verfassungsstruktur der EKiR kommt der in einem vierten Schritt zu behandelnden Frage der Übertragung von Leitungsaufgaben an Laien bzw. sind die Strukturen der Mitverantwortung von Laien in den beiden Kirchen besondere Bedeutung zu.

1. Personenorientierte Strukturen der Kirchenleitung: Präses und Diözesanbischof bzw. Superintendent und Regionaldekan als Leitungsorgane

Der nachfolgende Rechtsvergleich behandelt Aufgaben, Kompetenzen und die Verantwortung der Leitungsorgane auf landeskirchlicher bzw. Bistumsebene sowie auf der mittleren Ebene, nämlich der Kirchenkreise und der Regionen bzw. Dekanate. Dazu werden in einem ersten Schritt der Präses im Vergleich mit dem Diözesanbischof und in einem zweiten Schritt der Superintendent mit dem Regionaldekan bzw. Dechanten untersucht. Dabei werden auch Fragen wie etwa nach der Ernennung und der Länge der Amtszeit gestellt.

1.1. Präses und Diözesanbischof

Als Leitungsorgane auf der oberen Ebene der EKiR Landeskirche bzw. des Bistums Trier werden im folgenden der Präses der Landessynode und der Diözesanbischof miteinander verglichen.

1.1.1. Aufgaben und Kompetenzen von Präses und Diözesanbischof

1.1.1.1. Die Leitungsaufgaben von Präses und Diözesanbischof

Die zentrale Stellung des Bischofsamtes wird im CIC klar definiert: „Die Bischöfe, die kraft göttlicher Einsetzung durch den heiligen Geist, der ihnen geschenkt ist, an die Stelle der Apostel treten, werden in der Kirche zu Hirten bestellt, um auch selbst Lehrer des Glaubens, Priester des heiligen Gottesdienstes und Diener in der Leitung zu sein."[926] Damit sind sie zugleich *„ex divina institutione"* die Nachfolger der Apostel und damit *„in ecclesia pastores"*[927]. Während die Amtsvollmacht des Diözesanbischofs nach c. 381 § 1 umfassend als ordentlich, eigenberechtigt und unmittelbar charakterisiert wird und dem Bischofsamt „in seinem Daß-Sein wie in seinem So-Sein Verfassungsgarantie"[928] zukommt, hat der Präses im Unterschied dazu keine *potestas ordinis*. Da der Präses nicht als Präses, sondern lediglich als Mitglied in der Kirchenleitung gem. Art. 192 Abs. 3 Ziff. e KO „die Beschlüsse der Landessynode auszuführen und die Ausführungsverordnungen für die von der Landessynode beschlossenen Kirchengesetze zu erlassen" hat, nimmt er allenfalls eine Funktion der *potestas iurisdictionis*, nämlich die *potestas exsecutiva*, wahr. Daher kann man sagen, daß er im Vergleich zum Diözesanbischof *potestas iurisdictionis* nur in sehr eingeschränktem Maße hat.

Der Bischof leitet also als ordentlicher und unmittelbarer Hirte seine Teilkirche, ist erster Vorsteher der Eucharistie in seinem Bistum, übt den Dienst an der Einheit seiner Ortskirche aus, handelt rechtswirksam in ihrem Namen und repräsentiert sie. Der Präses hat im Unterschied zur Position und Funktion des Bischofs in erster Linie ein geistliches Leitungsamt, welches er in einer einem Kirchenbeamten vergleichbaren Rechtsstellung[929] ausführt. Nach § 1 Abs. 1 KLG wird er mit seiner Amtseinführung zum Inhaber eines landeskirchlichen Pfarramtes. Allerdings weist BECKER darauf hin, daß innerhalb der Wertigkeit der Funktionen des rheinischen Präsesamtes eine historisch bedingte Reihenfolge besteht: seine Hauptaufgabe ist in der synodalen Vorsitzfunktion[930] begründet, denn er wird als Präses der Landessynode mit den in Art. 201 KO normierten Aufgaben der Syn-

---

[926] c. 375 § 1.
[927] Vgl. LG 20.
[928] Kasper (1999), S. 39.
[929] § 1 Abs. 1 KLG i.d.F. v. 12.11.1980. Wäre er ein Kirchenbeamter, so wäre er gegenüber dem Landeskirchenamt weisungsgebunden.
[930] Das Amt des Vorsitzes umfaßt neben der äußeren Leitung der Synodaltagungen vor allem die Aufgabe der geistlichen Leitung des Präsidiums der Landessynode im Sinne einer Leitung durch das

odalleitung gewählt und ist als solcher Vorsitzender der Kirchenleitung und des Landeskirchenamtes[931]. Erst dann folgt der Auftrag zur Seelsorge an den kirchlichen Amtsträgern und an den Gemeinden, die der Präses jedoch nicht allein, sondern gem. Art. 201 Abs. 1 KO in Gemeinschaft mit den Mitgliedern der Kirchenleitung, des Landeskirchenamtes und den Superintendenten ausübt. Damit wird deutlich, daß dem rheinischen Präses im Gegensatz zum Diözesanbischof *eigene* geistliche Befugnisse nur in geringem Umfang zukommen, denn sie obliegen ihm „nur ergänzend und kraft seiner Stellung in der Kirchenleitung"[932]. Demgegenüber ist die geistliche Sorge und pastorale Verantwortung des Diözesanbischofs nach c. 383 umfassend und erstreckt sich auf alle Gläubigen der Diözese, unabhängig davon, ob sie sich außerhalb der Diözese befinden oder religiös abständig sind.

Das Leitungsamt des Bischofs ist mit objektiv amtlicher und eigenverantwortlicher Autorität ausgestattet, um die ihm anvertraute Teilkirche nach Maßgabe des Rechtes zu leiten[933]. Er steht in einem „hierarchischen Ordnungsgefüge, das nach oben und nach unten weist. Nach oben geht es geht es (...) zunächst und hauptsächlich darum, daß er an das ihm vorgeordnete Recht der Gesamtkirche und der teilkirchlichen Verbände gebunden ist. (...) Nach unten geht es (...) darum, daß die Ausübung der Bischofsgewalt nicht zu einer Willkürherrschaft ausartet."[934] Seine Aufgaben sind Lehre, Gottesdienst und Leitung.

Demgegenüber ergibt sich das Gewicht des oberhirtlichen und kirchenleitenden Präsesamtes aus der Addition von Zuständigkeiten, die er als Vorsitzender dreier Leitungsgremien[935] hat. Dabei wird jede Zuständigkeit durch die Bezüge, in de-

---

Wort und nicht durch eigene Leitungskompetenzen neben oder außerhalb der Leitungskompetenzen des Präsidialkollegiums.
[931] Becker (1999), Rdnr. 1 zu Art. 201 KO. Ebenso: Wilhelmi (1963), S. 69.
[932] Barth (1995), S. 285.
[933] Vgl. c. 391 § 1.
[934] Mörsdorf (1969), S. 395 f.
[935] Als Vorsitzender der Landessynode ist er gleichzeitig Vorsitzender der Kirchenleitung. Gleichzeitig ist er Vorsitzender des Kollegiums des Landeskirchenamtes.

nen sie steht, definiert „und sofern es ein Amt der geistlichen und kirchlichen Leitung ist, wird es durch die Strukturen, in denen sich die geistliche Leitung in der Kirche vollzieht"[936], bestimmt. Ergänzend dazu warnt DOMBOIS jedoch davor, den personalen Charakter des geistlichen Amtes innerhalb der evangelischen Kirche in eine reine Funktionalität auswechselbarer Ämter aufzulösen, denn „der Inhaber des geistlichen Amtes ist kein Verkündigungsfunktionär"[937]. Obwohl die Kirchenordnung dem Präses eine überaus starke Rechtsstellung einräumt, wird bemängelt, daß er nicht die Möglichkeit habe, „die Anforderungen seines geistlichen Amtes in vollem Umfang zu verwirklichen"[938]. Er ist als ‚*primus inter pares*' unter den Pastoren und als Gemeindeglied unter den Gemeindegliedern der einflußreichste Kirchenführer innerhalb der EKiR, weil er in seiner Person die Abstimmungen innerhalb der Leitungsgremien sicherstellt.

Die Leitung der Diözese Trier liegt vollständig und unmittelbar in der Hand des Diözesanbischofs, dem es gem. c. 391 § 1 zukommt, diese umfassende Leitungsaufgabe mit gesetzgebender, ausführender und richterlicher Gewalt wahrzunehmen. Diese Gewalteneinheit liegt in dem Wesen des apostolischen Amtes und der Eigenart der damit verbundenen geistlichen Vollmacht begründet.[939] Demgegenüber ist der Präses in ein System differenzierter Aufgabentrennung und -zuweisung integriert. Auch darin kommt wieder der Grundgedanke der presbyterial-synodalen Ordnung zum Ausdruck, nämlich nicht einer Einzelperson die Leitung der Landeskirche anzuvertrauen, sondern alle Beschlüsse „in geschwisterlicher Beratung"[940] zu fassen. Nach der Kirchenordnung ist die Landessynode das alleinige und allumfassende landeskirchliche Leitungsorgan. Aufgrund der Tatsache aber, daß die Landessynode nach Art. 178 Abs. 1 KO zwar mindestens einmal im Jahr zusammentritt und nach Art. 174 Abs. 1 KO alle vier Jahre neu ge-

---

[936] Dombois (1966/67), S. 46.
[937] Dombois (1966/67), S. 59.
[938] Tempel (1966), S. 99.
[939] Aymans (1995 a), S. 117.

bildet wird, der Präses und die übrigen Mitglieder der Kirchenleitung ihr Amt hingegen auf die Dauer von acht Jahren ausüben, überdauert das Präsidium der Synode mit seiner Amtszeit die der Synode, so daß „ein wirksamer Angriff gegen die Entscheidung des Synodalpräsidiums und des ihm zugeordneten Landeskirchenamtes (...) damit faktisch lahmgelegt"[941] ist.

Da der Präses als leitender Geistlicher sein kollegial geprägtes Amt nur im Auftrag der Landessynode wahrnimmt, kommen ihm keinerlei Gegenrechte zur Synode in Form eines Vetorechtes gegen ihre Beschlüsse oder gar als Auflösungsrecht zu. Dieses ist auch aufgrund des presbyterial-synodalen Leitungsmonopols der Landessynode evident, das Vetorechte anderer Leitungsorgane nicht zuläßt[942]. Unter Berücksichtigung der Tatsache, daß Landessynode und Diözesansynode hinsichtlich ihres kirchenleitenden Einflusses nicht vergleichbar sind, hat eine Diözesansynode, die gem. c. 466 § 1 vom Diözesanbischof einberufen und nach seinem klugen Ermessen gem. 468 § 1 suspendiert oder aufgelöst werden kann, keinerlei Gegenrechte zum Diözesanbischof, weil sie gem. c. 460 den Bischof als Konsultationsorgan zum Wohl der Diözese beratend unterstützen soll. Ebenso verhält es sich mit den anderen Konsultationsorganen des Diözesanbischofs.

Ernennt der Bischof gem. c. 475 § 1 für den Bereich der allgemeinen Verwaltung einen Generalvikar, der das Generalvikariat leitet, dem *potestas ordinaria vicaria* zukommt und dessen Vollmacht sich gem. c. 475 § 1 und c. 479 § 1 auf die gesamte Diözese und grundsätzlich auf alle Verwaltungsakte erstreckt, die dem Diözesanbischof obliegen, so arbeitet das Landeskirchenamt „im Auftrag der Kirchenleitung"[943]. Der Präses hat keinen Generalvikar und ist somit so etwas wie eine ‚Kombination von Bischof und Generalvikar'. Er gehört dem Landeskir-

---

[940] Art. 200 Abs. 1 KO.
[941] Wilhelmi (1963), S. 74.
[942] Davon sind jedoch die synodalinternen Einspruchsrechte streng zu unterscheiden, die dem Schutz des Bekenntnisstandes der Gemeinden dienen.

chenamt als Vorsitzender selbst an und arbeitet in diesem Gremium mit den hauptamtlichen Mitgliedern der Kirchenleitung sowie mit den theologischen und nicht-theologischen Landeskirchenräten gleichberechtigt zusammen. Unterschiede bestehen folglich auch hinsichtlich der Kompetenzen von Bischöflichem Generalvikariat (BGV) und Landeskirchenamt (LKA). So kann das LKA gemäß § 3 Abs. 1 Ziff. f seiner Dienstordnung (DO LKA)[944] Mitarbeiter der Landeskirche berufen, soweit dies nicht der Kirchenleitung vorbehalten ist. Die Ernennung sämtlicher Inhaber von Leitungsämtern im BGV steht nach c. 470 allein dem Diözesanbischof zu. Für die Neubildung, Veränderung oder Aufhebung von Kirchengemeinden gilt gleiches.[945] Grundsätzlich bleibt anzumerken, daß sowohl LKA als auch BGV in der Ausübung ihrer Kompetenzen an vorgesetzte Instanzen gebunden sind: das LKA an das Kollegium der synodalen Kirchenleitung und das BGV an die Person des Generalvikars, der wiederum sein Amt kraft bischöflicher Beauftragung wahrnimmt.

Unterschiede ergeben sich auch hinsichtlich der Verantwortung der Leitungsaufgaben beider Institutionen: nimmt die Diözesankurie im Namen des Diözesanbischofs und in Verantwortung vor ihm - also einer Einzelperson - Aufgaben der Bistumsleitung wahr[946], so führt das LKA die allgemeine Verwaltung der Kirche gemäß der Kirchenordnung und den Kirchengesetzen im Auftrag des demokratisch gewählten Kollegiums der Kirchenleitung und nach deren Richtlinien aus.[947] Folglich ist das LKA an die Beschlüsse und Weisungen der Kirchenleitung gebunden und hat vor ihr die Verwaltung zu verantworten; die Kirchenleitung wiederum im Rahmen des Tätigkeitsberichtes des Präses vor der Landessynode. So-

---

[943] Art. 204, Abs. 1 KO.
[944] Vgl. KABl Rhld. 1997, S. 96.
[945] § 3 Abs. 1 Ziff. b DO LKA; c. 515 § 2.
[946] c. 469.
[947] § 1 Abs. 1 DO LKA.

mit sind in der EKiR die Verwaltungsaufgaben vor der gesamten Landeskirche zu verantworten, im Bereich des Bistums Trier lediglich gegenüber dem Bischof[948]. Der Leitungsdienst des Präses bezieht sich ausschließlich auf den Bereich der EKiR[949]. Der Diözesanbischof ist aufgrund verschiedener Normen[950] über den Bereich seines Bistums hinaus in der Bischofssynode und in der Bischofskonferenz tätig. Darüber hinaus kann der Bischof auf Zeit zur Mitarbeit in verschiedene vatikanische Dikasterien (z.B. Kongregationen, Räte oder Kommissionen) berufen werden. Hoheitliche Akte dieser Kollegialorgane berühren stets in direkter oder indirekter Weise auch die Leitung der Diözese. In übergeordneten Instanzen ist die Leitungsgewalt des Diözesanbischofs kollegial eingebunden. Bezieht sie sich jedoch ausdrücklich auf seine Diözese, ist sie ausschließlich und dabei an seine Person gebunden oder wird in einem System von Stellvertretung und kollegialen Beratungsorganen wahrgenommen.

Im Hinblick auf die Primatialgewalt des Papstes über die Gesamtkirche und damit auch über die Teilkirche betont AYMANS, daß sie nicht die Leitungsvollmacht des Bischofs unterminiert, sondern sie im Gegenteil stützt und stärkt: „Dies ist eine weitere wichtige Konsequenz aus dem Verständnis der Kirche als ‚Communio Ecclesiarum'. Damit ist klargestellt, daß der Papst nicht mit dem Diözesanbischof konkurrierender unmittelbarer Hirte über dessen Diözese ist, in deren Leben er nach Belieben eingreifen kann."[951]

Die Grundzüge des Führungsstils von Präses bzw. Diözesanbischof sind durch die jeweiligen Kirchenverfassungen in besonderem Maße vorgegeben. Der hie-

---

[948] An dieser Stelle sei nur kurz darauf hingewiesen, dass im CIC Bestimmungen für eine Verwaltungsgerichtsbarkeit völlig fehlen. Allerdings gibt es in cc. 1732 ff. das Rechtsmittel der Verwaltungsbeschwerde.

[949] Hier ist jedoch anzumerken, dass ihn sein Amt als Präses einer Landeskirche in den Kreis derer bringt, die für Leitungsämter in der EKD wählbar sind und somit auf dieser Ebene Verantwortung übernehmen können.

[950] So etwa gem. cc. 339 § 1, 443 § 1 n. 1 bei verschiedenen Konzilien; c. 337 § 2 bei kollegialen Akten des Bischofskollegiums außerhalb eines Konzils; c. 454 § 1 innerhalb der Bischofskonferenz.

[951] Aymans (1995 a), S. 112.

rarchischen Stellung des Diözesanbischofs steht die synodale Moderation von geistlichen Entscheidungsgremien durch den Präses gegenüber.

1.1.1.2. Die Kompetenzen von Präses und Diözesanbischof

Im Bezug auf die Kompetenzen ist der Bischof in vielen Punkten eigenständiger als der Präses. So kann der Bischof im Bereich der Vertretungskompetenz bspw. bei der Unterzeichnung gemeinsamer ökumenischer Dokumente aufgrund seiner umfassenden Vertretungskompetenz für die Diözese unterschreiben, da er die Diözese in allen ihren Rechtsgeschäften umfassend vertritt[952]. Der Präses hingegen kann das erst nach umfangreicher Abstimmung innerhalb der zuständigen Leitungsgremien. MAURER kritisiert in diesem Zusammenhang, daß der Präses wegen der dominierenden Stellung der Landessynode lediglich ein „vollziehendes Organ, Sprachrohr der Synode" sei, die durch ihn einen Teil ihrer geistlichen Leitung ausübt[953]. Somit erfährt im Gegensatz zum Diözesanbischof, bei dem eine vollständige Kongruenz zwischen Aufgaben, Kompetenzen und Verantwortung festzustellen ist, die Entscheidungskompetenz des Präses eine deutliche Einschränkung zugunsten der demokratischen Entscheidungsfindung innerhalb kollegialer Leitungsorgane.

Der bischöflichen Rechtsstellung und den damit verbundenen Leitungskompetenzen steht der fast völlige Ausschluß nicht nur der Laien, sondern auch der Priester von jeder Beteiligung an Leitungsaufgaben gegenüber. Auch Priester und Diakone haben in den entsprechenden Beratungsorganen grundsätzlich keine Teilhabe an Leitungsentscheidungen. Für einen Teil der Beratungsgremien gilt zwar, daß der Bischof ihren Rat oder ihre Zustimmung gemäß c. 127 einholen muß, um rechtswirksam zu handeln, jedoch steht es dem Bischof frei, sich den Rat dort

---

[952] c. 393.
[953] Maurer (1955), S. 48.

einzuholen, „wo er glaubt, ihn am besten zu erhalten"[954]. Das automatische Erlöschen der Beratungsorgane bei Vakanz des Bischofsstuhls[955] verstärkt die Unabhängigkeit des neuen Bischofs zusätzlich. Es steht ihm frei, sich der Beratungsorgane in ihrer vorgefundenen Zusammensetzung zu bedienen. Auch hier kommt es auf den Führungsstil an, mit dem das bischöfliche Amt ausgeübt wird. MÜLLER betont: „Wenn entsprechend bisheriger Gepflogenheit im deutschen Sprachraum der Diözesanbischof (...) als institutionalisierte Form des regelmäßigen Dienstgesprächs mit seinen Stellvertretern in der Exekutive einen Bischofsrat einsetzt, dem seine Vertreter im Bereich der Exekutive angehören, dürfte ohne einschneidende Änderungen die rechtlichen Voraussetzungen gegeben sein, um die Einheit der Diözesanleitung zu gewährleisten und ein wirksames Apostolat in der Teilkirche zu gewährleisten"[956].

Demgegenüber ist der Präses in eine Vielzahl von Entscheidungsgremien als *'primus inter pares'* eingebunden und kann folglich bei Abstimmungen demokratisch überstimmt werden, die er dann loyal mitzutragen hat. Allerdings hat er durch seine Mitgliedschaft in Kirchenleitung, Landeskirchenamt und als Präses der Landessynode einen großen Informationsvorsprung gegenüber allen anderen Kollegienmitgliedern. Inwieweit der Präses einen starken Einfluß auf die Leitung der Landeskirche nimmt, hängt somit entscheidend von seiner Persönlichkeit und seinen Führungsfähigkeiten ab.

Auch der Bischof hat als zentrale Leitungsinstanz und aufgrund der Visitationen in den Gemeinden innerhalb seiner Diözese gegenüber allen anderen Mitarbeitern und Beratern einen deutlichen Informationsvorsprung. Allerdings hängt es auch hier wieder von seinem Führungsstil ab, ob er, etwa zu Beginn von Rätesitzungen einen Informationsbericht gibt. So ist es üblich, daß der Bischof zu Beginn der

---

[954] Vgl. Schmitz (1999 c), S. 447.
[955] c. 468 § 2 (Diözesansynode), c. 501 § 2 (Priesterrat), c. 513 § 2 (Pastoralrat).
[956] Müller (1984), S. 415.

Sitzungen des Priesterrates einen ausführlichen Bericht über aktuelle Probleme und Vorkommnisse in der Diözese gibt[957].

1.1.2. Wahl und Ernennung

Im Zusammenhang mit ihrer Wahl und Ernennung bestehen zwischen dem Diözesanbischof und dem Präses große Unterschiede hinsichtlich eines verschieden großen Personenkreises der daran Beteiligten. Während der Bischof von Trier nach dem bereits beschriebenen Verfahren gewählt und seine Wahl dann vom Papst bestätigt wird, kommt der Präses der EKiR gem. Art. 172 Ziff. 1 KO und Art. 197 Abs. 2 Ziff. a KO sowie näherhin nach den Bestimmungen des § 32 GOSyn durch eine demokratische Wahl in sein Amt.

Vergleicht man diese beiden Verfahren, so fällt auf, daß der Präses der EKiR aufgrund der Tatsache, daß die Landessynode indirekt über die Ebene der Kirchenkreise durch die Kirchengemeinden „stufenweise"[958] gebildet wird und somit einen gewissen repräsentativen Querschnitt der landeskirchlichen Gruppierungen und Kräfte darstellt, durch den breiteren Kreis der Kirchenglieder gewählt wird als der Diözesanbischof. Die Tatsache, daß ein größerer Kreis evangelischer Christen in die Wahlentscheidung über den neuen Präses einbezogen ist, als es bei der Bischofsbestellung die Katholiken einer Diözese sind, läßt auf eine größere Mitverantwortung aller Glieder der Landeskirche für die Aufgaben der EKiR schließen. Im Gegenteil fehlen plebiszitäre Elemente bei der Wahl des neuen Bischofs von Trier ebenso vollständig, wie die Möglichkeit, den neuen Bischof allein durch den Diözesanklerus oder direkt durch die Gläubigen des Bistums zu wählen.

Der an dieser Stelle deutlich gewordene Unterschied hinsichtlich einer verschieden großen Basis bei der Bischofsbestellung, wirft die Frage nach den kirchen-

---

[957] Vgl. Meiners (1993), S. 144.
[958] Campenhausen (1995), S. 54.

rechtlichen Möglichkeiten auf, wie die Besetzung der Bischofsstühle neu geordnet werden könnte. Eine solche Überlegung findet ihre theologische Begründung darin, daß „dies der Mitverantwortung aller Glieder der Kirche an der Sendung der Kirche entspricht, wozu alle durch die Taufe, in der sie den Heiligen Geist empfangen haben, berufen, geeignet, berechtigt und verpflichtet sind"[959]. Darüber hinaus würde vor dem Hintergrund des Strukturprinzips, nach dem die katholische Kirche in und aus Teilkirchen besteht, eine größere Einbeziehung der Ortskirche ein ausgewogeneres Verhältnis zwischen Universal- und Partikularkirche darstellen. Allerdings sind einige der in der Literatur diskutierten Möglichkeiten[960] nicht explizit im gesamtkirchlichen Recht vorgesehen und könnten in Anwendung auf das Bistum Trier nur durch eine Änderung des gesamtkirchlichen Rechts sowie der staatskirchenrechtlichen Regelungen durchgesetzt und abgesichert werden[961]. Dabei wäre auf jeden Fall die verbindliche Norm des c. 377 § 5 zu beachten, nach der zukünftig die Einräumung von Erinnerungs- und Einspruchsrechten an weltliche Autoritäten ausgeschlossen wird[962]. Ebenso sollte es stets „zu einer stärkeren Anwendung des Subsidiaritätsprinzips kommen"[963].

Bei der Suche nach einer theologisch und praktisch angemessenen Lösung bieten sich als Ansatzpunkte die Relationen an, denen der Diözesanbischof steht, nämlich in seiner Ortskirche, der jeweiligen Bischofskonferenz und in der universalen Kirche. Dabei schlägt KRÄMER zur Vermeidung teilkirchlicher Partikularismen sowie universalkirchlicher Zentralisierungen einerseits und angesichts des histori-

---

[959] Kaiser (1989), S. 81. Dieses ist im Kern gleichzeitig die Begründung des synodalen Prinzips in der evangelischen Kirche.

[960] Vgl. Schmitz (1970), S. 244 ff.; Kaiser (1989), S. 85 ff.; Hartmann (1990), S. 202 ff.; Potz (1991), S. 20 ff.; Kasper (1999), S. 46 f.; Krämer (1999 b), S. 53 f. Zur Beteiligung aller Gläubigen an der Bischofswahl vgl. Legrand (1989), S. 128 ff.

[961] Bei der Frage, ob es eine Chance für derartige Änderungen der Rechtsordnungen gibt, weist Kaiser (1989), S. 89, darauf hin, dass auch das Bayerische Konkordat von 1924 inzwischen mehrmals geändert worden ist. Allerdings erscheint die Möglichkeit einer Änderung des gesamtkirchlichen Rechts in dieser Frage derzeit als unwahrscheinlich.

[962] Dabei ist anzumerken, dass derzeit auch schon keine echten Mitwirkungsrechte weltlicher Autoritäten bestehen.

[963] Schmitz (1999 b), S. 430.

schen Befunds und der pastoralen Erfordernisse andererseits ein in seinen Elementen modifizierbares Grundmodell vor, das die Communio-Ekklesiologie und damit das dem CIC zugrunde liegende Kirchenverständnis berücksichtigt und die verschiedenen Ebenen der Kirchenverfassung in das Verfahren der Bischofsbestellung einbezieht[964]. Danach könnte die Mitwirkung der betreffenden Ortskirche darin bestehen, daß der Trierer Priesterrat sowie der Diözesanpastoralrat in Kooperation mit dem Domkapitel eine Kandidatenliste aufstellen, die sowohl einen nichtdiözesanen Priester beinhaltet als auch für Ergänzungen durch übergeordnete Instanzen offen ist. Ergänzend könnte ein Kontrollverfahren eingeführt werden, das überprüft, ob sich der Heilige Stuhl an die eingereichten Listen hält[965]. Ebenso könnte im Sinne einer stärkeren Mitbestimmung von Diözesanklerus und Laien daran gedacht werden, das Domkapitel bei der Erstellung der Vorschlagslisten durch Ergänzungsmitglieder zu erweitern, die vom Priesterrat und vom Diözesanpastoralrat zu wählen sind bzw. ein eigenes Wahlgremium zu bilden, in das Domkapitel, Priesterrat und Diözesanpastoralrat jeweils Delegierte wählen. Damit würde gewährleistet, „daß die Mitglieder des Wahlgremiums einerseits überhaupt am kirchlichen Leben interessiert sind und aktiv teilnehmen und über die erforderliche Personal- und Sachkenntnis verfügen, andererseits aber auch wenigstens eine gewisse Repräsentation der Teilkirche darstellen"[966].

Die Mitwirkung der Zwischeninstanz könnte dadurch realisiert werden, daß entweder die Bischöfe der Kölner Kirchenprovinz[967] oder sogar alle Diözesanbischöfe Deutschlands ein Wahlgremium bilden, das aus einer verbindlichen Liste einen Kandidaten zum Bischof wählt. Die Mitwirkung des Papstes bestünde in diesem Modell gem. c. 377 § 1 in der Bestätigung des rechtmäßig Gewählten, denn die

---

[964] Vgl. Krämer (1999 b), S. 53. Bereits Schmitz (1970), S. 240 ff. hat dafür allgemeine Leitsätze aufgestellt und ebenfalls verschiedene Modelle vorgeschlagen.
[965] Vgl. Hartmann (1990), S. 202 ff.
[966] Kaiser (1989), S. 88.
[967] Dieses sind der Erzbischof von Köln, die Bischöfe von Aachen, Essen, Limburg und Münster sowie der Diözesanadministrator der Diözese Trier.

Wahl des Bischofs in der Teilkirche bedarf der Ergänzung durch die Gesamtkirche[968].

Zu diesem Grundmodell sind verschiedene Varianten denkbar. So könnte eine Kandidatenliste von der mittleren und unteren Ebene des betroffenen Bistums erstellt und dann dem Papst zu Erstellung einer Dreierliste zugeleitet werden, aus der das Wahlgremium den Bischof wählt. Ebenso könnte auch von dem Wahlgremium ein Dreiervorschlag aus den Kandidatenlisten kreiert werden, aus welcher der Papst den Bischof ernennt[969].

Ein weiterer Unterschied zwischen Präses und Diözesanbischof besteht darin, daß es im Zusammenhang mit der Ernennung des Präses keine politische Klausel und damit auch keinerlei Einflußmöglichkeiten ziviler Autoritäten gibt. Während das Domkapitel nach den Bestimmungen des Art. 6 Abs. 1 PK nach erfolgter Bischofswahl und deren Annahme durch den Gewählten durch Anfrage bei den zuständigen Stellen der Landesregierungen festzustellen hat, ob Bedenken politischer Art gegen den gewählten Geistlichen bestehen und der Hl. Stuhl niemanden zum Bischof von Trier bestellen wird, bei dem derartige Bedenken vorliegen, schreiben Art. 10 Abs. 1 RPKV und Art. 9 Abs. 1 HKV[970] vor, daß niemand „in das Amt des leitenden Geistlichen einer Kirche" berufen wird, „von dem nicht die zuständige kirchliche Stelle durch Anfrage bei der Landesregierung festgestellt haben, daß Bedenken politischer Art gegen ihn nicht bestehen". Allerdings stellen Art. 10 Abs. 1 RPKV und Art. 9 Abs. 1 HKV fest: „Wird das Amt auf Grund einer Wahl oder Berufung durch eine Synode besetzt, so zeigt die Kirche der Landesregierung die Vakanz an und teilt ihr später die Person es neuen Amtsträgers mit". Diese Bestimmung gilt im Falle des rheinischen Präses, da er gem. Art. 172 Ziff. 1 KO von der Landessynode gewählt wird. Deswegen ist für ihn die politi-

---

[968] Vgl. Schmitz (1970), S. 241 ff.
[969] Vgl. Krämer (1999 b), S. 53.
[970] Im Ergebnis ebenfalls gleich: Art. 7 PKV i.V.m. Schlußprotokoll zu Artikel 7 Abs. 1 PKV.

sche Klausel im Unterschied zum Bischof von Trier nicht relevant[971]. Im Ergebnis ist folglich ein echtes staatliches Vetorecht im Zusammenhang mit der Amtsbesetzung von Diözesanbischof und Präses zu verneinen.

Der neuernannte Diözesanbischof hat gem. Art. 16 RK vor der Besitzergreifung von seiner Diözese einen Treueid gegenüber dem Staat nach einer vorgeschriebenen Formel in die Hand des zuständigen Ministerpräsidenten zu legen[972]. Ein derartiger staatlicher Treueid ist im PKV nicht normiert und wird vom neugewählten Präses nicht abzulegen verlangt. Dieses hat historische Gründe und ist in der unterschiedlichen rechtstheologischen Fundierung und kirchenrechtlichen Ausgestaltung des Bischofsamtes begründet[973].

1.1.3. Befristung der Amtszeit

Das Leitungsamt des Diözesanbischofs wird prinzipiell auf Lebenszeit übertragen, wobei den Bestimmungen des c. 401 zufolge der Bischof mit Vollendung seines fünfundsiebzigsten Lebensjahres dem Papst seinen Rücktritt anzubieten hat. Dabei könnte der Apostolische Stuhl die Annahme des Rücktrittsgesuches hinauszögern, wenn nach seinem Ermessen noch kein geeigneter Nachfolger in Sicht ist. Der Präses hingegen wird für eine begrenzte Amtszeit von acht Jahren gewählt. Die Befristung der Amtszeit läßt deutlich werden, daß der Präses der Synode, die ihn wählt, eindeutig untergeordnet ist. Allerdings ist seine Wiederwahl, wie auch die der übrigen Mitglieder der Kirchenleitung, „unbeschränkt zu-

---

[971] Interessant ist, dass im Unterschied zu den Bestimmungen des Art. 6 PK evangelischerseits in Art. 10 Abs. 2 RPKV, Art. 9 Abs. 2 HKV gleichlautend ein Vorgehen bei Vorliegen politischer Bedenken normiert ist: „Bei etwaigen Meinungsverschiedenheiten hierüber (...) wird die Landesregierung auf Wunsch die Tatsachen angeben, aus denen sie die Bedenken herleitet. Die Feststellung bestrittener Tatsachen wird auf Antrag einer von Staat und Kirche gemeinsam zu bestellenden Kommission übertragen, die zu Beweiserhebungen und Rechtshilfeersuchen nach den für die Verwaltungsgerichte geltenden Vorschriften befugt ist." Da jedoch sämtliche Leitungsämter der EKiR gem. Art. 172 KO durch Wahl von der Landessynode besetzt werden, hat diese Norm keinerlei praktische Relevanz. Somit handelt es sich um einen Unterschied theoretischer und nicht praktischer Natur.
[972] Zur Problematik des staatlichen Treueids der Bischöfe vgl. Hollerbach (1986), S. 198 ff.; Dahl-Keller (1994), S. 175 ff.
[973] Vgl. Stein (1983), S. 147 ff.; Hollerbach (1986), S. 201.

gelassen"[974], womit „die Möglichkeit einer faktisch unbegrenzten Amtsdauer von Präses und Präsidium, jedenfalls im Rahmen des Pfarrerdienstgesetzes, gegeben"[975] ist.

Die Nachteile der begrenzten Amtszeit sind die Vorteile des lebenslang übertragenen Amtes und umgekehrt: hat bspw. der Präses innerhalb seiner begrenzten Amtszeit nur eingeschränkt die Möglichkeit, sein Amt persönlich zu prägen, sind bei langen Amtszeiten von Diözesanbischöfen zum Ende des Pontifikats Stagnationserscheinungen denkbar. Bei einer Abwägung der unterschiedlichen Amtszeitregelungen stellt sich automatisch die Frage „nach der zeitgemäß besten Form, in der sich der Auftrag der Wortverkündigung und Sakramentsverwaltung in Ämtern auf Lebenszeit oder auf eine begrenztere Periode am wirkungsvollsten wahrnehmen läßt"[976].

HECKEL fordert, daß die Amtszeitregelungen des geistlichen Leitungsamtes[977] im Dienste seiner optimalen Erfüllung stehen müssen und nennt theologische Argumente für eine „Lebenszeitlösung"[978]. So gewährleistet eine längere Amtszeit des Präses die notwendige Kontinuität, denn „ohne Stetigkeit wird das kirchliche Wirken fahrig und zerfahren, verliert es Vertrauen, Verläßlichkeit, Substanz. Ohne Wechsel aber wird Stetigkeit zur Routine, Erstarrung, Verknöcherung, zur Orthodoxie mit Weltverlusten". Da nach Art. 174 Abs. 1 KO die Landessynode schon aufgrund der periodischen Wahlen und der damit zusammenhängenden mittel- bzw. langfristigen Totalerneuerung ein Verfassungsorgan mit diskontinuierlicher Struktur ist, wirbt HECKEL für die Stetigkeit als Strukturprinzip des Präse-

---

[974] Wilhelmi (1963), S. 72. Die Tatsache, dass der Text der Kirchenordnung die Möglichkeit einer Wiederwahl nicht ausschließt, legt den positiven Rückschluß nahe, dass nichts gegen eine solche spricht.
[975] Wilhelmi (1963), S. 74.
[976] Heckel (1982), S. 149.
[977] Die Problematik des geistlichen Leitungsamtes auf Zeit auf landeskirchlicher Ebene sowie in der Mittelstufe ist in der evangelischen Kirche besonders Ende der 1960er Anfang der 1970er Jahre diskutiert worden. Vgl. Darstellung und Dokumente zur Geschichte der lutherischen Kirche, Lutherische Generalsynode 1970, Bericht über die 5. Tagung der IV. Generalsynode der VELKD vom 4. bis 9.10.1970 in Eutin, S. 488 ff.

samtes. Ziel ist es dabei, eine angemessene Verteilung von Kontinuität und Diskontinuität auf die landeskirchlichen Verfassungsorgane zu erreichen, die in ihrem Verhältnis zueinander genau austariert werden müssen. Eine Abkehr von diesem Prinzip des Aufeinanderabgestimmtseins stellt die Freiheit und Unabhängigkeit des Präsesamtes in Frage, die durch die Lebenslänglichkeit der Funktion gesichert sind[979]. Des weiteren sieht er die Nachteile einer verkürzten Amtszeit in Effizienzverlusten, dem Fehlen von Innovationsschüben, in einer ungünstigen Wirkung auf die Repräsentationsfunktion nach außen sowie auf die geistliche Integrationsfunktion des Bischofsamtes[980].

Daher könnte aus den von HECKEL genannten Gründen der Präses der EKiR in Abweichung von Art. 197 Abs. 4 KO für eine Wahl auf Lebenszeit, modifiziert um eine Altersgrenze von 65 Jahren gemäß dem allgemeinen Pfarrerrecht[981], nominiert werden.

1.1.4. Verantwortung der Leitungsfunktion

Der Diözesanbischof ist für die Leitung seiner Diözese gegenüber dem Papst letzt- und alleinverantwortlich. So ist er gem. c. 399 § 1 dazu verpflichtet, dem Papst alle fünf Jahre in Form eines Berichtes, des sog. Quinquennal- bzw. Fünfjahresberichtes, Rechenschaft über seinen Hirtendienst abzulegen. Dieser Bericht bildet seinerseits wiederum die informatorische Grundlage zur Vorbereitung des in c. 400 vorgeschriebenen „ad-limina"-Besuches[982], anläßlich dessen ein Diözesanbischof alle fünf Jahre im Rahmen einer Wallfahrt nach Rom zu kommen hat, um die Gräber der Apostel Petrus und Paulus zu verehren und mit dem Papst zusammenzutreffen. Auf der Grundlage der rechtlichen Bestimmungen der Art. 28 -

---

[978] Heckel (1982), S. 149.
[979] Heckel (1982), S. 151.
[980] Heckel (1982), S. 152 ff.
[981] Vgl. § 92 Abs. 1 PfDG.
[982] Zu den historischen Wurzeln dieses Besuches vgl. Bier (1998), MK, Rdnr. 3 zu c. 400.

32 PB[983] hat die Bischofskongregation am 29.06.1988 ein „Direktorium für den ad-limina-Besuch" veröffentlicht. Dieses Direktorium enthält Erläuterungen zum theologischen, spirituell-pastoralen sowie rechtsgeschichtlichen Hintergrund des Rombesuches und gibt konkrete Hinweise zu dessen Vorbereitung und Ablauf. Es betont, daß der „ad-limina"-Besuch nicht ein bloßer verwaltungsrechtlicher Akt bzw. eine bloß protokollarische, juridische oder rituelle Pflichtübung ist, sondern sein Zweck in der Stärkung der Verantwortung der Bischöfe sowie der hierarchischen Gemeinschaft mit dem Papst liegt[984].

Mit dem Quinquennalbericht gibt der Diözesanbischof einen „Bericht zur Lage‛ in seiner Diözese und ermöglicht es dem Papst, „sich über Tendenzen und Entwicklungen in den verschiedenen Teilkirchen zu informieren"[985]. Als Leitfaden für die Abfassung dieses Berichtes dient ein von der Bischofskongregation erarbeiteter Fragebogen[986]. Der erstellte Fünfjahresbericht wird normalerweise an die Bischofskongregation gesandt, die ihn liest, auswertet, auseinandernimmt, um je nach Zuständigkeit den Dikasterien Auszüge zu übermitteln, und seine wesentlichen Inhalte dann in einer Synthese zusammengefaßt dem Papst vorlegt[987]. Derartige „authentische und verbürgte Informationen über die konkrete Situation in den verschiedenen Teilkirchen (...), über ihre Probleme und die dort ergriffenen Initiativen, über die dort auftretenden Schwierigkeiten und Arbeitsergebnisse"[988] sind wiederum für den Papst im Interesse einer adäquaten Erfüllung seines gesamtkirchlichen Leitungsamtes unverzichtbar und werden gleichzeitig als „Mittel, das das Gemeinschaftsverhältnis zwischen den Teilkirchen und dem Papst erleich-

---

[983] Zusätzliche Hinweise zur pastoralen Bedeutung des „ad-limina"-Besuchs finden sich im Anhang I von PB.
[984] Vgl. Direktorium (1988), S. 3 f.
[985] Bier (1998), MK, Rdnr. 2 zu c. 399.
[986] Dieser Fragebogen wurde veröffentlicht von L. de Echeverria, La visita „ad limina", in: Revista espanola de Derecho Canónico", 32. Jg., 1976, S. 361 - 378.
[987] Vgl. Breitbach (2000), S. 279.
[988] Direktorium (1988), S. 5.

tert"[989] betrachtet. Entsprechend dieser Zweckbestimmung nennt das Direktorium drei Elemente des „ad-limina"-Besuchs: Die Wallfahrt zu und Verehrung der Apostelgräber, die persönliche Begegnung mit dem Papst sowie der Besuch des Diözesanbischofs bei der Dikasterien der Römischen Kurie[990]. Der Sinn dieser Besuche liegt auch darin, den Bischof zu einer aktuellen Standortbestimmung der seiner Leitung anvertrauten Diözese zu veranlassen und gibt der zentralen Kirchenleitung in Rom die Gelegenheit, durch die gewonnenen Informationen Entscheidungen von weltkirchlicher Gültigkeit sachgerechter vorzubereiten. Wollte ein Diözesanbischof etwaige Probleme in seiner Diözese in dem detaillierten Bericht übergehen, wären die regelmäßigen Berichte des Apostolischen Nuntius an den Apostolischen Stuhl als Korrektiv zu sehen.

Auch der Präses der EKiR hat seine, bzw. die Tätigkeit der Kirchenleitung zu verantworten. So hat er hinsichtlich der Verantwortung seines Leitungsamtes vor der Landessynode einen Bericht über die Tätigkeit der Kirchenleitung, der Ämter und Einrichtungen der EKiR zu erstatten[991]. Die einzelnen Bestandteile des Berichtes werden von einer Vielzahl verschiedener Personen verfaßt. Somit ist die Möglichkeit, einen beschönigten Bericht vorzulegen, ausgeschlossen. Dadurch daß die Landessynode diesen Bericht entgegenzunehmen und zu diskutieren hat, bildet sie ein kontrollierendes Gegenüber zum Präses. Jedoch ist es dabei denkbar, daß der Präses als Vorsitzender die Landessynode bittet, einzelne Schwerpunkte seines Tätigkeitsberichtes zu diskutieren. Damit kann er einen steuernden Einfluß auf den Verlauf und die inhaltliche Thematik der Beratungspunkte der Synodaltagung nehmen. Nach Art. 181 KO und § 17 Abs. 1 GOSyn bei jeder Tagung der Landessynode einen Bericht über die Kirchenleitung und über die für die Landeskirche bedeutsamen Ereignisse zu erstatten. Während der Bericht der Kirchenleitung i.d.R. in schriftlicher Form vorgelegt wird, erstattet der Präses seinen

---

[989] Direktorium (1988), S. 6.
[990] Vgl. Direktorium (1988), S. 12 ff.

Bericht mündlich. Dieser wird zur Debatte gestellt wird, wobei dann auch Fragen zum Bericht der Kirchenleitung diskutiert werden können.[992] Die Landessynode nimmt demnach den Bericht des Präses entgegen, wobei allerdings in den Gesetzestexten nichts darüber gesagt wird, ob der Tätigkeitsbericht durch eine Abstimmung von der Landessynode gebilligt werden muß. Das Fehlen derartiger Bestimmungen läßt darauf schließen, daß etwaige Kontrollrechte der Landessynode gegenüber dem Präses nur schwach ausgeprägt sind. Fraglich erscheint in diesem Zusammenhang auch, welche verbindlichen rechtlichen Konsequenzen, etwa in Form von verbindlichen Weisungen für die zukünftige Arbeit, mißbilligenden Stellungnahmen aus dem Plenum der Landessynode für die Arbeit des Präses und der Kirchenleitung haben.

Vergleicht man den ausführlichen Quinquennalbericht in Verbindung mit dem „ad-limina"-Besuch eines Diözesanbischofs beim Papst mit dem vor der Landessynode zu erstattenden Tätigkeitsbericht des Präses und der Kirchenleitung, so ist zu fragen durch welches Verfahren die jeweiligen Amtsträger mehr dazu angehalten werden, ihre Tätigkeit wirklich zu verantworten bzw. die Effizienz und Effektivität ihrer Arbeit wirksam zu steigern.

1.2. Superintendent und Regionaldekan bzw. Dechant als Leitungsorgane der mittleren Ebene

Als Leitungsorgane auf der mittleren Ebene der Landeskirche (Kirchenkreise) bzw. des Bistums Trier (Regionen und Dekanate) werden im folgenden der Superintendent und der Regionaldekan bzw. der Dechant miteinander verglichen. Die Tatsache, daß Regionaldekan und Dechant in differenzierter, häufig verzahnter Zuordnung gemeinsam Leitungsaufgaben erfüllen, die in der EKiR dem Superintendenten allein obliegen, erfordert einen Vergleich eines evangelischen Amts-

---

[991] Art. 176 KO.
[992] Becker (1999), Rdnr. 1 zu Art. 181 KO.

trägers mit zwei katholischen[993]. Entsprechend werden zunächst die kirchenordnungsrechtlichen Bestimmungen über den Superintendenten dargestellt, um dann den entsprechenden Vorschriften über den Regionaldekans bzw. den Dechanten[994] gegenübergestellt zu werden.

1.2.1. Aufgaben und Kompetenzen von Superintendent und Regionaldekan bzw. Dechant

Hinsichtlich der Rechtsstellung des rheinischen Superintendenten wird, STREITER folgend, zwischen dessen Funktionenrecht und Statusrecht unterschieden.[995] Dabei beinhaltet das Funktionenrecht des Superintendenten die ihm obliegenden geistlichen Leitungsfunktionen, seine synodalen Mitwirkungsaufgaben sowie die ihm obliegenden Verwaltungsfunktionen. Sein Statusrecht beinhaltet Fragen des Stellenbesetzungsrechts sowie der Amtsidentität mit einem konkreten Pfarramt[996], der Unterstellung des Superintendenten unter die landeskirchliche Aufsicht[997], sein persönliches Dienstrecht sowie die Vertretung im Amt. Demgegenüber werden rechtliche Stellung und Aufgaben des Regionaldekans in § 3 OrdReg und die des Dechanten in § 7 OrdDek normiert.

Dem Regionaldekan kommen insofern geistliche Leitungsaufgaben zu, als er für die Erfüllung der in § 2 Abs. 2 ff. OrdReg gestellten Aufgaben der Region zu sorgen hat. Dazu gehören u.a. die Umsetzung pastoraler Vorgaben der Diözese so-

---

[993] Wolf (1961), S. 379 weist darauf hin, dass die Funktion eines Superintendenten in seiner geschichtlichen Entstehung verwaltungshierarchisch mit der eines bischöflichen Generalvikars vergleichbar ist. Allerdings beinhaltet die heutige Stellung des Präses, wie bereits ausgeführt, Aufgaben und Kompetenzen, die ihn vergleichbar zu einer ‚Kombination von Bischof und Generalvikar' machen. Zur Entwicklung des Superintendentenamtes vgl. Wendenbourg (2000), S. 25 ff.
[994] Die Aufgabenerfüllung von Regionaldekan und Dechant sind subsidiär aufeinander hingeordnet, wobei der Dechant gem. § 6 Abs. 1 OrdDek in seiner Amtsführung der Aufsicht des Regionaldekans untersteht.
[995] Vgl. Streiter (1973), S. 250 ff.
[996] Die mit dem Stellenbesetzungsrecht des Superintendenten sowie der Amtsidentität mit einem Pfarramt zusammenhängenden Fragen werden im nachfolgenden Kapitel E. 1.2.2. „Wahl und Ernennung" behandelt.
[997] Die Frage der landeskirchlichen Aufsicht über den Superintendenten wird im nachfolgenden Kapitel E. 1.2.4. „Verantwortung der Leitungsfunktion" behandelt.

wie die Förderung pastoraler Initiativen im seelsorglichen und sozial-caritativen Bereich innerhalb der Region. Dazu gehören die Förderung von Erwachsenenbildung, Kinder- und Jugendpastoral, Religionsunterricht und Schulseelsorge, die seelsorgliche Begleitung von Mitarbeitern in den Tageseinrichtungen für Kinder sowie einer berufsbezogenen Spiritualität. Der Dechant hat vergleichbare geistliche Leitungsaufgaben in den Pfarreien auf der Dekanatsebene, die er gem. § 3 OrdDek gemeinsam mit den Priestern und den weiteren pastoralen Mitarbeitern und den Organen des Dekanats wahrnimmt. Dazu gehören insbesondere die Anregung und Koordinierung von pastoralen Initiativen in den Pfarreien[998].

Der Superintendent ist als solcher Träger eines selbständigen geistlichen Leitungsamtes. Sein geistlicher Auftrag ist „das eigentliche und qualifizierende Merkmal"[999] dieses Amtes. Im Rahmen der geistlichen Leitungsfunktionen werden nachfolgend die geistliche Aufsicht, die geistlichen Handlungen sowie die Repräsentation im inner- und außerkirchlichen Bereich unterschieden.

Die geistliche Aufsicht beinhaltet gem. Art. 163 KO sowohl die allgemeine Aufsicht über das kirchliche Leben und die kirchliche Ordnung in den Gemeinden und Gemeindeorganen des Kirchenkreises als auch die spezielle Aufsicht, nämlich den Dienst der Seelsorge, der Beratung und geistlichen Leitung und Ermahnung gegenüber den Pfarrern und Trägern anderer Dienste in seinem Kirchenkreis als eigene, besondere Aufgabe. Die Aufsicht über die Gemeinden und Gemeindeorgane wird durch die Einzelvorschriften des „Kirchengesetzes über die Ordnung für die Visitation durch die Kreissynodalvorstände" (VisG)[1000] konkretisiert. Streiter charakterisiert diese Dienstaufsicht als den eigentlichen Kern der geistlichen Leitungsfunktion des Superintendenten und betont, „daß mit Ausnahme der Synodalfunktionen sämtliche Einzelaufgaben der geistlichen Leitung und Verwal-

---

[998] § 2 OrdDek.
[999] Frost (1958), S. 135 f.
[1000] Kirchengesetz über die Ordnung für die Visitation durch die Kreissynodalvorstände vom 29.10.1953, in: KABl (1953), S. 104.

tung nur besondere Ausprägungen dieser grundlegenden Verpflichtung sind"[1001]. Somit kommt im Amt des Superintendenten das Element des Dienstes sowie der ständigen und übergreifenden geistlichen Leitung zum Ausdruck und zwar „in voller Selbständigkeit ohne Unterordnung unter ein übergreifendes geistliches Leitungsamt der Gesamtkirche"[1002] Darin unterscheidet sich der Superintendent vom Regionaldekan, der sein Amt durch bischöfliche Ernennung erhält und diesem untergeordnet ist. Regionaldekan und Dechant sind, dem Superintendenten vergleichbar, Dienstvorgesetzte der für die Region bzw. das Dekanat beauftragten haupt- und nebenamtlichen Mitarbeiter mit allen dazugehörigen Pflichten.[1003] In seinen genannten allgemeinen und speziellen Aufsichtsfunktionen ist der Superintendent vor allem mit dem Dechanten vergleichbar, der nach § 7 OrdReg die Aufsicht über die im Dekanat tätigen Priester führt, für die theologische und spirituelle Fortbildung der im Dekanat tätigen Priester und pastoralen Mitarbeiter zu sorgen und insbesondere gem. c. 555 § 1 nn. 2 f. die priesterliche Lebensführung der Kleriker seines Dekanates sowie die Erfüllung ihrer geistlichen Amtspflichten zu beaufsichtigen hat. darin gleichen sich Superintendent und Dechant, der die Sorge für die Priester und die disziplinäre Aufsicht persönlich wahrzunehmen hat, als ‚pastor pastorum' ihrer Geistlichen.

Die **Visitation** ist nach evangelischem Verständnis ein besonderes Mittel der geistlichen Aufsicht und beinhaltet Elemente einer Verwaltungsprüfung sowie eines brüderlichen Besuchsdienstes[1004]. SCHMIDT charakterisiert sie folglich als „eigentümliche Zwischenform zwischen brüderlichem Besuchsdienst und kirchenleitender Aufsicht über das Leben in den Einzelgemeinden"[1005]. Das evangelische Verständnis von Visitation betont den partnerschaftlichen Charakter der Visitation nachdrücklich: „Sie soll Hilfe zur Selbstprüfung sein, weniger ein Akt der

---

[1001] Streiter (1973), S. 250.
[1002] Dahlhoff (1964/65), S. 108.
[1003] § 3 Abs. 2 Nr. 2 OrdReg, § 7 Abs. 2 Nr. 2 OrdDek.
[1004] Vgl. Honecker (1972), S. 337.

Kontrolle durch die Kirchenleitung"[1006]. Demgegenüber betont KEIL, daß Visitationen aufgrund von Gesetzen erfolgen, folglich kein bloßer Besuchsdienst sind und somit als „Instrument kirchenregimentlicher Aufsicht"[1007] zu verstehen sind. Für ihn ist eine Visitation „derjenige rechtlich geregelte Aufsichtsvorgang, der von einer kirchlichen Aufsichtsperson oder Aufsichtsbehörde durchgeführt wird und das Justifikable an kirchlicher Geschäftsführung, Verkündigung und Sitte betrifft, sofern es von kirchlichen Amtsträgern, Kirchengemeinden, Kirchenkreisen usw. verwaltet wird"[1008]. Sie geschieht nach dem Vorspruch VisG „zu Tröstung und Mahnung, Beratung und Weisung der Gemeinde, damit sie für ihren Dienst in der Welt gestärkt werde" und findet gem. § 2 VisG mindestens alle acht Jahre statt, wobei auch eine Gemeinde um eine Visitation bitten oder der Kreissynodalvorstand eine außerordentliche Visitation ansetzen kann.

In der katholischen Kirche ist die Visitation allgemein der „Besuch des aufsichtsberechtigten kirchlichen Oberen zur Feststellung und Abstellung von Mängeln"[1009]. Nach c. 396 obliegt dem Diözesanbischof persönlich die Verpflichtung, seine Diözese jedes Jahr ganz oder teilweise zu visitieren, damit wenigstens alle fünf Jahre die gesamte Diözese einer Visitation unterzogen wird. Die Visitation wird in c. 398 als *pastoral* qualifiziert. Sie bezieht sich auf „alle Angelegenheiten, für die der Diözesanbischof als der berufene Hirt die Verantwortung trägt"[1010]. Allerdings kann er sich gem. c. 396 § 1 durch einen Weihbischof vertreten lassen, was im Bistum Trier dadurch geschieht, daß die Weihbischöfe gleichzeitig zu Visitatoren der im Bistum errichteten drei Visitationsbezirke[1011] ernannt worden sind. Gegenstände der ordentlichen bischöflichen Visitation sind nach c. 397 § 1

[1005] Schmidt (1962), Sp. 1412.
[1006] Winter (1996), Sp. 1184.
[1007] Keil (1985), S. 319.
[1008] Keil (1985), S. 329.
[1009] Hack (1986), Sp. 813.
[1010] Schmitz (1999 b), S. 439.
[1011] Vgl. Personalschematismus und Anschriftenverzeichnis des Bistums Trier für das Jahr 2000, S. 18. Dieses sind die Visitationsbezirke Trier, Koblenz und Saarbrücken.

alle Personen, katholischen Einrichtungen, geweihten Sachen und Orte, die sich innerhalb des Territoriums der Diözese befinden. Dabei geht es „um die Einheit der Lehre und des Glaubens in der jeweiligen Diözese"[1012], wofür der Diözesanbischof ja schließlich verantwortlich ist. Der Regionaldekan visitiert gem. § 3 Abs. 2 Nr. 4 OrdReg im Abstand von drei Jahren nach der bischöflichen Visitation die Pfarreien und selbständigen Seelsorgestellen in der Region.

Sowohl in der evangelischen als auch in der katholischen Kirche steht die Visitation „im Dienst der Einheit der ganzen Kirche und ihrer Verkündigung"[1013].

Zu den **geistliche Handlungen** des Superintendenten zählen gem. Art. 164 Ziff. 1 - 2 KO die Durchführung von Ordinationen, Amtseinführungen der Pastoren sowie die Vertretung des Kirchenkreises bei Einweihungen.

Nach Art. 164 Abs. 1 KO gehört die Ordination der Pfarramtskandidaten[1014] zu den regelmäßigen Amtspflichten des Superintendenten. Allerdings ist darauf hinzuweisen, daß er bei der Ausübung dieser Aufgabe an die Kompetenz der Kirchenleitung rückgebunden ist, weil die Ordination erst dann vollzogen werden darf, wenn sie von der Kirchenleitung angeordnet worden ist[1015]. Damit nimmt er bischöfliche Amtsaufgaben wahr, für die im Bereich des Bistums Trier gem. c. 1016 allein der Diözesanbischof von Rechts wegen zuständig ist[1016] und die folglich auch nicht dem Regionaldekan oder dem Dechanten zustehen. RAHNER und FRIES weisen darauf hin, daß die Reformatoren den Schritt zu einer Ordination von Pfarrern durch Pfarrer in der Annahme vollzogen haben, „daß in den Pfarrern

---

[1012] Bier (1998), MK, Rdnr. 3 zu c. 397.

[1013] Winter (1996), Sp. 1185.

[1014] Die Begründung dafür, dass in der EKiR der Superintendent als Inhaber des Visitations- und Aufsichtsamtes die Ordinationen vornimmt, liegt nach Müller (1995 b), S. 366 darin, dass das Amt nicht an eine Einzelgemeinde gebunden ist. An dieser Stelle ist mit Becker (1999), Rndr. 2 anzumerken, dass der zu Ordinierende den Wunsch äußern kann, von einem anderen als dem zuständigen Superintendenten ordiniert zu werden. Willigt der zuständige Superintendent ein, so kann diesem Wunsch entsprochen werden.

[1015] Vgl. Becker (1999), Rdnr. 1 zu Art. 164 KO

[1016] Nach römisch-katholischer Auffassung besitzen (von Sonderfällen abgesehen) die leitenden Amtsträger in den evangelischen Kirche diese sakramentale Vollmacht eben nicht und können deswegen auch nicht „gültig" weihen.

die Autorität des kirchlichen Amtes als eines bischöflichen Amtes gegenwärtig ist"[1017].

Auf das *grundlegend unterschiedliche theologische Verständnis der Ordination* zwischen der evangelischen und der katholischen Kirche kann in diesem Zusammenhang nur kurz eingegangen werden: im Unterschied zum kanonischen Recht tritt nach evangelischer Auffassung durch den Vollzug der Ordination keine substantielle Veränderung in der Person des Ordinierten im Sinne einer höheren persönlich-geistlichen Qualität bzw. eines „untilgbaren Prägemals"[1018] ein. In der katholischen Kirche wird die Ordination als Sakrament verstanden, das von Jesus Christus eingesetzt wurde und das dem ordinierten einen Weihecharakter vermittelt, der ihn wesensmäßig von den übrigen getauften unterscheidet. Durch die Ordination wird der geweihte „in den Ordo, die kirchliche Hierarchie"[1019] eingegliedert. In den Kirchen der Reformation werden üblicherweise nur Taufe und Abendmahl als Sakramente bezeichnet. Der Grund dafür liegt in dem engeren Sakramentenverständnis der lutherischen Tradition, nach dem nur das als Sakrament bezeichnet wird, was nachweislich durch den historischen Jesus unmittelbar eingesetzt worden ist. Allerdings findet sich in den lutherischen Bekenntnisschriften wie auch bei CALVIN die Bereitschaft, „auch den Ordo bzw. die Ordination unter bestimmten Voraussetzungen Sakrament zu nennen"[1020]. Die evangelische Ordination ist gem. Art. 67 Abs. 2 KO als Amtsauftrag ganz auf das Amt ausgerichtet, zu dem ordiniert wird. Demnach vermittelt sie nicht die Fähigkeit zur Amtsausübung im Sinne einer sakramentalen Weihegnade gem. c. 1008, sondern ist vielmehr „wesensmäßig ein von den persönlichen Eigenschaften des Ordinierten unabhängiger kirchlicher Amtsauftrag"[1021]. Durch die Ordination werden die das Amt konstituierenden Aufgaben der Wortverkündigung, der Sakramentsver-

---

[1017] Rahner/Fries (1983), S. 110.
[1018] c. 1008, PO 2. Den kirchenrechtlichen Rahmen für die Ordination definieren cc. 1008 - 1054.
[1019] Müller (1995 a), S. 362.
[1020] Schütte (1974), S. 311.

waltung und der Einheitsstiftung übertragen. Demzufolge wird dem Amtsträger in seiner Ordination „eine Gnadengabe des Heiligen Geistes zuteil als Sendung, Vollmacht und Segen für seinen Dienst"[1022]. Die Übernahme des Amtes der öffentlichen Wortverkündigung und Sakramentsverwaltung durch die Ordination setzt grundsätzlich die Begründung eines kirchlichen Dienstverhältnisses voraus. Ordiniert kann immer nur derjenige werden, der in einen konkreten Dienst berufen werden soll, für den eine Ordination erforderlich ist.

Ein wesentlicher unterschied zwischen der evangelischen und der katholischen Kirche besteht darin, daß in der EKiR die Frauenordination möglich und üblich ist, Frauen jedoch vom katholischen *Ordo* ausgeschlossen sind.

Ein weiterer Unterschied besteht darin, daß es in der evangelischen Kirche nur die eine Ordination gibt, sie sich in der katholischen Kirche jedoch gem. c. 1009 § 1 in die drei Weihestufen Episkopat, Presbyterat und Diakonat entfaltet. Somit unterscheiden sich etwa Präses, Superintendent und Pastor durch ihre jeweiligen Funktionen, nicht durch einen höheren Weihegrad[1023]. Wenn in den Kirchen der Reformation die Ordination i.d.R. nicht als Sakrament verstanden wird, so ist damit jedoch nicht gesagt das sie eine rein menschliche Erfindung wäre. Weil sich die Aspekte, welche die evangelische Theologie dem Amt zuschreibt, inhaltlich weitgehend mit dem decken, was in der katholischen Kirche durch den Sakramentsbegriff umschrieben wird, gilt: „wo gelehrt wird, daß durch den Akt der Ordination der Heilige Geist den Ordinierten mit einer Gnadengabe für immer zum Dienst an Wort und Sakrament befähigt, muß gefragt werden, ob nicht in dieser Frage bisherige kirchentrennende Unterschiede aufgehoben sind."[1024] Demzufolge gilt für beide Konfessionen, daß die Ordination nicht als bloße Art

---

[1021] Vgl. Streiter (1973), S. 333.
[1022] Evangelischer Erwachsenenkatechismus (1989), S. 1187.
[1023] So weist Wendenbourg (2000), S. 12 ff. darauf hin, dass nach reformatorischem Verständnis das Pfarramt als „primäre" und das Bischofsamt als „besondere Gestalt des ordinationsgebundenen Amtes" verstanden wird.
[1024] Das geistliche Amt in der Kirche, Nr. 33, in: DwÜ (1983), S. 341.

und Weise einer kirchlichen Anstellung und Amtseinweisung mißverstanden werden darf.

Verleiht die Ordination nach katholischem Verständnis einen sakramentalen, unverlierbaren Charakter, so ist sie in der evangelischen Kirche ebenfalls „grundsätzlich ein Lebensprojekt, sie nimmt den Ordinierten auf Dauer in den Dienst"[1025]. Denn „wie der Getaufte ein für allemal ein Getaufter bleibt, so bleibt auch der Ordinierte für alle Zeit ein öffentlich zum Amt der Kirche Berufener, auch wenn er dieses Amt nicht mehr ausübt oder seine Ausübung ihm untersagt wird"[1026]. Aus diese Grund wird die Ordination von der Einweisung in ein Pfarramt unterschieden. Nach KÜHN kennen die evangelischen Kirchen keine Reordination: „Dies ist eine Analogie zum character indelebilis des ordo nach katholischem Verständnis. Sie ist darin begründet, daß der in der Ordination übertragene Dienst mehr ist als eine auch sonst vorkommende berufliche Bindung, daß in ihr vielmehr eine die Person total tangierende Beanspruchung erfolgt, die auch durch den Austritt aus diesem Dienst nicht einfach verschwindet"[1027].

Die Einführung bereits ordinierter Pastoren steht gem. Art. 164 Abs. 2 KO ausschließlich dem Superintendenten zu, wobei die Mitwirkung des Kreissynodalvorstandes vorgesehen ist. Vergleichbar dazu steht dem Dechanten gem. § 7 Abs. 3 Nr. 5 OrdDek die Einführung eines neuernannten Pfarrers in seine Pfarrstelle zu. Darüber hinaus leitet der Dechant gem. § 7 Abs. 3 Nr. 3 f. OrdDek die Aufnahmeverhandlungen bei Vakanz einer Pfarrstelle und ist in besonderer Weise, in Zusammenarbeit mit dem Regionaldekan gem. § 3 Abs. 2 S. 5 OrdReg, in das Besetzungsverfahren einer Pfarrstelle involviert.

[1025] Neuner (1997), S. 228.
[1026] Pannenberg (1993), S. 435.
[1027] Kühn (1997), S. 589 f. Im Ergebnis ebenso: Stein (1994), S. 93 ff.

Nach Art. 164 Abs. 4 KO nimmt Superintendent in Vertretung der Kreissynode an der Einweihung kirchlicher Räume im Gebiet der Kreissynode, wobei die KO jedoch offen läßt, wer die Einweihung selbst vollzieht[1028].

Die Vertretung des Kirchenkreises im inner- und außerkirchlichen Bereich zählt nach Art. 162 Abs. 1 KO zu den Aufgaben des Superintendenten. Vergleichbar damit kommen dem Regionaldekan aufgrund von § 3 Abs. 2 Nr. 1 OrdReg i.V.m. § 2 Abs. 4 Nr. 1 OrdReg die Vertretung kirchlicher Belange der Region sowie dem Dechanten aufgrund von § 6 Abs. 1 OrdDek i.V.m. § 7 Abs. 5 Nr. 2 OrdDek die Vertretung des Dekanates gegenüber Behörden und außerkirchlichen Einrichtungen im Bereich des Dekanates zu.

Der rheinische Superintendent ist in den landeskirchlichen Synodalorganismus derart eingegliedert ist, daß er insofern ausschließlich Amtsträger der sich selbst verwaltenden landeskirchlichen Mittelstufe ist. Die synodalen Mitwirkungsaufgaben des Superintendenten sind nach seinen Funktionen in den Synodalorganen des Kirchenkreises bzw. der Landeskirche zu differenzieren. Der Superintendent hat in beiden Kollegialorganen seines Kirchenkreises, nämlich in der Kreissynode und im Kreissynodalvorstand den Vorsitz[1029]. Als Vorsitzender hat er gem. Art. 143 Abs. 3 KO insbesondere die Aufgabe, die Kreissynode einzuberufen und die Synodalverhandlungen zu leiten. Während der Synodaltagung hat er verschiedene Aufgaben im Zusammenhang mit der Beschlußfähigkeit der Kreissynode und des Kreissynodalvorstandes. Er trägt gem. Art. 162 Abs. 3 KO die Verantwortung für die Durchführung der Beschlüsse beider Organe. Da die Kirchenordnung diese Zuständigkeit nicht näher charakterisiert, dürfte sie vor allem dort liegen, wo derartige Beschlüsse die Belange seiner allgemeinen geistlichen Aufsicht betref-

---

[1028] Nach dem ursprünglichen Art. 200 Abs. 2 Ziff. d KO 1952 vollzog der Präses die Einweihung. Dieser Artikel wurde jedoch ersatzlos gestrichen. Er besteht weiterhin vergleichbar in Art. 148 Abs. 1, S. 6 f. KO der Evangelischen Kirche von Westfalen, die in ihrer Kirchenordnung aufgrund der gemeinsamen Verfassungsform mit der rheinischen Kirche von 1835 und 1923 bis heute eine sehr weitgehende Parallelität bewahrt hat.
[1029] Art. 162 Abs. 1 KO.

fen[1030]. Im Rahmen seiner Präsidialeigenschaft ist er gem. § 6 Abs. 3 VwO dazu verpflichtet, die Ausführung von Beschlüssen der Kreissynode und des Kreissynodalvorstandes zu beanstanden, wenn sie deren Befugnisse überschreiten, gegen die Kirchenordnung verstoßen oder andere Kirchengesetze verletzen, und über solche Beschlüsse umgehend die Entscheidung der Kirchenleitung einzuholen[1031]. Der Superintendent ist kraft Amtes „gewissermaßen als erster Abgeordneter seines Kirchenkreises"[1032] geborenes Mitglied in der rheinischen Landessynode und nimmt damit an der unmittelbaren Leitung der EKiR teil.

Zwar gibt es im Bistum Trier kein einer Kreissynode vergleichbares Leitungsorgan auf regionaler bzw. Dekanatsebene, jedoch sind auf der Dekanatsebene, vergleichbar mit dem Pfarrgemeinderat auf der Pfarrebene, mit der Dekanatskonferenz und dem Dekanatsrat nichthierarchische Gremien institutionalisiert, die gemeinsam mit dem Dechanten Verantwortung für die Erfüllung der dem Dekanat übertragenen Aufgaben tragen.[1033] Hier kommt dem Dechanten nach § 7 Abs. 4 OrdDek die Leitung der Dekanatskonferenz und -versammlung sowie der Dekanatsjugendpastoralkonferenz zu.

Ein weiterer wesentlicher Aufgabenkomplex des Superintendenten ist seine **Verwaltungsfunktion** als Organ des Kirchenkreises. Sie wird nach allgemeiner und spezieller kirchlicher Verwaltung unterschieden. Zu den Aufgaben der allgemeinen Verwaltung gehört im wesentlichen die Sorge um die Durchführung von Anordnungen der Kirchenleitung für Einzelfälle, die sie gem. Art. 162 Abs. 6 KO im Rahmen ihres allgemeinen Leitungs- und Aufsichtsrechtes erläßt. Dabei ergeht die Anordnung auf dem Gebiet der allgemeinen Verwaltung von der Kirchenleitung an den Kirchenkreis und wird somit zur „kreiskirchlichen Angelegen-

---

[1030] Vgl. Frost (1958), S. 142.
[1031] Vgl. Art. 219 KO.
[1032] Dahlhoff (1964/65), S. 101.
[1033] Vgl. § 10 Abs. 1 und § 14 Abs. 1 OrdDek.

heit"[1034]. Der Superintendent hat dann die betreffenden Anordnungen an die jeweiligen Organe des Kirchenkreises übermittelt für deren in der spezifischen Funktionsverteilung des Kirchenkreises zu sorgen. Die in Art. 162 Abs. 6 normierte Berichtspflicht des Superintendenten gegenüber der Kirchenleitung über etwaige wichtige Vorgänge im Kirchenkreis gehört ebenfalls zu seinem Aufgabenbereich innerhalb der allgemeinen kirchlichen Verwaltung. Im Rahmen der allgemeinen Verwaltung geht gem. Art. 162 Abs. 7 KO der gesamte Schriftverkehr zwischen der Kirchenleitung und den Gemeinden, den Pfarrern und den anderen kirchlichen Mitarbeitern, der also die Kompetenz der Organe des Kirchenkreises übersteigt, durch die Hand des Superintendenten. Demzufolge hat der o.g. Personenkreis ausnahmslos alle Schreiben an das LKA und an Dezernenten des Landeskirchenamtes über den zuständigen Superintendenten laufen zu lassen, wobei Anträge der höchstpersönlichen Art von dieser Regelung ausgenommen sind[1035].

Im Rahmen der speziellen kirchlichen Verwaltung kommen dem Superintendenten neben den Aufgaben der inneren geistlichen Verwaltung auch Aufgaben der äußeren, technischen Verwaltung zu. Zu den Aufgaben der inneren geistlichen Verwaltung gehört, daß der Superintendent gem. Art. 54 Abs. 2 KO nach Anhörung des Presbyteriums endgültig entscheidet, wenn ein Pastor einem Paar die kirchliche Trauung verweigert und einer der Betroffenen Beschwerde eingelegt hat. Ebenso entscheidet der Superintendent gem. Art. 76 Abs. 1 KO endgültig über eine Beschwerde gegen die Ablehnung eines *Dimissoriale*[1036].

[1034] Frost (1958), S. 140.
[1035] Vgl. Becker (1999), Rdnr. 1 zu Art. 162 Abs. 7 KO. Dieser Umstand sichert dem Superintendenten mit der ebenfalls in Art. 162 Abs. 7 KO normierten Möglichkeit, den Schriftverkehr mit einer eigenen Stellungnahme zu versehen, einen wichtige Stellung hinsichtlich der Informationen und des meinungsbildenden Einflusses auf die den Kirchenkreis betreffenden Vorgänge.
[1036] Ein Dimissoriale ist eine pfarramtlichen Abmeldebescheinigung und wird gem. Art. 76 Abs. 1 KO dann notwendig, wenn ein Gemeindeglied wünscht, dass eine geistliche Handlung (Taufe, Konfirmation, Trauung, oder Begräbnis) durch einen anderen als den zuständigen Pastor vollzogen wird.

Die das Statusrecht des Superintendenten betreffenden Fragen beziehen sich auf sein persönliches Dienstrecht sowie die Vertretung im Amt.

Weil der Superintendent als ordinierter Theologe Inhaber einer Gemeindestelle ist, unterliegt er in seinem persönlichen Dienstrecht den Bestimmungen des Pfarrdienstgesetzes (PfDG)[1037].

Der verfassungsmäßige Vertreter und „Beistand"[1038] des Superintendenten ist nach Art. 158 Abs. 3 KO der Assessor, dessen Stellvertretung der Skriba übernimmt. Trotz dieser Reihenfolge sind beide nach Art. 158 Abs. 2 KO in der Unterstützung des Superintendenten gleichgestellt[1039]. Der Assessor kann nicht nur die Einzelvertretung des Superintendenten übernehmen, sondern auch dauerhaft bestimmte Aufgaben übertragen bekommen.[1040] Sowohl der Assessor als auch der Skriba sind gem. Art. 158 Abs. 1 KO gewählte Mitglieder des Kreissynodalvorstands und werden somit, wie der Superintendent, auf acht Jahre mit der Möglichkeit zur Wiederwahl gewählt.

Nach § 4 OrdReg wird der Regionaldekan im Falle von Verhinderung oder Vakanz durch einen stellvertretenden Regionaldekan unterstützt. Dieser gem. § 11 OrdReg von den Dechanten der Region aus ihrem Kreis dem Bischof zur Ernennung vorgeschlagen und von diesem für eine Amtszeit von fünf Jahren ernannt. Ebenso sieht § 8 OrdDek vor, daß der Dechant im Verhinderungs- bzw. Todesfall von einem Definitor als einem vom Bischof ernannten Stellvertreter unterstützt wird, der gem. § 20 OrdDek ebenfalls Priester sein muß und für eine Amtszeit von fünf Jahren bestellt wird. Darüber hinaus nimmt der Definitor bei Erledigung

---

[1037] Vgl. ABl. EKD 1996, S. 470.
[1038] Vgl. Becker (1999), Rdnr. 1 zu Art. 158 Abs. 3 KO. Die Bezeichnung des Assessors als ‚Beistand' des Superintendenten deutet nach Streiter (1973), S. 487, daraufhin, dass es sich hier nicht nur um reine Stellvertretung, sondern um eine „Arbeitsteilung handelt, die den Superintendenten bei der geistlichen Aufsicht und synodalen Leitung in ähnlicher Weise entlastet, wie es auch bei seinen pfarramtlichen Pflichten geschieht".
[1039] Vgl. Becker (1999), Anm. zu Art. 158 Abs. 2 KO.
[1040] Vgl. Becker (1999), Rdnr. 1 zu Art. 158 Abs. 3 KO.

des Amtes des Dechanten bis zum Amtsantritt eine neuen Dechanten dessen Aufgaben wahr und ist für die Wahl des Dechanten zuständig.

Um den Superintendenten bei der Erfüllung seiner Dienstpflichten zu unterstützen bzw. um ihn aufgrund der zusätzlichen Belastung, der er nach Übernahme des Superintendentenamtes ausgesetzt ist, zu entlasten, ist verfassungsmäßig vorgesehen, seine pfarramtlichen Pflichten zu verringern.[1041] Dies kann bspw. in einer Kirchengemeinde mit mehreren Pfarrstellen dadurch geschehen, daß ihm das Presbyterium einen kleinen Gemeindebezirk zuweist und ihm zur Entlastung gem. Art. 80 KO ein Pastor zur Anstellung zugeteilt wird[1042]. In diesem Fall ist interessant zu sehen, daß durch die Regelung des Art. 80 KO das eigene Recht der Kirchenleitung begründet ist, unbeschadet des Rechts eines Presbyteriums zur Besetzung einer Pfarrstelle sowie unbeschadet des Mitwirkungsrechts des Superintendenten, einen ‚*Pastor z.A.*' vorübergehend mit einem pfarramtlichen Dienst zu beauftragen. Eine derartige Möglichkeit zur Entlastung von pfarramtlichen Aufgaben ist im Trierer Diözesanrecht weder für einen Regionaldekan noch für einen Dechanten vorgesehen. Jedoch stehen dem Regionaldekan bei der Wahrnehmung seiner Dienstpflichten vom Bistum angestellte Mitarbeiter sowie eine Geschäftsstelle als administrative Institution zur Verfügung[1043]. Ebenso sieht Art. 162 Abs. 8 KO ein Büro für den Superintendenten zur Erledigung der Verwaltungsaufgaben vor.

1.2.2. Wahl und Ernennung

Zunächst ist festzustellen, daß sowohl für den der Regionaldekan bzw. Dechant als auch der Superintendent ihre Ämter lediglich unter Beibehaltung ihrer anderen seelsorglichen Aufgaben mit allen Rechten und Pflichten ausüben. Voraussetzung für die Wählbarkeit in das jeweilige Amt ist, daß beide im aktiven Dienst der

---

[1041] Art. 166 KO.
[1042] Vgl. Becker (1999), Rdnr. 1 zu Art. 166 KO.

Landeskirche bzw. des Bistums stehen müssen. Der Superintendent muß aus dem Kreis der ordinierten Gemeindepfarrer kommen und hat „ein fortbestehendes Gemeinde- oder Funktionspfarramt und somit ein volles Dienstverhältnis"[1044] nachzuweisen. Diese Bedingung entspricht dem Grundverständnis des Leitungsdienstes als einer „wesenhaft in der Gemeinde verankerten Funktion"[1045]. Ebenso muß der Dechant nach § 17 Abs. 2 OrdDek als Priester Inhaber einer Pfarrstelle oder ein auf Dauer bestellter Pfarrverwalter sein. Im Unterschied dazu können nach § 8 Abs. 3 OrdReg alle im aktiven Dienst des Bistums stehenden Priester für das Amt des Regionaldekans vorgeschlagen werden, die mindestens sieben Jahre Priester sind und mindestens fünf Jahre im Bistum Trier tätig sind. Ein Regionaldekan braucht demnach kein Pfarrer zu sein. Sowohl der Regionaldekan als auch der Dechant üben ihr Amt im Auftrag des Bischofs aus[1046].

Mit dieser beiden Ämtern gemeinsamen Voraussetzung soll sichergestellt werden, daß es sich um Geistliche handelt, die über ein für ihre Tätigkeit notwendiges maß an Amts- und Lebenserfahrung verfügen und darüber hinaus die Fähigkeit besitzen, im persönlichen Umgang mit den anderen Amtsträgern und Gemeindegliedern des Aufsichtsbereich einen angemessenen Ausgleich zwischen Autorität und Brüderlichkeit zu finden. Vor diesem Hintergrund gilt für Superintendent, Regionaldekan sowie Dechant, was STEIN als Zielvorstellung für das Superintendentenamt formuliert, nämlich „zum zusammenführenden und ausgleichenden, den einzelnen Gemeinden und Pfarrer mit dem kirchlichen Ganzen verbindenden Helfer"[1047] zu werden. Diese Voraussetzung stellt ebenfalls sicher, daß sowohl der Superintendent als auch der Regionaldekan bzw. Dechant ihre Kirchen überzeugend in der Öffentlichkeit vertreten können und andererseits von den Perso-

---

[1043] §§ 6, 7 OrdReg.
[1044] Vgl. Becker (1999) Rdnr. 7 zu Art. 159 KO.
[1045] Dahlhoff (1964/65), S. 98. Hätte der rheinische Superintendent - wie etwa ein westfälischer Superintendent - keine Gemeindepfarrstelle, so müßte er mit einem Weihbischof verglichen werden.
[1046] § 3 Abs. 1 OrdReg, § 6 Abs. 1 OrdDek.
[1047] Stein (1985), S. 145.

nen, für die sie verantwortlich sind, akzeptiert werden, da sie nicht als bloße ‚Kirchenfunktionäre ohne Basisbezug' mißverstanden werden können. Ein Unterschied ergibt sich, daß beim Superintendenten keine vorher ‚absolvierte' bestimmte Amtsdauer als ordinierter Pfarrer vorgeschrieben ist[1048]. Ein Regionaldekan hingegen muß nach § 8 Abs. 3 OrdReg mindestens seit sieben Jahren Priester und seit fünf Jahren im Bistum Trier tätig sein. Beim Amt des Dechanten fehlt eine derartige Bestimmung.

Der Superintendent wird zwar ‚von unten', nämlich nach Art. 159 Abs. 1 KO zusammen mit den anderen Mitgliedern des Kreissynodalvorstands durch die Kreissynode gewählt, bedarf aber gleichzeitig gem. Art. 159 Abs. 4 KO der Bestätigung ‚von oben', nämlich durch die Kirchenleitung. Dabei handelt es sich um ein „echtes Mitwirkungsrecht der Kirchenleitung für das Wirksamwerden der Wahl"[1049]. Dieses Mitwirkungsrecht läßt die Bedeutung des Superintendentenamtes deutlich werden, denn schließlich ist er nicht nur Vorsitzender von Kreissynode und Kreissynodalvorstand, sondern er nimmt gleichzeitig als Aufsichtsorgan des Kirchenkreises kirchenleitende Aufgaben wahr. Hinderungsgründe für eine solche Bestätigung können neben Verfahrensfehlern auch schwerwiegende Gründen sein, „die in der Person des zu Bestätigenden liegen"[1050].

Im Unterschied zum Superintendenten kommen weder der Regionaldekan noch der Dechant durch eine demokratische Wahl ins Amt. Das bedeutet jedoch nicht, daß im Zusammenhang mit ihrer Ernennung demokratische Elemente ausgeschlossen wären. So erfolgen sowohl die Bestellung des Regionaldekans, nämlich gem. § 8 Abs. 1 OrdReg, als auch die Bestellung des Dechanten, nämlich gem. § 17 Abs. 1 OrdDek, jeweils aufgrund einer Ernennung durch den Diözesanbischof, der ein Vorschlagsverfahren der Region bzw. ein Vorschlag des Dekanatskonferenz vorangehen.

[1048] Allerdings werden i.d.R. zumeist ältere, erfahrene Pastoren zum Superintendenten gewählt werden.
[1049] Becker (1999), Rdnr. 1 zu Art. 159 Abs. 4 KO.

Das in § 9 OrdReg normierte Vorschlagsverfahren für den Regionaldekan sieht vor, daß bei Erledigung des Amtes eine ‚Erweiterte Personalkommission des Bischöflichen Generalvikariats' für die Bestellung des Regionaldekans gebildet wird, an den alle hauptamtlich innerhalb der Region tätigen Priester, Ständigen Diakone, sämtliche Pastoral- und Gemeindereferenten sowie Vorstandsmitglieder der Dekanatsräte in der Region innerhalb einer bestimmten Frist einen schriftlichen Vorschlag für das Amt des Regionaldekans schicken können. Der Diözesanbischof ernennt dann aus der unter Würdigung der eingegangenen Vorschläge erstellten Vorschlagsliste einen Kandidaten zum Regionaldekan, wobei er die ‚Erweiterte Personalkommission des Bischöflichen Generalvikariats' um ihre Stellungnahme bittet. Anläßlich der Überreichung der Ernennungsurkunde hat der neue Regionaldekan gem. § 10 Abs. 1 OrdReg dem Bischof gegenüber das Dienstversprechen abzulegen. Das in § 18 Abs. 1 OrdDek normierte Vorschlagsverfahren für den Dechanten sieht vor, daß die Dekanatskonferenz anläßlich einer vom Definitor zu leitenden Wahlversammlung in geheimer und schriftlicher Wahl mit absoluter Mehrheit einen Kandidaten wählt, der dann dem Bischof zur Ernennung zum Dechanten vorgeschlagen wird. Dieser wird dann gem. § 19 Abs. 1 OrdDek den mit Stimmenmehrheit vorgeschlagenen Kandidaten zum Dechanten ernennen. Der neuernannte Dechant hat dann nach Maßgabe des § 19 Abs. 3 OrdDek vor dem Bistumsoberen das vorgeschriebene Dienstversprechen abzulegen. Sein Amt als Dechant tritt er gem. § 19 Abs. 4 mit der Überreichung der Ernennungsurkunde durch den Regionaldekan an.

Wird der Superintendent nach erfolgter Bestätigung seiner Wahl durch die Kirchenleitung gem. Art. 201 Abs. 2 Ziff. c KO vom Präses im Rahmen eines Gottesdienstes[1050] in sein Amt eingeführt, so tritt der neuernannte Regionaldekan gem. § 10 Abs. 3 OrdReg sein Amt dadurch an, daß er dem Stellvertretenden Re-

---

[1050] Becker (1999), Rdnr. 1 zu Art. 159 Abs. 4 KO.
[1051] Art. 158 Abs. 6 KO.

gionaldekan bzw. dem dienstältesten Dechanten die bischöfliche Ernennungsurkunde vorlegt.

1.2.3. Befristung der Amtszeit

Werden der Regionaldekan für eine Amtszeit von sieben Jahren[1052] und der Dechant für eine Amtsperiode von fünf Jahren[1053] durch den Bischof ernannt, so wird der Superintendent des Kirchenkreises durch die Kreissynode auf acht Jahre gewählt. Bei allen drei Ämtern besteht die Möglichkeit zur Wiederwahl. Im Falle des Superintendenten endet die Wiederwahlmöglichkeit grundsätzlich gem. § 92 Abs. 1 PfDG mit Ablauf des Monats, in dem er das 65. Lebensjahr vollendet. Allerdings kann, wenn der Superintendent während seiner Amtsperiode die Pensionsgrenze erreicht, gem. § 92 Abs. 3 PfDG der Eintritt in den Ruhestand längstens bis zum Ablauf des Monats, in dem er das 68. Lebensjahr vollendet, hinausgeschoben werden. Da sowohl Regionaldekan als auch Dechant ihr Amt neben der Verrichtung ihres Pfarrdienstes wahrnehmen und sie als Pfarrer gem. c. 538 § 3 dem Diözesanbischof mit Vollendung des 75. Lebensjahres[1054] den Amtsverzicht erklären müssen, über dessen Annahme der Bischof dann entscheidet, endet für sie spätestens mit Erreichen dieser Altersgrenze die Möglichkeit zur Wiederwahl.

1.2.4. Verantwortung der Leitungsfunktion

Der Superintendent unterliegt nicht einer verfassungsmäßigen Kontrolle durch übergeordnete kirchliche Organe. Diese vollzieht sich in der EKiR durch andere kirchliche Amtsträger bzw. Leitungsorgane in der Weise, daß der Superintendent wie jeder andere Pastor und seine Kirchengemeinde gem. § 2 VisG einer regel-

---

[1052] § 10 Abs. 4 OrdReg.
[1053] § 19 Abs. 2 OrdDek.

mäßigen, mindestens alle acht Jahre stattfindenden Visitation unterliegt. Die Durchführung der Visitation ist gem. Art. 157 Abs. 2 Ziff. c KO dem Kreissynodalvorstand unter der Leitung des Superintendenten aufgetragen. Da dem Superintendenten jedoch bei der Visitation seiner eigenen Gemeinde nicht die Leitung zukommen kann, stellt sich die Frage, wer sie in diesem Fall übernimmt. Dazu enthalten weder die KO 1952 noch das VisG eine spezielle Bestimmung. Mit Rückgriff auf die Vorläufer der KO 1952, nämlich die rheinisch-westfälische Kirchenordnung von 1835 und ihre spätere Fassung von 1923, ist festzustellen, daß die Gemeinde des rheinischen Superintendenten durch den Assessor des Kirchenkreises, also durch seinen gem. Art. 158 Abs. 3 KO verfassungsmäßigen Vertreter, visitiert wurde[1055]. Somit ist davon auszugehen, daß die dem Superintendenten zustehenden Leitungsbefugnisse bei der Visitation bei der eigenen Gemeinde auf den Assessor übergehen: „das ergibt sich aus der Natur der Sache und bedarf daher keiner gesetzlichen Erwähnung"[1056].

Eine Kontrolle der Amtsführung des Superintendenten ist daneben gem. Art. 193 Ziff. b KO auch im Rahmen einer Visitation der Kirchenkreise und Gemeinden durch die Kirchenleitung möglich. Zwar fehlen konkrete gesetzliche Regelungen derartiger Visitationen der Kirchenleitung, jedoch hat sich in jüngster Zeit eine Visite der Kirchenleitung in zwei bis 3 Kirchenkreisen pro Jahr ergeben. Die Vorbereitung dieser Visite, bei der eine Abordnung der Kirchenleitung den Kirchenkreis für die Dauer von 1 bis 2 Tagen besucht, liegt beim Kreissynodalvorstand. Allerdings ist ungeklärt, ob ein derartiger Besuch auch gegen den Willen des Superintendenten durchgeführt werden kann[1057].

[1054] § 10 Abs. 1 der „Diözesanbestimmungen über das Amt des Pfarrers und des Pfarrvikars" (Vgl. Kirchliches Amtsblatt für das Bistum Trier 2000, Nr. 33) normiert lediglich, dass ein Pfarrer aus Altersgründen auf seine Pfarrei verzichten kann, ohne eine konkrete Altersgrenze zu nennen.
[1055] Vgl. § 38 Nr. 3 S. 2 KO 1835 bzw. § 51 Nr. 3 S. 3 KO 1835/1923.
[1056] Streiter (1973), S. 471.
[1057] Vgl. Becker (1999), Rdnr. 1 zu Art. 193 Buchst. b).

Darüber hinaus ist eine Kontrolle des Leitungsdienstes des Superintendenten durch die Kreissynode in der Weise vorgesehen, daß er gem. Art. 162 Abs. 2 KO zur Abgabe eines Tätigkeitsberichtes auf der ordentlichen Synodaltagung verpflichtet ist. Dieser Bericht erstreckt sich nicht nur auf die Tätigkeit des Kreissynodalvorstandes, sondern auch auf seine eigene Tätigkeit und auf alle wesentlichen Ereignisse kirchlichen Lebens im Kirchenkreis. Ein solcher Bericht dient der Transparenz kirchlicher Leitungsentscheidungen auf Kirchenkreisebene, der Offenlegung von Kriterien, nach denen die jeweiligen Maßnahmen durchgeführt wurden sowie der Begründung getroffener Entscheidungen und geplanter Vorhaben.

Anläßlich der nach Art. 201 Abs. 4 KO dreimal jährlich vom Präses anzuberaumenden Arbeitstagungen, deren Teilnahme zu den Dienstpflichten eines Superintendenten gehört[1058] und zu deren Durchführung der Präses verpflichtet ist[1059], sollen Erfahrungen ausgetauscht und Fragen des kirchlichen Dienstes beraten werden. Mit diesen Arbeitstagungen ist ein Forum gegeben, auf dem die Superintendenten in einem gewissen Rahmen ihren Leitungsdienst vor dem Präses und voreinander verantworten.

Im Unterschied dazu enthalten weder die OrdReg noch die OrdDek Bestimmungen darüber, wem gegenüber Regionaldekan und Dechant die Erfüllung ihrer Leitungsaufgaben zu verantworten haben. Es ist jedoch davon auszugehen, daß sie über ihrer Amtsführung dem Diözesanbischof gegenüber, der sie jeweils ernannt hat, rechenschaftspflichtig sind.

1.3. Zusammenfassung

Hinsichtlich der Aufgaben und Amtsvollmachten kommt dem Diözesanbischof bei der Leitung seiner Diözese alle ordentliche, eigenberechtigte und unmittelbare

---

[1058] Vgl. Becker (1999), Rdnr. 1 zu Art. 201 Abs. 4 KO.
[1059] Vgl. Becker (1999), Rdnr. 2 zu Art. 201 Abs. 4 KO.

Gewalt zu, um die ihm anvertraute Teilkirche nach Maßgabe des Rechtes mit gesetzgebender, ausführender und richterlicher Gewalt zu leiten. Der bischöfliche Dienst ist damit eine "unaufgebbare Erstverantwortung, die ihre positive Seite darin hat, aufgrund apostolischer Vollmacht die verbindlichen Anordnungen zu treffen und darin den Leitungsdienst auszuüben"[1060]. Im Gegensatz dazu ergibt sich das Gewicht des Präsesamtes aus der Addition von Zuständigkeiten, die er als Vorsitzender Leitungsgremien Landessynode, Kirchenleitung und Landeskirchenamt innehat. Damit räumt die Kirchenordnung dem Präses eine überaus starke Rechtsstellung ein. Der Diözesanbischof scheint auf den ersten Blick „mächtiger" als der rheinische Präses zu sein, der in ein System differenzierter Aufgabentrennung und -zuweisung integriert ist. Jedoch kommt dem Präses aufgrund seiner „Funktionenhäufung ein kirchenleitender Einfluß zu, der hinter dem eines Bischofs kaum zurückbleibt"[1061].

Aufgrund des grundlegend unterschiedlichen Stellenwertes von Landessynode und Diözesansynode für den Bereich der Leitung, ist das Verhältnis von Bischof zur Diözesansynode bzw. Präses zur Landessynode nicht vergleichbar. Die Gründe dafür liegen im unterschiedlichen Kirchenverständnis beider Konfessionen.

Der Bischof ernennt für den Bereich der allgemeinen Verwaltung einen Generalvikar, der das Generalvikariat leitet. Demgegenüber arbeitet das Landeskirchenamt unter dem Vorsitz des Präses im Auftrag der Kirchenleitung.

Während sich der Leitungsdienst des Präses ausschließlich auf den Bereich der EKiR beschränkt, bezieht sich die Amtsgewalt des Bischofs nicht nur auf seine Diözese, sondern auch auf rechtlich übergeordnete Kollegialorgane wie Bischofssynode oder die Bischofskonferenz. Der Bischof ist hier in die Communio mit den anderen Bischöfen eingebunden. Als Mitglied des Bischofskollegiums repräsen-

---

[1060] Aymans (1974), S. 20.
[1061] Barth (1995), S. 286.

tiert er seinen Gläubigen gegenüber die Gesamtkirche, die in ihren Grundvollzügen in der Teilkirche präsent wird. Er ist damit „theologisch und verfassungsrechtlich die Verbindungsstelle zwischen Teilkirche und Gesamtkirche"[1062].
Die jeweiligen Kirchenverfassungen beeinflussen auch die Grundzüge des Führungsstils von Präses bzw. Diözesanbischof. So steht der hierarchischen Stellung des Diözesanbischofs, dem Konsultationsorgane zur Seite gestellt sind, die synodale Moderation geistlicher Leitungsgremien durch den Präses gegenüber.
Der Diözesanbischof ist in vielen Punkten eigenständiger als der Präses, weil er im Bereich der Vertretungskompetenz die Diözese in allen ihren Rechtsgeschäften umfassend vertritt. Der Präses hingegen kann das erst nach umfangreicher Abstimmung innerhalb der zuständigen Leitungsgremien. MAURER kritisiert in diesem Zusammenhang, daß der Präses wegen der dominierenden Stellung der Landessynode lediglich ein „vollziehendes Organ, Sprachrohr der Synode" sei, die durch ihn einen Teil ihrer geistlichen Leitung ausübt.[1063] Somit erfährt im Gegensatz zum Diözesanbischof, bei dem eine vollständige Kongruenz zwischen Aufgaben, Kompetenzen und Verantwortung festzustellen ist, die Entscheidungskompetenz des Präses eine deutliche Einschränkung zugunsten der demokratischen Entscheidungsfindung innerhalb kollegialer Leitungsorgane.
Grundlegende Unterschiede ergeben sich auch hinsichtlich der Wahl sowie der Länge der Amtszeit. Wird der Bischof von Trier nach dem in Art. 6 PK normierten Verfahren gewählt und seine Wahl vom Papst bestätigt wird, kommt der Präses der EKiR aufgrund demokratische Wahl durch die Landessynode in sein Amt. Wird dem Diözesanbischof sein Leitungsamt prinzipiell auf Lebenszeit übertragen, wobei er mit Vollendung seines fünfundsiebzigsten Lebensjahres dem Papst seinen Rücktritt anzubieten hat, übt der Präses sein geistliches Leitungsamt als

---

[1062] Wiedenhofer (1992), S. 340.
[1063] Maurer (1955), S. 48.

Kirchenbeamter auf eine Amtszeit von acht Jahren befristet mit der Möglichkeit zur Wiederwahl aus.

Unterschiede ergeben sich auch hinsichtlich der Verantwortung der Leitungsaufgaben: ist der Bischof allein dem Papst letztverantwortlich, so hat der Präses gegenüber der Landessynode Rechenschaft abzulegen.

Auf Kirchenkreis- bzw. Regional- und Dekanatsbene als mittlerer Ebene von E-KiR bzw. Bistum Trier sind die Leitungsämter von Superintendent und Regionaldekan bzw. Dechant miteinander vergleichbar.

Der Superintendent ist als Träger eines selbständigen geistlichen Leitungsamtes der leitende Geistliche des Kirchenkreises, während Regionaldekan und Dechant als jeweils vom Bischof ernannte Leiter von Region bzw. Dekanat tätig sind. Voraussetzung für die Wählbarkeit aller drei Ämtsträger in das jeweilige Amt ist es, daß die Kandidaten im aktiven Dienst der Landeskirche bzw. des Bistums stehen müssen. Sie sind jeweils Dienstvorgesetzte der für den Kirchenkreis bzw. für die Region und das Dekanat beauftragten haupt- und nebenamtlichen Mitarbeiter mit allen dazugehörigen Pflichten.

Ein Unterschied zum Superintendenten besteht darin, daß weder der Regionaldekan noch der Dechant durch eine demokratische Wahl ins Amt kommen, wobei im Zusammenhang mit ihrer Ernennung demokratische Elemente durch jeweilige Vorschlagsverfahren realisiert sind.

In seinen allgemeinen und speziellen Aufsichtsfunktionen ist der Superintendent vor allem mit dem Dechanten vergleichbar, der die priesterliche Lebensführung der in seinem Dekanat tätigen Priester sowie die Erfüllung ihrer geistlichen Amtspflichten zu beaufsichtigen hat. Beide sind ‚pastor pastorum' ihrer jeweiligen Geistlichen.

Sowohl der Superintendent als auch der Regionaldekan führen innerhalb ihres jeweiligen Zuständigkeitsbereichs Visitationen durch.

Im Gegensatz zum Regionaldekan gehört es zu den regelmäßigen Amtspflichten des Superintendenten, in Rückbindung an die Kirchenleitung die Pfarramtskandidaten zu ordinieren. Damit nimmt er bischöfliche Funktionen wahr, die im Bistum Trier allein dem Diözesanbischof von Rechts wegen zustehen. Da das bischöfliche Amt nach evangelischem Verständnis als „ein Amt der menschlichen Kirchenordnung für die übergemeindliche Leitung der Kirche (.....), als ein Amt, dem Visitation, Prüfung und Ordination der Pfarrer übertragen ist"[1064], verstanden wird, leben „die Funktionen des früheren bischöflichen Amtes (...) in den evangelischen Superintendenten"[1065] fort.

Es bestehen viele parallele Aufgaben zwischen Superintendenten und Regionaldekan bzw. Dechant wie die Einführung bereits ordinierter Pastoren bzw. die Einführung eines neuernannten Pfarrers in seine Pfarrstelle, die Vertretung des Kirchenkreises bzw. der Region und des Dekanates im inner- und außerkirchlichen Bereich, die Verwaltungsfunktionen als Organ des Kirchenkreises bzw. der Region und des Dekanates sowie

Aufgrund der unterschiedlichen Bedeutung einer Kreissynode bzw. Diözesansynode finden die synodalen Mitwirkungsaufgaben des Superintendenten keine Entsprechung seitens des Regionaldekans bzw. des Dechanten.

Die Amtszeit der drei Amtsträger ist jeweils zeitlich beschränkt: wird der Superintendent des Kirchenkreises durch die Kreissynode auf acht Jahre gewählt so erfolgt für das Amt des Regionaldekans bzw. des Dechanten eine bischöfliche Ernennung für eine Amtszeit von sieben bzw. von fünf Jahren, wobei bei allen drei Ämtern die Möglichkeit zur Wiederwahl bzw. Wiederernennung besteht. Hinsichtlich der Verantwortung ihres Leitungsdienstes unterliegt der Superintendent als Pastor einer Kirchengemeinde einer regelmäßigen, mindestens alle acht Jahre stattfindenden Visitation, deren Durchführung dem Kreissynodalvorstand

---

[1064] Campenhausen (2000), S. 49.
[1065] Campenhausen (2000), S. 52.

obliegt. Darüber hinaus ist eine Kontrolle der Amtsführung des Superintendenten im Rahmen einer Visitation der Kirchenkreise und Gemeinden durch die Kirchenleitung möglich. Des weiteren wird der Leitungsdienst des Superintendenten durch die Kreissynode in der Weise kontrolliert, daß er zur Abgabe eines Tätigkeitsberichtes auf der ordentlichen Synodaltagung verpflichtet ist. Im Unterschied dazu enthalten weder die OrdReg noch die OrdDek Bestimmungen darüber, wem gegenüber Regionaldekan und Dechant die Erfüllung ihrer Leitungsaufgaben zu verantworten haben.

2. Strukturen verfassungsrechtlich institutionalisierter Mitverantwortung: Landessynode und Diözesansynode

Vergleicht man die Landessynode in der EKiR mit einer Diözesansynode[1066], die der Bischof von Trier gem. c. 461 § 1 einberufen kann, so stehen sich hier zwei grundverschiedene Konzeptionen gegenüber. Ist die Synodalverfassung in der EKiR ein herausragendes Merkmal ihrer Organisationsstruktur und orientiert sich an Modellen der körperschaftlichen Selbstverwaltung bzw. der parlamentarischen Demokratie[1067], so ist demgegenüber den Synoden oder Konzilien des CIC eine derartige Entgegensetzung nach Art der Gewaltenteilung fremd. Diese sind vielmehr „Instrumente des ungeteilten amtlichen Leitungsdienstes der Kirche"[1068]. Obwohl BÖTTCHER betont, daß Bischofs- bzw. Diözesansynoden mit evangelischen Synoden als eigenen kirchenleitenden Organen „nichts gemein"[1069] haben, sollen im nachfolgenden Kapitel Landessynode und Diözesansynode auf der Grundlage ihrer jeweiligen kirchenrechtlichen Bestimmungen miteinander verglichen sowie Gemeinsamkeiten und Unterschiede herausgearbeitet werden.

[1066] An einigen Stellen dieses Kapitels wird der Begriff „Synode" synonym für die Landes- bzw. für die Diözesansynode verwendet, wobei jeweils aus dem Zusammenhang heraus deutlich wird, welche der beiden gemeint ist.
[1067] Vgl. Wolf (1961), S. 400 ff.; Tempel (1966), S. 57 ff.
[1068] Aymans (1995 a), S. 170 f.
[1069] Böttcher (2000), Sp. 1186.

2.1. Rechtliche Grundlagen, Begriff und Zweck von Landes- und Diözesansynode

Die Diözesansynode ist in cc. 460 - 468 gesamtkirchlich normiert und wird als Kapitel I unter dem Titel III „Innere Ordnung der Teilkirchen" innerhalb der Systematik des CIC behandelt. Zudem wird die von den Kongregationen für die Bischöfe sowie für die Evangelisierung der Völker herausgegebene „Instruktion über die Diözesansynoden" (IDS)[1070] vom 19. März 1997 herangezogen, die gem. c. 34 § 1 die kirchenrechtlichen Vorschriften verdeutlicht und die bei ihrer Ausführung zu beachtenden Gegenstände nach Art eines Leitfadens erläutert.[1071]

Die Landessynode ist in den Artikeln 168 - 191 als erstem Abschnitt im Dritten Teil der KO über die Landeskirche normiert. Hinzuziehen sind die aufgrund von Art. 190 KO erlassene Geschäftsordnung für die Landessynode (GOSyn) in der Fassung der Bekanntmachung vom 16. April 1980[1072], zuletzt geändert durch den Beschluß der Landessynode vom 8. Januar 1997[1073], die eine Konkretisierung und Vertiefung der kirchenordnungrechtlichen Vorschriften darstellt, sowie die Geschäftsordnung für die landeskirchlichen Ausschüsse (GOAus) vom 15. Januar 1982, zuletzt geändert durch den Beschluß der Landessynode vom 11. Januar 1996[1074]. Für das Bistum Trier fehlen zwar vergleichbare partikularrechtliche Normierungen, weil der Bischof erst bei Bedarf, und zwar vor der Abhaltung einer Diözesansynode für Vorbereitung, Verlauf und Durchführung der Synode ein Statut und eine Geschäftsordnung für sie erläßt, für deren Erarbeitung ihm durch

---

[1070] Vgl. AAS 89 (1997), S. 706 - 727, deutsche Übersetzung in: OssRom [dt.], Nr. 29 vom 18.07.1997, S. 8 -12.
[1071] Zu dieser Instruktion gibt es ein Anhang, der eine Auflistung jener pastoralen Materien enthält, die vom CIC einer diözesanen Regelung überlassen werden. Schmitz (1999 c), S. 450 Anm. 8 kritisiert, dass eine Reihe der Vorschriften dieser Instruktion bei sorgfältiger Erarbeitung der cc. 460 - 468 nicht erforderlich geworden wäre.
[1072] Vgl. KABl. Rhld. 1980, S. 85.
[1073] Vgl. KABl. Rhld. 1997, S. 96.
[1074] Vgl. KABl. Rhld. 1996, S. 92.

die Formulierung des c. 460 ein „weitgesteckter Ermessensspielraum"[1075] gegeben ist. Hier sind die o.g. Bestimmungen der IDS relevant.

Trifft Art. 168 Abs. 1 KO die Aussage, daß die EKiR von der Landessynode geleitet wird, so weist sie ihr die Funktion des höchsten und umfassenden landeskirchlichen Leitungsorgans zu. Damit hat sich die Landessynode die Exekutivfunktion vorbehalten, zu der nach Art. 169 Ziff. 12 KO noch die Legislativfunktion hinzukommt. In dieser Hinsicht hat das Prinzip der staatlichen Gewaltenteilung keinen Eingang in die presbyterial-synodale Ordnung der EKiR gefunden.[1076] Der Konzeption eines landeskirchlichen Leitungsorgans mit umfassenden Leitungskompetenzen als dem „Herzstück"[1077] der Landeskirche steht im Bistum Trier die Rechtsfigur der Diözesansynode gegenüber. Die Diözesansynode ist gem. der in c. 460 niedergelegten Legaldefinition eine „Versammlung von ausgewählten Priestern und anderen Gläubigen der Teilkirche, die zum Wohle der ganzen Diözesangemeinschaft" den Diözesanbischof unterstützen. Demzufolge stehen sich mit den Begriffen ‚Landessynode' und ‚Diözesansynode' das oberste verfassungsrechtliche Leitungsorgan der EKiR und ein „vom Diözesanbischof zu seiner Beratung einberufene und präsidierte Vertreterversammlung von Klerus und anderen Gläubigen in der Diözese"[1078] gegenüber.

Somit verfolgen Landes- bzw. Diözesansynode einen jeweils unterschiedlichen **Zweck**. Ist es der Zweck der Landessynode, die Landeskirche direkt und umfassend zu leiten, so liegt er bei der Diözesansynode darin, den Bischof „bei der Ausübung des ihm eigenen Dienstes der Leitung der christlichen Gemeinschaft"[1079] hilfreich zu unterstützen. Aus dieser Formulierung wird deutlich, „daß die Synodalen mit ihrer Teilnahme an der Synode auch an der Leitung der Diöze-

---

[1075] Paarhammer (1994), S. 94.
[1076] Vgl. Becker (1999), Rdnr. 1 zu Art. 168 Abs. 1 KO. Dabei ist jedoch zu berücksichtigen, dass in der EKiR die Judikative in Form der in Art. 207 - 209 KO normierte Disziplinarkammer und Verwaltungskammer als von der Landessynode unabhängige Kirchengerichte konzipiert sind.
[1077] Campenhausen (1995), S. 55.
[1078] Aymans (1997), S. 366.

se durch den Diözesanbischof partizipieren"[1080]. Im besonderen liegt ihr Zweck folglich bei der Diözesansynode darin, daß sie aufgrund dieser „wesenhaften Verbindung zwischen Synode und bischöflichem Dienst"[1081] ein ergänzendes „Instrument des bischöflichen Leitungsdienstes ist, in dem auf kollegiale Weise bischöfliche Vollmacht ausgeübt wird"[1082].

Somit stehen sich ein Leitungsorgan, das in sich Exekutive und Legislative vereinigt, und ein Konsultationsorgan als „ein außerordentliches Instrument konsiliarer Mitverantwortung"[1083], sowie als ein „probates Mittel und ein bevorzugter Weg der besonderen mitverantwortlichen Teilhabe der Christgläubigen einer Teilkirche an der Sendung der Gesamtkirche, deren Konkretisierung in der Teilkirche im besonderen besteht"[1084] gegenüber.

2.2. Legitimierung, Häufigkeit und Zusammensetzung von Landes- und Diözesansynode

Im folgenden Abschnitt werden die Legitimierung, die Häufigkeit der Zusammenkünfte sowie die Zusammensetzung von Landes- und Diözesansynode miteinander verglichen.

2.2.1. Die Legitimierung von Landes- und Diözesansynode

Unterschiede bestehen hinsichtlich der rechtlichen Legitimierung von Landes- und Diözesansynode. Da sich die rechtliche Legitimierung aus ihrer theologischen Begründung ableitet, wird im folgenden zwischen der jeweiligen theologischen und kirchenrechtlichen Legitimierung unterschieden.

[1079] Kap. I. Nr. 1 IDS.
[1080] Paarhammer (1994), S. 92 f.
[1081] Kap. V. Nr. 3 IDS.
[1082] Aymans (1995 b), S. 181.
[1083] Schmitz (1999 c), S. 452.
[1084] Paarhammer (1994), S. 93.

Die Diözesansynode findet ihre **theologische Grundlegung** in der Ekklesiologie des II. Vatikanischen Konzils[1085]. Aus den konziliaren Aussagen über das kirchliche Synodalwesen lassen sich - AYMANS[1086] folgend - drei Grundmerkmale des kirchlichen Synodalwesens ableiten: demnach ist die Synode eine Funktion der *Communio Ecclesiarum*, eine Institution der bischöflichen Kollegialität sowie eine Funktion der *sacra potestas*.

Als Funktion der *Communio Ecclesiarum* hat die Synode ihren theologischen Ort in ihr und „dient dazu, die Gemeinschaft der vielen Teilkirchen sichtbar zu machen und in die gesamtkirchliche Einheit zu integrieren"[1087]. Mit der Kennzeichnung einer Synode als einer die einzelnen Bischofskirchen untereinander verbindenden Institution verneint AYMANS die Auffassung, daß eine Diözesansynode „ohne weiteres synodalen Charakter haben"[1088] könne. Für ihn ist die Synode eine primär bischöfliche Versammlung. Demgegenüber betont CORECCO[1089], den synodalen Charakter der Diözesansynode. Für ihn ist das Bischofsamt als solches synodal verfaßt und verweist in seiner synodalen Dimension auf die Mitverantwortung der Gläubigen[1090], die in Taufe und Firmung gründet und auf die Mitwirkung der Priester. Es ist gem. LG 11 die Hirtenaufgabe des Bischofs, in der Teilkirche die synodale Struktur der Gesamtkirche zu verwirklichen. „Konkreten rechtlichen Ausdruck findet diese in der Teilkirche zu verwirklichende synodale Struktur vor allem in der Diözesansynode, im Priesterrat wie auch im Pastoralrat der Gläubigen. Hierdurch soll deutlich werden, daß der Bischof als Vorsteher einer Teilkirche selbst in die Gemeinschaft der Gläubigen eingebunden ist"[1091]. E-

---

[1085] Vgl. LG 7; 11; 12; 28; 32. PO 2; 7.
[1086] Vgl. Aymans (1974), S. 9 ff.; Aymans (1995 b), S. 172 ff.
[1087] Aymans (1995 b), S. 175.
[1088] Aymans (1995 b), S. 176.
[1089] Corecco (1994 b), S. 379.
[1090] Corecco (1994 a), S. 131, 140 ff.
[1091] Krämer (1994 c), S. 81.

benso sieht Gerosa die theologische Legitimierung der Synoden in der Synodalität der Kirche[1092].

Die Synode ist nach AYMANS des weiteren eine Funktion bzw. Einrichtung der bischöflichen Kollegialität, weil die Diözesanbischöfe, die gem. LG 23,1 das sichtbare Prinzip und Fundament der Einheit der Teilkirchen sind, konstitutiv für die Synode sind[1093]. Der Zweck der Synoden in der Kirche liegt allgemein darin, daß sie „Instrumente der Sichtbarmachung kirchlicher Gemeinschaft"[1094] sind. Damit wird deutlich, daß die *sacra potestas* keine Vollmacht über die Kirche ist, sondern „eine Vollmacht im Volke Gottes"[1095] darstellt. Mit der Charakterisierung der Diözesansynode als Funktion der *sacra potestas* wird deutlich, daß mit der synodalen Verfassung „nicht nur eine besondere Verbundenheit der kirchlichen Amtsträger untereinander (...), sondern auch die Verbundenheit aller, die zur Kirche als dem wandernden Gottesvolk gehören"[1096] angesprochen wird. Daher läßt die synodale Verfassung der Kirche „in einem weiteren Sinn auch an die vielen Gremien der Mitverantwortung denken, in denen die Gläubigen - Kleriker, Laien, Ordenschristen - auf pfarrlicher, diözesaner oder überdiözesaner Ebene zusammenarbeiten"[1097].

Über das rechtstheologische Verständnis des Wesens der Landessynode besteht in der evangelischen Kirche keine Einigkeit[1098]. Es ist „abhängig vom Verständnis des Wesens der Gemeinde und des Amts und hat praktische Bedeutung für die Abgrenzung des Aufgabenbereichs des Synode von dem der Kirchenleitung"[1099]. Die Frage nach der theologischen Legitimierung der Landessynode macht einen

---

[1092] Gerosa (1994), S. 36 ff.
[1093] Vgl. Aymans (1995 b), S. 178.
[1094] Aymans (1995 b), S. 178.
[1095] Gerosa (1991), S. 361.
[1096] Krämer (1989 b), S. 71.
[1097] Krämer (1989 b), S. 71 f.
[1098] Vgl. Smend (1963/64), S. 262 ff. Zu den unterschiedlichen Standpunkten vgl. Schumann (1955), S. 117 f.
[1099] Hägele (1973), S. 19.

Blick die geschichtlich bedingten Veränderungen im Synodalverständnis[1100] notwendig. Einer der zentralen Gedanken des reformatorischen Kirchenverständnisses, nach dem „die Verantwortung für kirchliche Angelegenheiten nicht klerikalen Amtsträgern vorbehalten ist sondern der Gesamtheit der Kirchenglieder obliegt, legt den Gedanken, die Kirchenleitung einer synodalen Repräsentation zu übertragen, grundsätzlich nahe"[1101], denn nach reformatorischer Auffassung „steht der zur Freiheit berufene mündige Christ nicht nur in je unmittelbarem eigenverantwortlichen Gegenüber zu Gott. Er ist zugleich nach dem Leitgedanken vom Priestertum aller Glaubenden berechtigt und verpflichtet, sich am Verkündigungs- und Sendungsauftrag seiner Kirche zu beteiligen"[1102]. Dieses geschieht im Rahmen seiner Tätigkeit in der Synode.

Nach lutherischem Verständnis wird die Kirche primär als theologisch, von der Seite der gläubigen Gemeinschaft her bestimmt gesehen: Glaubensgemeinschaft konstituiert sich nämlich als Handeln Gottes durch Jesus Christus in der Kraft des Heiligen Geistes in den Gnadenmitteln, durch Wortverkündigung und den stiftungsgemäßen Vollzug der Sakramente. Dieser ekklesiologischen Ansatz ist bereits in der Präambel der KO EKiR niedergelegt[1103]. Der reformierte Theologe KINDER entfaltet das Kirchenrecht vom geistlichen Amt aus und sieht die Synode als „,Resonanzboden' für die Ausübung der ‚potestas ecclesiastica' durch die Amtsvollmacht"[1104]. Die reformierte Theologie betont nachdrücklich die christologisch-pneumatologische Begründung der Synoden „und vertritt den Grundsatz, daß erst die Beteiligung von Laien eine Synode zu einem *collegium qualificatum* mache"[1105]. Der geistliche Charakter des Landessynode wird von ihren kirchli-

---

[1100] Zur geschichtlichen Entwicklung der Synodalverfassung vgl. u.a. Wolf (1961), S. 369 f., 399; Campenhausen (1995), S. 50 ff.; Pirson (2000 b), Sp. 1190;
[1101] Pirson (2000 b), Sp. 1189 f.
[1102] Huber (1994), S. 336.
[1103] Die Präambel der KO EKiR beginnt mit dem Satz: „Jesus Christus baut und erhält seine Kirche durch sein Wort und Sakrament in der Kraft des Heiligen Geistes bis zu seiner Wiederkunft."
[1104] Kinder (1955), S. 110.
[1105] Mehlhausen (1996), Sp. 610 f.

chen Ursprüngen der konziliaren Lehre der Alten Kirche und einzelnen Zweigen der reformatorischen Theologie in der nicht körperschaftlich verstandenen „Repräsentation"[1106] der gottesdienstlichen Gemeinde und in ihrer einheitsstiftenden Funktion gesehen. Außerdem gewährleistet sie eine stärkere Teilhabe des Kirchenvolks am Kirchenregiment. In Ergänzung dazu weist GRUNDMANN[1107] auf den ökumenische Bezug jeder Landessynode sowie auf ihre integrierende Funktion im Verhältnis der Landeskirche zu den überörtlichen *ecclesiae particulares* und zur *ecclesia universalis* hin. Vor diesem Hintergrund bezeichnet Wendt die Landessynode „als Ausdruck der Koinonia der örtlichen und überörtlichen in der landeskirchlichen Gesamtgemeinde verbundenen Ecclesien"[1108]. HONECKER weist darauf hin, daß der heutige Synodalgedanke in der evangelischen Kirche drei Wurzeln habe[1109]: die älteste Wurzel sind die reformierten Amtsträgersynoden, in denen Presbyter und Pastoren zusammenwirken. Eine zweite Wurzel liegt im 19. Jahrhundert, als sich die Vorstellung von den Synoden als gewählten Vertretungen des Kirchenvolkes entwickelten und somit ein kirchlicher Konstitutionalismus entstand. Eine dritte Wurzel liegt in der Bekenntnissynode von Barmen 1934, in deren Anknüpfung an die Tradition der Bekenntnissynoden: „Demokratische Legitimation und geistlicher Leitungsanspruch werden dann darin verschmolzen"[1110]. CAMPENHAUSEN faßt das heute allgemein geltende evangelische Verständnis der Synode zusammen und charakterisiert sie als „kirchliche Versammlung, in der die Einheit der Gemeinden in der einen Kirche realisiert wird. Sie ist der Ort, an dem über die grundsätzliche Gestaltung des Kirchenwesens durch gewählte und berufene, kompetente Kirchenglieder entschieden wird und an dem sich die Gemeinden in der Rechtsfortbildung, in der Klärung theologischer Fragen, in der Aufsicht und Überwachung des kirchlichen Lebens und auch in der

---

[1106] Bäumlin (1962), S. 10 (Anm. 35).
[1107] Grundmann (1957), S. 106.
[1108] Wendt (1962/63), S. 73.
[1109] Vgl. Honecker (1996), S. 413.

Schlichtung von Streitfragen einander beistehen"[1111]. Demzufolge bildet sich auf der Landessynode „die evangelische Meinung wie nirgends sonst"[1112].

Ihre **kirchenrechtlich fundierte Legitimierung** findet die Diözesansynode in der Einberufung durch den Diözesanbischof gem. c. 462 § 1, dem einzig und allein das Recht zu ihrer Einberufung zusteht und zu dessen Vorbehaltsrechten[1113] sie gehört. Demgegenüber legitimiert sich die Landessynode durch Wahlen ‚von unten'. So werden ihre Abgeordneten gem. Art. 140 Abs. 3 Ziff. a KO und Art. 176 Abs. 1 KO mittelbar durch die Kreissynoden als Wahlkörper gewählt, welche die Kirchengemeinden repräsentieren. Auf das hier relevante „Siebwahlsystem" mit seinem festen Schlüssel zur Bestellung von Pfarrern und Presbytern durch Wahl wurde in Kap. 3 bereits eingegangen. Nach Art. 175 Abs. 3 KO entscheidet letztlich die Landessynode auf der konstituierenden Tagung über die Legitimation ihrer Mitglieder, wobei sie sich aufgrund einer Vorprüfung der Kirchenleitung „materiell auf eine Identitätsfeststellung der Synodalen beschränkt"[1114].

2.2.2. Die Häufigkeit von Landes- und Diözesansynode

Die nach Art. 174 Abs. 1 KO auf eine Amtszeit von vier Jahren gewählte Landessynode tritt gem. Art. 178 Abs. 1 KO mindestens einmal im Jahr zusammen. So findet seit 1980 jedes Jahr eine ordentliche Landessynode als mehrtägige Plenartagung statt[1115]. Darüber hinaus ist es gem. Art. 178 Abs. 2 KO möglich, die Landessynode zu einer außerordentlichen Tagung einzuberufen, wenn mindestens

---

[1110] Honecker (1996), S. 413.
[1111] Campenhausen (1995), S. 51.
[1112] Campenhausen (1995), S. 55.
[1113] Vgl. Lüdicke (1996), MK, Rdnr. 2 zu c. 462.
[1114] Frost (1972), S. 318.
[1115] Vgl. Becker (1999), Rdnr. 1 zu Art. 178 Abs. 1 KO. Dabei entspricht es einer allgemeinen synodalen Praxis, von einer ersten, zweiten usw. Synodalperiode im Sinne einer Wahlperiode und dem entsprechend von einer ersten, zweiten usw. Landessynode zu sprechen. Dieses kommt nicht zuletzt auch durch die Datierung der jeweiligen Verhandlungsniederschriften zum Ausdruck. Da die Synoden nicht wie ein Parlament tagen, werden im vorliegenden Zusammenhang unter „Tagungen" die einzelnen Sitzungsperioden innerhalb der Wahlperiode verstanden. Die mehrtägigen Tagungen zerfallen dann ihrerseits wieder in einzelne Sitzungen.

ein Drittel ihrer Mitglieder dies beantragt oder wenn es die Kirchenleitung für erforderlich hält. Die Landessynode wird stets vom Präses auf Beschluß der Kirchenleitung einberufen[1116].

Diesem Selbstversammlungsrecht in Form einer turnusmäßigen Sitzungsfrequenz steht katholischerseits die Einberufung einer Diözesansynode gem. c. 461 § 1 gegenüber, die ganz im Ermessen des Diözesanbischofs liegt und nicht häufig vorkommt[1117]. So hat letztmalig der Bischof von Trier mit Erlaß vom 24. März 1956 eine Diözesansynode einberufen, die vom 09. bis zum 11. Oktober 1956 stattfand[1118]. Im Zusammenhang mit der Norm des c. 461 § 1 steht dem Priesterrat in jedem Fall ein Anhörungsrecht zu, jedoch kann der Bischof nach Anhören des Priesterrates seine ursprüngliche Absicht zur Abhaltung der Synode immer noch revidieren. Dieser Canon verbietet es darüber hinaus dem Bischof von Trier nicht, auch aus Gründen pastoraler Klugheit etwa den Diözesanpastoralrat, den Katho-

---

[1116] Art. 178 Abs. 3 KO.
[1117] So haben in Deutschland seit Inkrafttreten des CIC 1983 lediglich die Diözesen Rottenburg-Stuttgart 1985, Hildesheim 1989-1990 und Augsburg 1990 eine Diözesansynode abgehalten. Jedoch haben in zahlreichen anderen Diözesen seit 1989 nichtkodikarische synodale Formen rechtlich unverbindlicherer Beratungsvorgänge stattgefunden, die bspw. 1991 in Freiburg, 1994 in Regensburg sowie 1998 Münster als Diözesanforum bzw. und 1993 in Köln sowie 1998 in Bamberg als Pastoralgespräch bezeichnet wurden. Das Vorkommen derartiger Formen teilkirchlicher Beratungsvorgänge verdeutlicht, dass jede Neuregelung des Synodalwesens, die den theologischen Grundlagen des Zweiten Vatikanischen Konzils und der konkreten gesellschaftlichen Situation Rechnung tragen will, nicht der Frage ausweichen kann, ob bzw. wie ein Modell der Mitwirkung gefunden werden kann, das echte Elemente der Mitentscheidung zuläßt und zugleich die Ausübung der unveräußerlichen Leitungsvollmacht des bischöflichen Amtes gewährleistet. Genau an diesem Punkt liegt letztlich die Differenz zum Grundtyp des evangelischen Synodalwesens.
[1118] Vgl. Kirchliches Amtsblatt für das Bistum Trier 1956, Nr. 88. Gegenstand der Beratungen und Beschlußfassung auf der Trierer Diözesansynode waren gem. Erlaß von 1956 der durch Erlaß vom 10. Dezember 1946 von Erzbischof FRANZ RUDOLPH BORNEWASSER veröffentlichte Entwurf der Synodalstatuten des Bistums Trier, zahlreiche vom Klerus des Bistums eingereichte und von der Vorbereitungskommission beratene Ergänzungs- und Abänderungsvorschläge sowie aktuelle Seelsorgeanliegen. Gem. c. 362 CIC/1917 wurden die Synodalstatuten des Bistums Trier von Bischof MATTHIAS WEHR am 19. Juli 1959 in Kraft gesetzt. Zum Text der Synodalstatuten sowie der Ergänzungs- und Abänderungsvorschläge vgl. Synodalstatuten des Bistums Trier (1956) sowie Synodalstatuten des Bistums Trier (1959). Im Zusammenhang mit der Bereinigung des Trierer Diözesanrechts (vgl. Kirchliches Amtsblatt für das Bistum Trier 2000, Nr. 31) wurden die in den Synodalstatuten von 1959 festgelegten Gegenstände von Bischof HERMANN JOSEF SPITAL z.T. außer Kraft gesetzt bzw. neu gefaßt und - beginnend mit der Ausgabe 1 vom 1. Januar 2000 - im Kirchlichen Amtsblatt für das Bistum Trier als Diözesanbestimmungen veröffentlicht und damit in Kraft gesetzt.

likenrat oder das Domkapitel in seine Überlegungen mit einzubeziehen, um durch eine möglichst breit angelegte Konsultations- und Vorbereitungsphase die später stattfindende Diözesansynode auf eine möglichst große Basis des Konsenses und Mittuns aller Kräfte im Bistum zu stellen.

Im Zusammenhang mit ihrer Häufigkeit ist bei der Landessynode auf den Gegensatz zwischen ihrer institutionellen Kontinuität und ihrer personellen Diskontinuität zu verweisen, die es bei der Diözesansynode naturgemäß nicht gibt: während die abstrakt verfassungsrechtliche Institution der Landessynode einen kontinuierlichen Charakter hat, endet mit dem Ablauf jeder vierjährigen Wahlperiode ihre konkrete personelle Zusammensetzung. Die sich nach erfolgter Wahl neu konstituierende Landessynode hat dann in ihrem Plenum und in den obligatorischen, der Landessynode durch die KO vorgeschriebenen landessynodalen Organen[1119] eine andere personelle Zusammensetzung. Jedoch wird durch die Bestimmungen des Art. 197 ein reibungsloser Übergang von einer Wahlperiode zur nächsten sichergestellt, da alle Mitglieder der Kirchenleitung, welche die jeweiligen Synodaltagungen vorbereitet, zwar auf die Dauer von acht Jahren gewählt werden, sie aber alle vier Jahre im Wechsel ausscheiden[1120] und ausscheidende Mitglieder der Kirchenleitung gem. Art. 197 Abs. 6 KO bis zur Einführung der neugewählten Mitglieder im Amt bleiben[1121].

2.2.3. Die Zusammensetzung von Landes- und Diözesansynode

Ähnlichkeiten bestehen zwischen der Landes- und der Diözesansynode hinsichtlich ihrer Zusammensetzung, denn beide bestehen aus geborenen, gewählten und berufenen Mitgliedern. Ein Unterschied ergibt sich jedoch hinsichtlich der Mitgliedschaften kraft Wahl.

[1119] So etwa die gem. Art. 189 KO für die Dauer einer Wahlperiode bestellten Ständigen Synodalausschüsse oder das Präsidium gem. Art. 174 Abs. 2 Ziff. a KO.
[1120] Art. 197 Abs. 4 f. KO.
[1121] Art. 197 Abs. 6 KO.

Die Zusammensetzung der Landessynode wird, wie bereits in Kap. C. 3.4.1. detailliert dargelegt, durch Art. 174 Abs. 2 und 3 KO weitgehend vorgegeben, wobei insbesondere die Vertretung von Geistlichen und Laien sowie die Mitgliedschaft von leitenden Geistlichen und Vertretern der ständigen Leitungsorgane geregelt wird. Damit vergleichbar legt c. 463 den Teilnehmerkreis der Diözesansynode genau fest.

Die **geborenen Mitglieder** von Diözesan- und Landessynode sind zur Teilnahme an den Synodaltagungen nicht nur berechtigt, sondern auch streng persönlich verpflichtet.[1122] Im Verhinderungsfalle haben sie den Diözesanbischof bzw. den Präses und den zuständigen Superintendenten zu unterrichten[1123]. Geborene Mitglieder der Landessynode sind gem. Art. 174 KO der Präses, der Vizepräses und die übrigen Mitglieder des Präsidiums der Landessynode. Hinzu kommen sowohl die Superintendenten der Kirchenkreise als auch die Vertreter des Landeskirchenamtes, die nicht der Kirchenleitung angehören und die mit beratender Stimme teilnehmen. Der Kreis der geborenen Mitglieder der Diözesansynode wird in c. 463 § 1 eingehend definiert und ist in zwei Gruppen zu unterscheiden. So gehören von Amts wegen der Bischofskoadjutor und die Weihbischöfe (n. 1), die General- und Bischofsvikare sowie der Offizial (n. 2), die Domkapitulare (n. 3) sowie die Mitglieder des Priesterrates (n. 4) ebenso zur Diözesansynode wie der Regens des Priesterseminars (n. 6) und die Dechanten (n. 7). Zu dem Kreis der geborenen Synodenmitglieder gehören zudem Laien und Mitglieder der Institute des geweihten Lebens (n. 5), wenigstens ein Priester aus jedem Dekanat (n. 8) sowie Obere der Ordensinstitute und der Gesellschaften des Apostolischen Lebens, die im Bistum eine Niederlassung haben (n. 9), mit dem Unterschied, daß dieser letztgenannte Personenkreis aufgrund einer zuvor erfolgten Wahl zur Teilnahme an der Diözesansynode verpflichtet ist. So ist der unter n. 5 genannte Personenkreis vom

---

[1122] Vgl. § 4 Abs. 2 GOSyn; c. 463 § 1;.
[1123] Vgl. c. 464; § 4 Abs. 2 GOSyn.

Diözesanpastoralrat[1124] nach einer vom Bischof zu erlassenen Wahlordnung zu wählen, „in welcher die Art und Weise des Bestellungsvorganges sowie die Zahl der zu Wählenden genau festgelegt sein muß"[1125]. Die Anzahl der unter n. 8° genannten, aus den Dekanaten zu wählenden Priester bzw. in deren Verhinderungsfall der Stellvertreter sowie die Durchführung dieser Wahl kann durch den Diözesanbischof durch die Synodenordnung bzw. die o.g. Wahlordnung geregelt werden.[1126] Gleiches gilt für den unter n. 9° genannten Personenkreis. Die Synodalen der Diözesansynode sind „Repräsentanten des Gottesvolkes einer Diözese"[1127].

Im Hinblick auf die **Synodalen kraft Wahl** schreibt die Kirchenordnung mit Bezug auf Art. 174 Abs. 2 Ziff. c KO in Art. 176 Abs. 1 und 2 KO für die unmittelbar und frei durch die Kreissynoden zu wählenden Abgeordneten der Kirchenkreise feste Zahlen zu wählender Geistlicher und Laien vor.

In der katholischen Kirche werden die unter c. 463 § 1 nn. 5°, 8° und 9° aufgeführten Personen bzw. Gruppen zur Teilnahme an der Diözesansynode gewählt.

Synodale kraft **Berufung** sind diejenigen - nach Art 177 KO bis zu 20 - Synodalen, die gem. Art. 174 Abs. 2 Ziff. e KO von der Kirchenleitung berufen werden. Art. 174 Abs. 3 Satz 2 KO ermöglicht es der Kirchenleitung darüber hinaus, sonstige Inhaber landeskirchlicher Ämter und Träger anderer gesamtkirchlicher Dienste zu den Synodaltagungen mit beratender Stimme hinzuzuziehen. Synodale mit beratender Stimme haben im Synodalplenum und in den Synodalausschüssen, „zu denen sie ohne besonderen Beschluß der LS zugelassen sind, ein Rede- und Anregungsrecht, jedoch kein formelles Antragsrecht."[1128] In Entsprechung dazu liegt es im freien Ermessen des Diözesanbischofs, gem. c. 463 § 2 „Kleriker, Mitglieder von Instituten des geweihten Lebens oder Laien" als Synodenmitglieder zu berufen. Ob, wie viele und welche Personen dieses sein können bzw. sollen, wird

---
[1124] Eine auf c. 463 § 1 n. 5° rekurrierende Bestimmung fehlt allerdings in OrdDPR.
[1125] Paarhammer (1994), S. 101.
[1126] Vgl. Paarhammer (1994), S. 103.
[1127] Puza (1997), S. 264.

offengelassen. Mit dieser Möglichkeit kann der Bischof die Zusammensetzung der Diözesansynode hinsichtlich ihrer Repräsentativität und Ausgewogenheit beeinflussen. Der Bischof kann über die Norm des c. 463 § 2 bspw. Diakonen oder von Vertreter kirchlicher Vereine und Verbände in die Diözesansynode berufen, denn der CIC sagt nichts über die Teilnahme dieser Personengruppen aus. Im Vergleich der rechtlichen Regelungen des c. 463 § 2 zu der Berufung von Synodenmitgliedern mit den in c. 463 § 1 normierten Mitgliedschaften kraft Amtes führt PAARHAMMER aus: „Während bei den nach can. 463§ 1 CIC von Rechts wegen zu berufenen Synodenteilnehmern das Schwergewicht auf dem Gesichtspunkt der Repräsentanz liegt, kann der Bischof im Wege der freien Bestellung von Synodalen aus seinem Ermessen noch für eine Ergänzung der Synodenteilnehmer unter dem Gesichtspunkt des Sachverstandes sorgen. So sollten (und dies nicht bloß wegen der besseren Optik in der Öffentlichkeit) auch Vertreter der Wissenschaft, der Kunst, der Wirtschaft und der Politik im Teilnehmerkreis nicht fehlen."[1129]

Sowohl die Landessynode als auch die Diözesansynode kennen einen **Gast- bzw. Beobachterstatus** unter den Synodenteilnehmern. Als Gäste bzw. Beobachter[1130] gehören die Eingeladenen allerdings nicht mehr zum Kreis der Synodalen und haben demnach im Unterschied zu den nach Art. 174 Abs. 3 Satz 2 KO berufenen Synodalen kein Stimmrecht. So steht es der Kirchenleitung frei, gem. Art. 183 Abs. 3 KO Gäste einzuladen, welche die Landessynode z.B. zu bestimmten Themenbereichen sachkundig beraten können[1131]. Allerdings gibt es auf der Landessynode „keinen grundsätzlichen ‚Gaststatus' von Personen oder Personengruppen

---

[1128] Becker (1999), Rdnr. 1 zu Art. 174 Abs. 3 KO.
[1129] Paarhammer (1994), S. 106.
[1130] Auch wenn in c. 463 § 3 nicht explizit der Begriff „Gast" (*hospes*), sondern „Beobachter" (*osservator*) verwendet wird, so dürfte der Beobachter in Anlehnung an die Bestimmungen des c. 443 § 6 gleichwohl als Gast auf der Diözesansynode zu verstehen sein.
[1131] Vgl. Becker (1999), Rdnr. 1 zu Art. 183 Abs. 3 KO.

und auch nicht von berufsständischen Interessenvertretern"[1132]. Ebenso kann der Diözesanbischof gem. c. 463 § 3 Personen einladen, denen dann der Beobachterstatus bei der Diözesansynode zukommt. Im Gegensatz zu Art. 183 Abs. 3 KO spezifiziert c. 463 § 3, wer zu den sogenannten „Beobachtern" gehört, nämlich „Amtsträger oder Mitglieder von Kirchen oder kirchlichen Gemeinschaften, die nicht in der vollen Gemeinschaft mit der katholischen Kirche stehen". Damit hat der Diözesanbischof die Möglichkeit, durch die Einladung Angehörige nichtkatholischer Kirchen und kirchlicher Gemeinschaften zu den Sitzungen „Zeichen der Ökumene zu setzen"[1133]. Das Fehlen derartig expliziter Bestimmungen in der KO bedeutet jedoch nicht, daß nichtevangelische Gäste auf der Landessynode nicht vorgesehen bzw. unerwünscht wären. So betont der Kirchenleitungsbeschluß vom 11.12.1986, daß Grußbotschaften aus anderen Landeskirchen und der Ökumene erbeten werden[1134]. Ebenso kann es der Bischof den Beobachtern spontan oder in der Geschäftsordnung gestatten ein Grußwort an die Diözesansynode zu richten.

Vergleicht man die Bestimmungen des Art. 174 KO mit c. 463 über die Zusammensetzung von Landes- bzw. Diözesansynode hinsichtlich des Verhältnisses von Klerikern und Laien, kann man bei der Formulierung des c. 463 den Eindruck gewinnen, daß er primär die geweihten Amtsträger im Blick hat, wobei anzumerken ist, daß die Vertreter der Institute des geweihten Lebens und der Ordensinstitute nicht unbedingt ordiniert sein müssen. Bei der kirchenordnungsrechtlichen Bestimmung des Art. 174 KO ist es anders herum: hier sind nicht primär die ordinierten Theologen im Blick, sondern Art. 174 KO geht es eher darum, eine „zah-

---

[1132] Becker (1999), Rdnr. 1 zu Art. 183 Abs. 3 KO.
[1133] Paarhammer (1994), S. 106.
[1134] Vgl. Becker (1999), Rdnr. 2 zu Art. 183 Abs. 3 KO.

lenmäßige Parität"[1135] zu achten, womit sich die Landessynode als eine „Gemeinde *und* Amt umfassende Vertretung darstellt"[1136].

2.3. Vorbereitung, Ablauf und Beendigung von Landes- und Diözesansynode

Zwar enthält der CIC keine Regelungen über die **Vorbereitung** einer Diözesansynode, jedoch behandelt Kap. III. IDS sehr detailliert deren Einberufung und Vorbereitung. So werden insbesondere die Einberufung einer Vorbereitungskommission, die Einrichtung eines Sekretariates sowie einer Pressestelle, die Erarbeitung und Veröffentlichung einer Synodenordnung, sowie die Vorbereitungsphasen genannt, welche eine Befragung der Gläubigen gem. c. 212 §§ 2-3 wie auch getrennt davon der Kleriker über die zu behandelnden Themen sowie die Festlegung der Beratungsgegenstände beinhalten. Der Priesterrat wirkt bei der Vorbereitung mit.[1137] Dieses bedeutet inhaltlich, daß der Bischof den Priesterrat bittet, sich über das Thema sowie über die auf der Diözesansynode zu behandelnden Themen zu äußern.[1138] Dieses alles erfordert einen hohen zeitlichen und organisatorischen Aufwand, der darin begründet ist, daß man zum einen kaum auf eigene Erfahrungen, sondern eher auf die Erfahrungen anderer Diözesen wird zurückgreifen können, die bereits eine Diözesansynode abgehalten haben und daß zum anderen ein möglichst breit angelegter Konsultationsprozeß im Bistum seine Zeit erfordert. Insgesamt sollen die vorbereitenden Arbeiten darauf abzielen, daß schließlich „die Arbeit der Synode ‚zu einem geeigneten Lernfeld der Communio-Ekklesiologie des II. Vatikanischen Konzils"[1139] wird.

Sämtliche im Zusammenhang mit der Vorbereitung - wie auch der Durchführung und Beendigung - der Landessynode zusammenhängende Fragen werden in der

---

[1135] Dahlhoff (1964/65), S. 96.
[1136] Wendt (1964/65), S. 71.
[1137] Vgl. § 4 Buchst. a) SatzungPR.
[1138] Kap. III. A. Nr. 1 IDS.
[1139] Kap. III. C. IDS.

GOSyn behandelt. Da die Landessynode im Gegensatz zur Diözesansynode einmal jährlich zu einer ordentlichen Tagung zusammentritt, gibt es bei ihrer Vorbereitung sowie Durchführung eine gewisse Routine. § 3 GOSyn legt die konkreten Vorbereitungsarbeiten fest: danach ist es die Aufgabe des Präses, dafür zu sorgen, „daß die Kirchenleitung rechtzeitig die Tagung der Landessynode vorbereitet, die Legitimation ihrer Mitglieder vorprüft, die der Synode vorzulegenden Gesetzesentwürfe und die vorliegenden Anträge der Kreissynoden und der Ständigen Synodalausschüsse feststellt sowie über die Behandlung der Arbeitsergebnisse der übrigen landeskirchlichen Ausschüsse und der an die Synode gerichteten Eingaben entscheidet." Darüber hinaus fragt sie bei den Kreissynodalvorständen an, welche Wünsche und Anregungen sie für die kommende Tagung der Landessynode haben. Im Anschluß an eine vorbereitende Sitzung des Präses mit den Vorsitzenden der Ständigen Synodalausschüsse lädt der Präses gem. § 4 GOSyn die Mitglieder der Landessynode mit einem Einladungsschreiben unter Angabe von Ort und Datum des Zusammentritts ein und teilt ihnen dann später gem. § 5 GOSyn u.a. die Tagesordnung der konstituierenden Sitzung, eine Übersicht der Verhandlungsgegenstände sowie etwaige Gesetzesvorlagen mit. Zur ihrer unmittelbaren Vorbereitung lädt die Kirchenleitung i.d.R. die Synodalen nach § 7 GOSyn und Art. 183 Abs. 1 KO zu regionalen Vorbereitungstagungen ein.

Hinsichtlich des **Ablaufes** von Diözesan- und Landessynode gibt es weitgehende strukturelle Übereinstimmungen. Ein Unterschied besteht bei der Beendigung.

Die Landessynode beginnt gem. Art. 180 Abs. 2 KO mit einem öffentlichen Gottesdienst mit Abendmahlsfeier. Die Verhandlungen der Landessynode finden nach einer von ihr selbst beschlossenen Geschäftsordnung unter der Leitung des Präses oder - bei dessen Verhinderung - seines durch die Synode aus dem Kreis der Landessynode bestimmten Vertreters statt.[1140] Der Präses oder ein vom ihm beauftragter Synodale hat gem. § 22 Abs. 1 GOSyn das Recht, jeden Beratungs-

---

[1140] Art. 180 Abs. 1 KO.

gegenstand mit einem erläuternden Vortrag einzuleiten und Anträge dazu zu stellen. Vergleichbares gilt nach Kap. IV. Nr. 4 IDS für die Diözesansynode, wonach die Behandlung der sukzessiv zu behandelnden Themen „durch kurze erläuternde Referate, die sie genau umreißen, eingeführt werden." Die Tagesordnung jeder Sitzung wird nach § 19 Abs. 1 KO auf Grund der Geschäftslage und der Synodenbeschlüsse von dem Präses festgestellt und bekanntgegeben. Andere Beratungsgegenstände dürfen nur mit Zustimmung der Landessynode behandelt werden. Das Präsidium der Landessynode, die Kirchenleitung, wirkt bei der Feststellung der Tagesordnung sowie bei der Leitung der Verhandlungen teils beratend teils entscheidend mit.[1141] Inhaltlich sind die Verhandlungen der Landessynode bestimmt durch den Bericht des Präses über die Tätigkeit der Kirchenleitung und die für die Landeskirche bedeutsamen Ereignisse, durch Berichte über die Tätigkeit des Landeskirchenamtes, der landeskirchlichen Ausschüsse oder der kirchlichen Werke und in besonderen, von der Kirchenleitung zu gestattenden, Fällen durch den Vortrag von Anliegen wichtiger Zweige innerkirchlicher Arbeit.[1142] Darüber hinaus gehören die Vorlagen des Präsidiums, die aus seiner eigenen Initiative oder aufgrund von Anregungen und Wünschen an das Präsidium entstanden sind wie auch die Anträge der Synodalen auf der Synode selbst[1143] oder auch die Anträge der Kreissynoden[1144] zum inhaltlichen Gegenstand der Synodalverhandlungen. Die Verhandlungen der Tagungsausschüsse sind zwar nicht öffentlich, jedoch können die von der Kirchenleitung eingeladenen Gäste zu diesen Verhandlungen zugelassen werden.[1145]

Über Ablauf der Diözesansynode sagt der CIC lediglich, daß der Diözesanbischof die Sitzungen leitet und sich für einzelne Sitzungen durch den Generalvikar

---

[1141] § 20 GOSyn.
[1142] Art. 181 KO, § 17 GOSyn.
[1143] § 20 GOSyn
[1144] Art. 170 Ziff. 2 KO
[1145] Art. 183 Abs. 6 KO.

oder einen Bischofsvikar vertreten lassen kann.[1146] Darüber hinaus wird gesagt, daß die zu behandelnden Themen in den Synodensitzungen „der freien Erörterung der Synodalen zu überlassen"[1147] sind. In Ergänzung dazu erläutert die IDS ihrem IV. Kapitel den Ablauf der Diözesansynode eingehend: so besteht die eigentliche Synode in den Synodensitzungen, wobei die wichtigeren Sitzungen in der Kathedrale abgehalten werden sollten. Sowohl zur Eröffnung als auch zum Abschluß der Diözesansynode soll eine Eucharistiefeier gefeiert werden, wobei die Bestimmungen des Caeremoniale Episcoporum beachtet werden sollen, das im ersten Kapitel von Teil 7 nähere Anweisungen zu Diözesansynoden enthält.[1148] Alle Details über den Ablauf der Diözesansynode werden von der in Kap. III. B. Nr. 2 IDS genannten Synodenordnung geregelt. So soll der Bischof dafür sorgen, daß „den synodalen effektiv die Möglichkeit eingeräumt wird, ihre Meinungen über die vorgelegten Fragen frei zu äußern, freilich innerhalb des von der Synodenordnung bestimmten Zeitlimits."[1149]

Vor Beginn der Beratungen beider Synoden erfolgt die Verpflichtung der Synodalen, indem sie das Glaubensbekenntnis gem. c. 833, 1°[1150] bzw. nach den Bestimmungen des § 15 GOSyn ein Synodalgelöbnis ablegen, dessen Text in Art. 86 Abs. 1 KO abgedruckt ist[1151].

Die Tagung der Landessynode wird nach der Erledigung der für die letzte Sitzung vorgesehenen Tagesordnung mit Rede und Gebet des Präses abgeschlossen.[1152]

[1146] c. 462 § 2.
[1147] c. 465.
[1148] Vgl. Caeremoniale Episcoporum (1985), Nr. 1169 - 1176.
[1149] Kap IV. Nr. 4 IDS.
[1150] Kap. IV. Nr. 3 IDS.
[1151] An dieser Stelle ist anzumerken, dass gem. § 13 GOSyn nur diejenigen Synodalen, die nicht schon der vorhergehenden Landessynode angehört haben, zur Ablegung des Synodalgelöbnisses verpflichtet sind. Die auch der vorhergehenden Landessynode angehörenden Synodalen werden ausdrücklich an ihr früheres Gelübde erinnert.
[1152] § 37 GOSyn.

Vergleichbar damit soll die Diözesansynode mit einer feierlichen Eucharistiefeier enden.[1153]

Da bereits mit dem Einladungsschreiben zu der Tagung der Landessynode gem. § 4 GOSyn deren mutmaßliche Dauer angegeben wird, steht der Termin ihrer Beendigung im vorhinein fest. Nach c. 468 § 1 kann der Diözesanbischof „nach seinem klugen Ermessen" die Diözesansynode unterbrechen oder auflösen. Darüber wird die Diözesansynode von rechts wegen unterbrochen, wenn der bischöfliche Stuhl behindert[1154] oder vakant[1155] ist, und zwar so lange, bis der nachfolgende Diözesanbischof sie fortsetzt oder für endgültig beendet erklärt. Ein mit dem bischöflichen Auflösungsrecht aus c. 468 §1 vergleichbares Recht steht hinsichtlich der Landessynode keinem landeskirchlichen Organ zu. Ein Selbstauflösungsrecht ist weder für die Landes- noch für die Diözesansynode vorgesehen.

2.4. Aufgaben, Leitungskompetenzen und Verantwortung von Landes- und Diözesansynode

Grundlegende Unterscheide bestehen hinsichtlich der Leitungsaufgaben, der damit verbundenen Kompetenzen und der Verantwortung des Leitungshandelns von Landes- bzw. Diözesansynode. Diese ergeben sich bereits aus dem geschilderten je unterschiedlichen Selbstverständnis des Synodalwesens in der evangelischen bzw. katholischen Kirche.

2.4.1. Die Aufgaben von Landes- und Diözesansynode

Die Leitungsaufgabe der rheinischen Landessynode ergibt sich aus Art. 168 Abs. 1 KO, wonach die EKiR von der Landessynode als dem obersten synodalen Ver-

---

[1153] Kap. IV. Nr. 2 IDS.
[1154] Der bischöfliche Stuhl gilt nach c. 412 als behindert, „wenn der Diözesanbischof wegen Gefangenschaft, Ausweisung, Exil oder Unfähigkeit vollständig an der Wahrnehmung seines Hirtendienstes gehindert wird, so daß er nicht einmal in der Lage ist, schriftlich mit den Diözesanen in Verbindung zu treten".

fassungsorgan geleitet wird. Wenn es in Art. 167 KO heißt, daß die Landeskirche eine Einheit mit ihren Kirchengemeinden und Kirchenkreisen bildet, und sie sich eine gemeinsame Leitung und Ordnung geben, so bedeutet diese Aussage i.V.m. Art. 168 Abs. 1 KO, daß die Leitung der EKiR nicht nur die Leitung der Landeskirche selbst, sondern gleichzeitig auch die Leitung der Kirchenkreise und Kirchengemeinden beinhaltet. Aus diesem Grund kann die Landessynode im Rahmen ihrer noch abzuhandelnden Leitungskompetenzen Beschlüsse fassen, die sich ausdrücklich an die Gesamtheit der EKiR wenden und die alle ihre Körperschaften zu gleichem Handeln verpflichten. Diese Leitungsbeschlüsse haben damit auch rechtsverbindliche Kraft für alle Gremien in der EKiR[1156].

Die Gesamtheit aller Aufgaben des Leitungsauftrages der Landessynode umfaßt den Bereich der äußeren Leitung, den Bereich der sogenannten geistlichen Leitung einschließlich der Aufgabe des Wachens über die Lehre und Verkündigung der ordinierten Diener am Wort und wird in Art. 168 - 171 KO näher aufgeführt. Differenzierungen des Leitungsdienstes wie etwa die Unterscheidung von geistlicher und weltlicher Leitung, von Kirchenleitung und Kirchenverwaltung, von allgemeiner und Selbstverwaltung und ein daraus resultierendes gleichberechtigtes Nebeneinander verschiedener verfassungsmäßiger Leitungsorgane und -ämter ist der presbyterial-synodalen Verfassung der EKiR fremd.

Bei der Wahrnehmung ihrer Leitungsaufgaben handelt die Landessynode stets gem. Art. 168 Abs. 4 KO in Bindung an die Heilige Schrift und nach Maßgabe der in der EKiR geltenden Bekenntnisse. Art. 169 und Art. 170 KO bieten eine detaillierte Übersicht über die Aufgaben der Landessynode und betreffen v.a. die Bereiche der Seelsorge, der Liturgie, des Bekenntnisstandschutzes, der rechtlichen Vertretung, der Dienstaufsicht, der Verwaltung sowie der Ökumene.

[1155] Das Bischofsamt wird aus folgenden in c. 416 genannten Gründen vakant: durch den Tod des Diözesanbischofs, durch vom Papst angenommenen Amtsverzicht, durch Versetzung oder Absetzung, sobald sie dem Bischof mitgeteilt worden ist.

[1156] Vgl. Becker (1999), Rdnr. 2 zu Art. 168 Abs. 1 KO.

Die Hauptaufgabe der Diözesansynode besteht nach c. 460 darin, den Bischof bei der Leitung seiner Teilkirche hilfreich zu unterstützen. Die Beratungsgegenstände der Diözesansynode sind der Gegenstand ihrer Aufgabenstellung und werden gem. Kap III. C. Nr. 3 vom Diözesanbischof nach Rücksprache mit dem Priesterrat[1157] festgelegt. Demzufolge stehen sich bei der Konzeption von Landes- und Diözesansynode hinsichtlich ihrer Aufgabenstellung das höchste landeskirchliche Verfassungsorgan mit umfassenden Leitungsaufgaben und ein Beratungsorgan zur Unterstützung der bischöflichen Leitungsfunktionen gegenüber.

Der aus dem Selbstverständnis presbyterial-synodaler Leitung resultierende ausschließliche Leitungsanspruch der Landessynode führt zu einem umfassenden Zuständigkeitsbereich der Landessynode. Daraus resultieren wiederum Schwierigkeiten, weil die Landessynode nur einmal im Jahr zusammentritt und als versammelte Synode die Aufgaben der ständigen präsenten Leitung nicht wahrnehmen kann. Aus diesem Grund ermöglicht die Kirchenleitung ein wirksames Handeln der Landessynode über ihre einzelnen Tagungen hinaus, da sie ihre Leitungsfunktion im Auftrag der Landessynode und in Bindung an die von ihr aufgestellten Grundsätze gem. Art. 192 Abs. 1 KO dann ausübt, wenn diese nicht tagt.

2.4.2. Die Leitungskompetenzen von Landes- und Diözesansynode

Grundsätzliche Unterschiede bestehen hinsichtlich der Leitungskompetenzen von Diözesan- und Landessynode. Da die umfassende landessynodale Leitungskompetenz Gesetzgebungs-, Aufsichts- und Entscheidungskompetenzen beinhaltet[1158], werden im folgenden insbesondere die Bereiche der Vertretungs-, der Gesetzgebungs-, der Kontroll- sowie der Entscheidungskompetenz untersucht sowie nach den Grenzen der Leitungskompetenzen von Diözesan- und Landessynode gefragt.

[1157] Kap. III. A. Nr. 1 IDS.
[1158] Vgl. Becker (1999), Rdnr. 5 zu Art. 168 Abs. 1 KO.

2.4.2.1. Die Vertretungskompetenz von Landes- und Diözesansynode

Als oberstem Verfassungsorgan der EKiR kommt der Landessynode das Recht zu, die Landeskirche nach außen zu vertreten. So hat sie gem. Art. 169 Ziff. 12 KO die Landeskirche in der Öffentlichkeit, insbesondere gegenüber den staatlichen Stellen, zu vertreten und dafür Sorge zu tragen, daß die insbesondere in Art. 140 GG grundgesetzlich garantierten Freiheitsräume der Kirche, wie etwa über ihre Lehre und Ordnung selbst zu bestimmen, nicht verletzt werden. Desgleichen hat sie nach Art. 169 Ziff. 10 KO die Rechte und Pflichten der Landeskirche gegenüber den öffentlichen und privaten Schulen und Hochschulen[1159] wahrzunehmen. Im Rahmen ihrer Vertretungskompetenz hat sie auch gem. Art. 169 Ziff. 9 KO auf eine geordnete Zusammenarbeit der EKiR mit den theologischen Fakultäten der Universitäten und mit den kirchlichen Hochschulen hinzuwirken.

Die Vertretungskompetenz der EKiR im Rechtsverkehr wird nicht unmittelbar durch die Landessynode wahrgenommen, sondern ist nach Art. 195 KO i.V.m. Art. 192 Abs. 1 KO auf die Kirchenleitung übertragen worden. Diese kann dann rechtsverbindliche Erklärungen für die Landeskirche abgeben. So würde die Kirchenleitung bspw. im Falle einer Bürgschaft, die den Schuldenstand der EKiR vermehrt und die nicht aus den laufenden Einkünften derselben Voranschlagsperiode gedeckt werden können, die entsprechenden Rechtsakte für die Landeskirche setzen, was jedoch eine vorherige Entscheidung der Landessynode nach Art. 170 Ziff. 8 KO über derartige Bürgschaften der EKiR voraussetzt.

Derartige Vertretungskompetenzen gegenüber der Öffentlichkeit sowie im Rechtsverkehr kommen der Diözesansynode schon aufgrund ihres Charakters als Konsultationsorgan des Diözesanbischofs nicht zu, sondern werden im Bereich

---

[1159] Die verfassungsrechtliche Grundlage für die Einrichtung und den Betrieb kirchlicher Schulen findet sich in Art. 4 GG.

des Bistums Trier nach c. 393 vom Diözesanbischof selbst wahrgenommen, der in dieser Eigenschaft „eine dem Vormund ähnliche Stellung"[1160] innehat.

2.4.2.2. Die Gesetzgebungskompetenz von Landes- und Diözesansynode

Der wohl grundlegendste Unterschied zwischen beiden synodalen Einrichtungen besteht darin, daß der rheinischen Landessynode im Gegensatz zu einer Diözesansynode als Weisungskompetenz eine verfassungsmäßig verankerte, für den gesamten Bereich der Landeskirche verbindliche Gesetzgebungs- und Kontrollkompetenz zukommt, wenn es heißt: „Sie erläßt die Kirchengesetze und achtet auf ihre Befolgung"[1161]. Im Rahmen ihrer Gesetzgebungskompetenz drückt die Landessynode durch den im Rahmen einer Abstimmung ermittelten Synodalbeschluß den einheitlichen Handlungswillen der Landeskirche aus.

Im Gegensatz dazu kommt der Diözesansynode grundsätzlich keine Gesetzgebungskompetenz zu, weil der Diözesanbischof gem. c. 391 § 2 die alleinige Gesetzgebungskompetenz in seiner Diözese hat und damit gem. Kap. I. Nr. 2 IDS auch alleiniger Gesetzgeber in der Diözesansynode ist: „allein er selbst unterschreibt die Erklärungen und Dekrete der Synode, die nur kraft seiner Autorität veröffentlicht werden dürfen"[1162]. Somit kann die Diözesansynode ihren Beschlüssen nicht aus sich selbst heraus Gesetzeskraft verleihen, weil ausschließlich der Diözesanbischof rechtsverbindliche Normen erlassen kann. Das bedeutet, daß es dem Diözesanbischof obliegt, aus den Ergebnissen der Synode die erforderlichen Schlußfolgerungen zu ziehen.

Hinsichtlich der konkreter Bereiche, auf die sich die Gesetzgebungskompetenz bei einer Diözesansynode bezieht, legen die beiden genannten Kongregationen in dem Anhang zur „Instruktion über die Diözesansynoden" eine Auflistung der pastoralen Materien vor, die der CIC einer rechtlichen Regelung auf diözesaner Ebe-

---

[1160] Aymans (1991), S. 322.
[1161] Art. 169 Ziff. 13 KO.

ne durch den Bischof überläßt. Diese Gegenstände könnten auf einer Diözesansynode beraten werden, wenn der Bischof das für angebracht hält[1163]. So werden hinsichtlich der Ausübung des *munus docendi* die Bereiche von Ökumene, Predigt, Katechese, Mission, Katholische Erziehung und soziale Kommunikationsmittel, hinsichtlich der Ausübung des *munus sanctificani* verschiedene Bereiche der Liturgie sowie hinsichtlich des *munus pascendi* Fragen der Organisation der Diözese, der Lebensordnung des Klerus sowie der diözesanen Vermögensverwaltung genannt.

Die aufgrund der synodalen Beratungen erlassenen Normen werden i.d.R. „Synodalstatuten" [1164] genannt. Durch die Verwendung der Ausdrücke „Erklärungen" und „Dekrete" in c. 466 „weist der Kodex auf die Möglichkeit hin, daß die Synodentexte einerseits aus wirklichen Rechtsnormen (...) oder auch aus programmatischen Weisungen für die Zukunft zu bestehen vermögen und andererseits aus der überzeugten Wiedergabe von Wahrheiten des Glaubens oder der katholischen Moral, insbesondere hinsichtlich der Bereiche, die von größerer Bedeutung für das Leben der Teilkirche sind"[1165]. Durch die Synodendekrete fördert und urgiert der Diözesanbischof die Einhaltung der kirchlichen Gesetze in seinem Bistum, wozu er nach c. 392 § 1 verpflichtet ist und „deren Beobachtung aufgrund der realen Gegebenheiten des diözeanen Lebens am notwendigsten scheint"[1166]. Gleichzeitig regelt er „die Materien, die das Recht seiner Kompetenz anvertraut und passt die allgemeine Disziplin der konkreten Situation der Teilkirche an"[1167]. Daß der Bischof die alleinige Gesetzgebungskompetenz auf der Diözesansynode hat, besagt nicht, daß nur er Synodenbeschlüsse fassen kann und er allein die gesetzestechnische Redaktion selbst vornehmen muß. Bei der Gesetzgebung sind

---

[1162] c. 466.
[1163] Kap. III. A. Nr. 1; Kap. III. C Nr. 3.
[1164] Vgl. Schmitz (1999 c), S. 451.
[1165] Kap. V. Nr. 2 IDS.
[1166] Kap. V. Nr. 4 IDS.
[1167] Kap. V. Nr. 4 IDS.

die folgenden drei Schritte einzuhalten: die Festlegung des Gesetzesinhaltes, die Erteilung des Gesetzesbefehls sowie die Promulgation des Gesetzes[1168]. An der ersten Gesetzgebungsstufe, nämlich der Festlegung des sachlich richtigen Gesetzesinhaltes, sind die Synodalen wesentlich beteiligt, weil die „die logische Durchdringung und sachliche Wertung der gegenständlichen Gesetzesmaterie (...) weithin Sache der Mitglieder der Diözesansynode"[1169] ist und somit ihre Beratungen die Grundlage für die Ausformulierung der Gesetze bilden. An dieser Stelle wird deutlich, daß der Diözesanbischof hinsichtlich seiner Gesetzgebungsvollmacht im Prozeß der Entscheidungsfindung strukturell durch die ‚synodale' Einbettung seiner geistlichen Vollmacht und durch die in Taufe und Firmung begründete Mitverantwortung aller Gläubigen bei der Ausübung seiner Vollmacht gebunden ist.[1170] Gerade aus diesem Grund betont PUZA: „Und wenn man die Teilhabe aller Christgläubigen ernst nimmt, so bietet gerade die Diözesansynode die Möglichkeit, z.B. bei der Entstehung kirchlicher Gesetze, daß die Formulierung des Gesetzestextes im Zusammenwirken aller Christgläubigen erfolgt. Die Beschlüsse einer Synode haben so einen hohen Grad an moralischer und theologischer Verbindlichkeit"[1171].

Die gesetzestechnische Redaktion wird dann gem. Kap. IV. Nr. 6 IDS von den Fachleuten der Kommissionen zur Ausarbeitung der Entwürfe der Synodentexte besorgt werden. Allerdings merkt SCHMITZ an, daß es dem Diözesanbischof grundsätzlich unbenommen zu sein scheint, sich beim Erlaß der Gesetze und Dekrete weniger an den Wortlaut der Synodenbeschlüsse zu binden als sie unter gesetzessystematischen und gesetzestechnischen Gesichtspunkten neu redigieren zu lassen.[1172] In einem solchen Fall stellt sich mit KLEIN allerdings die Frage, ob „angesichts von einem Diözesanbischof im Zuge der Veröffentlichung verfügter

---

[1168] Vgl. Schmitz (1964), S. 286 f.
[1169] Paarhammer (1994), S. 111.
[1170] Vgl. Gerosa (1994), S. 48 f.
[1171] Puza (1997), S. 259.

substantiell veränderter Textpassagen noch von ‚Synodenbeschlüssen' gesprochen werden kann"[1173]. Demgegenüber betont die Instruktion, daß der Diözesanbischof bestrebt sein wird, „der von den Synodalen allgemein geteilten Meinungen stattzugeben, es sei denn, daß dem ein schwerer Grund entgegensteht"[1174]. Dient die Gesetzgebungskompetenz des Bischofs auf der Diözesansynode der Konkretisierung und Anpassung der kirchlichen Gesetze an die konkrete Situation des Bistums[1175], bleibt der rheinischen Landessynode die Regelung der in Art. 171 KO aufgeführten neun Bereiche durch Kirchengesetz vorbehalten: die Lehrverpflichtungen der Diener am Wort sowie die kirchlichen Erfordernisse für ihre Berufung, die Ordnung von Gottesdienst, Visitation und der dienstrechtlichen Verhältnisse der kirchlichen Amtsträger, der gesamte Bereich der Ordnung des kirchlichen Lebens, die Festsetzung kirchlicher Festtage, das kirchliche Umlagen- und Besteuerungsrecht[1176] sowie die Heranziehung des Kirchen- und Pfarrvermögens zu Abgaben. Derartige landessynodale Beschlüsse, die Leitungs- und Aufsichtsentscheidungen enthalten, müssen „als Rechtsquelle im Sinne eines generellen, materiellen Rechtssatzes qualifiziert werden"[1177]. Des weiteren faßt die Landessynode rechtsverbindliche Beschlüsse zur Auslegung von Kirchengesetzen[1178]. Das Verfahren der Gesetzgebung auf der Landessynode vollzieht sich nach den Bestimmungen von Art. 187 KO sowie § 27 GOSyn. Danach erfordern einfache kirchliche Gesetze zweimalige Beratung und Abstimmung[1179]. Gem. Art. 184 Abs. 2 KO entscheidet bei solchen Abstimmungen die Mehrheit der Stimmen. Das bedeutet nach Ziff. 1 des Beschlusses der Landessynode vom 29.10.1953

[1172] Vgl. Schmitz (1975), S. 452.
[1173] Klein (1997), S. 125.
[1174] Kap. IV. Nr. 5 IDS.
[1175] Vgl. Kap. V. Nr. 4 IDS.
[1176] Somit kommt Landessynode nach Becker (1999), Rdnr. 1 zu Art. 171 Ziff. 8 KO die Gesetzgebungskompetenz zur Regelung des Kirchensteuerrechtes innerhalb des von der KO vorgegebenen Rahmens zu.
[1177] Vgl. Becker (1999), Rdnr. 5 zu Art. 168 Abs. 1 KO.
[1178] Vgl. Beschluß der Landessynode vom 15.01.1981, Nr. 3479 Az. 13-3-6, in: KABl. Rhld. 1981, S. 39.

über „Mehrheiten bei Abstimmungen und Wahlen" (Auslegungsbeschluß)[1180], daß eine Mehrheit von mehr als der Hälfte der abgegebenen gültigen Stimmen für das Zustandekommen des in Frage stehenden Gesetzes erforderlich ist. Dabei ist eine geheime oder schriftliche Abstimmung für die Landessynode weder in der KO noch in GOSyn vorgesehen[1181], es sei denn, es widerspricht gem. § 40 Abs. 2 GOSyn kein Mitglied der Landessynode einem entsprechenden Antrag auf geheime oder schriftliche Abstimmung. Beschließt die Landessynode ein einfaches Gesetz, das gegen bestehende kirchenordnungsrechtliche Bestimmungen verstößt, so gilt es solange, bis es von der Landessynode selbst wieder aufgehoben wird[1182]. Dieses liegt darin begründet, daß es in der EKiR keinen Verfassungsgerichtshof zur Überprüfung der Verfassungskonformität von Gesetzen und der KO gibt. Weil die Landessynode selbst das oberste Verfassungsorgan der EKiR ist, kann nur sie verfassungswidrige Gesetze und Kirchenordnungsänderungen, die zwar formell ordnungsgemäß zustande gekommen sind, wieder aufheben: „Dieses ist schon wegen der Rechtssicherheit gegenüber Dritten dringend geboten, da von Dritten nicht erwartet werden kann, daß sie bei jedem KG [= Kirchengesetz; Anm. d. Verf.] die Übereinstimmung mit der KO vorab zu prüfen hätten"[1183].

Bei Gesetzen, welche die Kirchenordnung ändern, ergibt sich hinsichtlich der erforderlichen Mehrheiten etwas anderes: so wird die Zustimmung von zwei Dritteln der anwesenden Stimmberechtigten benötigt[1184]. Das bedeutet nach Ziff. 1 Auslegungsbeschluß, daß mehr als zwei Drittel der anwesenden Stimmberechtigten zustimmen muß. Die diesbezüglichen Beratungen und Beschlußfassungen

---

[1179] Art. 187 Abs. 1 KO, § 27 Abs. 1 GOSyn.
[1180] Vgl. KABl. Rhld. 1953, S. 108, derzeit gültig i.d.F. des Beschlusses der Landessynode vom 11. Januar 1991 i.V.m. dem Kirchengesetz zur Änderung von Artikel 196, 197, 198 und 199 der KO vom 12.01.1991, in: KABl. Rhld. 1991, S. 2.
[1181] Vgl. Becker (1999), Rdnr. 3 zu Art. 184 KO.
[1182] Vgl. Becker (1999), Rdnr. 4 zu Art. 187 Abs. 1 KO.
[1183] Becker (1999), Rdnr. 4 zu Art. 187 Abs. 1 KO.
[1184] Art. 187 Abs. 1 KO.

müssen in zwei Lesungen an zwei verschiedenen Tagen durchgeführt werden[1185]. Gleiches gilt nach Art. 187 Abs. 1 KO auch für Kirchengesetze, „die die Erprobung neuer Strukturen und Ordnungen des Lebens in einer Gemeinde zulassen". Derartige Kirchengesetze müssen befristet sein, maximal auf fünf Jahre.

Alle von der Landessynode verabschiedeten Gesetze müssen von der Kirchenleitung gem. Art. 187 Abs. 2 KO im Kirchlichen Amtsblatt der EKiR verkündet werden und erlangen erst mit dem vierzehnten Tage nach Ausgabe des Amtsblattes Gesetzeskraft.

2.4.2.3. Die Kontrollkompetenzen von Landes- und Diözesansynode

Die Kontrollkompetenz beinhaltet das Recht, die richtige Ausführung von Anweisungen zu beaufsichtigen bzw. zu überprüfen und ist sowohl als Ergebnis- als auch als Verfahrenskontrolle denkbar[1186].

Die Kontrollkompetenzen der Landessynode sind v.a. in Art. 169 und 170 KO normiert. Nach Art. 169 Ziff. 13 KO hat die Landessynode die Aufgabe, auf die Befolgung der von ihr erlassenen Kirchengesetze zu achten. Darüber hinaus hat sie das Rechnungswesen der Kirchenkreise[1187] sowie die Vermögensverwaltung der gesamten Landeskirche[1188] zu beaufsichtigen und hat das Recht, die Entscheidungen und Maßnahmen der Kirchenleitung nachzuprüfen[1189]. Beschlüsse, welche die Landessynode unter bestimmten formalrechtlichen Voraussetzungen im Rahmen der ihr von der KO übertragenen Aufsicht faßt, binden die Kirchengemeinden und Kirchenkreise der EKiR rechtswirksam.[1190] Nach diesem Beschluß kann die Landessynode die Kirchenleitung anweisen, etwa den Beschluß eines

---

[1185] Art. 187 Abs. 1 KO, § 27 Abs. 2 GOSyn.
[1186] Vgl. Schulte-Zurhausen (1999), S. 143.
[1187] Art. 170 Ziff. 3 KO.
[1188] Art. 170 Ziff. 5 KO.
[1189] Art. 170 Ziff. 9 KO.
[1190] Vgl. Beschluß der Landessynode vom 15.01.1981, Nr. 3479 Az. 13-3-6, Teil A., in: KABl. Rhld. 1981, S. 39.

Leitungsorgans aufgrund des Artikels 219 KO[1191] aufzuheben. Das Recht der Landessynode auf Nachprüfung von Entscheidungen und Maßnahmen der Kirchenleitung gibt ihr jedoch nicht das Recht, bereits von der Kirchenleitung getroffene Entscheidungen und Maßnahmen wieder aufzuheben oder abzuändern. Die Formulierung „nachprüfen" beinhaltet vielmehr das Recht der Landessynode, sich vollumfänglich über derartige Entscheidungen und Maßnahmen informieren zu lassen und die Kirchenleitung dann ggf. damit zu beauftragen, wie zukünftig in solchen oder ähnlichen Fällen zu entscheiden ist.[1192] Eine solche Nachprüfung ist dann dem entsprechenden Tagungsausschuß oder einem für diese Zweck zu bildenden Ausschuß zuzuweisen, der dann der Landessynode einen Entscheidungsvorschlag vorzulegen hat.[1193]

Vergleichbare Kontrollkompetenzen kommen der Diözesansynode aufgrund ihres Selbstverständnisses als Beratungsorgan des Diözesanbischofs nicht zu. Sie kommen im Bistum Trier hinsichtlich Aufsicht über die Befolgung aller kirchlichen Gesetze[1194] sowie der Aufsicht über den Dienst am Wort, die Feier der Sakramente und Sakramentalien, die Gottesverehrung und den Heiligenkult sowie über die Vermögensverwaltung[1195] dem Diözesanbischof zu.

2.4.2.4. Die Entscheidungskompetenzen von Landes- und Diözesansynode

Ihrer umfassenden Leitungsaufgabe entsprechend kommen der Landessynode weitreichende Entscheidungskompetenzen, also das Recht, verbindliche Entscheidungen zu fällen, zu. Im Gegensatz dazu kann die Diözesansynode keine Entscheidungen mit vergleichbar rechtsverbindlichem Charakter fällen. Demzu-

---

[1191] Nach dem Wortlaut des Art. 219 KO hat die Kirchenleitung das Recht und die Pflicht, rechtswidrige Entscheidungen von landeskirchlichen Leitungsorganen (Presbyterien, Kreissynoden, Kreissynodalvorständen) außer Kraft zu setzen.
[1192] Vgl. Becker (1999), Rdnr. 1 zu Art. 170 Ziff. 9 KO.
[1193] Vgl. Becker (1999), Rdnr. 2 zu Art. 170 Ziff. 9 KO.
[1194] c. 392 § 1.
[1195] c. 392 § 2.

folge bestehen tiefgreifende Unterschiede, weil sich hinsichtlich der Entscheidungskompetenzen von Landes- bzw. Diözesansynode ein beschließendes bzw. beratendes Stimmrechts der jeweiligen Synodalen gegenüberstehen.

Voraussetzung für die Beschlußfähigkeit der Landessynode ist nach Art. 184 Abs. 1 KO, daß mindestens zwei Drittel ihrer Mitglieder anwesend sind. Bei einer Abstimmung entscheidet dann gem. § 29 Abs. 2 GOSyn die Mehrheit der Stimmen, sofern die Kirchenordnung nicht eine qualifizierte Mehrheit fordert. Ein für die EKiR rechtsverbindlicher Beschluß kommt nur zustande, „wenn eine Mehrheit von mehr als der Hälfte der abgegebenen gültigen Stimmen dafür gestimmt hat"[1196]. Bei Stimmengleichheit ist nach Art. 184 Abs. 2 KO ein rechtswirksamer Beschluß nicht zustande gekommen".

Demgegenüber kommt der Diözesansynode wie allen anderen Konsultationsorganen des Diözesanbischofs ein beratender Status zu. Obwohl der Diözesansynode auf diözesaner Ebene eine besondere Bedeutung zukommt, wird nicht zuletzt aufgrund der Bestimmungen von c. 461 und c. 468 deutlich, daß die Leitungskompetenzen des Diözesanbischofs grundsätzlich von keinem Beratungsgremium eingeschränkt oder von ihm abhängig gemacht werden können: „Dem Bischofsamt kommt in seinem Daß-Sein wie in seinem So-Sein Verfassungsgarantie zu"[1197]. Die Delegierten der Diözesansynode haben folglich ein beratendes Stimmrecht und bringen ihre Meinung durch Abstimmungen in Beschlüssen zum Ausdruck[1198]. So besagt Kap. IV. Nr. 5 IDS: „Während der Synodensitzungen werden die Synodalen mehrere Male ihre Meinung durch Stimmabgabe zu äußern haben. Da die Synode kein Kollegium mit Entscheidungsgewalt ist, haben solche Abstimmungen nicht den Zweck, zu einem bindenden Mehrheitsbeschluß zu gelangen, sondern den Stand der überwiegenden Übereinstimmung der Synodalen in bezug auf die formulierten Vorschläge zu ermitteln. (...) Der Bischof bleibt frei,

---

[1196] § 29 Abs. 3 GOSyn; Ziff.1 Auslegungsbeschluß.
[1197] Kasper (1999), S. 39.

zu bestimmen, ob er sich das Abstimmungsergebnis zu eigen macht." Derartige Synodenbeschlüsse, aus denen die erforderlichen Schlußfolgerungen zu ziehen folglich allein dem Bischof zusteht, erhalten erst durch seine Unterschrift ihre rechtsverbindliche Kraft.[1199] Zwar haben die Synodalen keine Möglichkeit einzuklagen, daß sich der Bischof ihren Beschlüssem anschließt, jedoch weist PUZA darauf hin, daß der Bischof an den Beschlüssen einer Synode wohl nicht so ohne weiteres vorbeigehen könne, zumindest sei er gem. c. 127 § 2 n. 2 moralisch gehalten, einem entsprechenden Beschluß zu folgen[1200].

Aufgrund der gleichen Rechtskraft ihres beschließenden Stimmrechts sind in der Landessynode der EKiR sämtliche Synodalen - Pfarrer, Theologen, kirchliche Mitarbeiter und ‚Laien' – im Gegensatz zur Diözesansynode, in der dem Diözesanbischof eine besondere geistliche Vollmacht zukommt, gleichberechtigt beteiligt. Diese Tatsache findet ihre theologische Begründung aufgrund der in der Präambel der KO niedergelegten Aussage, daß alle Glieder der EKiR auf Grund der Taufe berufen sind, an der Verkündigung des Evangeliums mitzuwirken. Allerdings hat im Vergleich damit das kanonische Institut des ‚beratenden Stimmrechts', wie auch das beschließende Stimmrecht[1201], in den synodalen Strukturen der katholischen Kirche eine ganz andere Bedeutung. Sie drücken „eine Wirk-

---

[1198] Vgl. Schmitz (1999 c), S. 451.
[1199] c. 466.
[1200] Puza (1997), S. 259.
c. 127 § 2 n. 2 lautet: „§ 2. Wenn im Recht bestimmt wird, daß ein Oberer zur Vornahme von Handlungen der Zustimmung oder des Rates irgendwelcher Personen als einzelner bedarf, gilt:
2°   wenn der Rat gefordert wird, ist die Handlung eines Oberen rechtsunwirksam, der diese Personen nicht hört; obgleich der Obere keineswegs verpflichtet ist, sich ihrer, wenn auch übereinstimmenden, Stellungnahme anzuschließen, darf er dennoch ohne einen seinem Ermessen nach überwiegenden Grund von deren Stellungnahme, vor allem von einer übereinstimmenden, nicht abweichen."
[1201] So weist Gerosa (1991), S. 357 darauf hin, dass bspw. auf dem Ökumenischen Konzil zwar den Bischöfen das ‚beschließende Stimmrecht' zukommt, die Abstimmung jedoch nicht als ein Kraftakt zu verstehen sei, auf dem eine Mehrheit ihre Standpunkt durchsetze. Vielmehr diene die Abstimmungen als formalrechtlicher Akt dazu, „die Meinung der einzelnen Bischöfe festzustellen, die den Glauben ihrer Teilkirche bezeugen. Diese beschließende Stimme ist nicht ein Akt politischer Willensfindung, sondern die Erkundung eines Sachverhalts." Eben deswegen komme der Mehrheit der Konzilsväter die Entscheidungsgewalt nur in dem Maße zu, als diese Mehrheit den Papst gem. c. 341 § 1 mit einbeziehe.

lichkeit aus, die von der des menschlichen gesellschaftlichen Zusammenlebens von Grund auf verschieden ist. Ihr Charakter und ihre Rechtsfunktion sind dem Charakter und der juridischen Funktion der zivilen Institute nur analog"[1202]. Die Tatsache, daß das Stimmrecht auf der Diözesansynode beratender Natur ist, schmälert nicht die Bedeutung des Beratungsvorganges „so als ob es sich hier bloß um eine gleichsam ‚von außen kommende Beratung' handeln würde, die von jemandem erteilt wird, der keine Verantwortung für den letztendlichen Ausgang der Synode hat. Im Gegenteil, durch das Einbringen ihrer Erfahrungen und Ratschläge, arbeiten die Synodalen aktiv an den Erstellung der Erklärungen und Dekrete mit"[1203]. In diesem Sinne ist das beratende Stimmrecht „kein Instrument zum Ausschluß von der Vollmacht, weil es einen integrierenden, konstitutiven Bestandteil des Prozesses der gemeinschaftlichen Bildung eines Urteils der kirchlichen Autorität darstellt"[1204]. Das beratende Stimmrecht auf einer Diözesansynode bringt nach GEROSA vielmehr die Communio-Struktur der Kirche zum Ausdruck und entfaltet aufgrund der strukturellen wechselseitigen Immanenz von Diözesanbischof und Teilkirche gerade hier ihre spezifisch bindende Kraft. Somit hängt die Maßgeblichkeit des von der Diözesansynode beschlossenen Gegenstandes „nicht in erster Linie von einer arithmetischen Mehrheit ab, sondern davon, ob dieses Urteil mit dem Zeugnis des in Gemeinschaft mit dem Papst stehenden Bischofs übereinstimmt"[1205].

Durch die vorangegangene Untersuchung wurde deutlich, daß Landes- und Diözesansynode hinsichtlich ihrer Entscheidungskompetenzen nicht vergleichbar sind. Vergleichbar mit den Entscheidungskompetenzen der rheinischen Landes-

---

[1202] Corecco (1994 b), S. 365. Ebenso: Corecco (1994 c), S. 398 ff.
[1203] Kap. I. Nr. 2 IDS.
[1204] Gerosa (1991), S. 357.
[1205] Gerosa (1994), S. 39.

synode[1206] wäre im Bereich der katholischen Kirche eher die Bischofssynode der Patriarchatskirche (cc. 102 - 113 CCEO), denn die Bedeutung der Synoden für das praktische Leben der katholischen Ostkirchen ist ungleich größer als in der lateinischen Kirche. Hier ist nämlich das synodale Element als ordentliche Gestalt der Kirchenleitung in den CCEO eingefügt. So müssen etwa die Wahlsynoden gem. cc. 63 - 77 CCEO für die Patriarchenwahl oder gem. cc. 180 - 189 CCEO für die Bischofswahl bei Erfüllung der gesetzlichen Voraussetzungen zusammentreten. Gem. c. 120 CCEO muß die aus dem Patriarchen und vier auf 5 Jahre bestellten Bischöfe bestehende[1207] Ständige Synode als zentrales Exekutivorgan der Patriarchalkurie (cc. 115 - 121 CCEO) zu festen Zeiten, mindestens aber zweimal im Jahr einberufen werden. Die Bischofssynode der Patriarchatskirche (cc. 102 - 113 CCEO) ist als „zentrales Gesetzgebungs- und Rechtsprechungsorgan"[1208] neben dem Patriarchen selbst die wichtigste Verfassungsinstanz der Patriarchatskirche. So kommt ihr gem. c. 110 CCEO, vergleichbar der Landessynode der E-KiR, die ausschließliche Gesetzgebungskompetenz für die gesamte Patriarchatskirche zu (§ 1). Sie ist darüber hinaus gem. c. 110 § 1 CCEO i.V.m. c. 1062 CCEO unbeschadet der Zuständigkeit des Apostolischen Stuhls das höchste Gericht innerhalb des Gebietes dieser Kirche und ist gem. § 3 u.a. für die Patriarchen- und Bischofswahl zuständig, was sie wiederum von der Landessynode unterscheidet. Ihr kommen gem. c. 110 § 4 CCEO - abgesehen von einzelnen ordentlichen Kompetenzen - im allgemeinen keine Verwaltungsakte zu. In Anlehnung an Mörsdorf könnte man die Sonderversammlung der Bischofssynode in der lateinischen Kirche als ‚Gegenstück' zu der Synode der Patriarchatskirche in den katholischen Ostkirchen sehen.[1209]

[1206] Bei einem solchen Vergleich muß jedoch im Auge behalten werden, dass die Landessynode lediglich eine Landeskirche, nämlich die EKiR, umfaßt. Eine Patriarchatssynode hingegen umgreift mit allen ordinierten Bischöfen der Patriarchatskirche mehrere Diözesen.
[1207] c. 115 § 1 CCEO.
[1208] Potz (1998), Sp. 1464.
[1209] Vgl. Mörsdorf (1966), S. 135.

2.4.2.5. Die Grenzen der Leitungskompetenzen von Landes- und Diözesansynode

Grenzen der Leitungskompetenzen bestehen darin, daß der Landessynode nicht das Recht zukommt, in eigener Vollmacht geistliche Entscheidungen zu treffen: so kann sie ihr überkommenes geistliches Erbe nicht durch eigene Glaubensentscheidungen vergrößern, da sie zum einen gem. Art. 168 Abs. 4 KO ihren Auftrag in der Bindung an die Heilige Schrift und nach Maßgabe der in der EKiR geltenden Bekenntnisse wahrnimmt und zum anderen gem. Art. 169 Ziff. 2 KO den Bekenntnisstand der Gemeinden[1210] zu schützen hat.

Die Geschäftsordnungskompetenz der Landessynode ist durch einige Bestimmungen der KO und der GOSyn begrenzt: danach müssen die Anträge der Kreissynoden gem. Art 170 KO auf jeden Fall behandelt werden. Ebenso Initiativanträge von Synodalen müssen gem. § 20 Abs. 3 GOSyn verhandelt werden, wenn sie von mindestens zwanzig Synodalen unterstützt werden. Schließlich hat jeder Synodale das Recht, schriftliche Anfragen an die Kirchenleitung zu richten, die dann nach § 17 Abs. 2 GOSyn auf der Synode beantwortet werden müssen. Darüber hinaus begrenzen die Bestimmungen von KO und GOSyn über die Anberaumung, Eröffnung und Leitung[1211], die Öffentlichkeit der Synodalverhandlungen[1212], die Beschlußfähigkeit der Landessynode[1213] sowie über die Verfahrensweise bei Gesetzesberatungen[1214] und die Mehrheitserfordernisse bei Abstimmungen und Wahlen[1215] deren autonome Regelungsbefugnisse.

Die generelle Entscheidungskompetenz der Landessynode findet darüber hinaus ihre Grenze in dem sog. „Bekenntnisvorbehalt": so kann sie gem. Art. 186 Abs. 2 - 3 KO und § 30 GOSyn gegen Bedenken, die von einem in der EKiR geltenden,

---

[1210] Vgl. die Ausführungen in Kap. E. 3.3.2.1.
[1211] Art. 178 Abs. 3 KO; Art. 180 KO; § 12 GOSyn.
[1212] Art. 183 Abs. 2 f. KO; § 10 GOSyn.
[1213] Art. 184 Abs. 1 KO; § 13 GOSyn.
[1214] Art. 187 KO.
[1215] Art. 184 - 185 KO; §§ 25, 27, 31 GOSyn; Beschluß der Landessynode über Mehrheiten bei Abstimmungen und Wahlen, in: KABl. Rhld. 1953, S. 108.

also vom lutherischen oder vom reformierten, Bekenntnis her geltend gemacht werden, keinen Beschluß fassen. Derartige Bedenken sind „in gemeinsamer Beugung unter das Wort Gottes"[1216] zu überwinden: dazu können die Synodalen, die dem betreffenden Bekenntnis angehören, zu einem sog. Bekenntniskovent zusammentreten.

Da die Diözesansynode einen rein beratenden bzw. empfehlenden Charakter hat, kommen ihr keinerlei Leitungskompetenzen zu, welche folglich auch keine Einschränkung erfahren können.

2.4.3. Die Verantwortung von Landes- und Diözesansynode

Grundsätzliche Unterschiede zwischen Landes- und Diözesansynode bestehen hinsichtlich der Verantwortung für die richtige Erfüllung ihrer Leitungsaufgaben. Eine verfassungsrechtlich verankerte Verantwortung ihrer landeskirchlichen Leitungstätigkeit geschieht im Rahmen des nach Art. 181 KO bei jeder ordentlichen Tagung der Landessynode von der Kirchenleitung zu erstattenden Berichtes. Dieser Bericht der Kirchenleitung beinhaltet nach § 17 Abs. 1 GOSyn die Tätigkeit der Kirchenleitung und die Ausführung der Beschlüsse der Landessynode. Darüber hinaus berichtet der Präses bei mindestens jeder zweiten ordentlichen Synodaltagung über die für die EKiR bedeutsamen Ereignisse. Wird der Bericht der Kirchenleitung i.d.R. in schriftlicher Form vorgelegt, so trägt der Präses seinen Bericht mündlich vor.[1217] Während der sich an den Bericht des Präses anschließenden Aussprache können dann auch Fragen zum Bericht der Kirchenleitung diskutiert werden. Diese Berichte sind, wie § 17 Abs. 1 GOSyn vorschreibt, zur Besprechung zu stellen, d.h. es besteht eine Pflicht zur Aussprache. Im Anschluß an die Aussprache über den Bericht beantwortet die Kirchenleitung die von den Synodalen schriftlich eingereichten Fragen, wobei Zusatzfragen aus dem Plenum

---

[1216] § 30 Abs. 2 GOSyn.
[1217] Vgl. Becker (1999), Rdnr. 1 zu Art. 181 KO.

der Landessynode zulässig sind.[1218] Auch über die Tätigkeit des Landeskirchenamtes, der landeskirchlichen Ausschüsse und der kirchlichen Werke können Berichte vorgetragen und diskutiert werden.[1219] Allerdings sagen KO und GOSyn nur aus, daß diese Berichte besprochen werden, was jedoch aus dem Gesamtsinn der Leitungsordnung nicht als eine förmliche Entlastung verstanden werden kann. Da die Kirchenleitung als Präsidium der Landessynode ihre Leitungsfunktion nach Art 192 Abs. 1 KO ausübt, nämlich die EKiR im Auftrag der Landessynode nach den Vorschriften der Kirchenordnung und der Kirchengesetze sowie den von der Landessynode aufgestellten Grundsätzen zu leiten, handelt es sich bei den Gegenständen ihres Rechenschaftsberichtes um Sachentscheidungen aus dem Zuständigkeitsbereich der Landessynode selbst. Mit derartigen Aussprachen kontrolliert die Landessynode sich aufgrund dieses Ineinander der Aufgaben und Verantwortungsbereiche von Synode, Kirchenleitung, Präses und Landeskirchenamt letztlich selber.

Eine Verantwortung der Ergebnisse der Diözesansynode durch den Diözesanbischof findet insofern statt, als er durch die Norm des c. 467 dazu verpflichtet ist, die Texte der synodalen Erklärungen und Dekrete dem Metropoliten und der Bischofskonferenz mitzuteilen. Handelt es sich hinsichtlich der Bischofskonferenz, die nach c. 447 Abs. 4 in ihrem Raum das pastorale und rechtliche Vorgehen zu koordinieren hat, um einen rein informatorischen Vorgang im Rahmen der Informationspflicht, so kommt im ersteren Fall zusätzlich dem Metropolit gem. c. 436 § 1 n. 1° eine gewisse Aufsichtspflicht über Glauben und kirchliche Disziplin in seinen Suffraganbistümern zu. Darüber hinaus normiert Kap. V. Nr. 5 IDS, daß der Bischof durch den Apostolischen Nuntius eine Kopie der Synodenunterlagen „zu baldmöglichster Kenntnisnahme" an die Kongregationen für die Bischöfe und für die Evangelisierung der Völker übersendet. Inwiefern hier eine Überprüfung

---

[1218] § 17 Abs. 2 GOSyn.
[1219] § 17 Abs. 3 GOSyn.

der Dokumente stattfindet, so daß von einer Verantwortung des Bischofs gegenüber den genannten Dikasterien zu sprechen ist, ergibt sich nicht aus den Gesetzestexten. Eine Übersendung der Synodendokumente an den Apostolischen Stuhl zum Zwecke der *recognitio*[1220], wie etwa im Falle des c. 446 oder des c. 456[1221], ist hier nicht verlangt. Allerdings ist der Diözesanbischof anläßlich seines in c. 399 § 1 sowie anläßlich des in c. 400 vorgeschriebenen Ad-limina-Besuches verpflichtet, dem Apostolischen Stuhl über die abgehaltene Diözesansynode sowie deren Ergebnisse Auskunft zu geben.

2.5. Zusammenfassung

Die Landessynode der EKiR ist „nicht nur oberstes Leitungsorgan oder gar nur Mitträgerin der landeskirchlichen Leitung innerhalb eines gewalten- oder arbeitsteiligen Trägersystems, sondern die Leitung der Gesamtkirche schlechthin"[1222]. Aufgrund dieser Zusammenfassung und Konzentration der gesamten Leitung in der Landessynode kommen ihr umfassende Leitungsaufgaben und -kompetenzen zu. Durch ihren umfassender Leitungsanspruch kommt der synodale Charakter der Leitung der EKiR zum Ausdruck. Dabei werden Kirchenleitung , Landeskirchenamt und das Amt des Präses und ihre Funktionen in der Landessynode verankert und es wird ihrer Entwicklung zu selbständigen, der Landessynode gegenüberstehenden Behörden und Ämtern entgegengewirkt. Daraus resultiert zum einen der Charakter der Synode als des ständigen, über die periodischen Synodaltagungen hinaus wirksam handelnden Organs der Leitung der EKiR und zum anderen die Tatsache, daß landeskirchliche Leitung nicht einfach auf irgendwelche

---

[1220] Eine *recognitio* ist mehr als eine bloße Zurkenntnisnahme, sondern bedeutet die Überprüfung eines Dokumentes darauf , ob es dem geltenden Recht entspricht, dass darin nichts enthalten ist, was gegen Glaube oder Sitte verstößt und dass es rechtlich einwandfrei formuliert wurde.
[1221] Dabei handelt es sich im Falle des c. 446 darum, dass alle Akten eines Provinzialkonzils und im Falle des c. 456 darum, dass ein Bericht über die Verhandlungen und Dekrete der Bischofskonferenz dem Apostolischen Stuhl zur *recognitio* vorgelegt werden müssen.
[1222] Dahlhoff (1964/65), S. 90.

kirchlichen Behörden und Ämter delegiert wird, sondern, wenn schon nicht ständig von der versammelten Synode selbst, so doch ausschließlich durch spezifisch synodale Organe ausgeübt werden darf.

Hinsichtlich der Gesetzgebungskompetenz kommt der Diözesansynode im Gegensatz zur Landessynode kein rechtsverbindliches Beschlußfassungsrecht zu.[1223] In der praktischen Arbeit der Landessynode hingegen kommt der Setzung von kirchlichem Recht eine hohe Bedeutung zu.

Gemeinsam ist der Diözesan- wie der Landessynode, daß beiden eine Beschlußfassung über Glaubensfragen nicht möglich ist. In diesem Zusammenhang ist es die Aufgabe der Diözesansynode, „die in Jesus Christus geschehene Offenbarung verbindlich zu interpretieren, sei es durch positive Darlegung, sei es durch verwerfendes Glaubensurteil. Aus diesem Grunde ist das schlichte Mehrheitsprinzip in diesem Bereich nicht anwendbar"[1224].

Für die Landessynode sind die Forderungen des **Kongruenzprinzips** weitgehend erfüllt, wobei Einschränkungen wegen der Größe ihrer Teilnehmer gemacht werden müssen, die zur Delegation von Aufgaben und Kompetenzen an Kirchenleitung und Landeskirchenamt führen. Als Beispiel für eine Willensbildung von unten nach oben im Bereich der Landessynode sei angeführt, daß zu allen Vorlagen, welche die Landessynode zu beschließen hat, vorher eine Beratung dazu in den Presbyterien und Kreissynoden vorgesehen ist. Für die Diözesansynode sind die Forderungen des Kongruenzprinzips im Hinblick auf ihre beratende Aufgabenstellung als erfüllt anzusehen.

Die Diözesansynode ist nicht bloß eine außerordentliches bischöfliches Konsultationsorgan für die Gesetzgebung des Bischofs, sondern der Bischof kann mit ihrer Hilfe „die Pastoral in der Teilkirche nachhaltig beeinflussen und dabei zugleich

---

[1223] Zum Rechtscharakter beratender Versammlungen und rechtsverbindlich beschließender Synoden vgl. Aymans (1970), S. 227 ff.
[1224] Aymans (1995 b), S. 179.

die Mitverantwortung aller Christgläubigen beleben und einfordern"[1225]. Durch die Normierung der Mitwirkung von Diözesanpastoralrat[1226] und Priesterrat[1227] wird sichergestellt, daß diese beiden wichtigsten diözesanen Räte „nicht in Konkurrenz zur Synode stehen, sondern vielmehr unter Beachtung der Prinzipien der Synodalität und der Mitverantwortung eine wichtige Rolle bei der Vorbereitung und Durchführung einer Diözesansynode zu spielen haben"[1228].

Sowohl die Landeskirche als auch die Diözese sind selber Träger der Landes- bzw. Diözesansynode und nicht bloße Adressaten von Maßnahmen und Anordnungen, die auf den jeweiligen Synodaltagungen beschlossen - und im Falle der Diözesansynode vom Bischof gem. c. 466 autorisiert - werden. Es besteht ein grundsätzlicher Unterschied hinsichtlich des demokratischen Prinzips zwischen synodalen Strukturen in der katholischen und denen in der evangelischen Kirche. Dieses demokratische Prinzip, wie es sich z.B. in den Leitungsvollzügen der Landes- oder Kreissynode äußert, ist jedoch nicht ohne weiteres auf die katholische Kirche übertragbar. So setzt etwa die Übertragung des Subsidiaritätsprinzips auf eine kirchliche Organisationsstruktur voraus, daß es kirchenrechtlich geregelte Zuständigkeiten und Verfahren gibt.

3. Strukturen der Gemeindeorganisation: Kirchengemeinde und Pfarrei

Auf der Analyseebene der Pfarrei bzw. der Kirchengemeinde werden im folgenden zunächst die Stellungen der Gemeinden innerhalb der jeweiligen kirchlichen Leitungsstruktur miteinander verglichen. Daran schließt sich ein Vergleich der Gemeindeleitungsstrukturen an, der nach Leitungsaufgaben, den zu ihrer ordnungsgemäßen Erfüllung notwendigen Kompetenzen, der Verantwortung für die richtige Erfüllung der Leitungsaufgaben sowie nach Konfliktregulierungsmecha-

---

[1225] Paarhammer (1994), S. 116.
[1226] c. 463 § 1 n. 5°,
[1227] c. 461 § 1,

nismen fragt. Angesichts des gravierenden Mangels an Priesternachwuchs in der katholischen Kirche und anderer Umstände[1229] in beiden Kirchen wie etwa schrumpfenden Gottesdienstbesucherzahlen, rückläufigen Kirchensteuereinnahmen und vielfachen Veränderungen des gesellschaftlichen Bewußtseins und Lebens werden Stelleneinsparungen notwendig, die zu einer parochialen Neugliederung führen. Diese wird letztlich erst dadurch zufriedenstellend erreicht, daß eine Kooperation bzw. Zusammenlegung von seelsorglichen Einheiten zu größere Einheiten, Gemeindeverbänden bzw. Regionalverbänden initiiert wird, die ihrerseits wiederum eine möglichst gleichmäßige Auslastung der einbezogenen Pfarrstelleninhaber gewährleisten sollen. An dieser Stelle soll der Rechtsvergleich herausstellen, welche jeweiligen kirchenrechtlichen Aspekte bei derartigen Umstrukturierungsmaßnahmen zu beachten sind.

3.1. Die hierarchische Stellung der Gemeinden im Leitungsgefüge

Während sowohl die Pfarreien als auch die Kirchengemeinden jeweils die kleinsten territorialen und gleichzeitig fundamentalen Organisationseinheiten in der katholischen bzw. der evangelischen Kirchenhierarchie sind, kommt ihnen bezüglich ihrer Stellung innerhalb des Gesamtgefüges in der jeweiligen Kirchenleitungsstruktur eine unterschiedliche Bedeutung zu. Während die Pfarrei 'ganz unten' in der Kirchenhierarchie steht und ihr keinerlei strategische Entscheidungskompetenz hinsichtlich der Leitung der Diözese zukommt, ist die Bedeutung der Kirchengemeinde für die Leitung der Landeskirche aufgrund ihrer presbyterial-synodalen Verfassung ungleich größer: sie sind dadurch an der Leitung der Landeskirche beteiligt, daß sie durch die Abgeordneten und Pastoren in den Kreissy-

---

[1228] Paarhammer (1994), S. 116 f.
[1229] c. 526 § 1.

noden vertreten sind[1230], die ihrerseits wiederum die Abgeordneten zur Landessynode wählen.[1231]

Die aufgrund der Grundkonzeption der presbyterial-synodalen Ordnung nahegelegte starke Stellung der Gemeinde innerhalb der EKiR komm auch dadurch zum Ausdruck, daß die Kirchengemeinden grundsätzlich die Gläubiger der Kirchensteuern sind.[1232] Somit werden die Kirchensteuern gem. § 1 Abs. 1 der „Kirchensteuerordnung" (KiStO)[1233] als Ortskirchensteuer von den Kirchengemeinden erhoben.[1234] Die Gemeindeglieder sind somit nach § 3 KiStO gegenüber der Kirchengemeinde steuerpflichtig, in der sie ihren Wohnsitz oder gewöhnlichen Aufenthaltsort haben. Daraus folgt, daß nicht zuletzt aufgrund der in § 72 der „Verwaltungsordnung der Evangelischen Kirche im Rheinland" (VwO)[1235] normierten Kirchensteuerhoheit der Kirchengemeinden diese über die Kirchenkreise der Landeskirche umlageverpflichtet sind. Art. 6 Abs. 3 KO verpflichtet die Kirchengemeinden dazu, die zur Erfüllung ihrer Aufgaben nötigen Mittel selbst aufzubringen, wobei die Gemeinden innerhalb der EKiR einem Finanzausgleich unterworfen sind, der durch das Finanzausgleichsgesetz (FAG)[1236] geregelt wird.

Anders im Bistum Trier. Hier ist die Diözese Gläubiger der Kirchensteuer. Das Aufkommen der Diözesankirchensteuer wird dann gem. § 3 Abs. 1 der „Kirchen-

---

[1230] Art. 105 Abs. 2 KO, Art. 141 Abs. 2 KO.
[1231] Art. 140 Abs. 3 Ziff. a KO.
[1232] So besagt § 1 Abs. 2 KiStO, dass auch Gesamtverbände, Gemeindeverbände oder Verbände von Kirchengemeinden und Kirchenkreisen Kirchensteuern erheben können und somit an die Stelle der Kirchengemeinden treten. Diese Tatsache berührt jedoch nicht den Grundsatz der Ortskirchensteuer innerhalb der EKiR. Es muß jedoch angemerkt werden, dass der geschilderte Sachverhalt lediglich de jure so ist. Tatsächlich steht der Landessynode gem. Art. 171 Ziff. 8 KO die Gesetzgebungskompetenz zur Regelung des Kirchensteuerrechts zu und sie legt nach Art. 170 Ziff. 6 KO die Höhe der landeskirchlichen Umlage fest. Somit hat das Presbyterium nicht (mehr) die Finanzmittelhoheit.
[1233] Vgl. KABl. Rhld. 1987, S. 50, geändert durch Notverordnung vom 14./33.09.1994.
[1234] Becker (1999), Rdnr. 2 zu Art. 6 KO, merkt an, dass das Ortskirchensteuerrecht zwar in Art. 6 Abs. 3 KO nicht ausdrücklich verfassungsmäßig garantiert ist, es jedoch bei der Formulierung der KO für die Verfasser „völlig fraglos" war.
[1235] Vgl. KABl. Rhld. 1960, S. 103, 170, zuletzt geändert durch den Beschluß der Kirchenleitung vom 06.09.1997. Bei der Vermögensverwaltung in der EKiR sowie für die Abführung von Kollekten und die Durchführung von Sammlungen ist die VwO zu beachten.
[1236] Vgl. KABl. Rhld. 1997, S. 82, zuletzt geändert durch Kirchengesetz vom 11.01.1999, KABl. Rhld. 1999, S. 68.

steuerordnung für die Diözese Trier (rheinland-pfälzischer Gebietsteil)" (KSO)[1237] entsprechend dem Haushaltsplan der Diözese auf die Diözesanverwaltung, die Pfarrgemeinden und die sonstigen in § 2 Abs. 1 KSO genannten Zwecke verteilt. Da die Pfarreien im Bistum Trier zur Durchführung ihrer Aufgaben der Zuweisung von Kirchensteuermitteln aus dem Bistumshaushalt[1238] bedürfen, kommt diese Zuweisung als Bedarfszuweisung in der Weise zur Auszahlung, daß mit Genehmigung des vom Verwaltungsrat dem Generalvikariat nach § 2 Abs. 2 KVVG vorgelegten Haushaltsplan automatisch die darin beantragten Sach- und Personalkostenzuschüsse bewilligt werden. Obwohl das vorherrschendes Motiv dabei ist, den Verwaltungsräten und damit den Pfarreien mehr Verantwortung für die eigenen Belange zu geben und damit zugleich den Selbstverwaltungsgedanken und die eigene Verantwortung der Pfarrei bei der Aufstellung des jährlichen Haushaltes zu stärken, ist gleichzeitig darauf zu verweisen, daß diese Bezuschussungen bei den notwendigen Bedarfsnachweisungen, Abrechnungen und Abstimmungen eine Komplizierung der Verwaltung bewirken. Vor allem berühren sie im Vergleich zu den Kirchengemeinden der EKiR letztlich doch die Eigenverantwortlichkeit und das Verantwortungsbewußtsein der Pfarrgemeinden.

Die Stellung der Gemeinden hinsichtlich der landeskirchlichen bzw. teilkirchlichen Gesetzgebung ist ebenfalls unterschiedlich. Zwar ist in der EKiR allein die Landessynode gem. Art. 169 Ziff. 13 KO befugt, die Kirchengesetze zu erlassen, beteiligt keine anderen Leitungsorgane in der EKiR an der Gesetzgebung und ist somit nicht an deren Mitwirkung gebunden, weil ihr auch die Gesetzesinitiative zukommt. Dennoch haben die Kirchengemeinden dadurch, daß durch ihre Abge-

---

[1237] Vgl. Kirchliches Amtsblatt für das Bistum Trier 1971, Nr. 299, gültig i.d.F. vom 05.12.1989. Dies Regelungen finden sich identisch in der „Kirchensteuerordnung für die Diözese Trier (saarländischer Gebietsteil)", in: Kirchliches Amtsblatt für das Bistum Trier 1971, Nr. 301, gültig i.d.F. vom 07.10.1971.

[1238] In der vorliegenden Arbeit wird davon abstrahiert, dass gem. § 4 KSO Pfarrgemeinden des Bistums Trier dann berechtigt sind, zusätzlich Ortskirchensteuer zu erheben, wenn die Zuweisungen aus Diözesankirchensteuern zur Deckung des ortskirchlichen Finanzbedarfs nicht ausreichen, weil es an dem Grundprinzip der Diözesankirchensteuer nichts ändert.

ordneten und Pastoren in den Kreissynoden vertreten sind[1239], die ihrerseits wiederum die Abgeordneten zur Landessynode wählen, einen Einfluß auf die Tätigkeit der Landessynode und damit wiederum auf die landeskirchliche Gesetzgebung. Im Bistum Trier ist der Diözesanbischof, wie c. 391 vorschreibt, der einzige Gesetzgeber. Die Gemeinden können zwar durch ihre Mitglieder in Diözesanpastoralrat und Katholikenrat vertreten sein. Diese haben aber lediglich eine beratende Funktion.

3.2. Die Leitung von Pfarrei bzw. Kirchengemeinde

Die Seelsorge der Pfarrei ist gem. c. 519 unter der Autorität des Diözesanbischofs einer dazu beauftragten Einzelperson, dem Pfarrer, anvertraut. Dieser trägt als eigenberechtigter Hirte[1240] für die Gemeinde besondere Verantwortung und hat *potestas ordinaria propria*[1241] inne, weil das Pfarramt kein Vertretungsamt ist. Demgegenüber liegen sämtliche Leitungsfunktionen einer Kirchengemeinde bei dem Presbyterium, einem Kollegium von Gemeindepfarrern und in dieses Gremium gewählten Gemeindegliedern, den Presbytern[1242]. In den Presbyterien „gibt es keinen Unterschied zwischen den nicht theologisch vorgebildeten Laien und den ausgebildeten Pfarrern. Der Pfarrer ist nur *primus inter pares*. Auch gibt es kein Gegenüber von geistlichem Amt und Gemeinde, sondern nur ein Gegenüber von Presbyterium und Gemeinde"[1243].

Dieses bedeutet jedoch für den Vergleich nicht einfach, daß sich die Leitung der Pfarrei ausschließlich nach dem Direktorial- und die der Kirchengemeinde nach dem Kollegialprinzip vollzieht.

In der einzelnen Pfarrei ist es verpflichtend, jeweils einen Verwaltungsrat und einen Pfarrgemeinderat zu wählen: den Pfarrgemeinderat geheim und unmittelbar

---

[1239] Art. 105 Abs. 2 KO, Art. 141 Abs. 2 KO.
[1240] CD Art. 30 Abs. 1.
[1241] Vgl. Pree (1999), S. 160.
[1242] Art. 104, Abs. 1 KO.

durch die Gemeindemitglieder gem. § 5 Abs. 1 OrdPGR, den Verwaltungsrat durch den Pfarrgemeinderat gem. § 5 Abs. 1 KVVG. Beide Gremien, die ehrenamtlich und selbständig tätig sind, ergänzen sich in ihrer Arbeit gegenseitig und unterstützen den Pfarrer bei der Leitung der Pfarrei.

Nach § 1 des Gesetzes über die Verwaltung des katholischen Kirchenvermögens vom 24.07.1924 i.d.F. vom 03.04.1992 (GVK)[1244] verwaltet der Verwaltungsrat „das Vermögen in der Kirchengemeinde. Er vertritt die Gemeinde und das Vermögen." Er besteht aus dem Pfarrer als dem geborenen Vorsitzenden und einer je nach Gemeindegröße unterschiedlichen Anzahl von gewählten Kirchenvorstehern.[1245] Die Wahl der Mitglieder erfolgt gem. § 5 Abs. 1 KVVG durch den Pfarrgemeinderat. Die Verwaltungsräte werden für jeweils acht Jahre gewählt, alle vier Jahre scheidet die Hälfte der Mitglieder aus.[1246] Durch dieses Verfahren wird eine zu große Fluktuation verhindert und eine kontinuierliche Arbeit gewährleistet. Darin gleicht der Verwaltungsrat dem Presbyterium[1247] und der Kirchenleitung[1248] der EKiR, deren Mitglieder ebenfalls zur Hälfte je nach einer Legislaturperiode ausscheiden. Er muß als Vermögensvertreter der Pfarrei gegenüber kommunalen und staatlichen Stellen Rechenschaft über die ordnungsgemäße Verwendung von Zuschüssen ablegen. Insofern vertritt der Verwaltungsrat die Pfarrei im Rechtsverkehr. Der Pfarrer hat als Vorsitzender des Verwaltungsrats den Haushaltsplan auszuführen. Jeder Haushaltsplan muß nach seiner Verabschiedung den Gemeindemitgliedern zur Einsicht ausgelegt und abschließend dem BGV vorgelegt werden.[1249] Für einige Teile des Haushaltsplans, wie die Kreditaufnahme oder Bürgschaften, ist eine ausdrückliche Genehmigung des BGV er-

---

[1243] Stapelfeldt (1992), S. 31.
[1244] Vgl. GV NW S. 124, 125. Dieses Gesetz gilt im ehemals preußischen Staatsgebiet.
[1245] §§ 2 f. GVK, § 3 KVVG.
[1246] § 8 Abs. 1 GVK, § 7 Abs. 1 KVVG.
[1247] Art. 108 Abs. 1 KO.
[1248] Art. 197 Abs. 4 KO.
[1249] § 2 Abs. 2 KVVG.

forderlich.[1250] Damit wird deutlich, daß eine dezentrale, subsidiäre Selbstverwaltung in den Pfarreien stattfindet. Zur Unterstützung und Betreuung der Pfarreien in Angelegenheiten und Fragen ihrer Vermögensverwaltung sind nach § 1 Abs. 1 der „Ordnung für die Rendanturen im Bistum Trier" (OrdRend)[1251] im Bistum Trier Rendanturen eingerichtet worden. Durch die Einrichtung der Rendanturen bleibt dennoch gem. § 1 Abs. 2 OrdRend die Zuständigkeit und Verantwortlichkeit der Verwaltungsräte unberührt.

Beschlüsse des Verwaltungsrates werden durch die Stimmenmehrheit der anwesenden Mitglieder gefaßt.[1252] Der Pfarrer hat hier zwar den Vorsitz, besitzt im übrigen aber gleiches Stimmrecht wie die anderen Mitglieder auch kann folglich überstimmt werden. Er ist dann den Beschlüsse des Verwaltungsrates verpflichtet und somit in vermögensrechtlicher Hinsicht in ein kollegiales Entscheidungsorgan eingebunden. Dabei kann allerdings nicht generell gesagt werden, ob und wie der Pfarrer in bestimmten Fragen nicht doch Einfluß auf die Entscheidungen des Verwaltungsrats dadurch nehmen kann, indem er bereits bei der Kandidatenaufstellung Personen fragt, die nicht gegen ihn arbeiten und abstimmen würden. Dieser Umstand ist allerdings empirisch nicht nachweisbar.

Der Pfarrgemeinderat (PGR) als Institution gemeinsamer Verantwortung von Pfarrer und Laien und als Leitungsgremium der Pfarrei bietet den Laien die Möglichkeit, für eine Amtszeit von vier Jahren[1253] Mitverantwortung in pastoralen Fragen der Pfarrei zu übernehmen. Er hat die Aufgabe, „in allen Fragen, die die Pfarrei betreffen, je nach Sachbereichen und unter Beachtung diözesaner Regelungen beratend oder beschließend mitzuwirken sowie im Sinne kooperativer Pastoral die Zusammenarbeit in der Pastoral der Pfarrei, der Seelsorgeeinheit und

---

[1250] § 17 Abs. 1 KVVG.
[1251] Vgl. Kirchliches Amtsblatt für das Bistum Trier 1992, Nr. 60.
[1252] § 13 Abs. 2 GVK, § 12 Abs. 2 KVVG.
[1253] § 6 Abs. 1 OrdPGR.

des Dekanates zu fördern."[1254] Dazu bildet er gem. § 9 Abs. 5 OrdPGR Sachausschüsse oder bestellt Beauftragte für diese Bereiche. Beratend wird daher der PGR bei allen Angelegenheiten tätig, die dem Pfarrer als beauftragtem Seelsorger und Leiter der Gemeinde übertragen sind. Beschließen kann er Maßnahmen, die den kirchlichen Weltdienst in der Pfarrei wirksam werden lassen. Nicht in die Zuständigkeit des Pfarrgemeinderates fallen Fragen der Vermögensverwaltung. Bei der Erstellung des Haushaltsplanes hat der PGR jedoch insofern mitzuwirken, als er binnen einer gewissen Frist eine schriftliche Stellungnahme zu dem Entwurf des Haushaltsplanes abzugeben hat, die später dem Haushaltsplan bei der Vorlage an den Bischöflichen Generalvikar beigefügt wird[1255].

Der Pfarrer gehört kraft Amtes dem Vorstand an und hat eine besondere Stellung im PGR inne, indem er als vom Bischof beauftragter Seelsorger die pastorale Letztverantwortung in der Pfarrei trägt. Somit können gem. § 9 Abs. 6 OrdPGR keine Beschlüsse gefaßt werden, die der verbindlichen Glaubens- und Sittenlehre oder dem allgemeinen oder partikularen Recht widersprechen. Erklärt der Pfarrer aufgrund der durch sein Leitungsamt legitimierten pastoralen Verantwortung und unter Angabe der Gründe, daß er gegen einen Antrag stimmt, so ist gem. § 9 Abs. 7 OrdPGR in dieser Sitzung eine Beschlußfassung nicht möglich. Die betreffende Frage ist im PGR nach einer angemessenen Frist erneut zu beraten und kann, sollte auch dann keine Einigung zustande kommen, dann dem Regionaldekan als Vermittler vorgelegt werden. Scheitert ein solcher Vermittlungsversuch, kann die beim Bistum eingerichtete Schiedstelle angerufen werden. Sollte auch diese keine Einigung herbeiführen, entscheidet der Diözesanbischof[1256].

Zwar haben Verwaltungsrat und Pfarrgemeinderat jeweils ihren eigenen Zuständigkeits- und Aufgabenbereich, jedoch ist eine gute Zusammenarbeit zwischen beiden für die Pfarrei von großer Wichtigkeit. Deshalb gibt es auch eine personel-

---

[1254] § 2 Abs. 1 OrdPGR.
[1255] § 3 Abs. 2 OrdPGR, § 2 Abs. 1 KVVG.

le Verzahnung beider Gremien. Der Pfarrer gehört beiden Gremien an, der stellvertretende Vorsitzende des Verwaltungsrates nimmt gem. § 3 Abs. 1 OrdPGR an den Sitzungen des Pfarrgemeinderates teil und umgekehrt ein vom Pfarrgemeinderat zu benennendes Mitglied an den Sitzungen des Verwaltungsrates. Der Verwaltungsrat entscheidet demnach unter Berücksichtigung der pastoralen Richtlinien des PGR. Erfordern Beschlüsse des PGR finanzielle Aufwendungen seitens der Pfarrei, können sie erst mit der Bereitstellung der erforderlichen Mittel durch den Verwaltungsrat wirksam werden.

Die Leitung der Kirchengemeinden liegt bei der Gemeinschaft der Mitglieder des Presbyteriums, innerhalb derer der Pastor und die Presbyter den Leitungsdienst gemeinschaftlich zu verantworten haben.[1257] Demnach sind alle Aufgaben ausschließlich kollektiver Art. Zu den Leitungsaufgaben des Presbyteriums gehören u.a. die Wahl des Pastors, die Verwaltung des Gemeindevermögens sowie die Vertretung der Gemeinde im Rechtsverkehr.[1258] Das Presbyterium hat in allen die Kirchengemeinde betreffenden Fragen die Beschlußkompetenz, so daß hier eine vollständige Kongruenz zwischen Aufgaben und Kompetenzen besteht. Innerhalb des Presbyteriums haben der Pastor und die Mitglieder Einmütigkeit in der Leitungsverantwortung und bei der Beschlußfassung zu suchen.[1259] Bei kontroversen Auffassungen kann per Abstimmung entschieden werden, wobei der Pastor überstimmt werden kann. Der Vorsitzende des Presbyteriums kann in der EKiR entweder der Pastor oder ein Presbyter sein: ist es ein Pastor, soll für die Stellvertretung ein Presbyter gewählt werden und umgekehrt.[1260] Der jeweilige Vorsitzende nimmt auf Arbeit und Entscheidungen des Presbyteriums einen erheblichen Einfluß, weil er die Tagungsordnung aufstellt, die Diskussionen leitet und ggf.

[1256] § 9 Abs. 8 Satz 2 f. OrdPGR.
[1257] Art. 104 Abs. 1 KO.
[1258] Art. 105, 106 KO.
[1259] Art. 119 Abs. 1 KO.
[1260] Art. 115 Abs. 1 KO.

Beschlußanträge formuliert.[1261] Darüber hinaus sorgt der Vorsitzende für die Ausführung der Presbyteriumsbeschlüsse und ist für die ordnungsgemäße Verwaltung der Gemeinde verantwortlich.[1262]

Der Verantwortungsbereich des Presbyteriums erstreckt sich nach Art. 105 und 106 KO praktisch auf alles, was für die Kirchengemeinde in theologischer und wirtschaftlicher Hinsicht von Relevanz ist. Aus dieser Fülle von Zuständigkeiten resultiert die Notwendigkeit, beratende Ausschüsse zu bilden[1263], welche die Entscheidungen des Presbyteriums vorbereiten sollen. Der Vorteil solcher Ausschüsse liegt darin, Gemeindemitglieder, die nicht dem Presbyterium angehören, an der Leitungsverantwortung zu beteiligen. Daraus resultiert allerdings gleichzeitig die Notwendigkeit, den Ausschüssen Aufgaben und Kompetenzen zu übertragen, die eine eigenverantwortliche Arbeit ermöglichen. Von großer Bedeutung ist die Informationspflicht des Vorsitzenden gegenüber den übrigen Mitgliedern und Mitarbeitern, die eine Symmetrie der Leitung zwischen allen Presbyteriumsmitgliedern gewährleisten soll.

Die Tatsache, daß es in der Kirchengemeinde ein und in der Pfarrgemeinde zwei Leitungsgremien gibt, veranlaßt zu Überlegungen aus Pfarrgemeinderat und Verwaltungsrat ein Gremien zu schaffen. Bereits die Würzburger Synode hat gefordert, den Verwaltungsrat als Vermögens- und Finanzausschuß eines als synodales Leitungsgremium der Pfarrei verstandenen Gemeinderates zu sehen und folglich eine Änderung der staatskirchenrechtlichen Landesgesetze anzustreben.[1264] Der Vorschlag, beide Gremien zu einem einzigen in allen Fragen der Gemeinde beschlußfassenden Gremium zusammenzuführen, zielt unter pastoralem Aspekt auf einen Zugewinn an Kompetenz und Entscheidungskraft und kann den Zusammenhang zwischen Verwaltungs-, Vermögens-, Personalfragen und pastora-

---

[1261] Art. 118 Abs. 1 KO.
[1262] Art. 123 Abs. 1 KO.
[1263] Art. 126 Abs. 1 KO.
[1264] Vgl. Gemeinsame Synode der Bistümer in der Bundesrepublik Deutschland (1976), S. 660.

len Aktivitäten besser zum Ausdruck bringen. Dabei wäre jedoch darauf zu achten, daß die Sonderstellung des Pfarrers mit seinen besonderen Rechten und Pflichten gewährleistet bleiben müßte. In diesem Zusammenhang ist jedoch darauf hinzuweisen, daß eine Zusammenführung beider Gremien, Pfarrgemeinderat und Verwaltungsrat, zu einem einzigen Gremium mit Entscheidungskompetenz eine Abweichung vom gesamtkirchlichen Recht[1265] und von den im Bistum Trier geltenden staatskirchenrechtlichen Vereinbarungen darstellt. Eine solche Neuregelung wirft vielfältige Fragen hinsichtlich des Vorsitzes und des beratenden und beschließenden Charakters auf: führt bislang in vielen Gemeinden in Abweichung von c. 523 § 1 ein Laie den Vorsitz im Pfarrgemeinderat, jedoch im Verwaltungsrat der Pfarrer[1266], der gem. c. 532 die Pfarrei nach Maßgabe des Rechts in allen Rechtsgeschäften vertritt, könnte in dem neu geschaffenen Gremium kein Laie ohne eine Änderung der staatskirchenrechtlichen Bestimmungen den Vorsitz übernehmen. Hinsichtlich des beratenden bzw. beschließenden Charakters eines neu zu schaffenden Gremiums ist die bisherige Doppelfunktion[1267] des Pfarrgemeinderates und die damit verbundenen Beratungs- bzw. Entscheidungsfunktionen zu beachten. In Fragen, die in den Bereich der Seelsorge im Sinne des c. 536 fallen, hat der Pfarrgemeinderat beratenden Charakter, der sich daran zeigt, daß der Pfarrer nach § 9 Abs. 7 OrdPGR ein Einspruchsrecht hat. In Fragen der Koordinierung der Laieninitiativen hat er Beschlußrecht. Kommen nun noch vermögensrechtliche Fragen hinzu, die der Verwaltungsrat verbindlich beschließen kann, müßte eine weitergehende Differenzierung der Kompetenzen des neuen Gremiums vorgenommen werden. Hier könnten die Presbyterien der Kirchengemeinden als Modell dienen, deren Verantwortungsbereich sich nach Art. 105 f. KO praktisch auf alles bezieht, was für die Kirchengemeinde in theologischer und

---

[1265] cc. 532, 536, 537.
[1266] § 3 Abs. 1 KVVG.
[1267] Vgl. Kap. D. 3.2.2.3. bc)

wirtschaftlicher Hinsicht von Relevanz ist und denen nach § 3 Abs. 2 VwO die Stellung einer öffentlichen Behörde zukommt.

Im Verhältnis zur Gemeinde sind sowohl Verwaltungsrat und PGR als auch das Presbyterium zur Verantwortung verpflichtet. Einmal im Jahr soll der PGR in einer Pfarrversammlung einen Tätigkeitsbericht geben.[1268] Damit wird eine größere Transparenz der Arbeit dieser Gremien angezielt und verdeutlicht, daß es bei ihrer Arbeit um kirchliche Entscheidungen (z. B. im Finanzbereich oder bei Personalentscheidungen) und somit um die Anliegen der Pfarrei bzw. der Kirchengemeinde geht. Darüber hinaus wird damit den Gemeindemitgliedern die Möglichkeit zur Kritik gegeben. Das Presbyterium realisiert durch die möglichst jährlich einzuberufende Gemeindeversammlung[1269], die seinen Situationsbericht entgegennimmt, den Basisbezug. Dabei ist der Gemeindeversammlung nach Art. 130 Abs. 5 KO lediglich ein Anregungsrecht, jedoch keine Mitentscheidungsbefugnis eingeräumt, wobei das Presbyterium jedoch durch die Anregungen der Kirchengemeinde zur Beratung der Anregungen verpflichtet ist.[1270] Insofern stellen die Pfarr- und Kirchengemeinden ein kontrollierendes Gegenüber zu ihren gewählten Leitungsgremien dar.

Hinsichtlich der Informationen ist es sowohl bei dem Pfarrer als auch bei dem Pastor denkbar, daß sie im Vergleich zu den anderen Mitgliedern der Leitungskollegien einen bedeutenden, fast uneinholbaren Vorsprung an Informationen, an Praxisnähe und bei vielen Verhandlungsgegenständen an Sachkompetenz haben, was es ihnen erlaubt, Zusammenhänge zwischen zu treffenden Entscheidungen und ihren praktischen Auswirkungen besser zu durchschauen. Eine derart starke Position von Pfarrer und Pastor macht es dem Presbyterium und dem PGR schwer, Beschlüsse gegen deren Votum zu fassen und durchzusetzen.

[1268] § 9 Abs. 9 OrdPGR.
[1269] Art. 130 KO.
[1270] Vgl. Becker (1999), Rdnr. 1 zu Art. 130 Abs. 5 KO.

Bei dem Pfarrer als verantwortlichem Gemeindeleiter ist eine Kongruenz von Aufgaben, Kompetenzen und Verantwortung festzustellen: er hat gegenüber dem Bischof die letztendliche Verantwortung und folglich auch eine Letztentscheidungskompetenz in allen pastoralen Fragen. Er ist an den Entscheidungen von Verwaltungsrat und PGR beteiligt und gleichzeitig von den Entscheidungen in seiner Arbeit betroffen. Demgegenüber ist die Stellung des Pfarrgemeinderates durch das Vetorecht des Pfarrers, die Anrufungsmöglichkeit einer Schiedsstelle und ein potentielles Informationsdefizit schwächer ausgeprägt. Von einer Gleichgewichtigkeit der Leitungskompetenzen kann also nicht gesprochen werden. Dieses ist allerdings auch kirchenrechtlich nicht vorgesehen.

Auch bei Pastor und Presbyterium ist eine Kongruenz zwischen Aufgaben, Kompetenzen und Verantwortung festzustellen. Gleichzeitig bleibt zu betonen, daß sowohl Pastor als auch Pfarrer auf die ehrenamtliche Mitarbeit von Gläubigen angewiesen und somit zu einem entsprechenden, die vertrauensvolle Zusammenarbeit förderlichen Führungsstil verpflichtet sind.

Ein weiterer Unterschied zwischen Pfarrei und Kirchengemeinde besteht darin, daß es für eine Pfarrei nur einen Pfarrer gibt, es jedoch aufgrund des jeweils gültigen Pfarrstellenplans mehrere Pastoren in einer Kirchengemeinde geben kann. Innerhalb der EKiR kommt einer Kirchengemeinde nach § 1 a des Pfarrstellengesetzes vom 28.02.1985 (PStG)[1271] das Recht zu, ihre Pastoren selbst zu wählen, soweit dem nicht besondere gesetzliche Regelungen entgegenstehen. Dabei wird das Wahlrecht gem. § 2 Abs. 1 PStG durch das Presbyterium ausgeübt. Die Wahl bedarf zu ihrer Wirksamkeit der Bestätigung durch die Kirchenleitung.[1272] Mit der Berufung zum Pfarrer wird nach Art. 73 Abs. 2 KO ein öffentlich-rechtliches

---

[1271] Vgl. KABl. Rhld. 1985, S. 55. Zuletzt geändert durch Kirchengesetz vom 10.01.1997, in: KABl. Rhld. 1997, S. 44.
[1272] § 10 Abs. 1 PStG.

Dienstverhältnis[1273] begründet, für das die Bestimmungen des PfDG der EKU relevant sind und das nach Absolvierung einer Ausbildungs- und eine Probezeit prinzipiell auf Lebenszeit ausgestaltet ist.-

Im Bistum Trier überträgt der Diözesanbischof gem. c. 524 dem Pfarrer die Pfarrstelle, den er dafür am geeignetsten hält.[1274] Dabei ist er verpflichtet im Rahmen der Eignungsfeststellung den zuständigen Dechanten anhören und geeignete Nachforschungen anstellen. Im Rahmen seiner Nachforschungen kann der Bischof auch die Mitglieder von Pfarrgemeinderat und Verwaltungsrat der zu besetzenden Pfarrei anhören, was i.d.R. der Fall ist.[1275] Unterläßt der Bischof dieses, ist die Ernennung dennoch gültig.[1276] Nach den teilkirchlichen Regelungen für das Bistum Trier kommt dem jeweiligen Pfarrgemeinderat im Zusammenhang mit einer Pfarrstellenbesetzung nach § 2 Abs. 2 OrdPGR die Aufgabe zu, vor der Stellenbesetzung den Dechanten, der nach § 7 Abs. 3 Nr. 3 OrdDek bei Vakanz einer Pfarrstelle die Aufnahmeverhandlungen leitet, in einem Gespräch über besondere Gegebenheiten sachlicher Art zu informieren. Die so erhaltenen Informationen hat der Dechant dann an den Regionaldekan vor Besetzung der Pfarrstelle zusammen mit einem Situationsbericht über das Dekanat weiterzuleiten.[1277] Der Regionaldekan sorgt dann nach § 3 Abs. 2 Nr. 5 OrdReg für die Beschreibung der besonderen Gegebenheiten sachlicher Art, die bei der Besetzung berücksichtigt werden sollten und wird vor einer vorgesehenen personellen Besetzung angehört.

Die Übertragung einer Pfarrstelle geschieht sowohl in der evangelischen Kirche, und zwar nach § 27 Abs. 1 PfDG, als auch in der katholischen Kirche, und zwar nach c. 522, im Regelfall ohne eine zeitliche Begrenzung. Im Bistum Trier steht

---

[1273] Die Ausgestaltung des Pfarrerdienstverhältnisses nach öffentlich-rechtlichen Grundsätzen ist historisch bedingt und aufgrund der in Art. 140 GG i.V.m. Art. 137 Abs. 5 WRV normierten Dienstherrnfähigkeit der Kirchen ermöglicht.
[1274] Zu Überlegungen über die Beteiligung der Gläubigen an der Pfarrerwahl und entsprechenden Modellen vgl. Ülhof (1959), S. 295 ff.; Heinemann (1970), S. 264 ff.; Schmitz (1970), S. 232 ff.
[1275] Vgl. Paarhammer (1985), MK, Rdnr. 4 zu c. 524.
[1276] Vgl. Paarhammer (1985), MK, Rdnr. 3 zu c. 524.
[1277] § 7 Abs. 3 Nr. 4 OrdDek.

die gesetzlich normierte Erfordernis der Beständigkeit im Amt im Dienste einer „geordneten und effizienten Seelsorge in der Pfarrgemeinde"[1278] Im Gegensatz zur Diözese Trier gilt in der EKiR der alte Grundsatz, daß der Gemeindepastor unversetzbar ist.[1279] Diese Unversetzbarkeit des Pastors wird damit begründet, daß somit die Unabhängigkeit und Selbständigkeit in seiner geistlichen Amtsführung gewahrt bleibt[1280]. Dieses gilt in der EKiR Kirche sowohl gegenüber den Kirchengemeinden als auch gegenüber den landeskirchlichen Leitungsorganen: „Die Pfarrer sollen sich verstehen als Bischöfe ihrer Gemeinden, nicht als Unteroffiziere des Landeskirchenamtes."[1281]

Der Pastor steht in einem Pfarrdienstverhältnis, also einem kirchengesetzlich geregelten Dienst- und Treueverhältnis zu seiner Landeskirche, das grundsätzlich auf Lebenszeit besteht[1282]. Das durch sein Dienstverhältnis zur Landeskirche vermittelte Amt verweist den Pastor an die Kirchengemeinde, in der er kraft seiner Ordination durch öffentliche Wortverkündigung, Sakramentsverwaltung, die Vornahme von Amtshandlungen, christliche Unterweisung und Einzelseelsorge zu wirken hat.[1283] Der Pfarrer hingegen steht aufgrund des Empfangs der Priesterweihe, die gem. c. 521 § 1 eine unerläßliche Voraussetzung für die gültige Übernahme des Pfarramtes ist, in einem besonderen Dienst- und Treueverhältnis zu seinem Diözesanbischof. Während die Befugnis zur Ausübung des mit der Ordination verbundenen Auftrags nach evangelischem Verständnis Frauen und Männern gleichermaßen offensteht, kann gem. c. 1024 nur ein gültig getaufter Mann die Priesterweihe empfangen. Nach c. 265 ist es notwendig, daß jeder Kleriker

---

[1278] Paarhammer (1985), S. 453.
[1279] Vgl. Tiling (1998), S. 56. Diese Regelung galt im CIC/1917 auch noch für den Pfarrer.
[1280] Vgl. Weber (1970), S. 34 f.
[1281] Tiling (1998), S. 57. Zur Thematik der „Unversetzbarkeit eines Pfarrers" vgl. das Gutachten des Kirchenrechtlichen Instituts der EKD von 1962, in: Jus Ecclesiasticum, Bd. 14, München 1972, S. 159 ff.
[1282] § 2 Abs. 1 PfDG. In diesem Zusammenhang ist drauf hinzuweisen, dass die Darlegungen dieses Kapitels den hauptamtlichen Pastor auf Lebenszeit betreffen. Sie können nämlich nicht uneingeschränkt auf den Pfarrer mit einer Teilzeitbeschäftigung, das Pfarrerehepaar auf einer Pfarrstelle, den Pfarrer auf Zeit oder den ehrenamtlichen Pfarrer.

einer Teilkirche[1284] oder einer Personalprälatur, einem Institut des geweihten Lebens oder einer Gesellschaft, die mit dieser Vollmacht ausgestattet ist, inkardiniert ist. In welche Diözese die Weihe inkardiniert, entscheidet sich nach der Annahme eines Bewerbers durch einen Bischof. Zu den Klerikerpflichten gehören insbesondere die Pflicht zum Gehorsam (c. 273), zur Aufgabenerfüllung (c.274 § 2), zur brüderlichen Zusammenarbeit (c. 275 § 1) sowie zum Zölibat (c. 277). Im Gegenzug hat der Diözesanbischof spezielle Fürsorgepflichten für die in seinem Bistum lebenden und wirkenden Priester, wie sie in c. 384 herausgestellt werden: diese beinhalten neben dem Schutz der in cc. 273 - 289 grundlegenden Rechte und Pflichten der Priester vor allem auch die Sorge um ihren Lebensunterhalt und die soziale Absicherung. Nach c. 276 § 1 sind die Kleriker im Zusammenhang mit ihrem Auftrag und ihrer Lebensführung „zum Streben nach Heiligkeit" verpflichtet. Im Gegensatz dazu enthält das in der EKiR geltende Pfarrerdienstrecht wie auch keines der in anderen Gliedkirchen geltenden Gesetze vergleichbare Bestimmungen, die auf das geistliche Leben der Pastoren zielen[1285].

Sowohl in der EKiR als auch im Bistum Trier ist ein Verfahren zur Konfliktregulierung zwischen Pastor bzw. Pfarrer und dem jeweiligen Leitungsgremium bzw. der Gemeinde vorgesehen.

Sollte nach Meinung des Pfarrers oder einer Mehrheit des PGR „eine gedeihliche Zusammenarbeit im Pfarrgemeinderat nicht mehr gegeben sein"[1286], soll zunächst der Regionaldekan als Vermittler eingeschaltet werden. Bleibt dessen Vermittlungsversuch erfolglos, so kann in diesem Fall eine beim Bistum eingerichtete Schiedsstelle angerufen werden. Ist vor dieser keine Einigung möglich, verfügt der Diözesanbischof erforderliche Maßnahmen, die bis zur Anordnung einer

---

[1283] §§ 3 f. PfDG.
[1284] Dieses sind nach c. 368 vor allem Diözesen.
[1285] Vgl. Koller (1994), S. 157.
[1286] § 9 Abs. 8 Satz 1 OrdPGR.

Neuwahl führen können.[1287] Diese Norm bezieht sich in ihrer Konsequenz lediglich auf die Mitglieder des Pfarrgemeinderates. Im Falle eines voraussichtlich andauernden Zerwürfnisses zwischen dem Pfarrer und seinen Pfarrangehörigen[1288] kann jedoch der Pfarrer gem. c. 1740 vom Diözesanbischof seiner Pfarrei enthoben werden.

Der Grundsatz der Unversetzbarkeit des Pastors gilt jedoch nicht uneingeschränkt. Der extremste Fall der Konfliktregulierung zwischen Pfarrer bzw. Pastor und seiner Gemeinde stellt dessen Abberufung von der Pfarrstelle dar. Sowohl in der EKiR als auch im Bistum Trier ist eine Versetzung mangels gedeihlichen Wirkens möglich, allerdings mit dem Unterschied, daß es in der EKiR keiner Bestätigung der Abberufungsentscheidung des Presbyteriums durch eine übergeordnete Stelle wie z.B. der Kirchenleitung bedarf, im Bistum Trier jedoch ohne die Zustimmung des Diözesanbischofs keine Versetzung des Pfarrers möglich ist. Nach Art. 72 Abs. 4 Satz 2 KO sowie nach den Regelungen des PfDG hat die Landeskirche die Möglichkeit, Pastoren „im Interesse des Dienstes"[1289] zu versetzen, wenn die Pfarrstelle wegfallen oder verändert werden muß[1290] bzw. „wenn ein gedeihliches Wirken in der Pfarrstelle nicht mehr gewährleistet erscheint"[1291] oder sie sogar in den Wartestand bzw. Ruhestand zu schicken[1292]. Darüber hinaus kennt § 84 Abs. 2 PfDG als weitere Versetzungsmöglichkeit eine Art Abwahlmöglichkeit durch Presbyterium und Kreissynodalvorstand mit einer Zweidrittelmehrheit des ordentlichen Mitgliederbestandes. Durch die Formulierung „können" in § 84 Abs. 1 PfDG wird deutlich, daß es nach der Feststellung einer Zerrüttung einen Beurteilungsspielraum gibt, ob auf den festgestellten Sach-

---

[1287] Vgl. § 9 Abs. 8 OrdPGR.
[1288] Vgl. c. 1741 n. 3.
[1289] § 84 Abs. 1 Satz 1 PfDG.
[1290] § 84 Abs. 1 Ziff. 1 PfDG.
[1291] § 84 Abs. 1 Ziff. 2 PfDG.
[1292] Vgl. Tiling (1998), S. 55 ff., der dazu eine umfassende Untersuchung dieser Rechtsmaterie bietet. Die vorliegende Arbeit bemüht sich im gegebenen Rahmen lediglich um eine Darstellung der Versetzungstatbestände, kann jedoch wegen der gebotenen Kürze kein dazugehöriges Verfahren darstellen.

verhalt mit einer Versetzungsentscheidung reagiert werden soll oder nicht; die Kirchenleitung ist demzufolge nicht gezwungen, die Abberufung auszusprechen, sie ist aber auch nicht daran gehindert. Damit versucht das PfDG, „sowohl dem Fürsorgegedanken aus dem dienstrechtlichen Treueverhältnis als auch der Verantwortung gegenüber der Anstellungskörperschaft und der Gesamtkirche gerecht zu werden"[1293].

Eine Versetzung mangels gedeihlichen Wirkens ist insbesondere dann als notwendig anzunehmen, wenn unüberbrückbare Gegensätze zwischen dem Pastor und seiner Kirchengemeinde entstanden sind und es keine andere Möglichkeit gibt, den Frieden in der Gemeinde wieder herzustellen. Dabei ist es in der EKiR bemerkenswert, daß der Grund für diesen versetzungsrelevanten Konflikt in der Person des Pastors liegen kann, es aber nicht muß, weil „im Unterschied zu anderen Versetzungstatbeständen und Maßnahmen nach dem Disziplinarrecht oder dem Lehrbeanstandungsrecht der Zustand, der eine Versetzung erforderlich macht, von dem betroffenen Pfarrer nicht verschuldet und nicht einmal verursacht zu sein braucht."[1294] Es ist aber auch möglich „und wohl eher der Fall, daß der Konflikt - auch, mehr oder weniger - auf ein Verhalten des Pfarrers zurückzuführen ist, das - je nachdem - zugleich eine disziplinarrechtliche Amtspflichtverletzung darstellt oder nur pfarrechtlich mißbilligt wird oder rechtlich überhaupt nicht bedeutsam ist"[1295]. Rechtlich gesehen liegt bei dieser Versetzungsmöglichkeit ein unbestimmter Rechtsbegriff vor, der von einem Kirchengericht nachgeprüft können werden muß. Dabei ist vor allem zu prüfen, ob das, was vorgefallen ist, so schwerwiegende Natur ist, daß über ein gestörtes Einvernehmen zwischen Pastor und sämtlichen Presbytern hinaus auch von einer Zerrüttung der Gemeinde in ihrer Einstellung dem Pastor gegenüber gesprochen werden kann oder ob eine Behebung der Situation bspw. durch eine Fachberatung noch möglich ist. In dieser

---

[1293] Rohde (1996), S. 380.
[1294] Tiling (1998), S. 60.

Hinsicht hat das Verfassungs- und Verwaltungsgericht der VELKD betont, daß es i.d.R. allein auf das Presbyterium als dem an der Gemeindeleitung schlechthin stark beteiligten Leitungsgremium ankommt und nicht auf mehr oder minder zufällige Stimmungen, Mehrheiten oder Minderheiten innerhalb der Kirchengemeinde.[1296] Sicherlich ist das Abstellen auf die Stimmungslage innerhalb des betroffenen Presbyteriums bei der praktischen Durchführung eines Falles einfacher, als innerhalb der Kirchengemeinde, in der einige für, andere gegen und wieder andere indifferent gegenüber dem Pastor sind, ein Stimmungsbild erheben zu sollen. Tiling charakterisiert dies als faktische Erleichterung des Versetzung mangels gedeihlichen Wirkens und kritisiert, daß bei einer derartigen Abwahlmöglichkeit mit qualifizierter Mehrheit in zwei Leitungsgremien nicht nur kein Erhebungsverfahren mehr notwendig ist, „sondern es sind überhaupt Gründe nicht mehr erforderlich, und es können auch keine Gründe mehr überprüft werden."[1297]

Ist in der evangelischen Kirche die Kirchenleitung berechtigt, eine Versetzungsentscheidung auszusprechen, so ist in der katholischen Kirche gem. c. 190 § 1 derjenige zur Vornahme einer Versetzung berechtigt, der auch zur Besetzung berechtigt ist. So kann[1298] nach c. 1740 der Diözesanbischof dann, wenn die Amtsführung eines Pfarrers „schädlich oder wenigstens unfruchtbar"[1299] geworden ist, diesen von seiner Pfarrei entfernen. Bei der Versetzung ist mit MAY zwischen der freiwilligen und der zwangsweisen Versetzung zu unterscheiden: genügt bei einer freiwilligen Versetzung, die keines bestimmten Verfahrens bedarf, jeder rechtmäßige Grund, so sind bei einer zwangsweisen Versetzung sowohl das Vorliegen eines schwerwiegenden Grundes als auch gem. c. 190 § 2 die Einhaltung eines

---

[1295] Maurer (1998). S. 74.
[1296] Vgl. ZevKR, 15 Jg., 1970, S. 407 ff.
[1297] Tiling (1998), S. 67 f.
[1298] Schon die Formulierung „*potest ... amovere*" verdeutlicht, dass es sich bei der Entscheidung des Bischofs nicht um eine strenge rechtliche Verpflichtung handelt.
[1299] Lüdicke (1992), MK, Rdnr. 2 zu c. 1740.

vorgeschriebenen Verfahrens notwendig.[1300] Die Versetzung eines Pfarrers[1301] hat nach bestimmten Rechtsnormen zu erfolgen und ist gesamtkirchlich unter der Überschrift „Verfahrensweise bei der Amtsenthebung von Pfarrern" in cc. 1748 - 1752 normiert. Danach kann der Diözesanbischof zunächst einem Pfarrer schriftlich vorschlagen, in eine von ihm beabsichtigte Versetzung in eine andere Pfarrei oder ein anderes Amt „Gott und den Seelen zuliebe" einzuwilligen.[1302] Will der Pfarrer diesem Vorschlag nicht Folge leisten, so hat er dies dem Bischof gegenüber schriftlich zu begründen.[1303] Bleibt der Bischof trotz der ihm dargelegten Gründe bei seinem Entschluß, so muß er analog zum Amtsenthebungsverfahren bei Pfarrern gem. c. 1742 § 1 mit zwei vom Priesterrat dazu bestellten Pfarrern das Für und Wider der Versetzung erörtern. Ist er danach weiterhin der Ansicht, den betreffenden Pfarrer versetzen zu sollen, hat er dies gem. c. 1750 dem Pfarrer erneut nachdrücklich mitzuteilen. Weigert sich der Pfarrer daraufhin immer noch, der Versetzung zuzustimmen und bleibt der Bischof weiterhin bei seiner Versetzungsabsicht, fertigt er ein Versetzungsdekret an und erklärt die Pfarrei nach Ablauf einer festzusetzenden Frist nach c. 1751 für vakant. HEINEMANN weist mit c. 1752 darauf hin, daß die Bestimmungen des c. 1747 über die Beendigung der Amtsgeschäfte (§ 1) sowie über die Möglichkeit der Beschwerdeeinlegung sinngemäß auch auf das Versetzungsverfahren anzuwenden sind.[1304]

3.3. Kirchenrechtliche Aspekte der Zusammenlegung von Pfarreien bzw. Kirchengemeinden

Im Interesse der Seelsorge und des kirchlichen Lebens sollen die Kirchengemeinden innerhalb der EKiR gem. Art. 11 Abs. 2 KO derart gestaltet sein, „daß sie kirchliche Gemeinschaft ermöglichen, ausreichende Leistungsfähigkeit aufweisen

---

[1300] Vgl. May (1999 b), S. 186.
[1301] Vgl. c. 538 § 1.
[1302] c. 1748.
[1303] c. 1749.
[1304] Vgl. Heinemann (1999), S. 511.

und die gegebenen äußeren Strukturen berücksichtigen". Ebenso ist es die Aufgabe des Diözesanbischofs, die Ausdehnung und Gläubigenzahl einer Pfarrei einerseits nicht zu groß werden zu lassen, damit sie nicht unübersichtlich wird, und andererseits nicht zu klein werden zu lassen, damit sie lebensfähig bleibt[1305].

Auch wenn zwischen beiden Kirchen Unterschiede hinsichtlich der Ursachen[1306], Dringlichkeit und der jeweiligen Ausgangssituation bestehen, kann es angezeigt sein, daß überkommene Strukturen von Pfarr- bzw. Kirchengemeinden in der Hinsicht verändern werden müssen, so daß sich eine Gemeinde mit einer anderen zusammenschließt. Derartige Zusammenschlüsse haben die folgenden Vorteile: die vorhandenen ideellen, personellen und finanziellen Potentiale könnten verstärkt bzw. besser ausgeschöpft werden. Kirchliche Angebote, die für eine Gemeinde allein nicht mehr zu finanzieren wären, bleiben somit erhalten oder können neu konzipiert werden. Der Zusammenschluß von Gemeinden ist allerdings ein langer Prozeß, der historisch gewachsene theologisch-kirchliche wie regionale Identitäten aller Beteiligten berührt und auf vielfältige Weise in die Beziehungs- und Sachstrukturen der einzelnen Gemeinden eingreift.

Nachfolgend wird untersucht, welche kirchenrechtlichen Rahmenbedingungen bei Gemeindezusammenschlüssen beachtet werden müssen. Dabei ist darauf zu verweisen, daß derartige Umstrukturierungsmaßnahmen auch die Auswirkungen auf die Gemeinden selbst, ihre Mitglieder und die Mitarbeiter mit zu beachten und sich der hieraus ergebenden finanziellen Konsequenzen sowie der Aspekte zum Bau- und Liegenschaftswesen bewußt zu sein haben. So besteht etwa für die Gemeinden die Notwendigkeit, sich in der öffentlichen Wahrnehmung neu zu positionieren, weil das neue, gemeinsame Erscheinungsbild ein anderes sein wird, als das der einzelnen Gemeinden und sich gleichzeitig die jeweiligen regional-

---

[1305] Vgl. Schick (1999), S. 494.
[1306] So kann es bspw. vorkommen, dass es für die einzelne Gemeinde immer schwieriger wird, ihre Gebäude zu unterhalten und dass sich das ehrenamtliche Engagement auf immer weniger Menschen konzentriert.

stadtteilbezogenen Identitäten verändern, wenn der Einzugsbereich vergrößert wird. Auf der anderen Seite ändern sich für die Kommunen, und vorhandenen Vereine und Initiativen die Ansprechpartner.

Die Gemeindemitglieder selbst müssen sich mit einer veränderten Gemeindestruktur vertraut machen, weil sich das bisher vertraute Gemeindeleben verändern wird. Das heißt einerseits, daß räumliche Neuorientierungen wahrzunehmen und zu akzeptieren sind und daß bislang vertraute Bezugspersonen wechseln können.

Auch die betroffenen Mitarbeiter müssen sich bei sämtlichen Formen von Kooperationen bis hin zu einem Gemeindezusammenschluß neu orientieren: hinsichtlich der Verantwortlichkeiten und Zuständigkeiten, der Zusammenarbeit mit neuen, bisher fremden Personen, der persönlichen und fremden Zielvorstellungen und bezüglich der bisherigen bzw. künftigen Arbeitsformen und Räumlichkeiten.

3.3.1. Kirchenrechtliche Fragen bei der Zusammenlegung von Pfarreien

Bereits die Bischofssynode im Oktober 1987, die unter dem Beratungsthema "Berufung und Sendung der Laien in Kirche und Welt zwanzig Jahre nach dem II. Vatikanischen Konzil"[1307] stand, hatte sich mit der Ansicht auseinanderzusetzen, daß Pfarrstrukturen überholt oder zum Verschwinden verurteilt seien.[1308] Wie JOHANNES PAUL II. in seinem Apostolischen Schreiben *Catechesi Tradendae* betont, bleibt die Pfarrei zwar „ein Hauptbezugspunkt für die Christen", jedoch solle verstärkt daran gearbeitet werden, der Pfarrei „angemessenere Strukturen und vor allem einen neuen Elan zu geben"[1309]. In seinem Nachsynodalen Apostolischen Schreiben *Christifideles Laici* formuliert es JOHANNES PAUL II. im Anschluß an die Bischofssynode 1987 als Aufgabe der Diözesanbischöfe, daß „die Pfarrstrukturen den Situationen mit der großen Flexibilität, die das Kirchenrecht vor allem durch die Förderung der Teilhabe der Laien an der Förderung der

---
[1307] Fürst (1999), S. 358.
[1308] Krämer (1993), S. 96.

pastoralen Verantwortung gewährt, angepaßt werden" und daß im Dienst der Erneuerung der Pfarreien „auch institutionalisierte Formen der Mitarbeit zwischen den verschiedenen Pfarreien eines Dekanates gefördert werden"[1310]. Folglich muß es - auch angesichts des Selbstverständnisses der Kirche als Communio - das Ziel von Strukturreformen sein, einen größeren pastoralen Raum zu schaffen, der einen größeren Gestaltungsrahmen bietet und damit eine personelle und finanzielle Bündelung der Ressourcen in der kirchlichen Pastoral ermöglichen soll. Dazu werden Formen von Gemeinden und regionalen Strukturen benötigt, die flexibel genug sind, um christlichen Glauben in einer sich ständig wandelnden Gesellschaft präsent und lebendig zu machen. Auch wenn sich angesichts der jeweils unterschiedlichen Ausgangssituationen in den Regionen und Dekanaten der Diözese Trier nicht überall der gleiche Handlungsbedarf ergibt, so gilt es bereits zum gegenwärtigen Zeitpunkt, Perspektiven sowie quantitative und qualitative Kriterien zu entwickeln, wie die Seelsorge auf Zukunft hin verläßlich geplant werden kann. Dieses Ziel kann zunächst durch die Bildung von flexibleren Strukturformen wie Seelsorgeeinheiten oder Seelsorgebezirken sowie mittel- und langfristig durch die Fusionierung von Pfarreien erreicht werden. KRÄMER betont, daß das Kirchenrecht offen genug ist, um die angezielten Strukturreformen zu realisieren. Für ihn ist die Pfarrstruktur „keine notwendige Struktur. Insofern aber im Zentrum des pfarrlichen Lebens die Eucharistiefeier steht, birgt die Pfarrstruktur eine notwendige theologische Gegebenheit in sich"[1311] und stellt somit „nur eine der möglichen Rechtsformen dar, um eine christliche Gemeinde aufzuerbauen, die ihre Wurzel und ihren Angelpunkt in der Feier der Eucharistie hat"[1312].

Aus der in Art. 137 Abs. 3 WRV gewährleisteten kirchlichen Organisationsgewalt i.V.m. dem in Art. 137 Abs. 5 WRV garantierten Körperschaftsstatus resul-

---

[1309] Johannes Paul II. (1979), Nr. 67.
[1310] Johannes Paul II. (1991), Nr. 26.
[1311] Krämer (1994 a), S. 363.
[1312] Krämer (1993), S. 97.

tiert die kirchliche Befugnis zur Errichtung, Aufhebung und Veränderung kirchlicher Köperschaften wie z.b. einer Kirchengemeinde. Damit sind derartige Organisationsakte eigene Angelegenheiten der katholischen bzw. evangelischen Kirche, die jedoch der staatlichen Mitwirkung in Form der staatsbehördlichen Anerkennung bedürfen[1313].

Nach c. 515 § 2 hat allein der Diözesanbischof das Recht, Pfarreien zu errichten, aufzuheben oder sie abzuändern: damit hat er auf der Ebene der Pfarrorganisation die Befugnis, „alle ihm notwendig erscheinenden Veränderungen im pfarrlichen und überpfarrlichen Bereich durchzuführen."[1314] Derartige Entscheidungen sind ausschließlich an sein Ermessen gebunden, wobei er jedoch zuvor den Priesterrat angehört haben muß[1315].

Im Zusammenhang mit der Zusammenlegung von Pfarreien ist im folgenden zu fragen, welche kirchenrechtlichen Bestimmungen dabei im Bistum Trier zu beachten sind.

Die Diözesanbestimmungen über die Gliederung des Bistums (DBGB)[1316] sehen bereits vor, Seelsorgeeinheiten und Seelsorgebezirke zu etablieren und definieren eine Seelsorgeeinheit als Zusammenschluß mehrerer benachbarter Pfarreien, die wegen der in c. 526 § 1 genannten Gründe von demselben Priester geleitet werden, der jeweils für die einzelne Pfarrei zum Pfarrer ernannt wird[1317]. Dabei ist zu betonen, daß die Seelsorgeeinheit gem. § 3 Abs. 1 DBGB kein eigenes rechtliches Gebilde darstellt, sondern es sich um eine Mehrheit weiterhin kirchen- und vermögensrechtlich selbständiger Pfarreien handelt[1318].

Kirchenrechtlich ist in diesem Fall bspw. zu fragen, was dann in den einzelnen Gemeinden mit den bisherigen Pfarrgemeinderäten und Verwaltungsräten ge-

---

[1313] Vgl. Listl (1987), S. 247 ff.
[1314] Paarhammer (1985), c. 515, S. 8.
[1315] Vgl. Heinemann (1994), S. 346.
[1316] Vgl. Kirchliches Amtsblatt für das Bistum Trier 2000, Nr. 32.
[1317] § 3 Abs. 1 DBGB.

schieht. Im Bistum Trier wurde zur Pfarrgemeinderatswahl 1999 erstmals die Möglichkeit geschaffen in den Pfarreien, die sich als Seelsorgeeinheiten zusammengeschlossen haben, neben[1319] den in den einzelnen Pfarreien bereits bestehenden Pfarrgemeinderäten einen sog. „Pfarreienrat" zu wählen[1320]. Ein solcher Pfarreienrat, auf den die Bestimmungen für Pfarrgemeinderäte Anwendung finden[1321], kann nach § 10 Abs. 2 OrdPGR nur auf übereinstimmenden Antrag des Pfarrers sowie der amtierenden Pfarrgemeinderäte der zu einer Seelsorgeeinheit zusammengeschlossenen Pfarreien sowie mit Zustimmung des Bischofs für eine künftige Amtsperiode gebildet werden. Der Pfarreienrat besteht nach Maßgabe des § 10 Abs. 3 OrdPGR aus den amtlichen Mitgliedern[1322], den gewählten Mitgliedern aller Pfarrgemeinderäte einer Seelsorgeeinheit und den berufenen Mitgliedern[1323]. Wird ein Pfarreienrat gebildet, so vermindert sich die Anzahl der gewählten Mitglieder in den künftigen Pfarrgemeinderäten abweichend von den in § 4 Abs. 3 OrdPGR genannten Maßgaben und richtet sich nach den Bestimmungen des § 10 Abs. 2 Satz 3 OrdPGR[1324].

Die Aufgaben des Pfarreienrates werden in § 11 Abs. 1 OrdPGR normiert und entsprechen denen eines Pfarrgemeinderates, wobei das Recht zur Wahl des für jede Pfarrei weiterhin verpflichtenden Verwaltungsrates[1325] nach § 11 Abs. 2 OrdPGR weiterhin Aufgabe des einzelnen Pfarrgemeinderates bleibt.

[1318] Eine derartige Kooperationsebene könnte besser als *Pfarreiengemeinschaft* bezeichnet werden, um deutlich zu machen, dass benachbarte *Pfarr*gemeinden partnerschaftlich untereinander kooperieren.
[1319] § 1 Abs. 3 OrdPGR.
[1320] Vgl. Kirchliches Amtsblatt für das Bistum Trier 1999, Nr. 110.
[1321] § 10 Abs. 1 OrdPGR.
[1322] Dieses sind nach § 10 Abs. 4 OrdPGR analog zu § 4 Abs. 2 OrdPGR der Pfarrer, der Vikar, der Kaplan, der ständige Diakon, der Pastoralreferent und der Gemeindereferent, soweit sie einen Seelsorgeauftrag für die Pfarrei haben.
[1323] Diese werden nach § 10 Abs. 5 OrdPGR analog zu § 4 Abs. 4 und 5 unter Zustimmung des gewählten Pfarrgemeinderates durch den Pfarrer berufen und dürfen höchstens die Hälfte der Anzahl der gewählten Mitglieder betragen, wobei bei der Berufung die für die Pfarrei bedeutsamen Zielgruppen berücksichtigt werden sollen.
[1324] Demzufolge beträgt die Zahl der gewählten Mitglieder in den Pfarreien bis zu 500 Katholiken 3 Mitglieder, bis zu 1500 Katholiken 4, bis zu 3000 Katholiken 5 und über 3000 Katholiken 6 Mitglieder.
[1325] § 2 Abs. 2 Ziff. 4 OrdPGR.

Damit es nicht zu einem ungeklärten Nebeneinander verschiedener Größen kommt, ist bei der Einrichtung des Pfarreienrates dessen Zuordnung zu sämtlichen Gremien der an der Seelsorgeeinheit beteiligten Pfarreien festzulegen und sind die jeweiligen Kompetenzen abzugrenzen. Für eine gelungene Kooperation zwischen den beteiligten Pfarreien ist es wichtig, daß in dem Pfarreienrat die Entscheidungen für die angestrebten territorialen und kategorialen Kooperationsbereiche verbindlich getroffen werden können.

Es bleibt anzumerken, daß die zwangsläufig mit diesem Modell verbundene Zunahme an Gremienarbeit und Sitzungsterminen durch die Zusammenarbeit weiterhin eigenständiger Gemeinden mit allen Räten, Gremien und Gruppen vor Ort leicht zu einer Überbeanspruchung des Pfarrers führen können. Darüber hinaus lassen sich die gebildeten Seelsorgeeinheiten auch nicht beliebig vergrößern, denn sonst werden sie unübersichtlich: in diesen Eckpunkten liegen die äußeren Rahmenbedingungen für eine Fusion von Kirchengemeinden.

Es wäre denkbar, das Organisationsgebilde *Seelsorgeeinheit* im Bistum Trier dahingehend zu modifizieren, daß es zwar weiterhin aus kirchen- und vermögensrechtlich selbständigen Gemeinden besteht, sich aber unter der Leitung eines Pfarrers *und* der gemeinsamen pastoralen Verantwortung eines Seelsorgeteams sowie eines Seelsorgerates zu einer Einheit zusammenschließen. In den einzelnen Gemeinden einer Seelsorgeeinheit würden dann in Abweichung von § 3 DBGB die bisherigen Pfarrgemeinderäte zu Pfarrausschüssen, die miteinander einen Seelsorgerat dieser größeren Einheit bilden. Auf diese Weise könnte eine größere Nähe und gleichzeitig ein umfassender Austausch innerhalb des pastoralen Raumes erreicht werden. Unter Berücksichtigung ihrer Eigenständigkeiten könnten die Pfarrausschüsse dann nach Möglichkeiten suchen, gemeinsam Projekte zu planen, zu arbeiten und Gottesdienste zu feiern. Derartige gemeinsame Aktivitäten könnten vom Pfarrbrief, dem Familien- und Taufgesprächskreis, der Kommunion- und Firmvorbereitung bis zu konkreten Plänen eines gemeinsamen Internet-Auftritts als Seelsorgeeinheit reichen.

Eine andere Möglichkeit bestünde darin, Pfarrgemeinden gleich zusammenzulegen, wofür die rechtlichen Möglichkeiten auch gegeben sind. Auch wenn diese Möglichkeit aus vielfältigen Gründen auf den Widerstand der jeweiligen Gemeindemitglieder stieße, könnte damit jedoch eine Entwicklung eingeleitet werden, durch die ein stärkeres Zusammengehörigkeitsgefühl der Betroffenen erzeugt würde.

3.3.2. Kirchenordnungsrechtliche Fragen bei der Bildung evangelischer Gemeinden mit uniertem Bekenntnisstand unter Auflösung der bisherigen Konfessionsgemeinden

Art. 7a KO sowie das „Kirchengesetz über Gesamtkirchengemeinden (Gesamtkirchengemeindegesetz - GKGG)[1326]" und das „Kirchengesetz betreffend die Zusammenarbeit benachbarter Kirchengemeinden und Kirchenkreise in gemeinsamen Angelegenheiten" (Verbandsgesetz - VbG)[1327] ermöglichen den Gemeinden und Kirchenkreisen, auf unterschiedliche Weise zusammenzuarbeiten. Mit dem Verbandsgesetz hat die EKiR die Möglichkeit, „unter Beibehaltung des dreigliedrigen Ordnungsaufbaues (...) den gegenwärtigen Verhältnissen gerecht werdende Gestaltsformen kirchlicher Arbeit unter Berücksichtigung soziologischer und sozialökologischer Faktoren zu schaffen"[1328]. Dazu gehört, in abgestufter Form Kooperationen zu vereinbaren, indem Vereinbarungen getroffen (§ 2 VbG), gemeinsame Satzungen erlassen (§ 3 VbG) oder Regelungen durch die Kirchenleitung (§ 5 VbG) für ein gemeinsames Handeln der Beteiligten Kirchengemeinden oder Kirchenkreise getroffen oder Zweckverbände (§§ 7, 20, 26) für die Erledigung

---

[1326] KABl. Rhld. 1987, S. 36.
[1327] KABl. Rhld. 1963, S. 71.
[1328] Clauss (1972), S. 164.

bestimmter Angelegenheiten gebildet werden. Diese können dann den Weg für einen Gemeindezusammenschluß eröffnen.

Art. 7 b KO lautet: „Ist auf Grund gemeinsamer Aufgaben auch ein gemeinsames Handeln benachbarter Kirchengemeinden auf Dauer erforderlich oder ist die Gliederung einer großen Kirchengemeinde notwendig, so kann eine Gesamtkirchengemeinde errichtet werden. Die Gesamtkirchengemeinde ist eine Kirchengemeinde im Sinne der Kirchenordnung. Das Nähere regelt ein Kirchengesetz."
Zur Bildung einer Gesamtkirchengemeinde durch die Kirchenleitung bedarf es gem. § 2 Abs. 1 GKGG der Zustimmung aller beteiligten Presbyterien sowie Kreissynodalvorstände. Die neu gebildete Gesamtkirchengemeinde tritt nach § 1 Abs. 2 GKGG an die Stelle der beteiligten Kirchengemeinden und erfüllt eigenverantwortlich ihre Aufgaben im Rahmen der rheinischen KO.
Nach § 40 Mitarbeitervertretungsgesetz (MVG)[1329] steht der Mitarbeitervertretung ein Mitwirkungsrecht in organisatorischen und sozialen Angelegenheiten zu. Da sich bei einer Fusion von Kirchengemeinden i.d.R. auch der Stellenplan verändert, muß die Mitarbeitervertretung nach §§ 42, 43 und 46 MVG[1330] beteiligt werden. Diese sind ebenfalls zu beachten, wenn zusätzliche Maßnahmen die Arbeitsbedingungen einseitig verändern. Da sich in diesem Zusammenhang auch das Weisungsrecht ändert, muß im jeweiligen Änderungsvertrag zum Ausdruck gebracht werden, wer das Weisungsrecht nach dem Zusammenschluß ausübt. Daran muß die Mitarbeitervertretung allerdings nicht beteiligt werden.

3.3.2.1. Kirchenordnungsrechtliche Fragen des Bekenntnisstandschutzes

Handelt es sich bei dem Zusammenschluß von Kirchengemeinden nach Art. 7 b KO einheitlich um lutherische bzw. reformierte Kirchengemeinden, ergeben sich

---

[1329] KABl. Rhld. 1998, S. 106.
[1330] Diese Paragraphen behandeln die Fälle der eingeschränkten Mitbestimmung in Personalangelegenheiten der privatrechtlich angestellten Mitarbeiter (§ 42) sowie der Mitarbeiter in öffentlich-rechtlichen Dienstverhältnissen (§ 43).

aufgrund ihres identischen Bekenntnisstandes keine kirchenrechtlichen Probleme. Kommt es im Rahmen von Strukturänderungen jedoch zur Neubildung von evangelischen Kirchengemeinden in der Weise, daß lutherische und reformierte Kirchengemeinden aufgehoben und zu unierten Kirchengemeinden zusammengeschlossen werden, dann ist dies mehr als ein bürokratischer Verwaltungsakt.

Gerade weil sich die EKiR nach Art. 167 KO als eine presbyterial-synodalen Kirche versteht, die eine Einheit aus diesen Gemeinden bildet, ist der Vorgang der Aufhebung von Kirchengemeinden durch die Kirchenleitung mit kirchenordnungsrechtlichen Anfragen grundsätzlicher Natur verbunden. Fraglich ist nämlich dann, ob es in einer Landeskirche, die „den Bekenntnisstand ihrer Gemeinden achtet und der Entfaltung des kirchlichen Lebens gemäß ihrem Bekenntnisstand Raum gewährt"[1331] und zu diesem Schutz sämtliche landeskirchliche Leitungsorgane[1332] verpflichtet, möglich sein kann, durch eine solche Aufhebung gegenteilig zu verfahren und ob diese Möglichkeit nicht gerade im Gegensatz zu der genannten kirchenordnungsrechtlichen Definition steht.

Da in der KO kein Verfahren zur Änderung des Bekenntnisstandes einer Kirchengemeinde ausdrücklich vorgesehen ist und ein solches demnach „nur für den Einzelfall geschaffen"[1333] wird, greift die vorliegende Arbeit die kirchenordnungsrelevanten Fragen am Beispiel des mit Wirkung zum 01. Januar 1981[1334] erfolgten Zusammenschlusses evangelisch-lutherischer und evangelisch-reformierter Kirchengemeinden im Kirchenkreis Elberfeld auf[1335]. Anhand dieses Falles soll untersucht werden, inwiefern die in der Kirchenordnung vorgesehenen Instrumente der Bekenntnisstandssicherung Beachtung finden und wie in diesem konkreten

---

[1331] GA III Abs. 1 KO.
[1332] Dieses sind die Presbyterien (Art. 105 Ziff. b KO), Kreissynoden (Art. 140 Abs. 2 Ziff. b KO), die Landessynode (Art. 169 Ziff. 2 KO) und die Kirchenleitung (Art. 192 Abs. 3 Ziff. c KO).
[1333] Bielitz (1964/65), S. 383.
[1334] Vgl. § 7 der Urkunde über die Aufhebung der beteiligten Kirchengemeinden vom 18.11.1980, in: KABl. Rhld. 1980, S. 248.

Fall verfahren wurde. Gegenstand der Untersuchung ist dabei insbesondere die Spannung, in der die Zusammenlegung bekenntnisverschiedener Gemeinden zu dem in der Kirchenordnung gewährleisteten Schutz des Bekenntnisstandes stehen.

Bei dem Begriff des Bekenntnisschutzes wird in der vorliegenden Frage nicht vom staatsrechtlichen Begriff des Bekenntnisses ausgegangen, wie er in Art. 4 Abs. 1 GG normiert wird[1336], sondern vom theologischen Begriff des Bekenntnisses. In der Regel unterscheidet man drei Grundformen[1337] von Bekenntnis, nämlich Bekenntnis als existentieller Lebensvollzug (*credo*), als sprachliche Aussage (*confessio*) sowie als schriftlich fixierte Erklärung (*signum*). Bei diesen Grundformen geht es im vorliegenden Fall um die letzte: es geht nicht um das persönliche Bekenntnis des einzelnen Christen, sondern um den in der Gemeinde geltenden Bekenntnisstand[1338]. Diese Geltung kommt dadurch zustande, daß die Gemeindeglieder „entweder dem lutherischen oder dem reformierten Bekenntnis oder dem Gemeinsamen beider Bekenntnisse" folgen.[1339] Ein Bekenntnisstand im Sinne der KO ist das Ergebnis der Feststellung, nämlich welcher der in GA II Abs. 2 KO genannten Möglichkeiten eine Kirchengemeinde folgt: dem lutherischen oder reformierten Bekenntnis oder dem Gemeinsamen beider. GA II Abs. 2 und Abs. 3 KO ermöglichen das Miteinander unterschiedlicher Bekenntnisse in den Gemeinden im Gegensatz zu der im GA I KO für die Evangelische Kirche im Rheinland beschriebenen allgemeinen Bekenntnisgrundlage[1340].

Der Bekenntnisstand ist nicht nur gegenüber der Landeskirche, sondern auch gegenüber dem einzelnen Christen relevant, denn letztlich entscheiden Überein-

---

[1335] Zur chronologischen Beschreibung des Strukturreformprozesses vgl. Dehmen (1988/89), S. 607 ff. Zu analogem Fall in der Evangelischen Kirche in Hessen und Nassau vgl.: Beyse (1963/64), S. 173 ff.
[1336] Vgl. Schmidt-Bleibtreu (1999), S. 210 f.
[1337] Vgl. Mehlhausen (1987), Sp. 188.
[1338] Vgl. GA III, Abs. 2 Satz 2 KO.
[1339] GA II, Abs. 2 KO.
[1340] Vgl. Mehlhausen (1983), S. 121 ff.

stimmung oder Nichtübereinstimmung des persönlichen Bekenntnisses mit dem Bekenntnisstand der Gemeinde über die Gemeindemitgliedschaft oder Nichtmitgliedschaft in ihr[1341]. Damit wird deutlich, daß die KO dem Bekenntnisstand der Kirchengemeinden im GA III gegenüber der Landeskirche Raum läßt. Deswegen ist es sämtlichen landeskirchlichen Leitungsgremien verboten, Entscheidungen zu treffen, die den Bekenntnisstand einer Kirchengemeinde verletzen. Im Gegenteil haben Kreissynode, Landessynode und Kirchenleitung darauf zu achten, daß der Bekenntnisstand gewahrt wird. Die Wahrung des Bekenntnisstandes hat den Sinn, „die Wahrheit im Zeugnis nicht verfälschen zu lassen"[1342] und die Einheit der Landeskirche zu wahren.

Gegen Änderungen ist diese Pflicht des Bekenntnisstandsschutzes durch Art. 186 KO derart geschützt, daß er es der jeweiligen Erkenntnis der Bekenntnisangehörigen überläßt, ggf. durch eine Änderung der Kirchenordnung Bekenntnisgrenzen zu überwinden, um damit gem. GA III die Kirchengemeinschaft der Kirchengemeinden untereinander zu fördern und im gemeinsamen Bekennen zu wachsen. Art. 186 KO ermöglicht also durch die Anknüpfung an das Bekenntnis dessen mögliche dynamische Entwicklung[1343].

Somit wird deutlich, daß das Bekenntnis einer Landeskirche unabänderlich ist. Die Frage, ob sich ein Bekenntnisstand einer Kirchengemeinde ändern kann, wird in der evangelischen Kirchenrechtslehre hingegen unterschiedlich beantwortet[1344]. Aus der verfassungsmäßig verankerten Verpflichtung des Bekenntnisstandschutzes könnte gefolgert werden, daß es einem Presbyterium aufgrund der in Art. 105 Abs. 1 Ziff. b KO normierten Verpflichtung, den Bekenntnisstand und die Ordnung seiner Gemeinde zu wahren, überhaupt nicht möglich ist, diesen zu än-

---

[1341] Vgl. Bielitz (1964/65), S. 382 ff.
[1342] Ulrich (1986), Sp. 411.
[1343] Vgl. zur Auslegung des entsprechenden Artikels der GO EKD (Art. 27) Schlaich (1997 d), S. 334 f.
[1344] Vgl. Becker (1999), Rdnr. 1 zu GA III.

dern.¹³⁴⁵ Daher hat das LKA der EKiR für solche Fälle darauf hingewiesen, daß eine derartige Änderung nicht durch bloßen Beschluß eines Gemeindeorgans herbeigeführt werden kann, sondern daß die Tatsachenfeststellung eines Presbyterium, daß sich der Bekenntnisstand der Gemeinde verändert habe, der Zustimmung der Kirchenleitung bedarf¹³⁴⁶. Die Feststellung der Änderung eines Bekenntnisstandes einer Kirchengemeinde sage jedoch nichts darüber aus, welches persönliche Bekenntnis ein einzelnes Gemeindeglied habe, denn „eine Kirchengemeinde, in der das Presbyterium feststellt, daß die überwiegende Mehrzahl der Gemeindeglieder Unterscheidungslehren nicht mehr als gemeindetrennend ansieht, kann deswegen auch Gemeindeglieder haben, die für sich persönlich an diesen Unterscheidungslehren festhalten."¹³⁴⁷ Durch diese Regelung wird gewährleistet, daß weder das Presbyterium noch die Kirchenleitung den Bekenntnisstand einer Kirchengemeinde eigenmächtig verändern kann.¹³⁴⁸ Diese Tatsache entspricht der in GA II KO festgestellten bekenntnisgegliederten Gemeinschaft von Kirchengemeinden innerhalb der EKiR.

Damit ist allerdings nicht gesagt, inwieweit die Kirchengemeinde selbst über ihren Bekenntnisstand bestimmen kann. Nach Art. 105 Abs. 1 Ziff. b KO ist derartiges dem Presbyterium als dem Leitungsorgan einer Kirchengemeinde nicht erlaubt, weil ihm aufgrund seiner Aufsichtsfunktion die Aufgabe zukommt, „darauf zu achten, daß der Bekenntnisstand und die Ordnungen der Gemeinde gewahrt werden".¹³⁴⁹ Dieser Aufgabe des Presbyteriums entspricht die Verpflichtung des

---

[1345] Vgl. Gutachten (1980), S. 6.
[1346] Vgl. LKA Nr. 13215 Az. 31 Barmen 5 vom 27.06.1978, S. 1 f.
[1347] LKA Nr. 13215 Az. 31 Barmen 5 vom 27.06.1978, S. 2.
[1348] Vgl. Gutachten (1980), S. 6. Nach Becker (1999), Rdnr. 2 zu Art. 11 Abs. 1 KO gibt es eine vergleichbare Regelung, die das Zusammenwirken verschiedener Instanzen erfordert, für den Fall, wenn aus Kirchengemeinden verschiedenen Bekenntnisstandes Gemeindeteile ausgegliedert und zu einer neuen Kirchengemeinde zusammengefaßt werden sollen. Dann ist es möglich, für diese neue Kirchengemeinde den Bekenntnisstand ‚evangelisch' im Sinne von GA II Abs. 2 KO als das Gemeinsame beider Bekenntnisse zu wählen.
[1349] Art. 105 Abs. 1 Ziff. b KO.

Pastors, den Bekenntnisstand der Gemeinde anzuerkennen und zu wahren.[1350] Dabei bedeutet *Wahrung* mehr als nur die Abwehr von Verletzungen der Bekenntnisordnung, sondern vielmehr positive Anstrengungen, um den Bekenntnisstand wiederherzustellen, wenn davon abgewichen wurde.

Allerdings ist es problematisch, daß der Bekenntnisstandsschutz nicht verfassungsmäßig garantiert, sondern lediglich verpflichtende Aufgabe der landeskirchlichen Leitungsorgane ist. Daher ist bei einer Fusion von Kirchengemeinden zu untersuchen, wo die Grenzen der Erfüllung dieser Aufgabe liegen.

Eine rechtswissenschaftliche Grenze wäre in Analogie zu dem Begriff der Unmöglichkeit[1351] zu beschreiben. Theologisch müßte bei der Aufgabenerfüllung der Grundsatz ‚*ecclesia semper reformanda*'[1352] mit beachtet werden, wie er in GA III Abs. 4 anklingt: „und in gemeinsamen Bekennen des Evangeliums zu beharren und zu wachsen."

In der evangelischen Kirchenrechtslehre ist ebenfalls die Frage, wie sich ein Bekenntnisstand ändern kann, nicht einheitlich beantwortet.[1353] Zwar besteht einerseits Einigkeit darüber, daß eine Änderung nicht durch Beschlüsse von Gemeindorganen herbeigeführt werden kann. Andererseits ist jedoch anerkannt, daß sich ein Bekenntnisstand aufgrund von Bevölkerungsfluktuation und sich ändernder theologischer Anschauungen der Bekenntnisstand einer Kirchengemeinde langsam, aber stetig verändern kann und daß deswegen die Gemeindeorgane diese Änderung feststellen können müssen. Angesichts einer derartigen Feststellung kann dann die Kirchenleitung dem konstatierten veränderten Bekenntnisstand der Kirchengemeinde zustimmen.

Die maßgebliche Aufgabenstellung des GA III Abs. 4 KO, nämlich im gemeinsamen Bekennen zu wachsen, verlangt von dem Presbyterium, einer derartigen

---

[1350] Art. 67 Abs. 5 Satz 2 KO.
[1351] Vgl. Kaiser (1997), S. 155 ff.
[1352] Lat. = Die immer zu reformierende Kirche.
[1353] Vgl. Becker (1999), Rdnr. 1 zu GA III.

Entwicklung des Bekenntnisstandes seiner Gemeinde durch entsprechende Feststellungen Rechnung zu tragen.

Die Bekenntnisordnung steht also einer Feststellung über den neuen bzw. veränderten Bekenntnisstand einer Kirchengemeinde nicht entgegen. Treffen Presbyterien sie[1354], kann die Kirchenleitung gem. Art. 11 Abs. 3 Satz 1 KO nach Anhörung der beteiligten Gemeindeglieder und des Kreissynodalvorstandes bisherige Kirchengemeinden aufheben und deren Vereinigung zu einer neuen Gemeinde beschließen. Über den Beschluß wird gem. § 2 Abs. 3 GKGG eine Urkunde ausgestellt und im Kirchlichen Amtsblatt veröffentlicht. Nach dem Wortlaut von Art. 11 Abs. 3 KO ist allein die Kirchenleitung befugt, über die Fusion von Kirchengemeinden zu beschließen. Die Mitwirkung des Presbyteriums einer Kirchengemeinde bei Veränderungen in ihrem Bestand ist lediglich auf ein Anhörungs- und Antragsrecht des Presbyteriums dieser Kirchengemeinde beschränkt: nach Art. 11 Abs. 2 Satz 2 KO muß die Kirchenleitung die Beteiligten lediglich anhören, also nicht ihre Zustimmung einholen. Satz 2 räumt den beteiligten Presbyterien und den zuständigen Kreissynodalvorständen ein Antragsrecht ein. Das gilt jedoch nach den oben genannten Grundsätzen dann nicht, wenn ein derartiger Organisationsakt den Bekenntnisstand der Kirchengemeinde berührt. In diesem Fall ist die beschlußmäßige Feststellung des Presbyteriums über die Änderung des Bekenntnisstandes die Voraussetzung[1355], die wiederum in der Befragung der Gemeindeglieder eine nachprüfbare Grundlage haben muß. Es ist die Aufgabe des Kreissynodalvorstandes, diese zu bestätigen. Das Kirchenrechtliche Institut der EKD weist in diesem Zusammenhang darauf hin, daß die Kirchenleitung aufgrund ihrer landeskirchlichen Organisationsgewalt bei der Fusion von Kirchengemeinden diese „notfalls auch gegen den erklärten Willen einer Kirchengemeinde" mit einer anderen vereinen kann, wenn sie die genannten Mitwirkungsrechte aller Beteilig-

---

[1354] Das diesbezügliche Verfahren ist in KO nicht geregelt.
[1355] Vgl. Becker (1999), Rdnr. 2 zu Art. 11 Abs. 3 KO.

ten beachtet hat[1356]. Ähnliches gilt für das Verfahren bei der Vereinigung von Kirchenkreisen gem. Art. 138 Abs. 3 KO. Daraus folgt, daß weder die Kirchenkreise noch die Kirchengemeinden innerhalb der EKiR grundsätzlich einen in der KO verankerten Bestandsschutz genießen.[1357] Zu betonen bleibt, daß die Organisationsgewalt der Kirchenleitung bei Maßnahmen gem. Art. 11 Abs. 3 KO stets durch den Bekenntnisstand der betroffenen Kirchengemeinden eingeschränkt wird.

Dieses Verfahren stellt zum einen sicher, daß ein Presbyterium nicht Änderungen an der Realität vorbei trifft. Zum anderen wird der Vorgang in die Mitverantwortung der Landeskirche gestellt und damit gemeinschaftlich getragen.

Das kirchenrechtliche Institut der EKD betont, daß hinter den Einzelregelungen über die Fusion von bekenntnisverschiedenen Kirchengemeinden der Grundgedanke stehe, daß neben den betroffenen Gemeinden „auch bestimmte Leitungsorgane, abgestuft nach der Bedeutung der jeweiligen Maßnahme, durch ihre Zustimmung mitzuwirken haben. Umgekehrt jedoch bedeutet dieses, daß die Organisationsgewalt der Kirchenleitung dann eine Schranke findet, wenn durch eine Änderung im Bestand einer Kirchengemeinde damit zugleich der Bekenntnisstand geändert würde. Insoweit kommt der rheinischen Kirchengemeinde dann ein bedingter Bestandsschutz zu"[1358].

Eine Fusion von bisherigen Konfessionsgemeinden zu Gemeinden, in denen das lutherische und das reformierte Bekenntnis gemeinsam in Geltung ist, ist also kirchenordnungsrechtlich möglich. Nicht zuletzt hat GA II „die Voraussetzung zu Gültigkeit beider Bekenntnisse in einer Unionsgemeinde geschaffen und auch gerechtfertigt, ohne daß dadurch die reformatorischen Bekenntnisse preisgegeben wurden"[1359]. Diese Entwicklung macht deutlich, daß der Unterschied zwischen

---

[1356] Vgl. Gutachten (1980), S. 4.
[1357] Vgl. Gutachten (1980), S. 5.
[1358] Gutachten (1980), S. 7.
[1359] Beckmann (1980), S. 3.

den evangelischen Bekenntnissen in den Gemeinden nicht mehr als trennend empfunden wird"[1360].

3.3.2.2. Schutz des Bekenntnisstandes durch die Gemeindesatzungen

Mit der Auflösung der bisherigen Konfessionsgemeinden fielen auch deren Zusammenschlüsse in den lutherischen und reformierten Gemeindeverbänden weg. An ihre Stelle trat der mit Wirkung zum 01. Januar 1981 errichtete Verband evangelischer Kirchengemeinden in Wuppertal-Elberfeld, durch dessen Verbandssatzung[1361] die Bekenntnistradition der angeschlossenen Kirchengemeinden und der bisherigen konfessionellen Verbände fortgeführt werden sollte.

Um den innergemeindlichen Bekenntnisstand satzungsrechtlich zu schützen wurden in der Folgezeit für die neu gebildeten vier vereinigten Gemeinden Gemeindesatzungen[1362] entwickelt und beschlossen, welche die unterschiedlichen Bekenntnisstände schützten. Grundlage für deren Ausarbeitung waren dabei vom Landeskirchenamt ausgearbeitete Mustersatzungen[1363], die von den Kirchengemeinden modifiziert übernommen werden konnten

Zur Beratung der die bekenntnismäßige Prägung berührenden Fragen[1364] wurden in jeder vereinigten Kirchengemeinde nach dem in allen Gemeindesatzungen gleichlautenden § 6 sowohl eine lutherische als auch eine reformierte Presbyterversammlung eingerichtet. Zu ihnen gehören diejenigen Presbyter und Pfarrstelleninhaber, die dem jeweiligen Bekenntnis folgen. Einzelheiten für die dazu er-

---

[1360] Beyse (1963/64), S. 177.
[1361] KABl. Rhld. 1981, S. 253.
[1362] Vgl. Satzung der Evangelischen Kirchengemeinde Elberfeld-Nord in Wuppertal (Satzung Nord), in: KABl. Rhld. 1981, S. 65; Satzung der Evangelischen Kirchengemeinde Elberfeld-West in Wuppertal (Satzung West), in: KABl. Rhld. 1981, S. 66; Satzung der Evangelischen Kirchengemeinde Elberfeld-Ost in Wuppertal (Satzung Ost), in: KABl. Rhld. 1981, S. 67; Satzung der Evangelischen Kreuzkirchengemeinde in Elberfeld (Satzung Elberfeld), in: KABl. Rhld. 1981, S. 68.
[1363] Vgl. Dehnen (1988/89), S. 617 ff.
[1364] Hier nennt übereinstimmend § 6 Abs. 1 aller vier Gemeindesatzungen insbesondere Fragen des Gottesdienstes und der gottesdienstlichen Stätten, des Katechismusgebrauchs, der Pfarrwahl sowie der Satzungsänderungen.

forderlichen Festlegungen regeln dann die Gemeindesatzungen. Zu den Beratungen der Presbyterversammlungen können nach § 6 Abs. 4 der jeweiligen Satzungen Presbyter und Pfarrstelleninhaber mit derselben Bekenntnisprägung aus anderen Gemeinden des Kirchenkreises Elberfeld beratend hinzugezogen werden.

Anknüpfungspunkt für den Bekenntnisstandschutz ist nicht mehr die Gemeinde, sondern nur noch die durch Gottesdienst, Katechismusgebrauch und durch ihre Ausstattung traditionell geprägte Gottesdienststätte[1365]. Für diese sieht § 2 Abs. 1 der Gemeindesatzungen deshalb zunächst eine Beibehaltung der bisherigen Ordnung vor, die aber nicht unabänderlich ist, weil nach § 2 Abs. 2 der Gemeindesatzungen Änderungen vom Presbyterium nach Anhörung der Bezirks- und Gemeindeversammlung gem. §§ 6 und 7 der Satzungen beschlossen werden können. Außerdem muß gem. § 6 Abs. 6 der Gemeindesatzungen vor einer endgültigen Beschlußfassung der beim Gemeindeverband gebildete lutherische oder reformierte Konvent um Beratung gebeten werden. Dadurch soll Entwicklungen entgegengewirkt werden, welche die Gemeinsamkeiten im Gemeindeverband in Frage stellen.

Zwar muß sich das Presbyterium nicht den Beratungsergebnissen der Presbyterversammlung und des Konvents anzuschließen. Wenn aber in der Presbyteriumssitzung förmlich Bedenken aus einer bekenntnismäßigen Prägung der Gemeinde von einem Presbyter geltend gemacht werden, so ist gem. § 7 Abs. 1 der Gemeindesatzungen vor der Beschlußfassung einer Presbyterversammlung bis zur nächsten ordentlichen Sitzung des Presbyteriums Raum zu lassen, wenn das von einem Viertel der bekenntniszugehörigen Presbyter beantragt wird. Schließt sich diese Presbyterversammlung mit Dreiviertel ihres ordentlichen Mitgliederbestandes diesen Bedenken an, so kann nach § 7 Abs. 2 der Gemeindesatzungen das Presbyterium nur einen Beschluß fassen, der die Bedenken nicht berührt.

[1365] Vgl. Dehnen (1988/89), S. 617.

Was die mögliche Entwicklung des Bekenntnisstandes betrifft, schreibt § 1 Abs. 1 der Gemeindesatzungen den nunmehr erreichten Bekenntnisstand dahingehend fest, daß in allen Bezirken das lutherische und das reformierte Bekenntnis gemeinsam in Geltung sind. In § 1 Abs. 2 der Gemeindesatzung wird im Sinne der als Anlage dieser Satzung beigefügten Leuenberger Erklärung bejaht, das die Lehrunterschiede des lutherischen und reformierten Bekenntnisses der Gemeinschaft innerhalb der Kirchengemeinde nicht entgegenstehen. Unbeschadet dieser Gemeinschaft bleibt für Bekenntnisprägungen nach § 1 Abs. 3 der Gemeindesatzungen Raum.

Nach § 4 Nr. 1 seiner Satzung führt der Verband evangelischer Kirchengemeinden in Wuppertal-Elberfeld die Tradition der bisher bestehenden beiden konfessionellen Gemeindeverbände fort und erfüllt auf der gemeinsamen Grundlage der Leuenberger Konkordie (§ 1 Abs. 2) die unter Abschnitt B in §§ 4-7 Verbandssatzung beschriebenen geistlichen Aufgaben. Diese beinhalten zwar zum einen die Fortführung der Bekenntnistradition, zum anderen jedoch gleichzeitig die Förderung des Gesprächs zwischen den Vertretern der verschiedenen Bekenntnisse. Diese geistlichen Aufgaben werden jeweils in einem lutherischen und einem reformierten Konvent wahrgenommen. Die Konvente bestehen nach § 5 Abs. 2 Verbandssatzung aus den jeweiligen Mitgliedern der Presbyterien der angeschlossenen Gemeinden, so daß dazu auch die Pastoren gehören.

Neben den Konventen gibt es nach § 7 der Verbandssatzung ohne nähere Aufgabenbeschreibung einen lutherischen Pfarrkonvent und eine reformierte Pastorenkonferenz. Auf das Zusammenwirken der Konvente mit den Presbyterversammlungen der Gemeinden ist bereits oben eingegangen worden.

Satzungsänderungen, eben dann auch solche, die die Bekenntnisprägung betreffen, bedürfen um der Einheitlichkeit des landeskirchlichen Rechtes willen nach Art. 8 Abs. 1 Satz 3 KO der Genehmigung durch die Kirchenleitung. Dabei hat die Kirchenleitung im Rahmen ihrer Rechtsaufsicht sicherzustellen, daß die ihr vorgelegte Satzungsänderung rechtmäßig ist, d.h. natürlich auch mit dem Grundartikel der Kirchenordnung übereinstimmt[1366]. Damit ist sichergestellt, daß Satzungsänderungen, die ohne entsprechende Feststellungen Bekenntnisstände berühren, von der Kirchenleitung nicht genehmigt werden können[1367].

Zusammenfassend bleibt festzuhalten, daß bei der Aufhebung und Neubildung von Kirchengemeinden im Jahre 1980 im Kirchenkreis Elberfeld die in der Kirchenordnung vorgesehenen Instrumente zur Sicherung des Bekenntnisstandes, nämlich das Organisationsrecht der Kirchenleitung auf der einen und das Satzungsrecht der Kirchengemeinden auf der anderen Seite, sowie das Verbandsrecht zur Anwendung gekommen sind.

3.4. Zusammenfassung

Der Pfarrei und der Kirchengemeinde als fundamentaler Organisationseinheit kommt innerhalb des Gesamtgefüges der jeweiligen Kirchenleitungsstruktur eine unterschiedlich große Bedeutung zu. Die Pfarrei steht 'ganz unten' in der Kirchenhierarchie, so daß ihr keinerlei strategische Entscheidungskompetenz hinsichtlich der Leitung der Diözese zukommt. Aufgrund der presbyterial-synodalen Verfassung der EKiR ist die Bedeutung der Kirchengemeinde für die Leitung der Landeskirche ungleich größer, weil sie über die Abgeordneten zu Kreis- und Landessynode an der Leitung der Landeskirche beteiligt ist.

Ein weiterer gravierender Unterschied liegt in der ungleichen finanziellen Situation. Werden in der EKiR die Kirchensteuern grundsätzlich als Ortskirchensteuer von den Kirchengemeinden erhoben, so gibt es in der Diözese Trier eine Diözesankirchensteuer, an der die Pfarreien durch die Zuweisung von Kirchensteuermitteln aus dem Bistumshaushalt partizipieren.

[1366] Vgl. Becker (1999), Rdnr. 2 zu Art. 8 Abs. 1 u. 2.
[1367] Folglich hat das, was für die kirchenverfassungsrechtliche Veränderung von Kirchengemeinden gilt, auch für das Satzungsrecht innerhalb einer Kirchengemeinde Geltung.

Wird eine Pfarrei durch den Pfarrer als einer durch den Diözesanbischof beauftragten Einzelperson geleitet, der dabei *potestas ordinaria propria* im Sinne des c. 131 §§ 1 und 2 hat, so liegt die Leitung der Kirchengemeinde bei der Gemeinschaft der Mitglieder des Presbyteriums, innerhalb derer der Pastor und die Presbyter den Leitungsdienst gemeinschaftlich verantworten. Das bedeutet allerdings nicht, daß der Pfarrer die Gemeinde nach eigenem Gutdünken leiten könnte, denn ihm sind ein Verwaltungsrat und ein Pfarrgemeinderat zur Seite gestellt sind, die ihn bei der Leitung der Pfarrei unterstützen. Gegen die Beschlußfassung des Verwaltungsrates, in dem der Pfarrer zwar den Vorsitz hat, aber ansonsten gleiches Stimmrecht wie die anderen Mitglieder hat, kann der Pfarrer nichts tun: er ist den Beschlüsse des Verwaltungsrates verpflichtet und somit in vermögensrechtlicher Hinsicht in ein kollegiales Entscheidungsorgan eingebunden. Ein Veto des Pfarrers im Pfarrgemeinderat verhindert eine sofortige Beschlußfassung hat aber u.U. nur eine aufschiebende Wirkung.

Während der Zugang zu einem Pfarramt innerhalb der EKiR nach evangelischem Verständnis Frauen und Männern gleichermaßen offensteht, kann gem. c. 1024 nur ein gültig getaufter Mann die Priesterweihe empfangen und folglich Pfarrer werden.

Weder die Pfarrgemeinde im Bistum Trier, noch die rheinische Kirchengemeinde genießen nach dem jeweiligen Verfassungsrecht grundsätzlich einen Bestandsschutz.

Während dem Bischof von Trier gem. c. 515 § 2 auf der Ebene der Pfarrorganisation aufgrund seines Leitungsamtes die umfassende Befugnis zukommt, „alle ihm notwendig erscheinenden Veränderungen im pfarrlichen und überpfarrlichen Bereich durchzuführen"[1368] und es zur Rechtmäßigkeit und Gültigkeit derartiger Organisationsakte gem. Art. 2 § 3 Ziff. a Satzung PR lediglich erforderlich ist, die Angelegenheit dem Priesterrat zur Beratung vorzulegen, wobei der Diözesanbi-

---

[1368] Paarhammer (1985), MK, Rdnr. 10 zu c. 515.

schof gem. c. 500 § 2 jedoch selbst entscheiden muß, kommt innerhalb der EKiR ausschließlich der Kirchenleitung die Organisationsgewalt zu. Allerdings ist deren Befugnis zur Zusammenlegung von Gemeinden wesentlich weniger umfangreich als die des Bischofs. Die Kirchenleitung kann erst nach Anhören der beteiligten Gemeindeglieder, Presbyterien und Kreissynodalvorstände über die Vereinigung von Kirchengemeinden beschließen. Eine Schranke ihrer diesbezüglichen Organisationsgewalt erfährt die Kirchenleitung in dem Bekenntnisstand der betroffenen Kirchengemeinden.

Die Problematik unterschiedlicher Bekenntnisstände wie in der EKiR existieren bei der Fusion von katholischen Pfarreien nicht. Die rheinische Kirchenordnung ermöglicht anläßlich der Bildung evangelischer Gemeinden mit uniertem Bekenntnisstand unter Auflösung der bisherigen Konfessionsgemeinden eine Änderung des Bekenntnisstandes einer Kirchengemeinde, und zwar vor allem dann, wenn eine derartige Änderung zu mehr Gemeinsamkeit im Sinne des GA III und der Leuenberger Konkordie führt.

4. Strukturen der Mitverantwortung von Laien: die Übertragung von Leitungsaufgaben an Laien

Im folgenden wird untersucht, welche Bedeutung den Laien im kirchlichen Leben der EKiR bzw. des Bistums Trier aufgrund der jeweiligen Rechtsordnung zukommt bzw. in welchem Rahmen die jeweiligen verfassungsrechtlichen Bestimmungen eine Übertragung von Leitungsaufgaben an Laien vorsehen.

4.1. Laien im Spiegel des jeweiligen konfessionellen Verständnisses

Die Differenzierung zwischen Klerikern bzw. ordinierten Amtsträgern und Laien fällt in der evangelischen und der katholischen Kirche unterschiedlich aus. Dieses unterschiedliche Verständnis basiert nach SCHRÖER letztlich auf zwei unterschiedlichen Kirchenbegriffen[1369], denn „man kann vom Priesteramt, von der Meßfeier, von der Vollmacht zur Darreichung des Sakraments ausgehen, oder man kann von dem Volk Gottes her denken, das durch die Taufe konstituiert ist"[1370].

4.1.1. Das Verständnis der Kirchenglieder aus evangelischer Sicht

In der evangelischen Kirche stehen die aufgrund ihrer Ordination zur öffentlichen Wortverkündigung und Sakramentsverwaltung Berufenen neben den anderen Gemeindegliedern[1371]. Dabei haben die Ordinierten durch ihren jeweiligen geistlichen Amtsauftrag die im Pfarrerdienstrecht normierten Rechte und Pflichten: „Deren Gestaltung aber muß der Gefahr vorbeugen, daß die Ordination zum Dienst am Wort als Begründung einer unevangelischen Spaltung der Gemeinde in Klerus und Laien mißverstanden wird"[1372]. Die Befugnis zur Ausübung des mit der Ordination verbundenen Auftrags steht nach evangelischem Verständnis Frauen und Männern gleichermaßen offen.

In den Presbyterien der Kirchengemeinden sowie in sämtlichen synodalen Institutionen der EKiR wirken Theologen (gemeint sind Ordinierte) und Nichttheologen gleichberechtigt zusammen.

Nach evangelischem Verständnis begründet die Taufe die Zugehörigkeit zum allgemeinen Priestertum der Gläubigen. Die Lehre vom Priestertum aller Gläubigen „gilt in der evangelischen Theologie als magna charta der Kirche, ist aber in der Geschichte der Kirche nur bedingt verwirklicht worden"[1373]. Dabei bedeutet das allgemeine Priestertum für die Reformatoren „nicht die Autonomie des gläubigen

---

[1369] Vgl. Ausführungen in Kap. B.1.
[1370] Schröer (1982), S. 329.
[1371] Vgl. Stein (1989), Sp. 1309. An dieser Stelle ist darauf hinzuweisen, dass die KO EKiR an keiner Stelle den Begriff *Laie* verwendet, sondern allgemein von „Gliedern" etwa einer Kirchengemeinde spricht. Der Begriff *Laie* begegnet jedoch mitunter in den evangelischen Kommentaren zu den Gesetzestexten.
[1372] Stein (1989), Sp. 1309.
[1373] Winter (1990), S. 393.

Individuums. Es hebt die Abhängigkeit der Gemeinde vom Dienst am Wort nicht auf, begründet aber ihr Recht und ihre Pflicht, darüber zu wachen"[1374]. WENDT bezeichnet das allgemeine Priestertum als „Fundament, auf dem die geistliche Vollmacht der Gemeinde die für ihren Vollzug notwendige Konkretisierung in den Diensten der mit der Taufe in dieser ecclesia spiritualis einverleibten Gemeindeglieder erfährt"[1375].

Das Amt des Kirchengliedes besteht nach evangelischem Verständnis in dem Dienst, den sie aufgrund ihrer Berufung zum allgemeinen und gemeinsamen Priestertum innerhalb der Gemeinde und in anderen kirchlichen Bereichen ausüben. Auf landeskirchlicher ebene nehmen Laien ihr Amt dadurch wahr, „daß sie zur Mitarbeit in offiziellen Gremien und Organen ihrer Gemeinden (Presbyterien, Synoden) tätig werden. Sie tragen dabei Sorge für den Weg der gesamten Gemeinde bzw. Kirche. Auf diese Weise kommt es zur Ausübung des gemeinsamen Priestertums"[1376]. Sie nehmen ihr Amt in institutionalisierter Weise wahr, indem sie in unterschiedlichen Formen an Gottesdienst (etwa als Kirchenmusiker, Lektoren der Prädikanten) und am Gemeindeleben (etwa mit pädagogischen oder diakonischen Aufgaben) teilnehmen. „Dabei können bei entsprechender Beauftragung einzelne Dienste auf Zeit oder auf Dauer in das Amt öffentlicher Verkündigung und Sakramentsverwaltung überführt werden, ohne daß eine dem evangelischen Denken fremde generelle Klerikalisierung von Laienämtern Platz greifen müßte"[1377].

4.1.2. Das Verständnis der Laien aus katholischer Sicht

Nach katholischem Verständnis wird das Gottesvolk als eine gegliederte Gemeinschaft verstanden, in der nach verschiedenen Charismen sowie nach Vollmacht

---

[1374] Visher (1987), Sp. 54.
[1375] Wendt (1964/65), S. 75.
[1376] Barth (1990), Sp. 389 f.
[1377] Barth (1990), Sp. 389.

und Autorität differenziert wird. So wird gem. LG 10 zwischen einem allgemeinen Priestertum und dem „Priestertum des Dienstes, d.h. dem hierarchischen Priestertum"[1378], dem die Leitung des Volkes Gottes zukommt, unterschieden.

Zwar gibt der CIC keine Definition des Laien, sondern „er bietet lediglich eine Sprachregelung"[1379]. Laien sind nach dem auf der Lehre des Zweiten Vatikanischen Konzils[1380] basierenden c. 204 § 1 jene Christgläubigen, die durch die Taufe Christus eingegliedert, zum Volke Gottes gemacht, dadurch auf ihre Weise am dreifachen Amt Christi teilhaben und die nicht dem Weihe- und Ordensstand angehören[1381]: „das gemeinsame Priestertum der Gläubigen aber und das Priestertum des Dienstes, das heißt das hierarchische Priestertum, unterscheiden sich zwar dem Wesen und nicht bloß dem Grade nach. Dennoch sind sie einander zugeordnet"[1382].

MÜLLER definiert den Laien dogmatisch: „Laie ist jeder durch das Taufsakrament dem Leib Christi eingegliederte und mit der ganzen Kirche verbundene Glaubende, dem nicht ein sakramentales Amt übertragen ist"[1383]. Die vorliegende Arbeit versteht gem. c. 207 § 1 und c. 266 § 1 unter einem Laien den Christgläubigen, der nicht das Sakrament der Weihe empfangen hat und damit in den Klerikerstand aufgenommen worden ist[1384].

Der wesenhafte Unterschied zwischen Klerikern und Laien ist göttlichen Rechtes[1385] und steht nicht im Gegensatz zu der Gleichheit in der allen Gläubigen gemeinsamen Würde und Tätigkeit zum Aufbau des Leibes Christi[1386]. Demzufolge

---

[1378] LG 10, 2.
[1379] Braunbeck (1999), S. 214. Vgl. Braunbeck (1993), S. 143 ff.
[1380] Die Kirchenkonstitution *Lumen gentium* und das Laiendekret *Apostolicam actuositatem* bilden die theologische Grundlage der Aussagen des CIC über die Laien und beschreiben die Stellung der Laien in der Kirche, die Natur der Aufgabe dieser Stellung sowie ihre Würde als Volk Gottes.
[1381] Vgl. c. 204 § 1, LG 10, AA 2 f.
[1382] LG 10.
[1383] Müller (1995), S. 616.
[1384] Zur gründlichen Darlegung der Problematik der Stellung des Laien nach dem II. Vatikanischen Konzil vgl. Braunbeck (1993), S. 26 ff.
[1385] c. 207 § 1.
[1386] LG 32, 3.

betont c. 204 § 1, daß alle Gläubigen, Kleriker und Laien, „gemäß ihrer je eigenen Stellung zur Ausübung der kirchlichen Sendung berufen" sind. Weil die *sacra potestas* aus dem Zusammenwirken von sakramentaler Weihe und kanonischer Sendung hervorgeht, sind Laien von dieser Vollmacht ausgeschlossen[1387].

Gemäß ihrer je eigenen Stellung sind Laien sind Laien zur Ausübung der christlichen Sendung berufen. Zu dieser Sendung sind gem. c. 208 Kleriker[1388] und Laien aufgrund ihrer Gleichheit in Würde und Tätigkeit gemeinsam berufen. Für PETRI wird damit deutlich, daß die katholische Kirche „nicht nur als hierarchisch gegliederte Institution und nicht nur als Klerikerkirche verstanden werden kann und verstanden werden will"[1389].

Katholische Ekklesiologie sieht das spezifische Amt der Laien darin, daß sie im Bereich der Liturgie an der eucharistischen Darbringung mitwirken[1390] sowie in den Vertretungsorganen „in verschiedener Weise zur unmittelbaren Mitarbeit mit dem Apostolat der Hierarchie berufen werden"[1391]. Darüber hinaus sind sie dazu befähigt, „von der Hierarchie zu gewissen kirchlichen Ämtern herangezogen zu werden, die geistlichen Zielen dienen"[1392]. Demzufolge können Laien nach c. 228 für jene kirchlichen Ämter und Aufgaben herangezogen werden, die sie gemäß den Rechtsvorschriften wahrzunehmen vermögen. Nach c. 228 § 2 können Laien, „die sich durch Wissen, Klugheit und Ansehen in erforderlichem Maße auszeichnen (...) als Sachverständige und Ratgeber, auch in Ratsgremien nach Maßgabe des Rechts, den Hirten der Kirche Hilfe (...) leisten". Hier steht der Aspekt der Mitwirkung im Vordergrund, denn „die Erfüllung einer solchen Aufgabe macht den Laien aber nicht zum Hirten: nicht eine Aufgabe konstituiert das Amt, sondern das Sakrament des Ordo gewährt dem Geweihten Amtsträger eine besonde-

---

[1387] Vgl. Krämer (1994 b), S. 27.
[1388] c. 207.
[1389] Petri (1986), S. 143.
[1390] Vgl. LG 11.
[1391] LG 33.
[1392] LG 33.

re Teilhabe am Amt Christi, des Hauptes und Hirten, und an seinem ewigen Priestertum. Die in Vertretung erfüllte Aufgabe leitet ihre Legitimität formell und unmittelbar von der offiziellen Beauftragung durch die Hirten ab. Ihre konkrete Erfüllung untersteht der Leitung der kirchlichen Autorität"[1393].

4.2. Das Rechtsinstitut der Delegation

Schulte-Zurhausen definiert die Delegation als „dauerhafte Übertragung von Entscheidungsaufgaben sowie zugehöriger Kompetenzen und Verantwortung an hierarchisch nachgeordnete Stellen"[1394]. Die Delegation als Führungsinstrument entspricht aufgrund der durch sie veranlaßten Aufgaben-, Kompetenz- und Verantwortungsverlagerung dem Kongruenzprinzip[1395]. Ein Delegat handelt somit, wenngleich selbständig, immer nur in den Grenzen des erhaltenen Auftrags rechtskräftig und bleibt dem Delegierenden gegenüber rechenschaftspflichtig.

Gem. c. 131 wird Leitungsgewalt in der Kirche in ordentliche (*ordinaria*) und delegierte (*delegata*) unterschieden. Ordentliche Leitungsgewalt ist gem. c. 131 § 1 von rechts wegen stets mit einem Amt verbunden. Delegierte Leitungsgewalt wird im Unterschied dazu einer Person unabhängig von einem Amt verliehen. Während bei einem Amt Aufgaben, Kompetenzen und Verantwortlichkeiten stets genau umschrieben sind, werden bei der Delegation Art, Umfang und Dauer der Vollmachten vom Deleganten genau bestimmt[1396]. Der Delegierte handelt i.d.R. nicht als Stellvertreter des Deleganten, sondern vielmehr „als dessen Bevollmächtigter im eigenen Namen"[1397].

Die Delegation kann für den Einzelfall erfolgen oder generell für eine bestimmte Art von Fällen. Sie kann zeitlich oder örtlich begrenzt sein. Inhaltlich kann sie sich auf bestimmte Aufgaben beschränken. Werden mehrere Personen delegiert,

---

[1393] Johannes Paul II (1991), Nr. 23.
[1394] Schulte-Zurhausen (1999), S. 192.
[1395] Vgl. Grün (1987), Sp. 138.
[1396] c. 133, c. 142 § 1.

so schließt diejenige Person, die von der Delegation Gebrauch macht, alle anderen aus. Im Falle einer kollegialen Delegation müssen die Delegierten gemeinschaftlich handeln[1398]. Die Delegation endet gem. c. 142 §1 mit der Erledigung des Auftrages, zu dessen Erfüllung sie erteilt wurde, mit Ablauf der Zeit oder mit Wegfall des Zwecks.

Aufgrund der Tatsache, daß die delegierte Macht ganz vom Deleganten abhängig ist, „ermöglicht sie einen denkbar flexiblen Einsatz, wenngleich es sich nicht eigentlich um Dezentralisation handelt, da die volle Entscheidungsbefugnis über das Ob der Delegation, ihren Umfang und den Modus ihrer Ausübung ganz in der hierarchischen Zuständigkeit des Deleganten verbleibt"[1399]. Im Hinblick auf die katholische Kirche ermöglicht die Delegation einen „Ausgleich zur relativ starren Ämterorganisation bei den Trägern der ordentlichen Gewalt" und bewirkt "eine größere Beweglichkeit und Dezentralisierung in der Ausübung der hoheitlichen Befugnisse."[1400] Delegierte Leitungsgewalt wird hier von dem Delegierten in eigenem Namen, jedoch aufgrund fremder, nichtordentlicher Gewalt ausgeübt.[1401] Ähnlich äußert sich auch AYMANS, wenn er schreibt: „Im Unterschied zu der Gebundenheit der ordentlichen Gewalt eignet der delegierten Gewalt eine größere Beweglichkeit, die es ermöglicht, die starre Amtsordnung zu lockern und dem persönlichen Wirken leichter Raum zu geben. Insbesondere ist die Delegation ein vorzügliches Mittel, um konkreten Gegebenheiten angemessen zu begegnen"[1402].

Aus systematisch-theologischer Sicht hinterfragt WERBICK die kirchenrechtliche Möglichkeit der Übertragung von Leitungsaufgaben an Laien: „Nicht erst auf dem Weg der Delegation, sondern als Getaufte und Gefirmte haben die Laien Anteil am dreifachen Amt (munus) Jesu Christi. Aufgrund dieser Teilhabe sind sie zur

---

[1397] Socha (1986), MK, Rdnr. 14 zu c. 131.
[1398] c. 140.
[1399] Pree (1999), S. 162.
[1400] Heimerl/Pree (1983), S. 113.
[1401] Vgl. Pree (1983), S. 133.
[1402] Aymans (1991), S. 428.

Partizipation am kirchlichen Zeugnis, an kirchlichen Gestaltungs- und Entscheidungsprozessen berufen"[1403].

Da in den Normen zur Delegation spezielle Bestimmungen über die Empfänger von übertragener Vollmacht fehlen, folgert AYMANS, daß im strengen Sinne nur ein Kleriker delegiert werden kann, „weil nur Kleriker fähig sind, Träger von Hirtengewalt zu sein"[1404].

Während die gesetzgebende Gewalt nach c. 135 § 2 nur im vom Kirchenrecht selbst normierten Ausnahmefällen und die richterliche Gewalt nach c. 135 § 3 nur zur Ausführung von vorbereitenden Handlungen delegiert werden kann - die eigentlich auch eher ausführende Verwaltungsakte sind -, gibt es für die ausführende Gewalt nach c. 135 § 4 keine solchen Einschränkungen in Bezug auf die Delegierbarkeit. Hier gelten die Normen der cc. 136 - 142. Damit wird deutlich, daß eine Delegation von bischöflicher Leitungsvollmacht insbesondere im Bereich der ausführenden Verwaltungsarbeit Anwendung finden kann und soll.

Während in der Diözese die Delegationsbefugnis aufgrund seiner umfassenden Leitungsvollmacht zuerst vom Diözesanbischof ausgeht, delegieren in der evangelischen Kirchenhierarchie letztlich alle Kirchenglieder - ob ordiniert oder nicht - selbst, weil sie über die Kreissynoden Delegierte in das Plenum der Landessynode entsenden. Die Landessynode delegiert dann als Repräsentativorgan aller Kirchenglieder die Leitungsvollmacht an von ihr gewählte Personen, die jedoch immer in Beziehung zur ihr zu sehen sind. Somit ist die Delegation von Leitungsaufgaben an Laien durch die Landessynode ist eine Delegation von unten nach oben und zugleich ein Grundprinzip der evangelischen Kirchenhierarchie.

In der Diözese bleibt es der Entscheidung der Diözesanleitung überlassen, ob sie entsprechend qualifizierte Laien als Verantwortliche und Zeichnungsberechtigte

---

[1403] Werbick (1997), Sp. 593.
[1404] Aymans (1991), S. 431.

in den Abteilungen von Generalvikariat und Offizialat einsetzen will, da die kirchenrechtlichen Normen dem in weiten Teilen nicht entgegenstehen.

4.3. Die Übertragung von Leitungsaufgaben an Laien im Bistum Trier

c. 129 § 2 ermöglicht die Mitwirkung von Laien bei der Ausübung kirchlicher Vollmacht nach Maßgabe des Rechts. Unbestritten ist, daß Laien leitende Funktionen in kirchlichen Vereinen oder in den Gemeinschaften der evangelischen Räte[1405] übertragen werden können. Ebenso können sie bei der Vorbereitung und der Durchführung kirchlicher Entscheidungen, die von ordinierten Amtsträgern in Ausübung der ihnen eigenen *sacra potestas* getroffen werden, beteiligt werden, denn „das ist ja gerade die Aussageabsicht von c. 129 § 2"[1406]. Die Frage aber, ob es darüber hinaus eine Teilhabe an kirchlicher Leitungsvollmacht als einem Teilaspekt der *sacra potestas* geben kann, wird in der Kanonistik unterschiedlich beantwortet.

Für AYMANS kommt, der Lehre MÖRSDORFS von der Einheit und Unterschiedenheit der Weihe- und Leitungsgewalt folgend, gem. c. 129 § 1 die Fähigkeit, Leitungsvollmacht zu übernehmen oder auszuüben, nur Geweihten zu[1407]. Demnach sind Laien, weil sie nicht das Sakrament der Weihe empfangen haben, nicht befähigt, Träger von Leitungsvollmacht zu sein. Zwar sind sie nicht in der Lage, selbst Akte der Leitungsgewalt zu setzen, jedoch können sie zu Aufgaben des geistlichen Dienstes herangezogen werden. So ist es „möglich und geboten, sie in der Vorbereitung, Begleitung und Ausführung mitwirkend zu beteiligen, beispielsweise im Synodal- und Rätewesen"[1408].

[1405] cc. 595 § 1, 617, 618.
[1406] Krämer (1999 a), S. 155.
[1407] Vgl. Aymans (1991), S. 395 ff. Ebenso: Amann (1996), S. 147 - 165.
[1408] Amann (1996), S. 138.

Dem wird entgegengehalten, daß die Aussage der „Mitwirkungsbestimmung"[1409] des c. 129 § 2 ausdrücklich von einer Mitwirkungsmöglichkeit der Laien an der Ausübung kirchlicher Leitungsvollmacht spricht: sie ist „zunächst und vor allem dahin zu verstehen, daß sie die Betätigung der potestas regiminis, auf welche die Ordinierten hingeordnet sind, wirksam beeinflussen können. Da alle Gläubigen für die Sendung der Kirche Verantwortung tragen und die potestas regiminis den Hirten gegeben ist, um das Volk Gottes für die Erfüllung des gemeinsamen Dienstes zu rüsten, haben die Laien nicht nur die Möglichkeit, sondern einen Rechtsanspruch auf die Berücksichtigung und Beteiligung bei der Ausübung dieser Vollmacht"[1410].

KRÄMER betont die Einheitlichkeit der *sacra potestas*, in der es eine Vielfalt von Funktionen gebe, von denen einzelne nach Maßgabe des Rechts auch an Laien übertragen werden können: „und in dem Umfang, wie das geschieht, haben Laien an kirchlicher Leitungsvollmacht teil"[1411].

Im Bereich des gesamtkirchlichen Rechts sind zahlreiche kirchliche Ämter und Aufgaben normiert, die Laien im Auftrag der Kirche wahrnehmen können. Darüber hinaus sind in cc. 208 - 223 die Rechte und Pflichten aller Christgläubigen sowie in cc. 224 - 231 die Rechte und Pflichten der Laien normiert.

Die in cc. 208 - 223 normierten Rechte und Pflichten aller Gläubigen stellen eine „rechtliche Umschreibung des Status der Getauften"[1412] dar und resultieren aus der Taufe. Dazu führt KRÄMER aus: „Da die Zugehörigkeit zur Kirche im Sakrament der Taufe bewirkt wird und nicht rückgängig gemacht werden kann, handelt es sich hier um Rechte und Pflichten, die den Christen zwar von der Kirche, nicht aber einfachhin von der kirchlichen Autorität verliehen bzw. auferlegt werden. Wie die Menschenrechte sind auch die Christenrechte der jeweiligen Autorität

---

[1409] Aymans (1995 a), S. 226.
[1410] Socha (1991), MK, Rdnr. 7 zu c. 129.
[1411] Krämer (1999 a), S. 155.
[1412] Reinhardt (1987), MK, Rdnr. 3 zu Einführung vor c. 208.

vorgegeben und wollen einen subjektiven Freiheitsraum für den Einzelnen gewährleisten. Gleichzeitig wollen sie deutlich machen, daß alle Glieder der Kirche zur Mitwirkung an der kirchlichen Heilssendung berechtigt und verpflichtet sind"[1413].

Innerhalb des in cc. 224 - 231 niedergelegten Kataloges der Grundrechte und Grundpflichten speziell der Laien enthalten die cc. 228 - 231 Aussagen über Ämter und Aufgaben, die Laien in der Kirche wahrnehmen können. So betont c. 228 § 1, daß entsprechend geeignete Laien mit ihrer Zustimmung zu den kirchlichen Ämtern und Aufgaben herangezogen werden können, die sie gemäß den Rechtsvorschriften wahrnehmen können. Nach c. 228 § 2 können Laien als Sachverständige und Ratgeber in dafür vorgesehenen Gremien beratende Tätigkeiten ausüben. Laien können nach c. 229 § 3 einen Auftrag zur Lehre in theologischen Wissenschaften sowie gem. c. 230 eine auf Dauer angelegte Beauftragung zu Lektorat und Akolythat erhalten[1414].

Aber auch außerhalb des Titels über die Pflichten und Rechte der Laien gibt es gem. c. 228 § 1 kirchliche Aufgaben, die allgemein bzw. unter bestimmten Voraussetzungen Laien übertragen werden können. KAISER[1415] bietet dazu die folgende Auflistung: „Mitwirkung an der Ausübung der Hirtengewalt (c. 129 § 2), Ämter im kirchlichen Gericht (cc. 483 § 2, 1421 § 2, 1424, 1428 § 2, 1429, 1435), Vermögensverwaltung (cc. 492 § 1, 494 § 1, 537, 1279 § 2, 1280, 1282, 1287 § 1, 1289), Teilnahme an Konzilien und Synoden (cc. 339 § 2, 443 § 4, 463 § 2), Beratung und Teilnahme an Beratungsgremien (cc. 377 § 3, 1064, 512 § 1, 536 § 1), Mitwirkung an apostolischen Werken (cc. 296, 784), Mitwirkung bei Amtsübertragung (c. 523), Wahlen (c.174 § 2), Mitwirkung in der Pfarrseelsorge (cc. 517 § 2, 519), Dienst am Wort (cc. 759, 766, 776, 785 § 1, 843 § 2), Dienst

---

[1413] Krämer (1985), S. 172.
[1414] Die Norm des c. 230 § 1 bezieht sich jedoch lediglich auf Personen männlichen Geschlechts.
[1415] Kaiser (1983), S. 189. Eine ähnliche Aufstellung findet sich bei Riedl (1999), S. 240 f.

der Heiligung (cc. 835 § 4, 861 § 2, 874 § 1, 893, 899 § 2, 910, 930 § 2, 943, 1112, 1168, 1174)."

Im Bereich des Lehrens kommt den Laien ein weites Aufgabenfeld zu, das von der Katechese (cc. 776, 785) bis zur Predigt außerhalb der Eucharistiefeier (c. 766 i.V.m. 767 § 1) sowie vom Religionsunterricht (cc. 804, 805) bis zur Mitwirkung bei der wissenschaftlichen Theologie in Forschung und Lehre (c. 229 § 3) reichen.

Im gerichtlichen Bereich ist die Beteiligung von Laien an der Ausübung von Leitungsgewalt über eine entsprechende Ämterstruktur geregelt. So bestimmt der CIC, daß Diözesanrichter[1416], Ehebandverteidiger[1417], Untersuchungsrichter[1418] und Kirchenanwälte[1419] Laien sein können, wobei gemäß c. 1421 § 2 nur jeweils ein Laie als Richter im Dreierkollegium tätig werden kann. Für den Verwaltungsbereich gilt dies in analoger Weise z. B. für den Ökonom, der kraft gesamtkirchlichen Rechts für jede Diözese vorgeschrieben ist und nach Anhörung von Domkapitel und Diözesanverwaltungsrat vom Diözesanbischof ernannt wird. Dabei gilt als Qualifikationserfordernis, daß die betreffende Person „in wirtschaftlichen Fragen wirklich erfahren ist und sich besonders durch Rechtschaffenheit auszeichnet."[1420] Somit steht dieses Amt einem Laien offen, und vielfach dürfte es aufgrund der größeren ökonomischen Kompetenz erwünscht sein, daß diese Funktion von einem Laien wahrgenommen wird.

Zur Übernahme eines besonderen kirchlichen Dienstes im Bereich des sakramentalen Lebens kann ein Laie die Tauf- und Firmpatenschaft (cc. 874, 893) oder auch die auf dauer zu übertragennen Dienste des Lektors oder des Akolythen (c. 230 § 1) übernehmen. Unter besonderen Umständen kann auch die Beauftragung

---

[1416] c. 1421 § 2.
[1417] c. 1435.
[1418] c. 1428 § 2.
[1419] c. 1435.
[1420] c. 494 § 1.

eines Laien zur Eheschließungsassistenz gem. c 1112 durch den Diözesanbischof erfolgen.

AYMANS betont, daß der besondere kirchliche Dienst unbeschadet der vielfältigen Gestaltungsmöglichkeiten in seinem Wesen aus der Einheit von sakramentaler Befähigung und kirchlicher Sendung bestimmt wird: „Auf dem gemeinsamen Fundament von Taufe und Firmung aufbauend, beruht der konstitutive geistliche Dienst auf Weihe und Sendung, während der komplementäre besondere Dienst von Laien ohne ‚Quasiweihung' - durch bloßes Hinzutreten er Sendung begründet wird"[1421].

Die Frage, ob bischöfliche Leitungsgewalt an Laien delegiert werden kann, stellt sich bspw. in einer Diözese dann, wenn es um die Besetzung verantwortungsvoller Stellen im Gerichts- oder Verwaltungsbereich geht. Davon ausgenommen sind die Ämter von Generalvikar und Offizial[1422], obwohl auch hier zu fragen wäre, ob das Kirchenrecht davon ausgeht, daß bestimmte Aufgaben notwendigerweise von ihnen selbst zu erledigen sind, oder ob es andere Wege der Flexibilisierung und Aufgabenverteilung als jene der relativ starren Ämterstruktur der Kirchenhierarchie gibt. Für einige Ämter in diesen Bereichen gibt es jedoch kraft gesamtkirchlichen Rechtes detaillierte Vorschriften. LAUKEMPER-ISERMANN untersucht die Frage nach der Delegation von Laien zu Akten kirchlicher Leitungsgewalt[1423].

Zu leitenden Ämtern, die Laien im Bistum Trier zugänglich sind, gehören die Ämter des Diözesanökonomen (c. 494 § 1), des Beisitzers (c. 1424) und Vernehmungsrichters (c. 1428 § 2). Im deutschen Teilkirchenrecht sind die Berufe des Pastoralreferenten, des Gemeindereferenten sowie des Pfarrhelfers vorgesehen[1424]. Während die Pastoralreferenten und Gemeindereferenten innerhalb eines

---

[1421] Aymans (1999), S. 250.
[1422] c. 478 § 1, c. 1420 § 4.
[1423] Vgl. Laukemper-Isermann (1996), S. 60 ff.
[1424] Nach den Beschlüssen der DBK v. 02.03.1977 (vgl. AfkKR (1978), S. 481-516) vgl. die derzeit gültige Fassung v. 10.03.1987 (DDB Heft 41).Vgl. RSPastRef, RSGemRef und RLPfarrH (DDB

kirchlichen Arbeitsverhältnisses einen hauptberuflichen pastoralen Dienst[1425] ausüben, können die Pfarrhelfer ihren Dienst haupt- oder nebenberuflich[1426] wahrnehmen.

Laien können im Bistum Trier auch dadurch kirchenamtlich geprägte Mitverantwortung übernehmen, daß sie bspw. auf Diözesanebene Mitglieder im Diözesanpastoralrat[1427], im Katholikenrat als einem im Unterschied zum Diözesanpastoralrat auf vereinsrechtlicher Basis gegründetem Organ des Laienapostolates oder im Vermögensverwaltungsrat[1428] werden. Auf der Ebene der Pfarrei können sie bspw. durch eine Mitgliedschaft im Pfarrgemeinderat bzw. Vermögensverwaltungsrat ihrer Pfarrei Mitverantwortung übernehmen.

4.4. Die Beteiligung von Kirchengliedern an Leitungsaufgaben innerhalb der EKiR

Aufgrund der im dritten Abschnitt der Präambel KO aufgenommenen Aussage, daß alle Glieder der Kirche auf Grund der Taufe berufen sind, an der Erfüllung des kirchlichen Verkündigungsauftrages mitzuarbeiten, wirken Ordinierte und Laien in der EKiR auf den verschiedenen Ebenen der Organisationsstruktur gleichberechtigt zusammen: „Kirchenleitung im heutigen, über Wortverkündigung und Sakramentsverwaltung hinausgehenden Sinne ist nach evangelischem Verständnis nicht den Geistlichen vorbehalten"[1429]. Eine Ausnahme davon ergibt sich hinsichtlich der geistlichen Leitungsämter des Präses, des Superintendenten und des Pastors, die gem. Art. 196 Abs. 1 Ziff. a KO (Präses) bzw. gem. Art 159 Abs. 1 KO (Superintendent) und Art. 67 Abs. 2 KO und § 12 Ziff. 2 PfDG (Pastor) stets ordinierte Theologen sein müssen, die jedoch aufgrund der relevanten Ein-

---

Heft 41). Vgl. auch die „Grundordnung des kirchlichen Dienstes im Rahmen kirchlicher Arbeitsverhältnisse v. 22.09.1993 (DDB Heft 51).
[1425] RSPastRef Nr. 1.1., RSGemRef Nr. 1.1.
[1426] RLPfarrH Nr. 1.1.
[1427] CD 27, 4; c. 511.
[1428] cc. 492 - 494.

zelbestimmungen in Gemeinschaft mit den Laien für den Dienst der Leitung verantwortlich sind.

Im folgenden werden, dem presbyterial-synodalen Verfassungsprinzip folgend, ausgehend von der Ebene der Kirchengemeinde bis zu jener der Landeskirche die jeweiligen kirchenordnungsrechtlichen Vorgaben zur Beteiligung von Laien an Leitungsämtern untersucht.

4.4.1. Die Ebene der Kirchengemeinde

Die Leitung der Kirchengemeinde liegt nach Art. 104 KO bei dem Presbyterium, einem Leitungskollegium, in dem Ordinierte und Laien den Dienst der Leitung nach dem Grundsatz der Leitung in gemeinsamer Verantwortung[1430] wahrnehmen. Aus diesem Grundsatz resultiert, daß „einzelnen Mitgliedern nicht größere Rechte eingeräumt werden können als anderen"[1431]. Die Pastoren stehen insofern „in der geschwisterlichen Gemeinschaft des Presbyteriums"[1432] und sind gem. Art. 72 Abs. 3 KO zur Zusammenarbeit mit allen kirchlichen Mitarbeitern verpflichtet. Aufgrund zahlreicher Einzelbestimmungen der KO wird darüber hinaus deutlich, daß Ordinierte und Laien im Presbyterium gleichberechtigt zusammenarbeiten. Normiert Art. 119 Abs. 2 KO, daß bei Abstimmungen innerhalb des Presbyteriums i.d.R. die einfache Mehrheit der anwesenden Stimmberechtigten entscheidet und den Ordinierten keine Sperrminorität zugebilligt wird, ist folglich davon zu sprechen, daß Ordinierte und Laien gleichberechtigt zusammenarbeiten. Gleiches wird bei der Bestimmung des Art. 115 Abs. 1 KO deutlich, der den Presbyteriumsvorsitz normiert und festlegt, daß der Pastor nicht der geborene Vorsitzende des Presbyteriums ist, sondern daß als Vorsitzender bzw. Stellvertreter alternativ ein Ordinierter bzw. ein Laie zu wählen sind. Der Vorsitz im Presbyterium bein-

---

[1429] Campenhausen (1984), S. 17.
[1430] Art. 68 KO.
[1431] Becker (1999), Rdnr. 11 zu Art. 104 KO.
[1432] Art. 72 Abs. 2 KO.

haltet die Leitung der i.d.R. monatlich einmal[1433] stattfindenden Verhandlungen[1434] sowie die Aufstellung der Tagesordnung, was dem Inhaber dieses auf die Dauer von zwei Jahren mit der Option auf Wiederwahl[1435] verliehenen Amtes *de facto* einen großen gemeinde- bzw. kirchenleitenden Einfluß sichert. Der kirchenordnungsrechtliche Befund bestätigt die Feststellung STAPELFELDTS: „In den Presbyterien gibt es keinen Unterschied zwischen den nicht theologisch vorgebildeten Laien und den theologisch ausgebildeten Pfarrern. Der Pfarrer ist nur ‚primus inter pares'. Auch gibt es kein Gegenüber von geistlichem Amt und Gemeinde, sondern nur ein gegenüber von Presbyterium und Gemeinde"[1436].

Die auf der Ebene der Kirchengemeinde von Laien wahrzunehmenden Leitungsaufgaben sind das Kirchenmeisteramt[1437] und das Amt der Diakoniepresbyters[1438]. Zu den Aufgaben des Kirchenmeisters gehört die allgemeine Aufsicht über sämtliche Verwaltungs- und Finanzangelegenheiten der Kirchengemeinde sowie insbesondere die nach §§ 150 VwO vorgesehenen Prüfungen des Kassen- und des Rechnungswesens. Das Amt des Kirchenmeisters ist mit dem des Presbyteriumsvorsitzes nicht vereinbar[1439]. Das Amt des Diakoniepresbyters beinhaltet Aufgaben der Unterstützung und des Besuchsdienstes gegenüber kranken und hilfsbedürftigen Gemeindegliedern[1440]. Bei jeder turnusmäßigen Umbildung des Presbyteriums sind die Ämter des Kirchenmeisters sowie des Diakoniepresbyters neu zu bestellen[1441].

[1433] Art. 116 Abs. 1 KO.
[1434] Art. 118 KO.
[1435] Art. 115 Abs. 2 KO.
[1436] Stapelfeldt (1992), S. 31.
[1437] Art. 111 Abs. 1 KO.
[1438] Art. 112 KO.
[1439] Art. 111 Abs. 4 KO.
[1440] Art. 112 Abs. 2 KO.
[1441] Art. 113 KO.

4.4.2. Die Ebene des Kirchenkreises

Auf der Ebene des Kirchenkreises stehen Laien mit Ausnahme des Superintendentenamtes sämtliche Leitungsaufgaben innerhalb der Kreissynode und des Kreissynodalvorstandes offen.

Nach Art. 141 Abs. 2 KO besteht die Kreissynode aus Ordinierten und Laien, wobei Art. 141 Abs. 3 KO bestimmt, daß die Anzahl der Pfarrstelleninhaber die der Laien nicht übersteigen soll, so daß zumindest von einem paritätischen Verhältnis ausgegangen werden kann. Übersteigt die Anzahl der Ordinierten die der Laien, so soll der Kreissynodalvorstand weitere Presbyter berufen. Die zu berufenden Kreissynodalen müssen Gemeindeglieder sein, wodurch „das Übergewicht der Nichttheologen in der Kreissynode gesichert werden"[1442] soll.

Im Hinblick auf die Abstimmungen gilt auch in der Kreissynode, daß gem. Art. 147 KO alle Synodalen mit gleichem beschließendem Stimmrecht abstimmen und daß bei Abstimmungen die einfache Mehrheit entscheidet[1443].

Als Vorsitzender der Kreissynode und des Kreissynodalvorstandes kann der Superintendent einzelne seiner Aufgaben an Mitglieder des Kreissynodalvorstandes delegieren. In diesen Fällen verwendet die KO verschiedene Begriffe wie „Mitwirkung"[1444], „Beistand"[1445] oder „beteiligen"[1446]. So können etwa einzelne Mitglieder des Kreissynodalvorstandes zur Wahrnehmung der in Art. 157 Abs. 4 KO genannten Aufgabenfelder der Wahl und Einführung von Pastoren, der allgemeinen kirchlichen Aufsicht, der Repräsentation sowie der Schlichtung von Streitigkeiten in den Gemeinden beauftragt bzw. für sie für zuständig erklärt werden. Die Übertragung dieser Leitungsaufgaben, bei der die Mitwirkung des Superintendenten nicht in allen Fällen erforderlich ist, kann auch an einen aus dem Kreissyn-

---

[1442] Becker (1999), Rdnr. 1 zu Art. 141 Abs. 2 Buchst. e) KO.
[1443] Vgl. Beschluß der Landessynode vom 29.10.1953 über „Mehrheiten bei Abstimmungen und Wahlen", in: KABl. Rhld. 1953, S. 108.
[1444] Art. 157 Abs. 4 KO.
[1445] Art. 158 Abs. 2 KO.
[1446] Art. 164 KO.

odalvorstand heraus gebildeten Ausschuß erfolgen[1447]. Der Assessor als Stellvertreter des Superintendenten kann diesen nicht nur in Einzelfällen vertreten, sondern auch bestimmte Aufgaben auf Dauer übertragen bekommen[1448]. Ebenso sind die in Art. 164 KO genannten besonderen Aufgaben des Superintendenten nicht nur an die Mitglieder des Kreissynodalvorstandes delegierbar, sondern es ist nach dem Wortlaut des Art. 164 KO eine Übertragung dieser Aufgaben im Wege der Delegation erwünscht: „Bei dem allem soll sie oder er nach Möglichkeit den Kreissynodalvorstand beteiligen". Dabei hat der Superintendent einen weiten Spielraum.[1449] Es ist jedoch umstritten, „ob es einer Delegation für jeden Einzelfall bedarf, oder ob sie auch auf Dauer möglich ist"[1450].

4.4.3. Die Ebene der Landeskirche

Auf der Ebene der Landeskirche wirken Ordinierte und Laien gemeinsam in der Landessynode, in der Kirchenleitung und im Landeskirchenamt zusammen. BECKER weist darauf hin, daß die Mitglieder der Landessynode ein Amt in der Kirche wahrnehmen und daß die Landessynode folglich eine „Amtsträgersynode"[1451] ist.

Nach Art. 176 Abs. 1 KO wählt jede Kreissynode Ordinierte und Laien im Verhältnis 1:2 in die Landessynode. Die Landessynode setzt sich gem. Art. 174 Abs. 2 und 3 KO gleichermaßen aus Ordinierten und Laien zusammen.

Das numerische Verhältnis von Ordinierten zu Laien in der Kirchenleitung beträgt gem. Art. 196 Abs. 1 KO 1:1, denn es sind in ihr acht Ordinierte (fünf im Hauptamt und drei im Nebenamt) sowie acht Laien (zwei Presbyter im Hauptamt und sechs im Nebenamt) vertreten. Somit ist auch auf der Ebene der Kirchenleitung

---

[1447] Vgl. Becker (1999), Rdnr. 1 zu Art. 157 Abs. 4 KO.
[1448] Vgl. Becker (1999), Rdnr. 1 zu Art. 158 Abs. 3 KO.
[1449] Vgl. Becker (1999), Rdnr. 1 zu Art. 164 KO.
[1450] Becker (1999), Rdnr. 3 vor Art. 162 - 166 KO.
[1451] Becker (1999), Rdnr. 2 zu Art. 174 Abs. 2 Buchst. c) KO.

gewährleistet, daß der Dienst an der Leitung gemeinschaftlich ausgeübt wird. Daß Theologen und Juristen in der Kirchenleitung gleichermaßen vertreten sind, „ist nicht zufällig so, weil eben mit Leitung eine Handlungsart angesprochen ist, die mit der Jurisprudenz sehr viel gemeinsam hat"[1452]. Leitung und Verwaltung werden seit der Reformationszeit in der evangelischen Kirche auf der Grundlage des allgemeinen Priestertums stets von ordinierten und nicht ordinierten Christen gemeinsam wahrgenommen[1453]. Folglich gehören auch dem Leitungskollegium des Landeskirchenamtes als dessen Beschlußorgan gem. §6 DO LKA theologische und nichttheologische Mitglieder in gleicher Anzahl an.

Auch in den Ständigen Synodalausschüssen wirken gem. Art. 189 KO Ordinierte und Laien gleichberechtigt zusammen, wobei weder in der KO noch in der GOAus Normen über ein zahlenmäßiges Verhältnis der jeweiligen Vertreter enthalten sind.[1454]

Hinsichtlich der Abstimmungen innerhalb sämtlicher Leitungsgremien der Leitungsgremien der unterschiedlichen Verfassungsorgane der EKiR gilt, daß hier Ordinierte und Laien gleichberechtigt zusammenarbeiten und beschließen[1455], womit ein grundlegendes Desiderat presbyterial-synodaler Leitungsordnung erfüllt ist.

In analoger Weise zur Aufgabendelegation des Superintendenten übt der Präses gem. Art. 201 Abs. 3 KO seine Aufgaben in Gemeinschaft mit den Mitgliedern der Kirchenleitung aus und kann diese oder Mitglieder des Kollegiums des Landeskirchenamtes mit der Durchführung von Leitungsaufgaben beauftragen. Art. 201 Abs. 3 KO sichert den Weg der Delegation von Leitungsaufgaben durch den

---

[1452] Schröer (1982), S. 325.
[1453] Vgl. Campenhausen (1984), S. 31.
[1454] Schröer (1982), S. 320 ff. diskutiert die Frage nach der Sinnhaftigkeit der Mitgliedschaft von Laien z.B. im Theologischen Ausschuß der Landessynode.
[1455] § 29 GOSyn (Landessynode); Art. 200 Abs. 1 KO (Kirchenleitung); Art. 200 Abs. 1 KO i.V.m. Art. 206 Abs. 4 KO (Kollegium des Landeskirchenamtes).

Präses an andere Mitglieder der Kirchenleitung und des Landeskirchenamtes kirchenordnungsrechtlich ab[1456].

4.5. Zusammenfassung

Die evangelische Ekklesiologie betrachtet das spezifische Amt des Kirchengliedes in erster Linie als einen Auftrag, der innerhalb der Gemeinde bzw. der Kirche verwirklicht werden soll. Hinsichtlich ihres missionarischen Zeugnisses gegenüber Anders- und Nichtglaubenden läßt sich der Dienst der Kirchenglieder von dem der öffentlichen Wortverkündigung und Sakramentsverwaltung „nur pragmatisch, nicht aber theologisch abheben"[1457]. Anders in der römisch-katholischen Ekklesiologie. Hier beruht die in LG 10 niedergelegte Unterscheidung zwischen dem gemeinsamen Priestertum aller Gläubigen und dem Amtspriestertum auf der Übertragung von *sacra potestas*, die den Amtsträger zu gemeindeleitendem Dienst befähigt.

Schon aufgrund ihres in Art. 169 Ziff. 4 KO normierten presbyterial-synodalen Verfassungsaufbaus, zu dessen Charakteristika es gehört, daß Ordinierte und Laien gleichberechtigt den Dienst an der Leitung versehen, ergibt sich, dass Laien am Leitungsdienst in der EKiR vollumfänglich und gleichberechtigt beteiligt sind. Demgegenüber ergibt sich aus einem Vergleich mit dem Wortlaut des c. 129 § 2 der fundamentale Unterschied, dass Laien in der katholischen Kirche nach Maßgabe des Rechts bei der Ausübung von kirchlicher Leitungsvollmacht mitwirken (*cooperari*) können.

Das gesamtkirchliche Recht sieht vor, dass die Mitwirkung von Laien „eben als Laien"[1458] bei der Ausübung von Leitungsvollmacht in erster Linie in auf Dauer

---

[1456] Vgl. Becker (1999) Rdnr. 1 zu Art. 201 Abs. 3 KO.
[1457] Barth (1990), S. 390.
[1458] Aymans (1983), S. 195. Weil die sacra potestas aus dem Zusammenwirken von sakramentaler Weihe und kanonischer Sendung hervorgeht, sind die Laien von der Leitungsvollmacht ausgeschlossen.

eingerichteten Institutionen erfolgen soll[1459]. Hier wird ihnen in der Kirchenhierarchie die Position von Beratern eingeräumt. Dieses bedeutet eine Mitgliedschaft auf der oberen pastoralen Ebene etwa in diözesanen Räten und auf der mittleren und unteren pastoralen Ebene in Verwaltungsrat und Pfarrgemeinderat.

Abschließend bleibt noch die Rolle der Laien bei der landeskirchlichen bzw. diözesanen Willensbildung zu vergleichen. Es geht dabei darum, inwieweit der ‚Basis' Mitbestimmungsrechte in Bezug auf die Leitung eingeräumt werden. Während die Laien im landeskirchlichen Willensbildungsprozeß ebenso wie die Ordinierten in vergleichbarer Weise zur parlamentarischen Demokratie an allen wichtigen Entscheidungen innerhalb ihrer Landeskirche mitwirken, steht auch den Laien in der Diözesansynode das gleiche (beratende!) Stimmrecht wie allen anderen Synodenteilnehmern zu. Gleichberechtigt sind die Laien auch im diözesanen Vermögensverwaltungsrat, im Diözesanpastoralrat sowie in Pfarrgemeinderat und Verwaltungsrat.

[1459] c. 228 § 2.

F. Zusammenfassung

Der Rechtsvergleich zwischen den landes- bzw. teilkirchlichen Organisationsstrukturen der evangelischen und der katholischen Kirche auf der Analyseebene der EKiR und des Bistums Trier hatte zum Ziel, Gemeinsamkeiten sowie Unterschiede herauszuarbeiten.

Enthält die KO EKiR eine Gliederung von Zuständigkeiten und Kompetenzzuweisungen an die verschiedenen kirchenleitenden Organe und weist der Landessynode die Funktion des obersten Leitungsorgan mit weitreichenden Leitungskompetenzen zu, so normiert der CIC, dass das Bistum Trier als selbständige Teilkirche und gleichzeitig grundlegende Struktureinheit der katholischen Kirche - wie jede andere Diözese - von einem Diözesanbischof geleitet wird, dem dabei gem. c. 381 § 1 eigenberechtigte, ordentliche und unmittelbare Gewalt zukommt.

Die Landeskirche baut sich ‚von unten', von den 831 Kirchengemeinden über die 46 Kirchenkreise zur Landeskirche hin auf. Dabei ist die Kirchengemeinde zwar die kleinste Organisationseinheit unter dem Gesichtspunkt der Organisationsstruktur und hat das Recht und die Pflicht, ihr Leben selbständig zu gestalten, jedoch kommt ihr aufgrund der presbyterial-synodalen Verfassungsstruktur der EKiR eine ungleich größere Bedeutung zu als einer Pfarrei im Bistum Trier. Sie wird durch das gewählte Presbyterium, welchem die Leitungskompetenz auf der Gemeindeebene zukommt, geführt. Die Gemeinden bilden den Kirchenkreis, die sogenannte Mittelebene. Ihre Organe sind die Kreissynode und der Kreissynodalvorstand mit dem Superintendenten als dem Vorsitzenden. Die Leitung des Kirchenkreises liegt bei der Kreissynode, welche wiederum an der Leitung der Landeskirche mitwirkt, indem der Superintendent und weitere Abgeordnete Mitglieder der Landessynode sind. Die Kirchengemeinde ist dadurch an der Leitung des Kirchenkreises beteiligt, dass sie durch die Pfarrer und durch die Abgeordneten in der Kreissynode vertreten ist. Auf der Ebene der Landeskirche nimmt die für acht Jahre gewählte Kirchenleitung im Auftrag der Landessynode die ständige Kirchenleitung wahr. Soweit die Kirchenleitung den Leitungsdienst nicht selbst wahrnimmt, wird er nach ihren Weisungen und in ihrem Auftrag vom Landeskirchenamt ausgeübt.

Das Bistum Trier ist in sieben Regionen unterteilt, in denen die 977 Pfarreien zu 75 Dekanaten zusammengefaßt sind. Eine Pfarrei im Bistum Trier wird von einem Pfarrer geleitet, der dabei von einem Pfarrgemeinderat und einem Verwaltungsrat unterstützt wird, denen teils beratende teils beschließende Kompetenz zukommt. Bei der Leitung des Bistums Trier ist der Bischof nicht auf sich allein gestellt, sondern wird bei der Ausübung seines Leitungsamtes von seinen Weihbischöfen und dem Generalvikar sowie von zahlreichen Konsultationsorganen wie dem Priesterrat, dem Domkapitel, dem Diözesanpastoralrat und dem Katholikenrat grundsätzlich beratend unterstützt. Während er die Gesetzgebung persönlich ausüben muß, überträgt er die hoheitliche Aufgabe der Rechtsprechung an den Bischöflichen Offizial und die der Verwaltung an den Bischöflichen Generalvikar. Zwar ist für den Bereich eines Bistums auch eine Synode, nämlich die Diözesansynode, rechtlich vorgesehen, jedoch kommt ihr ein weitaus anderer Stellenwert zu als der evangelischen Landessynode.

Der evangelische Theologe BARTH betont: „Was in der Kirche zählt, ist nicht der Fortschritt, sondern die Reformation, ihre Existenz als ecclesia semper reformanda"[1460]. Daher habe sie in Auseinandersetzung mit der jeweiligen Zeit nach der dem unveränderlichen Wesen der Kirche entsprechenden Organisation und inneren Ordnung zu fragen. Somit kann der Nutzen des in dieser Arbeit angestellten Rechtsvergleichs in seiner praktischen Relevanz für den zukünftigen ökumenischen Dialog liegen, denn das Kirchenrecht „muß dazu beitragen, die Verständigung unter den Christen zu fördern und die Einheit wiederherzustellen"[1461].

[1460] Barth (1960), S. 787.
[1461] Krämer (1982), S. 155.

Bei allen bestehenden Lehrgegensätze im Kirchen-, Eucharistie- und Amtsverständnis sind jedoch im ökumenischen Dialog bisher Fortschritte, wie etwa in der Rechtfertigungslehre, erzielt worden. Soll es weitere Fortschritte in Richtung auf eine kirchliche Wiedervereinigung geben, so ist auf beiden Seiten zunächst eine Vergewisserung über die jeweiligen organisatorischen Strukturen und deren theologische Fundamente notwendig. Dieses sollte „nicht mit dem Ziel geschehen, sich voneinander abzusetzen. Vielmehr geht es darum, daß jede kirchliche Gemeinschaft mit dem Ernstnehmen des eigenen geistlichen Erbes auch die Möglichkeit erhält, die Geistesgaben der anderen Konfessionen mit gleicher Deutlichkeit wahrzunehmen"[1462], denn „eine hierarchische Struktur muß nicht im Gegensatz zur dialogischen Gemeinschaft sein, wie die Entwicklungen in der Römischkatholischen und in den Orthodoxen Kirchen zeigen"[1463]. Dabei darf jedoch die Bindung an die eigenen ekklesiologischen Prinzipien „nicht als methodisch verfeinerte Gegenreformation oder Proselytenmacherei mißverstanden werden"[1464]. Als glaubwürdig kann sich die Zielvorstellung der Wiederherstellung der kirchlichen Einheit nach KRÄMER nur unter der Vorbedingung erweisen, „daß die *Rechtsordnungen* der nichtkatholischen Kirchen und kirchlichen Gemeinschaften katholischerseits in einem umfassenden Sinn anerkannt werden"[1465]. Dieses aber setzt voraus, dass man die jeweilige Struktur und die Ämter zunächst einmal zur Kenntnis nimmt. In dieser Hinsicht ist es für die nichtkatholischen Kirchen „in ökumenischer Hinsicht durchaus bedeutsam, wie sich die Rechtsordnung der katholischen Kirche darstellt und entwickelt; dasselbe gilt natürlich auch umgekehrt"[1466]. Sollte es eines Tages zur Wiederherstellung der kirchlichen Einheit zwischen der evangelischen und der katholischen Kirche kommen, ist dann bspw.

[1462] Tenhumberg (1974), S. 25.
[1463] Frieling (1995), S. 75.
[1464] Müller (1983), S. 556.
[1465] Krämer (1999 c), S. 209.
[1466] Krämer (1982), S. 155.

zu fragen, ob bzw. wie welche Ämter im Zuge der Wiederherstellung der kirchlichen Einheit weiterbestehen können und welche Traditionen weiterzuführen sind. Vor dem Hintergrund der Kenntnis der jeweils geltenden theologischen Prämissen und der daraus resultierenden Rechtslage sind dann für die Wiederherstellung der kirchlichen Einheit organisatorische Modelle zu entwickeln, „die den einzelnen Kirchen und kirchlichen Gemeinschaften eine möglichst große Eigenständigkeit belassen"[1467]. So schlägt AYMANS vor, dass es im Hinblick auf die evangelische Kirche aus katholischer Sicht nicht die Zielvorstellung sei, die lateinische Kirchengemeinschaft wiederzubeleben, „sondern - nach Überwindung der kirchentrennenden Fakten - ein Zusammenleben nach Art der relativ eigenständigen, aus ihren je eigenen Traditionen lebenden Rituskirchen"[1468] anzustreben. Ebenso formuliert TENHUMBERG: „wie die Existenz der unierten Ostkirchen mit ihrem eigenen Kirchenrecht, mit verheirateten Priestern, eigener Liturgie, Spiritualität und Theologie zeigt, wäre in der una sancta catholica et apostolica ecclesia (...) Platz für die gewachsenen Traditionen und Eigenprägungen der bisherigen Konfessionen"[1469].

[1467] Krämer (1999 c), S. 209. Zu vorgeschlagenen Modellen vgl. Aymans (1973), S. 414 ff.; Brandenburg (1973), S. 469 ff.; Tenhumberg (1974); Scheele (1974), S. 13 ff.; Schütte (1992), S. 175 ff.
[1468] Aymans (1973), S. 415. Zum Begriff der Rituskirche vgl. Lederhilger (1999), Sp. 1212 f.
[1469] Tenhumberg (1974), S. 31.

QUELLEN UND LITERATUR

Acta Apostolicae Sedis. Commentarium Officiale. Rom 1909 ff.

Becker, N. (1984): Kirche und Staat: Rechtstexte für Studium u. Praxis (Hessen, Nordrhein-Westfalen, Rheinland-Pfalz, Saarland), bearb. v. N. Becker u.a., Neuwied 1984.

Becker, N. (1999): Evangelische Kirche im Rheinland. Die Kirchenordnung der Evangelischen Kirche im Rheinland: mit Erläuterungen, hrsg. und erl. von Nikolaus Becker, Neuwied 1999.

Caeremoniale Episcoporum (1985): Caeremoniale Episcoporum, Typis Polyglottis Vaticanis 1985.

Codex Iuris Canonici, Codex des kanonischen Rechts: mit Sachverzeichnis, Lat.-dt. Ausg., 3., verb. u. vermehrte Aufl., Kevelaer 1989.

Codex Iuris Canonici, Auctoritate Ioannis Pauli PP. II. promulgatus. Fontium annotatione et indice analytico alphabetico auctus, Rom 1989.

Codex Canonum Ecclesiarum Orientalium, Gesetzbuch der katholischen Ostkirchen, Lat.-dt. Ausg., Paderborn 2000.

Gemeinsame Synode der Bistümer in der Bundesrepublik Deutschland (1976): Beschlüsse der Vollversammlung, Offizielle Gesamtausgabe I, Freiburg 1976.

Listl, J. (1987): Die Konkordate und Kirchenverträge in der Bundesrepublik Deutschland, Berlin 1987.

Ordo Synodi Epsicoporum celebrandae recognitus et auctus nonnullis additamentis perficitur, in: AAS AAS 63 (1971), S. 702 - 704.

Regolamento Generale della Curia Romana, in: AAS 91 (1999), S. 630- 699.

Synodalstatuten des Bistums Trier (1956): Synodal-Statuten des Bistums Trier. Ergänzungs- und Abänderungsvorschläge zu dem Entwurf 1946, hrsg. v. Bischöfliches Generalvikariat, Trier 1956

Synodalstatuten des Bistums Trier (1959): Synodal-Statuten des Bistums Trier, hrsg. v. Bischöfliches Generalvikariat, Trier 1959.

Texte des II. Vatikanischen Konzils

AA   Apostolicam actuositatem: AAS 58 (1966), S. 837 - 864.
AG   Ad gentes: AAS 58 (1966), S. 947 - 990.
LG   Lumen gentium: AAS 57 (1965), S. 5 - 71
SC   Sacrosanctum Concilium: AAS 56 (1964), S. 97 – 134.
CD   Christus Dominus: AAS 58 (1966), S. 673 - 696.

OE Orientalium Ecclesiarum: AAS 57 (1965), S. 76 - 85.
PO Presbyterorum Ordinis: AAS 58 (1966), S. 991 - 1024.

Gesamtverzeichnis

Adressenwerk (1999): Adressenwerk der evangelischen Kirchen, Frankfurt 1999.

Amann, T. (1996): Laien als Träger von Leitungsgewalt? Eine Untersuchung aufgrund des Codex Iuris Canonici, St. Ottilien 1996.

Anheier, H. K./Priller, E. (1997): Der Dritte Sektor in Deutschland - eine sozialökonomische Strukturbeschreibung, in: Economie Sociale. Fakten und Standpunkte zu einem solidarwirtschaftlichen Konzept, hrsg. v. R. Jung, Frankfurt a. M. 1997, S. 69 - 92.

Annuario Pontificio per l'anno 2000, Città del Vaticano 2000.

Aymans, W. (1970): Das synodale Element in der Kirchenverfassung, München 1970.

Aymans, W. (1973): Die kanonistische Lehre von der Kirchengliedschaft im Lichte des II. Vatikanischen Konzils, in: AfkKR 142 (1973), S. 397 - 417.

Aymans, W. (1974): Synode – Versuch einer ekklesiologisch-kanonistischen Begriffsbestimmung, in: Annuarium historiae conciliorum, 6. Jg., Amsterdam 1974, S. 7 - 20.

Aymans, W. (1983): Gliederungs- und Organisationsprinzipien, in: HbdKathKR, hrsg. v. J. Listl u.a., Regensburg 1983, S. 237 - 247.

Aymans, W. (1991): Kanonisches Recht, Bd. 1, Einleitende Grundfragen und allgemeine Normen, 13., völlig neu bearbeitete Auflage, Paderborn 1991.

Aymans, W. (1995 a): Der Leitungsdienst des Bischofs im Hinblick auf die Teilkirche, in: Kirchenrechtliche Beiträge zur Ekklesiologie, hrsg. v. W. Aymans, Berlin 1995, S. 107 - 128.

Aymans, W. (1995 b): Synodalität – ordentliche oder außerordentliche Leitungsform in der Kirche?, in: Kirchenrechtliche Beiträge zur Ekklesiologie, hrsg. v. W. Aymans, Berlin 1995, S. 169 - 192.

Aymans, W. (1996): Hierarchie - Kirchenrechtlich, in: LThK, hrsg. v. W. Kasper u.a., Bd. 5, 3., völlig neu bearbeitete Auflage, Freiburg 1996, Sp. 87.

Aymans, W. (1997): Kanonisches Recht, Bd. 2, Verfassungs- und Vereinigungsrecht; 13., völlig neu bearbeitete Auflage, Paderborn 1997.

Barth, H. (1990): Art. „Laie. II. Systematisch-theologisch", in: TRE, hrsg. v. G. Müller u.a., Bd. 20, Berlin, New York 1990, S. 385 - 393.

Barth, K. (1960): Kirchliche Dogmatik, Bd. 4, 1, München 1960.

Barth, T. (1995): Elemente und Typen landeskirchlicher Leitung, Tübingen 1995.

Bäumlin, R. (1962): Staatslehre und Kirchenrechtslehre – über gemeinsame Fragen ihrer Grundproblematik, in: Staatsverfassung und Kirchenordnung, hrsg. v. K. Hesse u.a., Tübingen 1962, S. 3 - 22.

Becker, N. (1999a): Die rechtliche Neuordnung des Präsesamtes in der Ev. Kirche im Rheinland nach dem 2. Weltkrieg, in: ZevKR, 44. Jg., 1999, S. 258 - 281.

Beckmann, J. (1980): Gutachten zur Frage der Übereinstimmung der Elberfelder Bekenntnisformulierung mit dem Grundartikel II der Kirchenordnung der Ev. Kirche im Rheinland, unveröffentlichter Umdruck, Düsseldorf 1980.

Bertrams, W. (1965): Papst und Bischofskollegium als Träger der kirchlichen Hirtengewalt. Die rechtstheologischen Voraussetzungen und deren Auswirkungen, München 1965.

Besier, G. (1982): Art. „Evangelische Kirche in Deutschland", in: EKL, hrsg. v. E. Fahlbusch u.a., Bd. 1, 3. Aufl., Göttingen 1986, Sp. 1208 - 1215.

Beyse, G. (1963/64): Vereinigung von Kirchengemeinden verschiedener Bekenntnisse, in: ZevKR, 10. Jg., 1963/64, S. 173 - 177.

Bielitz, K. (1964/65): Begründung, Feststellung und Änderung des Bekenntnisstandes von Kirchengemeinden, in: ZevKR, 11. Jg., 1964/65, S. 382 - 389.

Birmelé, A. (1997): Art. „Luthertum", in: LThK, hrsg. v. W. Kasper u.a., Bd. 6, 3., völlig neu bearbeitete Auflage, Freiburg 1997, Sp. 1143 - 1149.

Blaschke, K. (1977): Die Verfassung der Nordelbischen Evangelisch-Lutherischen Kirche, in: ZevKR, 22. Jg., 1977, S. 254 - 281.

Blümle, E. (1987): Verbände, Führung, in: HWFü, hrsg. v. A. Kieser, Stuttgart 1987, Sp. 2004 - 2015.

Bock, H. (1997): Fragen des kirchlichen Mitgliedschaftsrechts, in: ZevKR, 42. Jg., 1997, S. 319 - 337.

Bolognini, F. (1991): Lineamenta di diritto canonico, Torino 1991.

Böttcher, H. (2000): Art. „Synodalverfassung", in: LThK, hrsg. v. W. Kasper u.a., Bd. 9, 3., völlig neu bearbeitete Auflage, Freiburg 2000, Sp. 1185 - 1186.

Brandenburg, A. (1973): Einheit der Kirche – Einheit der Christen. Ökumenische Zielvorstellungen in der Sicht der gegenwärtigen katholischen Theologie, in: Ökumenische Rundschau, 22. Jg., 1973, S. 469 - 479.

Brandt, H. (1997): Kleiner, schneller, effektiver. Notizen zum ökumenischen Profil der VELKD, in: Lutherische Monatshefte, 36. Jg., 1997, S. 27 - 28.

Braunbeck, E. (1993): Der Weltcharakter des Laien. Eine theologisch-rechtliche Untersuchung im Licht des II. Vatikanischen Konzils, Regensburg 1993.

Braunbeck, E. (1999): Ein Gesetzgeber – Zwei gesetzbücher. Der Laienbegriff im CIC und im CCEO, in: Universales und partikulares Recht in der Kirche: konkurrierende oder integrierende Faktoren?, hrsg. v. P. Krämer u.a., Paderborn 1999, S. 199 - 222.

Breitbach, U. (2000): Art. „Bischofskongregation", in: LKStKR, hrsg. v. A. v. Campenhausen u.a., Bd. 1, Paderborn 2000, S. 279 - 280.

Brunotte, H. (1954): Die Grundordnung der Evangelischen Kirche in Deutschland, Berlin 1954.

Brunotte, H. (1964): Die Evangelische Kirche in Deutschland, Gütersloh 1964.

Bühner, R. (1999): Betriebswirtschaftliche Organisationslehre; 9., bearb. und erg. Aufl., München, Wien 1996

Busch (1994): Die Vermögensverwaltung und das Stiftungsrecht im Bereich der katholischen Kirche, in: in: HdbStKirchR, hg. v. J. Listl u. D. Pirson, 2. grundlegend neubearb. Aufl., Bd. 1, Berlin 1994, S. 947 - 1008.

Campenhausen, A. v. (1984): Kirchenleitung, in: ZevKR, 29. Jg., 1984, S. 11 - 34.

Campenhausen, A. v. (1995): Synoden in der evangelischen Kirche, in: Gesammelte Schriften, hrsg. v. J. Christoph u.a., Tübingen 1995, S. 50 - 55.

Campenhausen, A. v. (2000): Evangelisches Bischofsamt und apostolische Sukzession in Deutschland, in: ZevKR, 45. Jg., 2000, S. 39 - 56.

Campenhausen, O. v. (1994): Die Organisationsstruktur der evangelischen Kirche, in: Handbuch des Staatskirchenrechts der Bundesrepublik Deutschland, hrsg. v. J. Listl u. D. Pirson, 2. grundlegend neubearb. Aufl., Bd. 1, Berlin 1994, S. 383-415.

Chandler, A. (1993): Strategy and structure : chapters in the history of the industrial enterprise, 18. Aufl., Cambridge, Mass. 1993.

Clauss, J. (1972): Der Zusammenschluß benachbarter Kirchengemeinden und Kirchenkreise zum Zwecke der Kooperation als Beispiel kirchlicher Raumordnung, in: ZevKR, 17. Jg., 1972, S. 157 - 164.

Congar, Y. (1971): Wesentliche Strukturen für die Kirche von morgen, in: Die Zukunft der Kirche. Berichtband des Concilium-Kongresses 1970, Zürich 1971, S. 139 - 149.

Corecco, E. (1980): Die sacra potestas und die Laien, in: FZPhTh, 27. Bd. 1980, S. 120 - 154.

Corecco, E. (1984): Natur und Struktur der „Sacra Potestas", in: AfkKR 153 (1984), S. 354 – 383.

Corecco, E. (1994 a): Aspekte der Rezeption des Vatikanum II im neuen Codex Iuris Canonici, in: E. Corecco, Ordinatio Fidei, hrsg. v. L. Gerosa u. L. Müller, Paderborn 1994, S. 109 - 157.

Corecco, E. (1994 b): Kirchliches Parlament oder synodale Diakonie, in: E. Corecco, Ordinatio Fidei, hrsg. v. L. Gerosa u. L. Müller, Paderborn 1994, S. 359 - 379.

Corecco, E. (1994 c): Das Wesen der Synodalität, in: E. Corecco, Ordinatio Fidei, hrsg. v. L. Gerosa u. L. Müller, Paderborn 1994, S. 380 - 401.

Dahl-Keller, U. (1994): Der Treueid der Bischöfe gegenüber dem Staat: geschichtliche Entwicklung und gegenwärtige staatskirchenrechtliche Bedeutung, Berlin 1994.

Dahlhoff, E. (1964/65): Synode und Kirchenleitung in der evangelischen Kirche im Rheinland, in: ZevKR, 11. Jg, 1964/65, S. 89 - 110.

Dahrmann, D. (1978): Das Recht der Evangelischen Kirche in Deutschland, 4. völlig neu bearb. u. erw. Aufl., Hannover 1978.

Danielsmeyer, W. (1975): Bekenntnis und Kirchenordnung, in: ZevKR, 20. Jg, 1975, S. 243 - 255.

Danielsmeyer, W./Kühn, O. (1971): Kirchenordnung der Evangelischen Kirche von Westfalen, Bielefeld 1971.

Daur, M. (1976): Probleme des synodalen Wahlrechts in Württemberg, in: ZevKR, 21 Jg., 1976, S.1 - 18.

Daur, M. (1997): Parallelstrukturen in der Kirche, in: ZevKR, 42 Jg., 1997, S. 1 - 22.

Dehnen, D. (1989): Kirchenrechtliche Aspekte der Vereinigung von Konfessionsgemeinden, dargestellt am Beispiel Elberfeld, in: Monatshefte für Evangelische Kirchengeschichte des Rheinlandes, 38. Jg., 1989, S. 607 - 620.

Dombois, H. (1966/67): Formen der Kirchenleitung, in: ZevKR, 13. Jg., 1966/67, S. 39 - 60.

Direktorium (1988): Direktorium für den „ad-limina"-Besuch, hrsg. von der Kongregation für die Bischöfe, Vatikanstadt 1988.

Dziewas, R. (1993): Hierarchie, in: Evangelisches Lexikon für Theologie und Gemeinde, hrsg. v. H. Burkhardt u. U. Swarat, Bd. 2, Wuppertal 1993, S. 906.

Ebers, G. J. (1965): Devolutionsrecht vornehmlich nach katholischem Kirchenrecht, Kirchenrechtliche Abhandlungen, Bd. 37/38, Nachdruck, Amsterdam 1965.

Emsbach, H. (1994): Rechte und Pflichten des Kirchenvorstandes: eine Einführung in das Recht des Kirchenvermögens und seiner Verwaltung in den Bistümern des ehemals preußischen Staatsgebiets, 7., vollst. überarb. und erg. Aufl., Köln 1994.

Engelhardt, W. (1992): Genossenschaftsorganisation, in: HWO, hrsg. v. E. Frese, 3., völlig neu gest. Aufl., Stuttgart 1992, Sp. 676 - 686.

Evangelischer Erwachsenenkatechismus (1989): Evangelischer Erwachsenenkatechismus, 5., neu bearbeitete und ergänzte Auflage, Hannover 1989.

Faulenbach, H. (1993): Zum Übergang der Leitung der rheinischen Provinzialkirche ab 1945, in: ZevKR, 38. Jg., 1993, S. 257 - 266.

Fischer, B. (1999): Veränderung der kirchlichen Organisation. Anstöße und Instrumente, in: Kirche ohne Zukunft?, hrsg. v. H. Schmoll, Berlin 1999, S. 53 - 75.

Frank, J. (1977): Stand der Verfassungsreform der Evangelischen Kirche in Deutschland, in: ZevKR, 22. Jg., 1977, S. 25 - 38.

Frese, E. (1987): Unternehmensführung, Landsberg a. Lech 1987.

Frese, E. (1997): Art. „Organisation", in: Gabler-Wirtschaftslexikon, 14. Aufl., Bd. 3, Wiesbaden 1997, S. 2893 - 2896.

Frese, E. (1998): Grundlagen der Organisation. Konzept-Prinzipien-Strukturen, 7., überarb. Aufl., Wiesbaden 1998.

Frieling, R. (1995): Art. „Ökumene", in: TRE, hrsg. v. G. Müller u.a., Bd. 25, Berlin, New York 1995, S. 46 - 77.

Frost, H. (1958): Die Rechtsstellung des Kirchenkreises der EKR, Schriften zur Rechtslehre und Politik, Bonn 1958.

Frost, H. (1972): Strukturprobleme evangelischer Kirchenverfassung, Göttingen 1972.

Frost, H. (1979): Zu den Bemühungen um eine Reform der Grundordnung der Evangelischen Kirche in Deutschland während der Jahre 1970 - 1976, in: Zeitschrift der Savigny-Stiftung für Rechtsgeschichte, hrsg. v. P. Mikat u.a., Weimar 1979, S. 265 - 319.

Fuchs-Wegner (1987): Management-by-Konzepte, in: HWFü, hrsg. v. A. Kieser, Stuttgart 1987, Sp. 1366 - 1372.

Fürst, C. (1999): Die Bischofssynode, in: HbdKathKR, hrsg. v. J. Listl u. H. Schmitz, 2., grundlegend neubearb. Auflage, Regensburg 1999, S. 353 - 359.

Gaitanides, M. (1992): Art. „Ablauforganisation", in: HWO, hrsg. v. E. Frese, 3., völlig neu gestaltete Aufl., Stuttgart 1992, Sp. 1 - 18.

Ganoczy, A. (1968): Ecclesia ministrans. Dienende Kirche und kirchlicher Dienst bei Calvin, Freiburg 1968.

Geldbach, E. (1999): Die Reformatorischen Kirchen, in: Konfessionskunde, hrsg. v. R. Frieling u.a., Stuttgart 1999, S. 187 - 207.

Geringer, K. (1999): Das Dekanat, in: HdbKathKR, hrsg. v. J. Listl u. H. Schmitz, 2., grundlegend neubearb. Auflage, Regensburg 1999, S. 481-483.

Gerosa, L. (1991): Synodalität und Mitverantwortung auf der Ebene der Teilkirche, in: Theologie und Glaube, 81. Jg., 1991, S. 355 - 367.

Gerosa, L. (1994): Rechtstheologische Grundlagen der Synodalität in der Kirche, in: Iuri Canonico Promovendo, hrsg. v. W. Aymans, Regensburg 1994, S. 35 - 55.

Gerosa, L. (1995): Das Recht der Kirche, Paderborn 1995.

Greshake, G. (1989): „Zwischeninstanzen" zwischen Papst und Ortsbischöfen. Notwendige Voraussetzungen für die Verwirklichung der Kirche als „communio ecclesiarum", in: Die Bischofskonferenz: theologischer und juridischer Status, hrsg. v. H. Müller u. H. J. Pottmeyer, Düsseldorf 1989, S. 88 - 115.

Grethlein/Böttcher/Hofmann/Hübner (1994): Evangelisches Kirchenrecht in Bayern, München 1994.

Grillmeier, A. (1986): Kommentar zu LG Kap. 1 und 2, in: LThK, hrsg. v. J. Höfer u.a., Ergänzungsband I, Sonderdruck der 2., völlig neu bearbeiteten Auflage, Freiburg 1986, Sp. 156 - 207.

Grün, O. (1987): Art. „Delegation", in HWFü, hrsg. v. A. Kieser, Stuttgart 1987, Sp. 137 - 146.

Grundmann, S. (1957): Der lutherische Weltbund, Köln 1957.

Grundmann, S. (1959): Art. „Kirchengewalt", in: RGG, hrsg. v. K. Galling, Bd. 3, 3., völlig neu bearb. Aufl., Tübingen 1959, Sp. 1434 - 1435.

Grundmann, S. (1962/63): Kirche, allgemeines Priestertum und kirchliches Amt, in: ZevKR, 9. Jg., 1962/63, S. 1 - 31.

Grundmann, S. (1964/65): Verfassungsrecht in der Kirche des Evangeliums, in: ZevKR, 11. Jg, 1964/65, S. 9 - 64.

Grundmann, S. (1975 a): Art. „Evangelische Kirche in Deutschland", in: Evangelisches Staatslexikon, hrsg. v. H. Kunst, R. Herzog, W. Schneemelcher, 2., vollständig neu bearbeitete und erweiterte Auflage, Stuttgart 1975, Sp. 639 - 648.

Grundmann, S. (1975 b): Art. „Kirchenverfassung", in: Evangelisches Staatslexikon, hrsg. v. H. Kunst, R. Herzog, W. Schneemelcher, 2., vollständig neu bearbeitete und erweiterte Auflage, Stuttgart 1975, Sp. 1257 - 1272.

Gutachten (1980): Gutachtliche Stellungnahme des Kirchenrechtlichen Instituts der EKD zum Zusammenschluß ev.-lutherischer und ev.-reformierter Kirchengemeinden im Kirchenkreis Elberfeld zu evangelischen Kirchengemeinden vom 01.12.1980, unveröffentlichter Umdruck, Göttingen 1980.

Hägele, G. (1973): Das Geschäftsordnungsrecht der Synoden der evangelischen Landeskirchen und gesamtkirchlichen Zusammenschlüsse, München 1973.

Hahn, V. (1987): Strukturen der Kirche - Zur Identitätsproblematik der Kirche, in: Weisheit Gottes - Weisheit der Welt, hrsg. v. W. Baier u.a., Bd. 2, St. Ottilien 1987, S. 979 – 997.

Hammer, W. (1984): Neuere Entwicklungen in der Amtsstellen-Struktur der evangelischen Kirche in Deutschland, in: ZevKR, 29. Jg., 1984, S. 91 - 102.

Hack, H. (1986): Art. „Visitation", in: LThK, hrsg. v. J. Höfer u.a., Bd. 10, Sonderdruck der 2., völlig neu bearbeiteten Auflage, Freiburg 1986, Sp. 813 - 814.

Hartelt, K. (1999): Das Ökumenische Konzil, in: HbdKathKR, hrsg. v. J. Listl u. H. Schmitz, 2., grundlegend neubearb. Auflage, Regensburg 1999, S. 347 – 353.

Hartmann, G. (1990): Der Bischof: seine Wahl und Ernennung, Graz 1990.

Hauschild, W.-D. (1982): Art. „Evangelische Kirche in Deutschland", in: TRE, hrsg. v. G. Krause u. G. Müller, Bd. 10, Berlin, New York 1982, S. 656 - 677.

Hauschild, W.-D. (1996): Art. „Vereinigte Evangelisch-Lutherische Kirche Deutschlands (VELKD)", in: EKL, hrsg. v. E. Fahlbusch u.a., Bd. 4, 3. Aufl., Göttingen 1996, Sp. 1123 - 1125.

Hauschild, W.-D. (1999): Art. „Evangelische Kirche in Deutschland (EKD)", in: RGG, hrsg. v. H. D. Betz u.a., Bd. 2, 4. völlig neu bearb. Aufl., Tübingen 1999, Sp. 1713 - 1717.

Heckel, M. (1982): Zur zeitlichen Begrenzung des Bischofsamtes, in ZevKR, 27. Jg., 1982, S. 134 - 155.

Heckel, M. (1984): Art. „Luther", in: Handwörterbuch zur deutschen Rechtsgeschichte, hrsg. v. A. Erler u. E. Kaufmann, Bd. 3, Berlin 1984, Sp. 105 - 110.

Heeg, F. (1993): Handbuch Personal- und Organisationsentwicklung, hrsg. v. F. Heeg u. J. Münch, Stuttgart 1993.

Heimerl, H./Pree, H. (1983): Kirchenrecht, Allgemeine Normen und Eherecht, Wien, New York 1983.

Heimerl-Wagner, P. (1999): Organisation und NPOs, in: Handbuch der Nonprofit Organisation: Strukturen und Management, hrsg. v. C. Badelt, 2. Auflage, Stuttgart 1999, S. 209 - 240.

Hein, M. (1994): „Miteinander und gegenüber": Eine historische Analyse des Konstruktionsprinzips der „Grundordnung der Evangelischen Kirche von Kurhessen-Waldeck" von 1967, in: ZevKR, 39. Jg. 1994, S. 1 - 19.

Heinemann, H. (1970): Mitbestimmung der Gemeinde bei der Besetzung des Pfarramtes?, in: Christuszeugnis der Kirche, hsrg. v. P.-W. Scheele u. G. Schneider, Essen 1970, S. 264 - 288.

Heinemann, H. (1989): Die Bischofskonferenz, in: AfkKR 158 (1989), S. 91 - 121.

Heinemann, H. (1997): Demokratisierung der Kirche oder Erneuerung synodaler Einrichtungen? Eine Anfrage an das Kirchenverständnis, in: Dialog als Selbstvollzug der Kirche?, hrsg. v. G. Fürst, Freiburg 1997, S. 270 - 283.

Heinemann, H. (1999): Der Pfarrer, in: HbdKathKR, hrsg. v. J. Listl u. H. Schmitz, 2., grundlegend neubearb. Auflage, Regensburg 1999, S. 496 - 514.

Heron, A. (1989): Art. „Ref. Ekklesiologie", in: EKL, hrsg. v. E. Fahlbusch u.a., Bd. 2, 3. Auflage, Göttingen 1989, Sp. 1079 - 1082.

Hilberath, B. (2000): Wohin geht die Kirche?, in: zur debatte, Januar/Februar 2000, München 2000, S. 19 - 20.

Hill, W./Fehlbaum, R./Ulrich, P. (1994): Organisationslehre 1: Ziele Instrumente und Bedingungen der Organisation sozialer Systeme, 5. überarbeitete Aufl., Bern, Stuttgart 1994.

Hirnsperger, J. (1995): Art. „Domkapitel", in: LThK, hrsg. v. W. Kasper u.a. , Bd. 3, 3., völlig neu bearbeitete Auflage, Freiburg 1995, Sp. 326 - 328.

Hofmann, W. (1984): Bemühungen um eine Reform der Grundordnung der Evangelischen Kirche in Deutschland nach 1981, in: ZevKR, 29. Jg., 1984, S. 83 - 90.

Hoffmann, F. (1992): Art. „Aufbauorganisation", in: HWO, hrsg. v. E. Frese, 3., völlig neu gestaltete Aufl., Stuttgart 1992, Sp.208 - 221.

Hollerbach, A. (1986): Zur Problematik des staatlichen Treueids der Bischöfe, in: Rechtsstaat, Kirche, Sinnverantwortung, hrsg. v. R. Bartlsperger u.a., München 1986. S. 193 - 201.

Hollerbach, A. (1987): Art. „Konkordat", in: Staatslexikon, hrsg. v. Görresgesellschaft, 7., völlig neu bearbeitete Auflage, Freiburg 1987, Sp. 620-625.

Hollerbach, A. (1989a): Grundlagen des Staatskirchenrechts, in: HbdStR, hrsg. v. J. Isensee und P. Kirchhof, Bd. 6, Heidelberg 1989, S. 471-555.

Hollerbach, A. (1989b): Der verfassungsrechtliche Schutz kirchlicher Organisation, in: HbdStR, hrsg. v. J. Isensee und P. Kirchhof, Bd. 6, Heidelberg 1989, S. 557 - 593.

Hollerbach, A. (1991): Staat und Bischofsamt, in: Zur Frage der Bischofsernennungen in der römisch-katholischen Kirche, hrsg. v. G. Greshake, München, Zürich 1991, S. 51-84.

Hommens, M. (1999): Art. Priesterrat", in: LThK, hrsg. v. W. Kasper u.a., Bd. 8, 3., völlig neu bearbeitete Auflage, Freiburg 1999, Sp. 577 - 578.

Honecker, M. (1972): Visitation, in: ZevKR, 17. Jg., 1972, S. 337 - 358.

Honecker, M. (1996): Kirchenrechtliche Aufgaben und Probleme aus theologischer Sicht, in: ZevKR, 41. Jg., 1996, S. 388 - 418.

Horvath, P. (1998): Controlling, 7. vollst. überarb. Aufl., München 1998.

Huber, W. (1994): Synode und Konziliarität, in: Das Recht der Kirche, hrsg. v. G. Rau u.a., Bd. 3, Gütersloh 1994, S. 319 - 348.

Hüffmeier, W. (1986): Art. „Evangelische Kirche der Union (EKU)", in: EKL, hrsg. v. E. Fahlbusch u.a., Bd. 1, 3. Auflage, Göttingen 1986, Sp. 1205 - 1208.

Hünermann, P. (1995): Die Sozialgestalt von Kirche, in: Brennpunkt Sozialethik, hrsg. v. M. Heimbach-Steins, Freiburg 1995, S. 243 - 259.

Humble, J. (1972): Praxis des Management by Objectives, München 1972.

Iannaccone, L. (1998): Introduction to the Economics of Religion, in: Journal of Economic Litterature, 36. Jg., 1998, S. 1465 - 1496.

Iserloh, E. (1985 a): Der Kampf um das Verständnis der Freiheit des Christenmenschen, in: Handbuch der Kirchengeschichte, hrsg. v. E. Iserloh u.a., Bd. 4, Freiburg 1985, S. 115 - 216.

Iserloh, E. (1985 b): Die Kirchenspaltung im Westen, in: Handbuch der Ökumenik, hrsg. v. H. J. Urban u. H. Wagner, Bd. 1, Paderborn 1985, S. 196 - 285.

Jacob, G. (1959): Autoritäre Kirchenführung?, in: Zeichen der Zeit, 13. Jg., 1959, S. 402 - 410.

Jescheck, H. (1995): Entwicklung, Aufgaben und Methoden der Strafrechtsvergleichung, Antrittsrede, Tübingen 1995.

Johannes Paul II. (1979): Apostolisches Schreiben Catechesi Tradendae, in: Verlautbarungen des Apostolischen Stuhls, Nr. 12, Bonn 1979.

Johannes Paul II. (1989): Apostolische Konstitution Sacrae disciplinae leges, abgedruckt in: Codex Iuris Canonici, Codex des kanonischen Rechts: mit Sachverzeichnis, Lat.-dt. Ausg., 3., verb. u. vermehrte Aufl., Kevelaer 1989, S. VIII – XXVII.

Johannes Paul II. (1991): Nachsynodales Apostolisches Schreiben Christifideles Laici, in: Verlautbarungen des Apostolischen Stuhls, Nr. 87, 4., korr. Aufl., Bonn 1991.

Kaiser, G. (1997): Bürgerliches Recht, 6. neubearb. und erw. Aufl., Heidelberg 1997.

Kaiser, M. (1984): Macht oder Vollmacht? Zum Verständnis der sacra potestas, in: Diener in Eurer Mitte, hrsg. v. R. Beer, Passau 1984, S. 318 - 329.

Kaiser, M. (1989): Besetzung der Bischofsstühle, in: AfkKR 158 (1989), S. 69 - 90.

Kalde, F. (1999): Pfarrgemeinderat und Pfarrvermögensverwaltungsrat, in: HbdKathKR, hrsg. v. J. Listl u. H. Schmitz, 2., grundlegend neubearb. Auflage, Regensburg 1999, S. 529 - 535.

Kalde, F. (2000): Art. „Devolution", in: LKStKR, hrsg. v. A. v. Campenhausen u.a., Bd. 1, Paderborn u.a. 2000, Sp. 410 – 411.

Kasper, W. (1999): Zur Theologie und Praxis des bischöflichen Amtes, in: Auf neue Art Kirche sein, hrsg. v. W. Schreer u. G. Steins, München 1999, S. 32 - 48.

Kehl, M. (1993): Die Kirche: eine katholische Ekklesiologie, 2. Aufl., Würzburg 1993.

Keil, G. (1985): Gedanken zur Visitation, in: ZevKR, 30. Jg., 1985, S. 317 - 331.

Kieser, A./Kubicek, H. (1992): Organisation; 3., völlig neu bearb. Aufl., Berlin, New York 1992.

Kieser, A. (1999): Organisationstheorien; 3., überarb. und erw. Aufl., Stuttgart 1999.

Kinder, E. (1955): Die Synode als kirchenleitendes Organ, in: Schriften des Theologischen Konvents Augsburgischen Bekenntnisses, hrsg. v. F. Hübner, Heft 9, Berlin 1955, S. 100 - 115.

Kinder, E. (1956): Art. „Kann man von einem ‚lutherischen Kirchenbegriff' sprechen?, in: ThLZ, Bd. 81, 1956, S. 363 - 368.

Klein, R. (1997): Diözesansynode - Forum - Pastoralgespräch. Strukturen der Mitverantwortung in der Kirche im Wandel, in: Kirchliches Recht als Freiheitsordnung, hrsg. v. H. Müller u. R. Weigand, Würzburg 1997, S. 117 - 141.

Koller, P. (1994): Lebensführung und Pfarrerdienstrecht aus Sicht eines Theologen, in: Das Recht der Kirche, hrsg. v. G. Rau u.a., Bd. 3, Gütersloh 1994, S. 153 - 168.

Korndörfer, W. (1999): Allgemeine Betriebswirtschaftslehre, 12. überarb. Aufl., Wiesbaden 1999.

Kräkel, M. (1999): Organisation und Management, Tübingen 1999.

Krämer, P. (1973): Dienst und Vollmacht in der Kirche: Eine rechtstheologische Untersuchung zur Sacra-Potestas-Lehre des II. Vatikanischen Konzils, Trier 1973.

Krämer, P. (1980): Bischofswahl heute - im Bistum Trier, in: TThZ, 89. Jg., 1980, S. 243 – 247.

Krämer, P. (1982): Das Selbstverständnis des katholischen Kirchenrechts, in: Christlicher Glaube in moderner Gesellschaft, hrsg. v. F. Böckle u.a., Bd. 29, Freiburg 1982, S. 149 - 162.

Krämer, P. (1985): Menschenrechte – Christenrechte. Das neue Kirchenrecht auf dem Prüfstand, in: Ministerium Iustitiae, hrsg. v. A. Gabriels u. H. J. F. Reinhardt, Essen 1985, S. 169 - 177.

Krämer, P. (1987 a): Bischofskonferenz und Apostolischer Stuhl, in AfkKR 156 (1987), S. 127 - 139.

Krämer, P. (1987 b): Theologisch-rechtliche Begründung der Bischofskonferenz, in: ZevKR 32. Jg., 1987, S. 402 - 410.

Krämer, P. (1989 a): Bischöfe – Papst - Bischofskonferenzen, Orientierungen, Regelungen und offene Fragen des kirchlichen Gesetzbuches, in: Klerusblatt 69 (1989), S. 152 - 155.

Krämer (1989 b): Bischofsamt und synodale Verfassung – Die rechtliche Struktur nach dem II. Vatikanischen Konzil, in: Krise und Erneuerung der Kirche. Theologische Ortsbestimmungen, hrsg. v. M. Lutz-Bachmann u. B. Schlegelberger, Berlin 1989, S. 71 - 83.

Krämer, P. (1992): Kirchenrecht I: Wort – Sakrament – Charisma, Stuttgart 1992.

Krämer, P. (1993): Kirchenrecht II: Ortskirche – Gesamtkirche, Stuttgart 1993.

Krämer, P. (1994 a): Nichtpfarrliche Gemeinschaften – ein Gegensatz zur Pfarrstruktur?, in: AfkKR 163 (1994), S. 351 - 364.

Krämer, P. (1994 b): Sacra potestas im Zusammenarbeit von sakramentaler Weihe und kanonistischer Sendung, in: Iuri Canonici Promovendo, Festschrift für Heribert Schmitz, hrsg. v. W. Aymans, K.-Th. Geringer, Regensburg 1994, S. 23 – 33.

Krämer, P. (1994 c): Worin gründet kirchliche Vollmacht? Das Zusammenspiel von Weihe und Sendung nach Eugenio Corecco, in: AfkKR 163 (1994), S. 74 - 84.

Krämer, P. (1997): Art. „Kirchenverfassung. IV. Gegenwart", in: LThK, hrsg. v. W. Kasper u.a., Bd. 6, 3., völlig neu bearbeitete Auflage, Freiburg 1997, Sp. 75 - 76.

Krämer, P. (1999 a): Die geistliche Vollmacht, in: HbdKathKR, hrsg. v. J. Listl u. H. Schmitz, 2., grundlegend neubearb. Auflage, Regensburg 1999, S. 149 - 155.

Krämer, P. (1999 b): Universales und partikulares Recht – Zur Mehrstufigkeit im kirchlichen Rechtssystem, in: Universales und partikulares Recht in der Kirche: konkurrierende oder integrierende Faktoren?, hrsg. v. P. Krämer u.a., Paderborn 1999, S. 47 - 69.

Krämer, P. (1999 c): Die Zugehörigkeit zur Kirche, in: HbdKathKR, hrsg. v. J. Listl u. H. Schmitz, 2., grundlegend neubearb. Auflage, Regensburg 1999, S. 200 - 209.

Küenzlen, H. (1997): Die Zeit ist reif - Konfessionelle Bünde haben sich überlebt, in: Evangelische Kommentare, 30. Jg., 1997, S. 130 - 132.

Kühn, U. (1989): Art. „Luth. Ekklesiologie", in: EKL, hrsg. v. E. Fahlbusch u.a., Bd. 2, 3. Auflage, Göttingen 1989, Sp. 1075 - 1079.

Kühn, U. (1997): Sakramente und Amt, in: Das Recht der Kirche, hrsg. v. G. Rau u.a., Bd. 1, Gütersloh 1997, S. 569 - 595.

Laukemper-Isermann, B. (1996): Zur Mitarbeit von Laien in der bischöflichen Verwaltung. Rechtliche Möglichkeiten der Anwendung des can. 129 § 2 CIC, Essen 1996.

Lederhilger, S. (1999): Art. „Ritus, IV. Kirchenrechtlich", in: LThK, hrsg. v. W. Kasper u.a., Bd. 8, 3., völlig neu bearbeitete Auflage, Freiburg 1999, Sp. 1212 - 1213.

Legrand, H. (1989): Die Gestalt der Kirche, in: Neue Summe Theologie, hrsg. v. P. Eicher, Bd. 3, Freiburg 1989, S. 87 - 181.

Leisching, P. (1999): Die Kardinäle, in: HbdKathKR, hrsg. v. J. Listl u. H. Schmitz, 2., grundlegend neubearb. Auflage, Regensburg 1999, S. 359 - 364.

Lenich, H. (1993): Der Pfarrgemeinderat, in: Das Bistum Münster, hrsg. v. W. Thissen, Bd. II, Münster 1993, S. 75 - 82.

Liermann, H. (1961/62): Die gegenwärtige Lage der Wissenschaft vom evangelischen Kirchenrecht, in: ZevKR, 8. Jg., 1961/62, S. 290 - 302.

Lingner, O. (1971): Die Neuordnung der Evangelischen Kirche in Deutschland, in: ZevKR, 16. Jg., 1971, S. 248 - 268.

Lingner, O. (1975): Grundordnung der Evangelischen Kirche in Deutschland vom 7. November 1974, in: ZevKR, 20. Jg., 1975, S. 348 - 378.

Lingner, O. (1980): „Leuenberg' als Kriterium für die Auslegung von Bestimmungen der Grundordnung der EKD von 1948, in: ZevKR, 25. Jg., 1980, S. 337 - 368.

Link, C. (2000): Rechtstheologische Grundlagen des evangelischen Kirchenrechts, in: ZevKR, 45. Jg., 2000, S. 73 - 88.

Link, L. (1964): Die Besetzung der kirchlichen Ämter in den Konkordaten Papst Pius' XI., Bonn 1942, Nachdruck Amsterdam 1964.

Listl, J. (1977): Der Verband der Diözesen Deutschlands, in: Stimmen der Zeit 195 (1977), S. 365 ff.

Listl, J. (1996): Die Besetzung der Bischofsstühle, in: Kirche im freiheitlichen Staat. Schriften zum Staatskirchenrecht und Kirchenrecht, hrsg. v. J. Isensee u. W. Rüfner, Halbbd 2, Berlin 1996, S. 886 – 917.

Listl, J. (1999): Plenarkonzil und Bischofskonferenz, in: HbdKathKR, hrsg. v. J. Listl u. H. Schmitz, 2., grundlegend neubearb. Auflage, Regensburg 1999, S. 396 - 415.

Löwe, H. (1995): Art. „Evangelische Kirche in Deutschland", in: LThK, hrsg. v. W. Kasper u.a., Bd. 3, 3., völlig neu bearbeitete Auflage, Freiburg 1995, Sp. 1038 - 1044.

Lüdicke, K. (1985 ff.): Münsterischer Kommentar zum Codes Iuris Canonici unter besonderer Berücksichtigung der Rechtslage in Deutschland, Österreich und der Schweiz, hrsg v. K. Lüdicke, Essen 1985 ff., Stand: November 1996.

Lütgert, W. (1911): Amt und Geist im Kampf. Studien zur Geschichte des Urchristentums, Gütersloh 1911.

Maurer, H. (1998): Die Pflichten des Pfarrers aus Ordination und Dienstverhältnis, in: H. Maurer, Abhandlungen zum Kirchenrecht und Staatskirchenrecht, Tübingen 1998, S. 46 - 74.

Maurer, W. (1955): Das synodale evangelische Bischofsamt seit 1918, Berlin 1955.

Maurer, W. (1968): Verwaltung und Kirchenleitung, in: Festschrift für E. Ruppel, hrsg. v. H. Brunotte u.a., Hannover 1968, S. 105 - 128.

Maurer, W. (1976): Geistliche Leitung der Kirche, in: Die Kirche und ihr Recht: ges. Aufsätze zum evang. Kirchenrecht, hrsg. v. G. Müller u. G. Seebass, Tübingen 1976, S. 99 - 134.

May, G. (1999 a): Art. „Höffner-Nachfolge in Köln: Die päpstlichen Argumente dürfen nicht übersehen werden", in: Rehinischer Merkur/Christ und Welt, Nr. 50 vom 09. 12.1988, S. 2.

May, G. (1999 b): Das Kirchenamt, in: HbdKathKR, hrsg. v. J. Listl u. H. Schmitz, 2., grundlegend neubearb. Auflage, Regensburg 1999, S. 175 - 187.

May, G. (1999 c): Art. „Römische Kurie", in LThK, hrsg. v. W. Kasper u.a., Bd. 8, 3., völlig neu bearbeitete Auflage, Freiburg 1999, Sp. 1287 - 1290.

Mehlhausen, J. (1983): Bekenntnis und Bekenntnisstand in der Evangelischen Kirche im Rheinland, in: Monatshefte für Evangelische Kirchengeschichte des Rheinlandes, 32. Jg., Köln 1983, S. 121 - 158.

Mehlhausen, J. (1992): Art. „Presbyterial-synodale Kirchenverfassung", in: EKL, hrsg. v. E. Fahlbusch u.a., Bd. 3, 3. Auflage, Göttingen 1992, Sp. 1317 - 1319.

Mehlhausen, J. (1996): Art. „Synode", in: EKL, hrsg. v. E. Fahlbusch u.a., Bd. 4, 3. Aufl., Göttingen 1996, Sp. 609 – 615.

Meiners, L. (1993): Der Priesterrat, in: Das Bistum Münster, hrsg. v. W. Thissen, Bd. II, Münster 1993, S. 141 - 144.

Meyer, C. (1994): Vermögensverwaltung in der evangelischen Kirche, in: Handbuch des Staatskirchenrechts der Bundesrepublik Deutschland, hrsg. v. J. Listl u. D. Pirson, Bd. 1, 2., grundlegend neubearb. Aufl., Berlin 1994, S. 907 - 946.

Mikat, P. (1974): Religionsrechtliche Schriften, Abhandlungen zum Staatskirchenrecht und Eherecht, hrsg. von J. Listl, Bd.1, Berlin 1974.

Minke, H. (1979): Aspekte der Oldenburger Kirchenordnung von 1950, in: ZevKR, 24. Jg., 1979, S. 249 - 269.

Mörsdorf, K. (1934): Der neueste Stand der deutschen Bischofsbesetzung, in: Theologie und Glaube 26 (1934), S. 717-731.

Mörsdorf, K. (1966): Synodus Episcoporum, in: AfkKR 135 (1966), S. 131 - 136.

Mörsdorf, K. (1968): Art. Heilige Gewalt", in: SM, hrsg. v. K. Rahner u.a., Bd. 2. Freiburg 1968, Sp. 582 - 597.

Mörsdorf, K. (1969): Die Autonomie der Ortskirche, in AfkKR 138 (1969), S. 388 - 405.

Mörsdorf, K. (1986): Art. „Konkordat", in: LThK, hrsg. v. J. Höfer u.a., Bd. 6, Sonderdruck der 2., völlig neu bearbeiteten Auflage, Freiburg 1986, Sp. 454- 459.

Mörsdorf, K. (1989): Zur Grundlegung des Rechtes in der Kirche, in: ders.: Schriften zum kanonischen Recht, hrsg. v. W. Aymans u.a., Paderborn 1989, S. 21 - 45.

Müller, H./Schreyögg, G. (1982): Das Stab-Linie-Konzept, in: Wirtschaftswissenschaftliches Studium, 11 (1982),S. 205 - 212.

Müller, H. (1983): Der ökumenische Auftrag, in: HbdKathKR, hrsg. v. J. Listl u.a., Regensburg 1983, S. 553 - 561.

Müller, H. (1984): Die rechtliche Stellung des Diözesanbischofs gegenüber Generalvikar und Bischofsvikar - Zur Rechtslage nach dem CIC/1983, in: AfkKR 153 (1984), S. 399 - 415.

Müller, H. (1985): Bistum, in: Staatslexikon, hrsg. v. Görresgesellschaft, Bd. 1, 7., völlig neu bearbeitete Auflage, Freiburg 1985, Sp. 821-828.

Müller, H. (1989): Zum Verhältnis zwischen Bischofskonferenz und Diözesanbischof, in: Die Bischofskonferenz: theologischer und juridischer Status, hrsg. v. H. Müller u. H. J. Pottmeyer, Düsseldorf 1989, S. 236 - 255.

Müller, H. (1995 a): Art. „Ordination V.", in: TRE, hrsg. v. G. Müller u.a., Bd. 25, Berlin, New York 1995, Sp. 362 - 365.

Müller, H. (1995 b): Art. „Ordination VI.", in: TRE, hrsg. v. G. Müller u.a., Bd. 25, Berlin, New York 1995, Sp. 365 - 367.

Müller, L. (1995): Katholische Dogmatik, Freiburg 1995.

Mussinghoff, H. (1993a): Rechtsprechung, in: Das Bistum Münster, hrsg. v. W. Thissen, Bd. II, Münster 1993, S. 247 - 252.

Mussinghoff, H. (1993b): Bischofswahl ist das vornehmste Recht, das Domkapitel in Geschichte und Gegenwart, in: Kirche und Leben 38 (1993), S. 6.

Neumann, J. (1981): Grundriß des katholischen Kirchenrechts, Darmstadt 1981.

Neuner, P. (1997): Ökumenische Theologie, Darmstadt 1997.

Opocensky, M. (1999): Art. „Reformierte Kirchen", in: LThK, hrsg. v. W. Kasper u.a., Bd. 8, 3., völlig neu bearbeitete Auflage, Freiburg 1999, Sp. 953 - 955.

Paarhammer, H. (1985): Neuordnung des Verfahrens zur Absetzung und Versetzung von Pfarrern im CIC, in: AfkKR 154 (1985), S. 452 - 489.

Paarhammer, H. (1994): Die Diözesansynode in ihrer gegenwärtigen Rechtsgestalt – Anmerkungen zum geltenden Recht und zu partikulären Neuentwicklungen des kirchl. Synodalwesens auf Diözesanebene, in: Neue Positionen des Kirchenrecht, hrsg. v. K. Lüdicke u.a., Graz 1994, S. 81 - 117.

Pannenberg, W. (1993): Systematische Theologie, Bd. 3, Göttingen 1993.

Person und Institution (1993), hrsg. v. der Evangelischen Kirche in Hessen und Nassau, Frankfurt 1993.

Perspektiven (1997): Perspektiven für eine verstärkte Kooperation und Arbeitsteilung innerhalb der evangelischen Kirche, hrsg. v. Kirchenamt der EKD, unveröffentlichter Bericht, Hannover 1997.

Petri, H. (1986): Die römisch-katholische Kirche und die Ökumene, in: Handbuch der Ökumenik, hrsg. v. H. Urban u. H. Wagner, Bd. 2, Paderborn 1986, S. 95 - 168.

Philips, G. (1986): Die Geschichte der dogmatischen Konstitution über die Kirche „Lumen gentium", in: LThK, hrsg. v. J. Höfer u.a., Ergänzungsband I, Sonderdruck der 2., völlig neu bearbeiteten Auflage, Freiburg 1986, Sp. 156 - 207.

Picot, A. (1997): Organisation: eine ökonomische Perspektive, Stuttgart 1997.

Pirson, D. (1988): Dekonzentration im Bereich der Kirchenleitung, in: ZevKR, 33. Jg., 1988, S. 129 - 152.

Pirson, D. (1989): Art. „Kirchenrecht", in: EKL, hrsg. v. E. Fahlbusch u.a., Bd. 2, 3. Aufl., Göttingen 1996, Sp. 1164 – 1176.

Pirson, D. (1992): Kirchenorganisation, in: HWO, hrsg. v. E. Frese, 3., völlig neu gestaltete Aufl., Stuttgart 1992, Sp. 1087-1098.

Pirson, D. (2000 a): Kirchliches Verfassungsrecht. Eigenart und notwendiger Inhalt, in: ZevKR, 45. Jg., 2000, S. 89 - 108.

Pirson, D. (2000 b): Art. „Synode, VI. Kirchen der Reformation", in: LThK, hrsg. v. W. Kasper u.a., Bd. 9, 3., völlig neu bearbeitete Auflage, Freiburg 2000, Sp. 1189 - 1191.

Potz, R. (1991): Bischofsernennungen; Stationen, die zum heutigen Stand geführt haben, in: Greshake, Gisbert (Hrsg.), Zur Frage der Bischofsernennungen in der römisch-katholischen Kirche, München, Zürich 1991, S. 17-50.

Potz, R. (1998): Art: „Patriarch. IV. Kirchenrechtlich", in: LThK, hrsg. v. W. Kasper u.a., Bd. 7, 3., völlig neu bearbeitete Auflage, Freiburg 1998, Sp. 1463 - 1464.

Pree, H. (1999): Die Ausübung der Leitungsvollmacht, in: HbdKathKR, hrsg. v. J. Listl u. H. Schmitz, 2., grundlegend neubearb. Auflage, Regensburg 1999, S.156 - 175.

Puza, R. (1986): Katholisches Kirchenrecht, Heidelberg 1986.

Puza, R. (1997): Das synodale Prinzip in historischer, rechtstheologischer und kanonistischer Bedeutung, in: Dialog als Selbstvollzug der Kirche? (QD 166), hrsg. v. G. Fürst, Freiburg 1997, S. 242 - 269.

Rahner, K. (1980): Strukturwandel der Kirche in der künftigen Gesellschaft, in: ders., Schriften zur Theologie 14, Einsiedeln 1980, S. 333 - 354.

Rahner, K./Fries, H. (1983): Einigung der Kirchen – reale Möglichkeit?, Freiburg 1983.

Ratzinger, J. (1985): Zur Lage des Glaubens, München 1985.

Ratzinger, J. (2000): Über die Ekklesiologie der Konstitution „Lumen gentium", in: Die Tagespost, Nr. 30 vom 11. März 2000, S. 4 - 6.

Del Re, N. (1998): Vatikanlexikon, Augsburg 1998.

Riedl, G. (1999): Die Laien, in: HbdKathKR, hrsg. v. J. Listl u. H. Schmitz, 2., grundlegend neubearb. Auflage, Regensburg 1999, S. 232 - 242.

Ritter, J. (1997): Art. „Kongregationen", in: LThK, hrsg. v. W. Kasper u.a., Bd. 6, 3., völlig neu bearbeitete Auflage, Freiburg 1997, Sp. 249 - 252.

Robbers, G. (1989): Zur Verbindlichkeit von Beschlüssen kirchenleitender Organe in der evangelischen Kirche, in: ZevKR, 34. Jg., 1989, S. 1 - 21.

Robbers, G. (1993): Totalrevision der Kirchenordnung?, in: ZevKR, 38. Jg., 1993, S. 300 - 306.

Rohde, J. (1972): Verwaltung und Rechtspflege in einer presbyteral-synodal verfaßten Kirche, Diss. Köln 1972.

Rohde, J. (1996): Grundgedanken des neuen Pfarrerdienstgesetzes der EKU, in: ZevKR, 41. Jg., 1996, S. 369 - 387.

Ruppel, E. (1959): Kirchenbehörden, in: Religion in Geschichte und Gegenwart, Bd 3, 3. Aufl., Tübingen 1959, Sp. 1412 - 1413.

Ruttmann, H. (1997): I have a dream... Plädoyer für eine evangelische Kirche in Deutschland, in: Deutsches Pfarrerblatt, 97. Jg., 1997, S. 67 - 70.

Schanz, G. (1992): Art. „Organisation", in: HWO, hrsg. v. E. Frese, 3., völlig neu gestaltete Aufl., Stuttgart 1992, Sp. 1459 - 1471.

Scharbau, F. (1999): Strukturbericht – vorgelegt zur VELKD-Generalsynode, Braunschweig, 19.10.1999, in: epd-Dokumentation 46/99, S. 50 . 64.

Scheele, P.-W. (1974): Einheitssuche – Einheitskrise – Einheitsmodelle, in: Lebendiges Zeugnis, 29. Jg., 1974, S. 9 - 18.

Scheuch, F. (1997): Gemeinnützigkeit oder Gewinnstreben? Nonprofit Organisationen aus betriebswirtschaftlicher Sicht, in: Handbuch der Nonprofit Organisation: Strukturen und Management, hrsg. v. C. Badelt, Stuttgart 1997, S. 71 - 81.

Schick, L. (1999): Die Diözesankurie, in: HbdKathKR, hrsg. v. J. Listl u. H. Schmitz, 2., grundlegend neubearb. Auflage, Regensburg 1999, S.463 - 474.

Schiefer, E. (1997): Art. „Leuenberger Konkordie", in: LThK, hrsg. v. W. Kasper u.a., Bd. 6, 3., völlig neu bearbeitete Auflage, Freiburg 1997, Sp. 861.

Schierenbeck, H. (2000): Grundzüge der Betriebswirtschaftslehre; 13. überarb. u. erw. Auflage, München 2000.

Schlaich, K. (1997): Änderungen der Grundordnung der EKD nur mit Zustimmung der Gliedkirchen?, in: Gesammelte Aufsätze : Kirche und Staat von der Reformation bis zum Grundgesetz / Klaus Schlaich, hrsg. v. M. Heckel u.a., Tübingen 1997, S. 334 – 375.

Schlief, K.-E. (1994): Die Organisationsstruktur der katholischen Kirche, in: Handbuch des Staatskirchenrechts der Bundesrepublik Deutschland, hrsg. v. J. Listl u. D. Pirson, 2., grundlegend neubearb. Aufl., Bd. 1, Berlin 1994, S. 347-382.

Schmidt, M. (1962): Art. „Visitation", in: RGG, hrsg. v. K. Galling u.a., 3. völlig neu bearb. Aufl., Bd. 6, Tübingen 1962, Sp. 1412 - 1413.

Schmidt-Bleibtreu, B. (1999): Kommentar zum Grundgesetz, 9. Aufl., Neuwied 1999.

Schmitz, H. (1964): Erwägungen zur Gesetzgebungstechnik der Bischofskonferenzen, in: TThZ, 73. Jg., 1964, S. 285 - 301.

Schmitz, H. (1970): Plädoyer für Bischofs-und Pfarrerwahl. Kirchenrechtliche Überlegungen zu ihrer Möglichkeit und Ausformung, in: TThZ, 79. Jg., 1970, S. 230 - 249.

Schmitz, H. (1975): Die Diözesansynode. Ihre geplante Zukunft in kirchenrechtlicher Sicht, in: AfkKR 144 (1975), S. 444 - 454.

Schmitz, H. (1999 a): Die Römische Kurie, in: HbdKathKR, hrsg. v. J. Listl u. H. Schmitz, 2., grundlegend neubearb. Auflage, Regensburg 1999, S. 364 - 385.

Schmitz, H. (1999 b): Der Diözesanbischof, in: HbdKathKR, hrsg. v. J. Listl u. H. Schmitz, 2., grundlegend neubearb. Auflage, Regensburg 1999, S. 425 - 442.

Schmitz, H. (1999 c): Die Konsultationsorgane des Diözesanbischofs, in: HbdKathKR, hrsg. v. J. Listl u. H. Schmitz, 2., grundlegend neubearb. Auflage, Regensburg 1999, S. 447 - 463.

Scholz, C. (1992): Art. „Effektivität und Effizienz, organisatorische", in: HWO, hrsg. v. E. Frese, 3., völlig neu gestaltete Aufl., Stuttgart 1992, Sp. 533 - 552.

Schreyögg, G. (1999): Organisation. Grundlagen moderner Organisationsgestaltung, 3. überarb. und erw. Aufl., Wiesbaden 1999.

Schröer, H. (1982): Die theologische Kompetenz des Laien im kirchenleitenden Handeln, in: Vom Amt des Laien in Kirche und Theologie, hrsg. v. H. Schröer u. G. Müller, Berlin, New York 1982, S. 320 - 342.

Schütte, H. (1974): Amt, Ordination und Sukzession im Verständnis evangelischer und katholischer Exegeten und Dogmatiker der Gegenwart sowie in Dokumenten ökumenischer Gespräche, Düsseldorf 1974.

Schütte, H. (1992): Kirche im ökumenischen Verständnis, 4. Aufl., Paderborn 1992.

Schulte-Zurhausen, M. (1999): Organisation, 2., völlig überarb. u. erw. Aufl.; München 1999.

Schumann, K. (1955): Eröffnung der Aussprache, in: Schriften des Theologischen Konvents Augsburgischen Bekenntnisses, hrsg. v. F. Hübner, Heft 9, Berlin 1955, S. 116 - 125.

Schwab, E. (1994): Zur Änderung des Grundartikels der Kirchenordnung der Evangelischen Kirche im Rheinland, in: ZevKR, 39. Jg., 1994, S. 121 - 137.

Schwarz, P. (1996): Management in Nonprofit-Organisationen: eine Führungs-, Organisations- und Planungslehre für Verbände, Sozialwerke, Vereine, Kirchen, Parteien usw., 2., aktualisierte Aufl., Bern 1996.

Schwendenwein, H. (1984): Das neue Kirchenrecht: Gesamtdarstellung; Graz, 2., verb. Aufl., 1984.

Smend, R. (1963/64): Zur neueren Bedeutungsgeschichte der evangelischen Synode, in: ZevKR, 10. Jg., 1963/64, S. 248 - 264.

Sohm, R. (1967 a): Wesen und Ursprung des Katholizismus, Nachdruck der 2. Aufl. (1912), Darmstadt 1967.

Sohm, R. (1967 b): Das altkatholische Kirchenrecht und das Dekret Gratians, Nachdruck aus der Festschrift der Leipziger Juristenfakultät für K. Wach, München und Leipzig 1918, Darmstadt 1967.

Sohm, R. (1970): Kirchenrecht, 2 Bde., Nachdr. mit Erscheinungsort Berlin 1970.

Stapelfeldt, S. (1992): Die Entstehung der presbyterial-synodalen Ordnung als Verfassungsgrundsatz der rheinischen Kirche sowie die Entwicklung der

Presbyterwahlordnung, in: Monatshefte für Evangelische Kirchengeschichte des Rheinlandes, 41. Jg., Köln 1992, S. 31- 50.

Statistisches Jahrbuch (1999): Statistisches Jahrbuch für die Bundesrepublik Deutschland 1999, hrsg. v. Statistischen Bundesamt, Wiesbaden 1999.

Staehle, W. (1992): Führungstheorien und -konzepte, in: HWO, hrsg. v. E. Frese, 3., völlig neu gestaltete Aufl., Stuttgart 1992, Sp. 655 - 676.

Staehle, W. (1999): Management, 8., überarb. Aufl., München 1999.

Stecher, R. (1993): Führungsstil in der Kirche, in: Herder-Korrespondenz, 47. Jg., 1993, S. 511 - 514.

Stein, A. (1985): Evangelisches Kirchenrecht, 2., überarb. Aufl., Neuwied 1985.

Stein, A. (1989): Art. „Klerus und Laien", in: EKL, hrsg. v. E. Fahlbusch u.a., Bd. 2, 3. Auflage, Göttingen 1989, Sp. 1306 - 1310.

Stein, A. (1993): 40 Jahre Rheinische Grundordnung, in: ZevKR, 38. Jg., 1993, S. 283 - 300.

Stein, A. (1994): Ordination, in: Das Recht der Kirche, hrsg. v. G. Rau u.a., Bd. 3, Gütersloh 1994, S. 73 - 117.

Stiller, E. (1970): Die Verordnung als Form kirchlicher Rechtssetzung, in: ZevKR, 15. Jg., 1970, S. 361 . 386.

Streiter, A. (1973): Das Superintendentenamt – Ursprung, geschichtliche Entwicklung und heutige Rechtsgestalt des mittleren Ephoralamtes in den deutschen evangelischen Landeskirchen, Köln 1973.

Stutz, U. (1930): Konkordat und Codex, Berlin 1930.

Tannenbaum, R./ Schmidt, W. (1958): How to Choose a Leadership Pattern, in: Harvard Business Review 36 (2/1958), S. 95 - 101.

Tempel, I. (1966): Bischofsamt und Kirchenleitung, München 1966.

Tenhumberg, H. (1974): Kirchliche Union bzw. korporative Wiedervereinigung. Überlegungen zu Ziel und Bedeutung ökumenischer Bestrebungen, in: Kirche und Gemeinde, hrsg. v. W. Danielsmeyer u. C. H. Ratschow, Witten 1974, S. 22 - 33.

Tiling, P. v. (1997): Ja zur VELKD, in: Lutherische Monatshefte, 36. Jg., 1997, S. 28 - 30.

Tiling, P. v. (1998): Die Versetzung von Pfarrern, insbesondere „mangels gedeihlichen Wirkens", in: ZevKR, 43. Jg., 1998, S. 55 - 70.

Ülhof, W. (1959): Die Pfarrwahl in der Erzdiözese Paderborn, in: Westfälische Zeitschrift, 109. Jg., 1959, S. 295 – 355.

Ulrich, H. (1986): Art. „Bekenntnis", in: EKL, hrsg. v. E. Fahlbusch u.a., Bd. 1, 3. Auflage, Göttingen 1986, Sp. 409 - 413.

Visher, G. (1987): Art. „Amt I und II", in: Ökumene-Lexikon, hrsg. v. H. Krüger u.a., 2. veränd. Aufl., Frankfurt 1987, Sp. 50 - 55.

Wagner, H. (1987): Art. „Das Amt in der ökumenischen Diskussion", in: Handbuch der Ökumenik, hrsg. v. H. J. Urban u. H. Wagner, Bd. III/2, Paderborn 1987, S. 119 - 130.

Wagner, H. (1996): Die lutherischen und reformierten Kirchen, in: Kleine Konfessionskunde, hrsg. vom Johann-Adam-Möhler-Institut, Paderborn 1996, S. 171 - 243.

Wagner, H. (1996): Personalmanagement. Grundlagen der betrieblichen Personalarbeit; 3., korrigierte Auflage, Münster 1996.

Walf, K. (1984): Einführung in das neue katholische Kirchenrecht; Köln 1984.

Walgenbach, P. (1995): Organisationsstrukturen und Führung, in: HWFü, hrsg. v. A. Kieser, 2., neugestaltete Aufl., Stuttgart 1995, Sp. 1682 - 1687.

de Wall, H. (1994): Die Änderung der Grundartikel evangelischer Kirchenverfassungen, in: ZevKR, 39. Jg., 1994, S. 249 - 270.

Weber, H. (1970): Auslegung und Rechtsgültigkeit der Versetzungsbefugnis nach § 71 I c Pfarrergesetz der VELKD, in: ZevKR, 15. Jg., 1970, S. 20 - 49.

Wendenbourg, D. (2000): Das Amt und die Ämter, in: ZevKR, 45. Jg., 2000, S. 5 - 38.

Wendt, G. (1964/65): Kirchenleitung und Synode, in: ZevKR, 11. Jg., 1964/65, S. 65 - 88.

Wendt, G. (1986): Evangelische Kirche in Deutschland, in: Staatslexikon, hrsg. v. Görresgesellschaft, 7., völlig neu bearbeitete Auflage, Freiburg 1986, Sp. 483 - 494.

Werbick, J. (1994): Kirche: ein ekklesiologischer Entwurf für Studium und Praxis, Freiburg 1994.

Werbick, J. (1997): Art. „Laie. III. systemetisch-theologisch", in: LThK, hrsg. v. W. Kasper u.a., Bd. 6, 3., völlig neu bearbeitete Auflage, Freiburg 1997, Sp. 592 - 594.

Werder, A. v. (1987): Organisation der Unternehmensführung, in: Frese, Unternehmensführung, Landsberg a. Lech 1987, S. 330 - 373.

Wiedenhofer, S. (1992): Das katholische Kirchenverständnis, Graz 1992.

Wilhelmi, P. (1963): Der Präses der Evangelischen Kirche im Rheinland, Düsseldorf 1963.

Winter, F. (1990): Art. „Laie. III. Praktisch-theologisch", in: TRE, hrsg. v. G. Müller, Bd. 20, Berlin, New York 1990, S. 393 - 399.

Winter, J. (1996): Art. „Visitation", in: EKL, hrsg. v. E. Fahlbusch u.a., Bd. 4, 3. Auflage, Göttingen 1996, Sp. 1183 - 1185.

Wischnath, R. (1996): Evangelisch aus gutem Grund, in: epd-Dokumentation Nr. 46a/96, S. 1 - 11.

Witte, E. (1977): Entscheidungstheorie : Texte und Analysen, Wiesbaden 1977.

Wolf, E. (1961): Ordnung der Kirche, Frankfurt 1961.

Wunderer, R./Grundwald, W. (1980): Führungslehre, Bd. 1, Berlin 1980.

Zweigert, K. (1996): Einführung in die Rechtsvergleichung, 3., neubearb. Aufl., Tübingen 1996.

Aus unserem Verlagsprogramm:

THEOS
Studienreihe Theologische Forschungsergebnisse

Imre Koncsik
Große Vereinheitlichung
Band 2: Die interdisziplinäre Suche nach Grundmustern der Wirklichkeit
Hamburg 2000   324 Seiten   ISBN 3-8300-0195-9

Imre Koncsik
Große Vereinheitlichung
Band 1: Trinitarische Fundierung
Hamburg 2000   342 Seiten   ISBN 3-8300-0203-3

Bardo Weiß
Mystik und Institutionen
Zu den Visionen Ruperts von Deutz
Hamburg 2000   152 Seiten   ISBN 3-8300-0108-8

Matthias Puthenpurackal
Sensus fidei and satyagraha
A theological dialogue with Mahatma Gandhi
Hamburg 2000   372 Seiten   ISBN 3-8300-0153-3

Friedrich Blocher
Weltgeschichtliche Epochen und die Frage nach Gott
Hamburg 2000   216 Seiten   ISBN 3-8300-0139-8

Constantin Patuleanu
Die Begegnungen der rumänischen Orthodoxie mit dem Protestantismus (16. bis 20. Jahrhundert)
unter besonderer Berücksichtigung des bilateralen theologischen Dialogs

---

Verlag Dr. Kovač   Postfach 50 08 47   22708 Hamburg   Fax: 040 - 39 88 80-55